**ABAP® – Übungsbuch**

Michael S. Umlauff
Walter Dirnhofer

# ABAP® —
# Übungsbuch

## ABAP Workbench:
## Konzepte und Tools

**Herausgegeben von der
DEKRA Akademie GMBH**

 ADDISON-WESLEY

An imprint of Pearson Education

München • Boston • San Francisco • Harlow, England
Don Mills, Ontario • Sydney • Mexico City
Madrid • Amsterdam

Die Deutsche Bibliothek – CIP Einheitsaufnahme
**Ein Titelsatz für diese Publikation ist bei
Der Deutschen Biblothek erhältlich.**

© 2001 Addison Wesley Verlag,
ein Imprint der Pearson Education Deutschland GmbH,
Martin-Kollar-Straße 10-12,
81829 München/Germany

10 9 8 7 6 5 4 3 2

04 03 02

ISBN 3-8273-1789-4

**Lektorat** Christian Schneider, cschneider@pearson.de
**Produktion** Elisabeth Egger, eegger@pearson.de
**Satz** mediaService, Siegen
**Druck/Bindung** Media Print, Paderborn
**Umschlaggestaltung** Barbara Thoben, Köln

# Inhalt

# Vorwort

Der Herausgeber dieses Buches, die DEKRA Akademie GmbH, ist Deutschlands größter privatwirtschaftlicher Anbieter für berufliche Aus- und Weiterbildung. In bundesweit 120 Ausbildungszentren bereiten sich pro Jahr über 100.000 Teilnehmer auf neue bzw. veränderte berufliche Aufgaben vor. Die angebotenen Qualifizierungen reichen vom Tagesseminar bis zur mehrjährigen Berufsausbildung.

Als erstes Bildungsunternehmen schloss die DEKRA Akademie 1997 einen Partnervertrag mit der SAP AG. Die Kooperation beinhaltet die Organisation und Durchführung von SAP-Qualifizierungen für Privat- und Firmenkunden durch die DEKRA Akademie und die Nutzung der original SAP-Schulungs-Infrastruktur, wie sie auch den Seminarkunden der SAP in Walldorf zur Verfügung steht.

Einen wesentlichen Unterschied gibt es zum Walldorfer Ausbildungskonzept: Im Rahmen öffentlich geförderter Bildung haben die Teilnehmer der DEKRA Akademie den Vorteil einer etwa doppelt so langen Ausbildungszeit gemessen an den SAP-Zeitvorgaben. Die Zusatzzeit dient einem intensiveren Computertraining. Damit dieses Training strukturiert abläuft, werden praxisbezogene Fallstudien bereitgestellt.

Das Fallstudienkonzept, das die DEKRA Akademie bei der Qualifizierung von mehr als 2.000 SAP-Beratern erprobt hat, bildet die Grundlage des Buchs.

Diese Trainingsunterlagen eignen sich als Unterrichtsmaterial ebenso wie für das Selbststudium. In Praxisfällen werden realitätsnahe Szenarien und Lösungsansätze angeboten, die den Leser handlungsorientiert Schritt für Schritt zum Trainingserfolg führen.

Lösungsdateien und zusätzliche Hinweise zur Einrichtung der notwendigen IT-Strukturen im Anhang und im Internet unter
*http://www.dekra-akademie.de/download*
sichern den Qualifikationserfolg.

Anregungen, Fragen und Kritik mailen Sie bitte an:
*walter.dirnhofer@akademie.dekra.de.*
Wir werden uns bemühen, Ihnen schnell zu antworten. Bitte denken Sie daran, den Buchtitel und am besten auch die Seitenzahl anzugeben, auf die sich Ihre Anfrage bezieht. So können wir Ihnen gezielter Auskunft geben.

Viel Erfolg bei Ihrer Qualifizierung wünscht Ihnen

*Walter Dirnhofer*

Produktmanager der DEKRA Akademie GmbH
SAP-Berater

# Einführung

Das vorliegende Buch will als Anleitung verstanden werden, derer Sie sich bedienen können, wenn Sie das Entwickeln von **ABAP**-Programmen (ABAP = Advanced Business Application Programming) erlernen wollen. Der Lernprozess wird von zahlreichen Übungsbeispielen begleitet und unterstützt, die ein Verständnis der Programmiersprache ABAP und der Programmierumgebung **ABAP Workbench** erleichtern. Dieses handlungsorientierte Buch ist sowohl zum Selbststudium als auch als Aufgabenbuch für Lehrgänge der beruflichen Weiterbildung geeignet.

Der Mensch lernt am besten anhand von Beispielen, nicht anhand von Definitionen, Klauseln oder Syntaxdiagrammen. Es ist daher nicht Ziel dieses Buches, eine komplette Einführung in ABAP zu liefern. Bücher, die sich diese Aufgabe zum Ziel gesetzt haben, gibt es bereits zur Genüge. Vielmehr soll der Leser angeleitet werden, Übungsbeispiele nach ausführlichen Erläuterungen praktisch am R/3-System zu entwickeln.

**Benötigte Vorkenntnisse**

Sie werden im Verlaufe der Übungsaufgaben mit der SAPGUI Release 4.6 arbeiten. Erfahrungen im Umgang damit werden Ihnen sicherlich zugute kommen, jedoch sind alle Schritte detailliert beschrieben, so dass auch engagierte Einsteiger die Aufgaben bearbeiten können. Sie sollten aber über grundlegende Kenntnisse zu SAP R/3, zum Haus SAP, zur Systemarchitektur usw. verfügen. Als gute Vorbereitung empfiehlt der Autor das Buch *SAP R/3 – Der schnelle Einstieg* von *Michael Ullrich*, erschienen ebenfalls im Fachverlag für Informationstechnologien *Addison-Wesley*.

Generell sollten Sie mit dem Microsoft-Windows-Betriebssystem umgehen können.

Programmierkenntnisse in einer anderen Programmiersprache schaden zwar nicht, werden aber im Verlaufe der Übungsaufgaben erworben.

**Inhaltsübersicht** In aller Regel verfügen Sie bereits über einen SAP R/3-Systemzugang, dann können Sie direkt mit Kapitel 2 »Einfache ABAP-Programme« beginnen. Dies ist insbesondere dann der Fall, wenn Sie die Aufgaben in einer Übungsgruppe bearbeiten. Der Vollständigkeit halber ist in Kapitel 1 »Installation R/3-Software« beschrieben, wie Sie die Windows-SAP-GUI oder sogar ein eigenes R/3-System, ein Demo-System auf der Basis von Linux, installieren können.

In Kapitel 2 »Einfache ABAP-Programme« richten Sie sich, nach einem kleinstmöglichen ersten Programmbeispiel, zunächst Ihre Programmierumgebung ein, indem Sie sich mit *Entwicklungsklasse* und *Änderungsauftrag* versorgen. Danach programmieren Sie einfache *Reports* ohne Datenbankzugriffe. Sie lernen die ABAP-Datentypen und ABAP-Programmelemente zur Ablaufsteuerung sowie die Unterprogrammtechnik kennen.

Das Kapitel 3 »Dictionary und Übungsszenario« widmet sich dem Umgang mit dem *ABAP Dictionary*. Sie lernen, wie Sie programmübergreifende Datendefinitionen vornehmen und *Datenbanktabellen* in dem, dem R/3-System zugrunde liegenden, *Datenbanksystem* anlegen. Schließlich werden Sie die Datenbanktabellen mit Daten füllen. Sie bilden mit ihren *Primär-/Fremdschlüsseldefinitionen* das Übungsszenario *DEKRA Effekten Kontor*, eine Unternehmung zur Verwaltung von Wertpapierdepots und zum Wertpapierhandel, ab.

Im Kapitel 4 »Reports mit Datenbankzugriff« lernen Sie *Open-SQL*-Anweisungen für den Umgang mit den Dictionary-Tabellen kennen. Sie nehmen lesenden Zugriff auf mehrere Datensätze in mehreren Tabellen gleichzeitig. Des Weiteren werden Sie Datensätze neu anlegen, ändern und löschen. Hierbei erhalten Sie erste Eindrücke, wie kritisch sich ändernde Datenbankzugriffe auf die *Integrität der Datenbank* auswirken können. Sie lernen die Grundzüge des *Transaktionskonzeptes* und des *Berechtigungskonzeptes* von SAP R/3 kennen.

Das Kapitel 5 »Fortgeschrittene Reports« wendet sich zunächst der Datenübergabe von Tabellen an Unterprogramme zu. Sie lernen in diesem Zusammenhang auch die Definition und den Aufruf von Funktionsbausteinen kennen. Interaktive Listen, die das Verzweigen von einer allgemeinen Grund- auf detaillierte Verzweigungslisten erlauben, runden das Kapitel ab.

Das letzte und zugleich umfangreichste Kapitel 6 »Dialogprogrammierung in ABAP« führt Sie weg von der bis dahin dominierenden Reportprogrammierung zu einem anderen Programmtyp, dem *Dialogprogramm*. Sie werden drei *Dynpros* – Bildschirme mit zugehöriger *Ablauflogik* – anlegen und programmieren. Im Ergebnis erhalten Sie eine komplette *SAP-Transaktion*, die den *Prozess* eines Wertpapierhandels abbildet. Sie können darin für Ihre Kunden Wertpapiere zukaufen oder verkaufen. Nach Durcharbeiten dieses sicherlich anspruchsvollen Kapitels können Sie nicht nur mit Fachbegriffen wie *PBO*, *PAI*, *Modulpool*, *GUI-Status*, *GUI-Titel*, *OK-Code*, *Screen*, *View*, *Table Control*, *Sperrobjekt* und vielem mehr umgehen. Sie wissen darüber hinaus auch, wie Sie Ihre Datenbank durch konsequente Umsetzung des *Transaktionskonzeptes*, des *Verbuchungskonzeptes* und des *Berechtigungskonzeptes* vor Inkonsistenzen und unberechtigten Zugriffen schützen – Stichworte sind hier *SAP-LUW* und *DB-LUW* (LUW = Logical Unit of Work, DB = Datenbank).

Die kompletten Programmlistings zu allen Aufgaben finden Sie im »Anhang A: Programmlistings«. Diesen Anhang können Sie sich von der Homepage der *DEKRA-Akademie*, dem bundesweit erfolgreichen Anbieter beruflicher Weiterbildung, herunterladen und sich so das lästige Eintippen der Programmcodes ersparen.

Speziell für Dozenten und Übungsgruppenleiter wird in »Anhang B: Transport« erläutert, wie die in Kapitel 3 »Dictionary und Übungsszenario« entwickelten Datenbanktabellen samt *Domänen*, *Datenelementen* und *Primär-/Fremdschlüsselbeziehungen* auch über einen Transport eingespielt werden können. Dies kann dann sinnvoll sein, wenn für eine ausführliche Bearbeitung des Kapitels 3 der Lehrgang nicht genügend Zeit bietet. Den Transport können Sie ebenfalls von der Homepage der DEKRA-Akademie *http://www.dekra-akademie/download* herunterladen.

Recht viel Vergnügen beim Durcharbeiten der Aufgaben wünscht Ihnen

Ihr Autorenteam von der DEKRA-Akademie

*Michael S. Umlauff, Kaiserslautern*

und

*Walter Dirnhofer, Regensburg*

# Kapitel 1

# Installation R/3-Software

Wenn Sie bereits über einen funktionierenden SAP R/3-Zugang verfügen, können Sie dieses Kapitel überspringen.

Sie benötigen als zugrunde liegende IT-Ausstattung (IT = Informations- **IT-Ausstattung** Technologie) ein funktionierendes Intranet mit einem R/3-Server und einer auf Ihrem Rechner installierten SAPGUI, dem Präsentationsserver auf Ihrem so genannten Frontendrechner. Für den R/3-Zugang benötigen Sie als Zugangsdaten Benutzername, Kennwort und Mandant. Das vorliegende Buch verwendet die SAP-R/3-Release 4.6B. Für Ihren R/3-Zugang muss ein Entwicklerschlüssel eingepflegt werden, den Sie über Ihren Administrator oder im Online-Service-System (OSS) von SAP beziehen können.

Als Betriebssystem für die SAPGUI-Installation wird *Windows 2000 Professional* verwendet. Ebenso ist *Windows NT 4.0 (Workstation* und *Server)* geeignet. Auch mit anderen GUIs, etwa der PlatinGUI für Java, können Sie die Übungsaufgaben programmieren.

## 1.1 Zugang zum R/3-System

Vermutlich verfügen Sie bereits über einen R/3-Zugang zu einem Ausbildungs- oder Trainingssystem in Ihrer Firma – das Produktivsystem sollte für Übungsaufgaben nicht eingesetzt werden. Ihr Administrator berät Sie hinsichtlich des Zugangs zu seinem System.

Als Teilnehmer eines R/3-Lehrganges erhalten Sie einen Systemzugang über Ihren Dozenten oder Bildungsträger.

**Linux Test-Drive**    Falls sie noch keinen R/3-Zugang haben, können Sie sich ein eigenes Demo-R/3-System auf dem Linux-Betriebssystem zu Lern- und Testzwecken einrichten, das SAP freundlicherweise kostenlos als CD im SAP KNOWLEDGE SHOP seiner Homepage anbietet.

> *Bevor Sie sich an die komplizierte Installation wagen, sollten Sie sich der Hilfe eines versierten Linux-Fachmanns vergewissern – falls Sie nicht selbst einer sind.*

Auf *http://www.sap.com/linux* erhalten Sie alle benötigten Informationen. Sie sollten die dort zu findende Dokumentation gründlich lesen, insbesondere das *Test-Drive-FAQ* und die *Tips and tricks*. Auf der CD finden Sie eine gute Einführung und Installationsanleitung in den Dateien *README.TXT* und *INSTALL.TXT*. Ganz wichtig: Den Entwicklerschlüssel zum Programmieren eigener ABAP-Programme finden Sie in der Datei *1st_ABAP.TXT* auf der CD.

Es handelt sich um ein komplettes, aber reines Basissystem mit *ABAP Workbench*, *Administration* und *SAP-Office*. Nicht enthalten sind alle betriebswirtschaftlichen Anwendungskomponenten, also *Rechnungswesen*, *Logistik* und *Personalwirtschaft* sowie das *IDES-Trainingssystem*.

Für den ABAP-Entwickler ist es jedoch ein geeignetes Werkzeug zum Lernen und Testen. Während der Installation benötigt man einen Lizenzkey, der über *http://www.sap.com/linux/evaluation.htm* kostenlos per E-Mail erhältlich ist. Nach 90 Tagen erlischt die Lizenz, sie kann aber erneuert werden.

> *Die Lizenz des Linux Test-Drives gilt nur für interne Zwecke und zur Verwendung für Evaluationen. Produktivbetrieb, die Vorbereitung des Produktivbetriebs oder auch der Einsatz für Lehrgänge ist mit dieser Lizenz nicht gestattet! Lesen Sie auf jeden Fall die Lizenzbestimmungen in LIZENZ.TXT auf der CD und die License Agreements auf der SAP-Webseite genau durch!*

Sie benötigen einen Rechner mit mindestens einem Pentium II oder besser, mindestens 192 MB RAM (256 MB RAM empfohlen) und mindestens 5 GB freier Festplattenkapazität. Mit Linux-Betriebssystem und vorgeschriebenen 600 MB Linux-Swap-Space ergibt dies mindestens 7 GB. Optimiert ist das System für die Linux-Distribution *Red Hat 6.1*. Dem Autor gelang eine Installation unter *Red Hat 6.2*, unter *Suse 7.0* ist es deutlich schwieriger. Auf der CD befindet sich Folgendes:

- der Anwendungsserver *mySAP.com* Basis Release 4.6B

- der Datenbankserver *SAP DB*, der von der Datenbank *Adabas D* der Software AG abgeleitet und von SAP unabhängig weiterentwickelt wurde

- der Präsentationsserver *PlatinGUI (Platform Independent GUI)* unter *Java* und das zugehörige *Java Runtime Environment*

- Erweiterungen für *Redhat 6.1*

Die PlatinGUI ist ist unter Linux voll funktionsfähig, sie sieht lediglich etwas anders aus als die SAPGUI für Windows. Sie können die Übungsaufgaben des vorliegenden Buches also komplett auf einem Linux-Rechner bearbeiten. Aus Performance-Gründen ist es jedoch besser, wenn die SAPGUI auf einem zweiten Rechner läuft. Die Optimalkonfiguration für die Übungsaufgaben dieses Buches erreichen Sie, wenn Sie folgendes Rechnernetzwerk aufbauen:

- Rechner 1: *Linux Redhat 6.1* mit *mysap.com 4.6B R/3 Basis*

- Rechner 2: *Windows 2000/NT* und installierter Windows-SAPGUI.

Erwähnt werden muss allerdings, dass in dieser Installation auch alle Business-Objekte fehlen.

Die Übungsbeispiele für dieses Buch wurden auf einem R/3-System Release 4.6B unter Windows NT entwickelt. Sie funktionieren jedoch auch auf den Releases 4.6A, 4.6C und 4.6D. Die IDES-Modellfirma war auf diesem R/3-System zwar eingerichtet, sie wird jedoch für die Übungsbeispiele nicht benötigt. Die SAPGUI wurde auf einem Windows-2000-Rechner installiert.

**Konfiguration des Autors**

Die Programmcodes funktionieren weitgehend auch mit dem älteren Release 4.0, allerdings hat die SAPGUI 4.0 ein ganz anderes Aussehen.

**Release 4.0**

Stimmen Sie sich bezüglich aller Aufgaben und Schritte dieses Kapitels sowie Ihres Gesamtvorhabens des Erlernens der ABAP-Programmierung unbedingt vorher mit Ihrem Administrator, Systemverwalter, Vorgesetzten und sonstigen Verantwortlichen ab. So vermeiden Sie nämlich unnötigen Ärger.

Beachten Sie auch stets die Lizenzbestimmungen der *SAP AG* und der übrigen Hersteller jener Software, die Sie einsetzen. Dies gilt insbesondere für den Produktivbetrieb.

## 1.2 SAPGUI installieren

Möglicherweise sind einige der benötigten Programme bereits installiert. Erkundigen Sie sich deshalb zunächst bei Ihrem Administrator, und

**Vorbemerkung**

stimmen Sie mit ihm Ihre Vorgehensweise ab. Von ihm werden Sie auch die Installationsdateien erhalten. Sie benötigen für alle Installationsarbeiten Administratorrechte.

**A**ufgabe

**1.** Installieren Sie das Frontend *SAPGUI 4.6* für *mysap.com 4.6* (s. Abbildung 1.1 bis Abbildung 1.11).

**Schritte** Es wird die Installation der SAGUI 4.6B für Windows gezeigt. Die Installationsdateien und die Zugangsdaten zum R/3-System erhalten Sie von Ihrem Administrator. Schließen Sie alle Programme, und starten Sie über den Windows-Explorer von der Installations-CD die Datei *E:\GUI\WINDOWS\WIN32\SETUP.EXE*, wobei *E:* für das CD-Laufwerk steht.

**Abbildung 1.1**
Start der SAPGUI-
Installation von CD

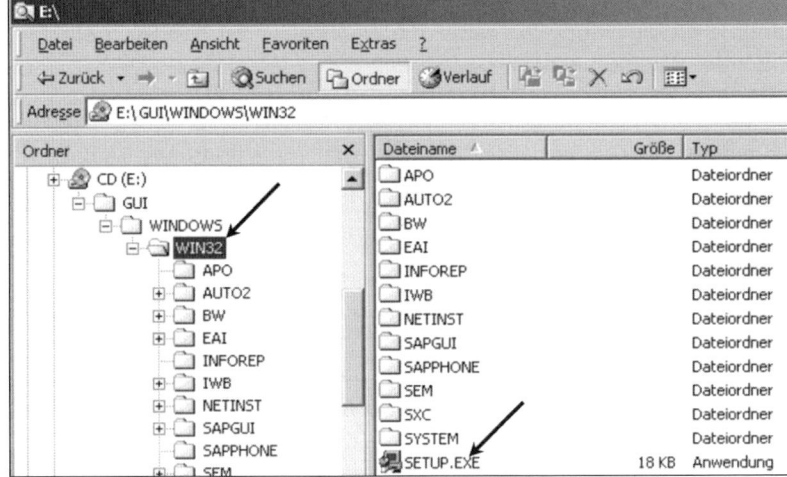

**Abbildung 1.2**
Begrüßungsfenster der
SAPGUI-Installation
(© SAP AG)

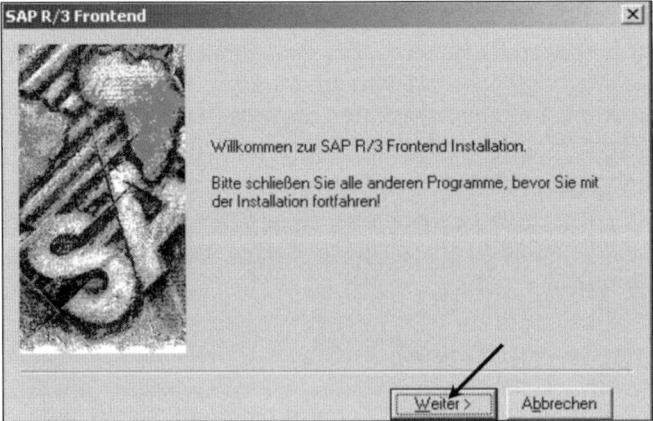

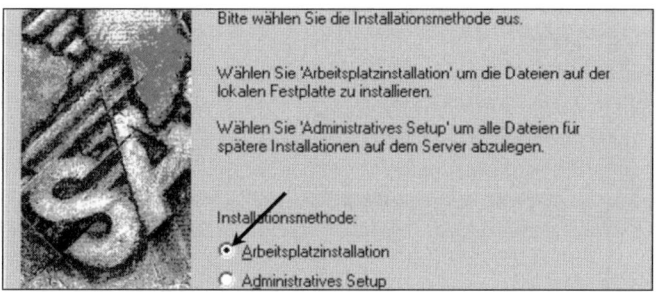

Bitte wählen Sie die Installationsmethode aus.

Wählen Sie 'Arbeitsplatzinstallation' um die Dateien auf der lokalen Festplatte zu installieren.

Wählen Sie 'Administratives Setup' um alle Dateien für spätere Installationen auf dem Server abzulegen.

Installationsmethode:

• Arbeitsplatzinstallation
○ Administratives Setup

**Abbildung 1.3**
Lokale Installation auf dem Arbeitsplatzrechner (© SAP AG)

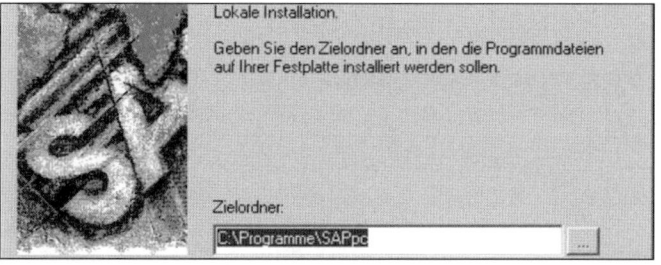

Lokale Installation.

Geben Sie den Zielordner an, in den die Programmdateien auf Ihrer Festplatte installiert werden sollen.

Zielordner:

C:\Programme\SAPpc

**Abbildung 1.4**
Übernehmen Sie diesen Vorschlag, falls auf Laufwerk C:\ genügend Platz ist. (© SAP AG)

Wählen Sie die Komponentengruppen, die Sie installieren möchten. Für die Auswahl einzelner Komponenten, selektieren Sie eine Gruppe und klicken Sie auf <Option ändern>.

Grau unterlegte Felder zeigen an, daß nur ein Teil der Komponenten einer Gruppe ausgewählt wurde.

Komponenten:

☑ APO 2.0A AddOns
☑ Applications
☑ BW 2.0A AddOns
☑ Desktop Interfaces
☑ Development Tools
☑ Knowledge Warehouse 4
☑ SAPgui
☑ SEM 2.0A AddOns

Beschreibung:

[Option ändern...] [Alle auswählen]

| | | |
|---|---|---|
| Erforderlicher Speicherplatz auf Ziellaufwerk: | 298310 K | Ausgewählte Komponenten: 43 |
| Verfügbarer Speicherplatz auf Ziellaufwerk: | 561296 K | Nicht ausgewählte Komponenten: 0 |
| Erforderlicher Speicherplatz im Windows-Pfad: | 298310 K | |
| Verfügbarer Speicherplatz im Windows-Pfad: | 561296 K | |

**Abbildung 1.5**
Auswahl aller Installationsoptionen, freien Speicherplatz prüfen (© SAP AG)

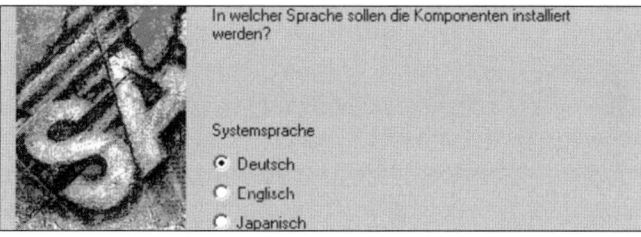

In welcher Sprache sollen die Komponenten installiert werden?

Systemsprache

• Deutsch
○ Englisch
○ Japanisch

**Abbildung 1.6**
Auswahl der Systemsprache (© SAP AG)

**Abbildung 1.7**
Standardverzeichnis zum
Herauf- und
Herunterladen von
Dateien
(© SAP AG)

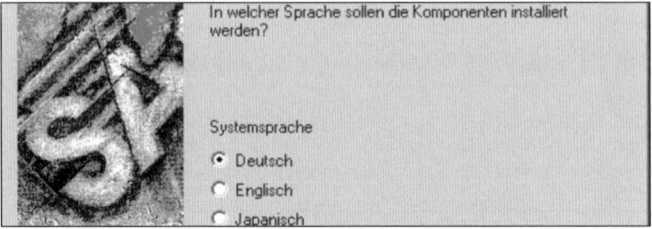

**Abbildung 1.8**
Pfad zur alten erweiterten
Hilfe auf CD
(© SAP AG)

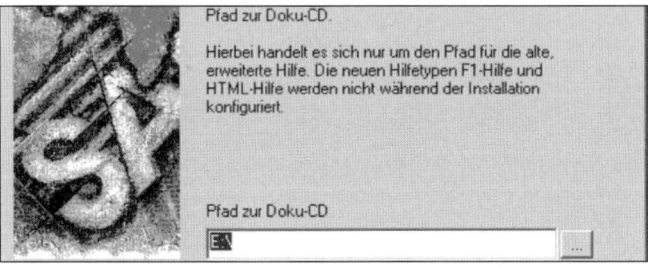

**Abbildung 1.9**
Fragen Sie Ihren
Administrator! Linux
Test-Drive: SYSTEMNUMMER
*17*, SAP ROUTER STRING:
*/H/[IP-Nr]/S/3217*
(© SAP AG)

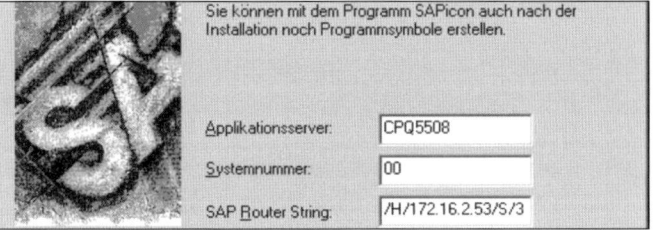

**Abbildung 1.10**
Eintrag ins Windows-
Start-Menü
(© SAP AG)

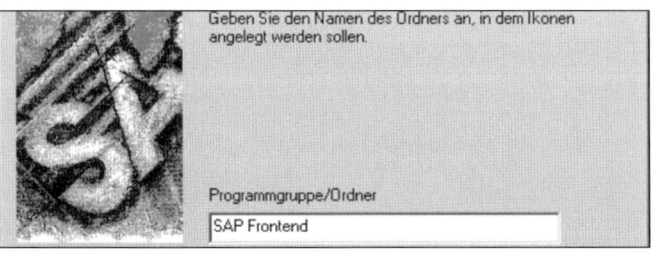

**Abbildung 1.11**
Freigabe der Installation
(© SAP AG)

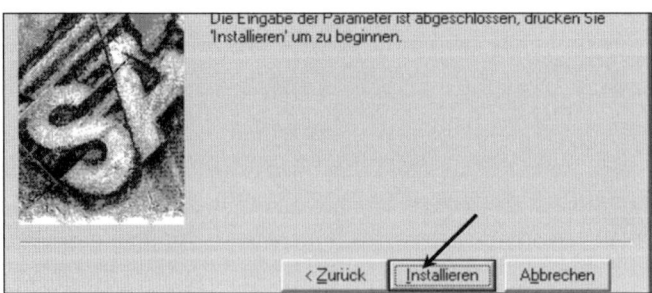

**2.** Richten Sie im SAP-Logon einen Eintrag zu Ihrem Applikationsserver ein. Starten Sie die SAPGUI, und melden Sie sich am System an, (s. Abbildung 1.12 bis Abbildung 1.15).

Rufen Sie im Startmenü START / PROGRAMME / SAP FRONTEND / SAPLOGON auf.

**Schritte**

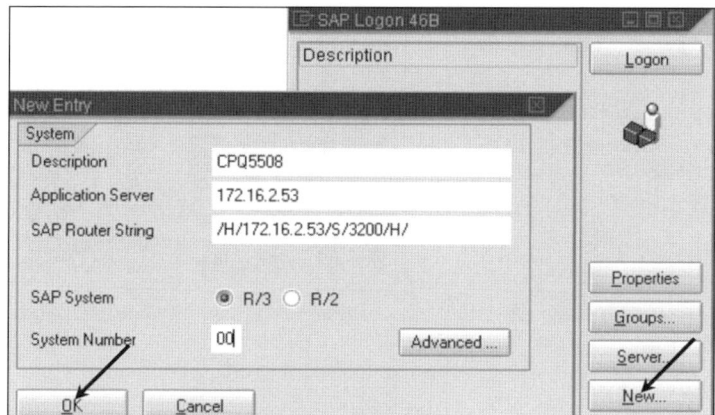

**Abbildung 1.12**
Einrichten eines SAP-Logon-Eintrages
(© SAP AG)

**Abbildung 1.13**
Start der SAPGUI mit dem neuen Eintrag
(© SAP AG)

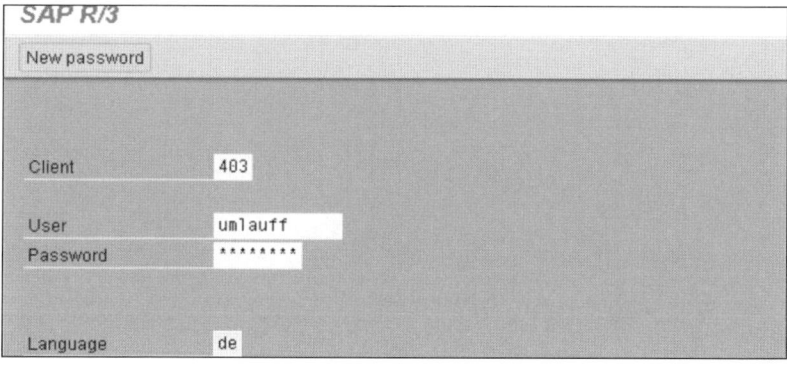

**Abbildung 1.14**
Die Anmeldedaten erhalten Sie von Ihrem Administrator. Linux Test-Drive: MANDANT 000, USER *developer*
(© SAP AG)

**Abbildung 1.15**
Erfolgreiche Anmeldung
(hier an einem IDES-
System)
(© SAP AG)

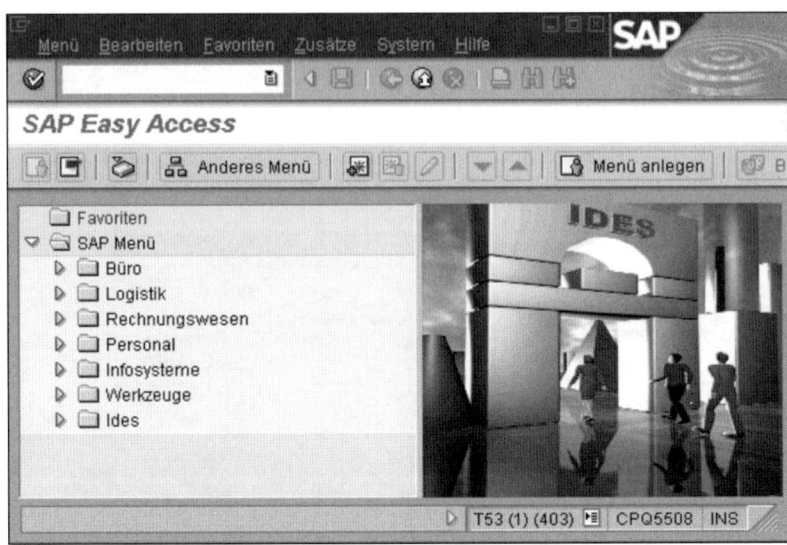

# Kapitel 2
# Einfache ABAP-Programme

Nachdem Sie sich erfolgreich am R/3-System angemeldet haben, können Sie Ihr erstes kleines Programm schreiben.

## 2.1  Erstes Programm: »Hallo Welt!«

Traditionell beginnt jeder Programmierkurs mit dem »Hello World!«-Beispiel, bei dem es darum geht, mit einem sehr einfachen Programm die Entwicklungswerkzeuge kennen zu lernen und so einen ersten Erfolg zu erzielen. Dieses Buch führt jenen Brauch weiter.

Das vorliegende Übungsbuch ist auch für den Einsatz in Lehrgängen und Übungsgruppen vorgesehen. Zur Vermeidung von Namenskonflikten, die dadurch entstehen, dass mehrere Benutzer gleichnamige Objekte im R/3-System anlegen, wird hier folgende Namenskonvention vereinbart:

**Konvention: Namen**

*In der nachfolgenden Aufgabe bezeichnet nn im Programmnamen die von Ihrem Dozenten zugewiesene Nummer der Übungsgruppe. Falls Sie dieses Buch im Einzelstudium bearbeiten, können Sie ersatzweise Ihre Initialen verwenden. Der Autor wird in seinen Musterlösungen nn stets durch seine Initialen mu ersetzen.*

*Diese Konvention gilt auch für alle weiteren Übungsaufgaben des vorliegenden Buches. Kapitel 3 »Dictionary und Übungsszenario« macht von dieser Konvention keinen Gebrauch, da dort ein Übungsszenario als Gruppenarbeit im Dictionary eingerichtet wird.*

**Aufgabe**

1. Starten Sie den *Object Navigator* der *ABAP Workbench*. Legen Sie einen ABAP-Report ZHELLOWORLDnn als lokales Objekt an. Er soll den Text »Hallo Welt!« ausgeben.

**Erläuterung**  Die **ABAP-Workbench** ist die Entwicklungsumgebung des SAP R/3-Systems. Die wichtigsten Werkzeuge heißen *ABAP Editor*, *Dictionary*, *Function Builder*, *Screen Painter* und *Menu Painter*, Sie werden sie alle noch näher kennen lernen. Der **Object Navigator** ist die zentrale Objektverwaltung, mit welcher der Entwickler die anderen Werkzeuge per *Vorwärtsnavigation* über entsprechende Entwicklungsobjekte wie Programme, Tabellen, Funktionsbausteine, Dynpros oder GUI-Oberflächen ansteuern kann.

Die Begriffe *Entwicklungsklasse* und *Änderungsauftrag* werden in den kommenden Aufgaben erläutert. Für jeden registrierten Entwickler gibt es im R/3-System eine *lokale Entwicklungsklasse* mit dem Namen $TMP, damit er ohne großen Aufwand kleinere Testprogrammme oder Ähnliches anlegen kann. Diese Objekte sind insofern »lokal«, als sie nicht »transportierbar« sind. Aber dieser Sachverhalt ist im Moment für Sie noch nicht wichtig.

Mit der ABAP-Anweisung WRITE können Sie beliebige Texte und Zahlen auf die **Liste**, die das Programm ausgibt, schreiben.

**Schritte**  Starten Sie vom *SAP-Easy-Access*-Menü aus WERKZEUGE / ABAP WORKBENCH / ÜBERSICHT / OBJECT NAVIGATOR (s. Abbildung 2.1 bis Abbildung 2.7).

**Abbildung 2.1**
Start des Object Navigators in einem IDES-System; die Übungsaufgaben benötigen jedoch den IDES-Mandanten nicht. (© SAP AG)

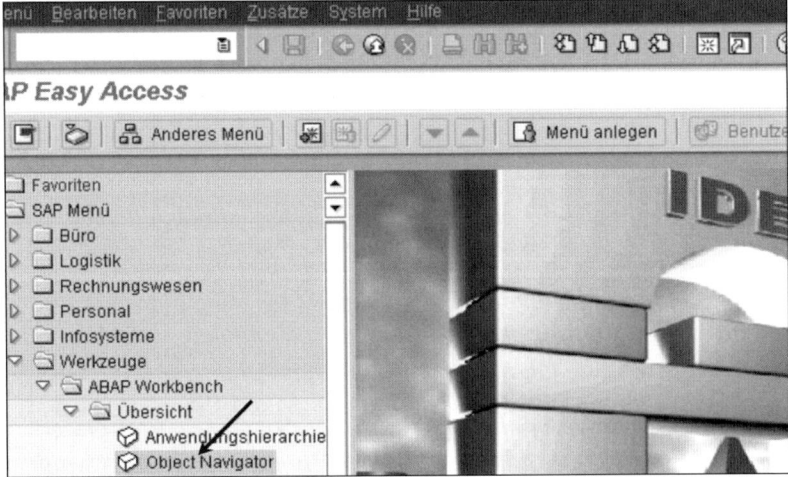

**Abbildung 2.2**
Klicken Sie die Drucktaste
ANDERES OBJEKT.
(© SAP AG)

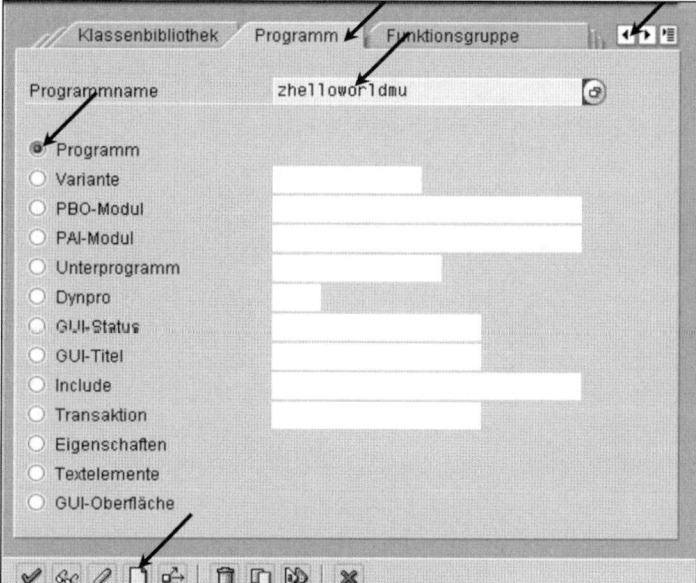

**Abbildung 2.3**
Suchen Sie die
Registerkarte PROGRAMM,
und tragen Sie den
Namen ein. Klicken Sie die
Drucktaste ANLEGEN.
(© SAP AG)

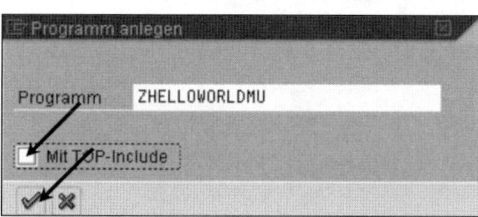

**Abbildung 2.4**
Die aufwändige
Includetechnik benötigen
Sie nur für große
Programme. Bis dahin ist
es noch ein weiter Weg...
(© SAP AG)

**Abbildung 2.5**
Erstmaliges Anlegen eines
Entwicklungsobjekts mit
dem Zugangsschlüssel
vom Administrator (Linux
Test-Drive: s.
ιST_ABAP.TXT auf der CD)
(© SAP AG)

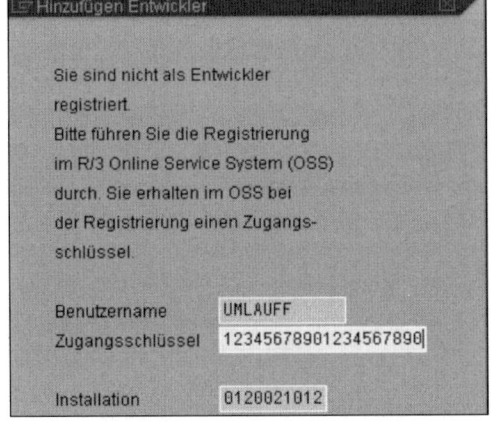

**Abbildung 2.6**
Pflege der
Programmeigenschaften:
Für einen Report wählen
Sie AUSFÜHRBARES
PROGRAMM.
(© SAP AG)

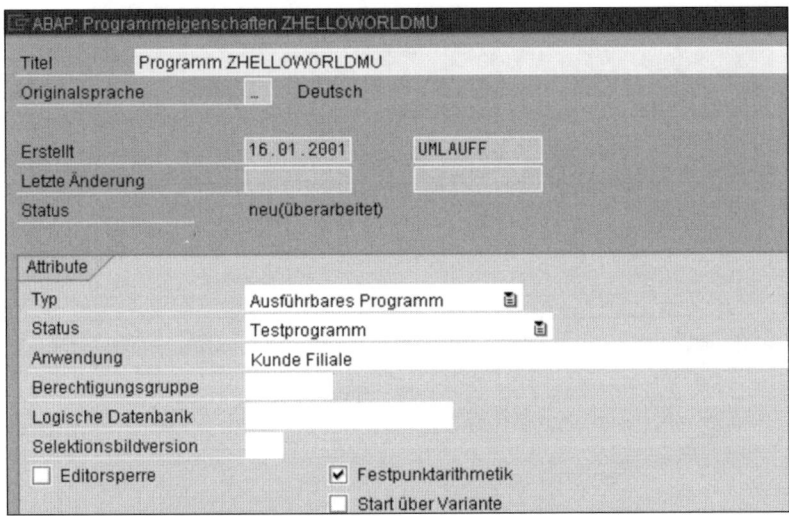

**Abbildung 2.7**
**Objektkatalogeintrag**:
Dieses Programm wird in
der lokalen
Entwicklungsklasse $TMP
angelegt.
(© SAP AG)

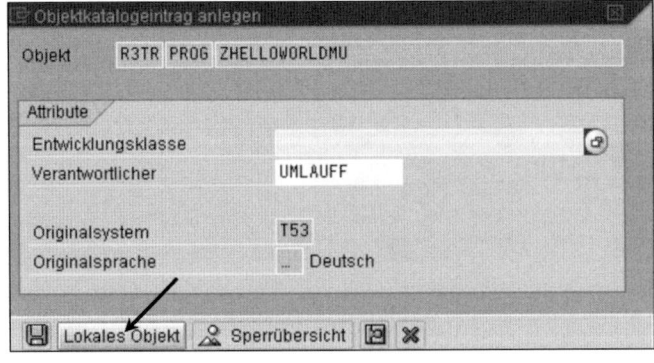

Anschließend erscheint der *ABAP Editor*. Die ersten Programmzeilen werden vom ihm automatisch eingesetzt. Zu Beginn stehen **Kommentare**, was Sie an dem »∗« am Anfang der jeweiligen Zeile erkennen können. Das ABAP-Schlüsselwort REPORT bildet den Anfang des Programms und wird, wie jede ABAP-Anweisung, mit einem Punkt abgeschlossen.

Im Folgenden ist der Programmcode abgedruckt. Die Teile, die von Ihnen zu ergänzen oder ändern sind, sind jeweils **fett** gedruckt. Diese Konvention gilt für den Rest des Buches! Prüfen Sie die Syntax (s. Abbildung 2.8 bis Abbildung 2.13). Speichern, aktivieren und starten Sie den Report.

**Konvention:
Programmcode**

```
REPORT  zhelloworldmu          .

************************************************

* Erster Report zum Ausgeben von "Hallo Welt" *

************************************************


WRITE 'Hallo Welt'.
```

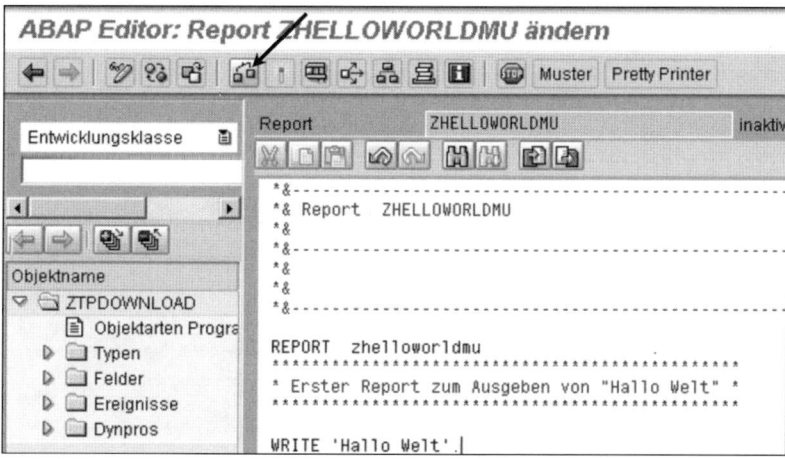

**Abbildung 2.8**
ABAP Editor: Syntax prüfen (© SAP AG)

**Abbildung 2.9**
Statuszeile: Die Syntaxprüfung ergab ein fehlerfreies Programm. (© SAP AG)

**Abbildung 2.10**
Der Report ist auch nach dem Speichern immer noch inaktiv.
(© SAP AG)

**Abbildung 2.11**
Mit dem *Aktivieren* entsteht durch *Kompilieren* ein so genanntes *Laufzeitobjekt*. Dieses Verfahren verbessert die Performance zur Laufzeit.
(© SAP AG)

**Abbildung 2.12**
Starten des Reports
(© SAP AG)

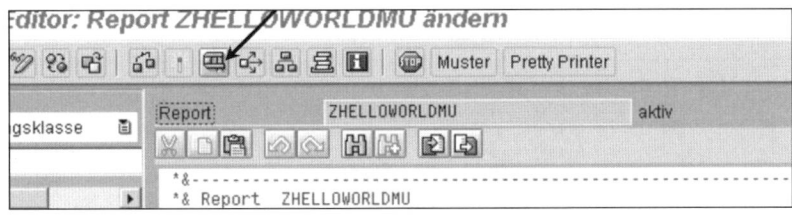

**Abbildung 2.13**
Ausgabe von »Hallo Welt« in der so genannten *Liste*, der Titel stammt aus den Programmeigenschaften, ZURÜCK-Taste zum ABAP Editor
(© SAP AG)

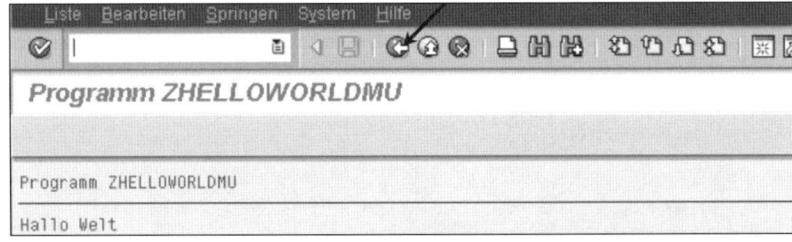

**Aufgabe**

2. Stellen Sie Ihren ABAP Editor so ein, dass der **Pretty Printer** ABAP-Schlüsselwörter groß schreibt. Wenden Sie den *Pretty Printer* an.

**Erläuterung**  Der *Pretty Printer* hilft Ihnen dabei, Ihren Programmcode in eine gut lesbare Form zu bringen. In den späteren Aufgaben werden Sie sehen, dass es günstig ist, nach Verzweigungs- oder Schleifenanweisungen den darin enthaltenen Programmtext einzurücken. ABAP-Schlüsselwörter werden in Großbuchstaben gesetzt und können so besser von Feldern oder Texten unterschieden werden.

Starten Sie im Menü des ABAP Editors HILFMITTEL / EINSTELLUNGEN (s. **Schritte**
Abbildung 2.14 bis Abbildung 2.15).

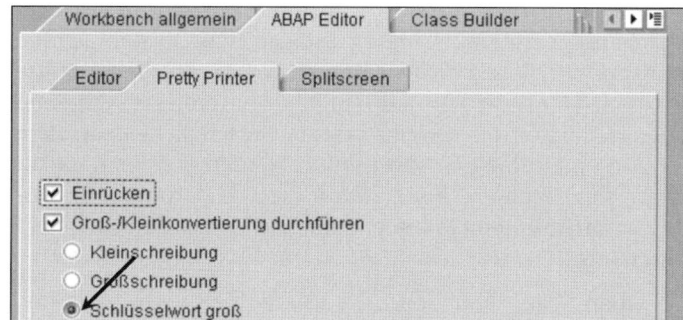

**Abbildung 2.14**
Korrekte Einstellung des
Pretty Printers
(© SAP AG)

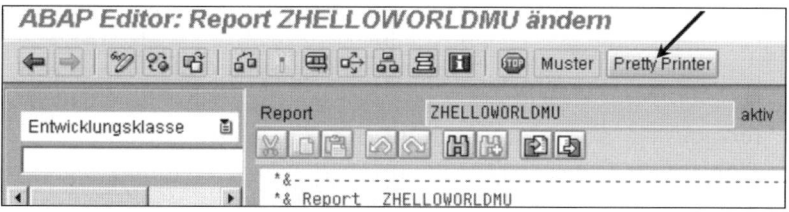

**Abbildung 2.15**
Starten Sie den Pretty
Printer stets nach dem
Eingeben von Code.
Anschließend müssen Sie
den Report wieder
speichern und aktivieren.
(© SAP AG)

## 2.2 Änderungsauftrag anlegen

**1.** Legen Sie mit dem *Workbench Organizer* einen *Änderungsauftrag*
an.

Der Prozess der Softwareentwicklung in einem Projektteam wird im **Erläuterung**
R/3-System mit dem **Workbench Organizer** verwaltet. Damit kann der
Projektleiter für sein Projekt einen **Änderungsauftrag** anlegen, der alle
**Entwicklungsobjekte** wie Programme, Dynpros oder auch **Datenbanktabellen** enthalten wird, die seine Entwickler anlegen. Durch die Zuordnung einer **Aufgabe** im **Änderungsauftrag** wird ein R/3-Benutzer zum
Mitglied des Projektteams. Bei jedem Objekt, das der Entwickler anlegt,
muss er die Zuordnung zu seiner Aufgabe und damit zum Änderungsauftrag vornehmen. R/3-Benutzer, die keine Aufgabe im Änderungsauftrag haben, können diesem keine Objekte zuordnen und auch keine
vorhandenen Objekte verändern. So wird verhindert, dass verschiedene
Projektteams einander unbeabsichtigt stören.

Eine weitere wichtige Bedeutung hat der Änderungsauftrag auch im
**Transportwesen** des R/3-Systems. Die SAP AG rät Organisationen, die Ei-
genentwicklung mit der ABAP Workbench betreiben, aus guten Gründen
zu mindestens einer **3-Systemlandschaft**, bestehend aus drei getrennten,
jedoch über das Netzwerk miteinander verbundenen R/3-Systemen:

- **Entwicklungssystem**: Hier – und nur hier – werden neue Entwicklungsobjekte angelegt und verändert. Sie liegen hier – und nur hier – als **Original** vor.

- **Qualitätssicherungssystem**: Die fertig entwickelten Objekte werden hierher transportiert, liegen also als **Kopien** vor. Sie werden auf ihre auch nach dem Transport korrekte Funktion hin getestet. Ergeben sich Fehler, so müssen die Originalobjekte im Entwicklungssystem verbessert und erneut hierher transportiert werden, wodurch die alten Kopien ersetzt werden. **Reparaturen**, also Änderungen an Kopien, sind nur in Ausnahmefällen erlaubt, wenn das Originalobjekt nicht verfügbar ist.

- **Produktivsystem**: Hier befinden sich die betriebswirtschaftlichen Echtdaten der Organisation, hier arbeiten also die Endbenutzer. Da an dieser Stelle der laufende Betrieb stattfindet, muss dieses System vor allen Störungen, die durch Entwicklungsarbeiten entstehen können, geschützt werden. Es dürfen nur ausgiebig getestete und als fehlerlos freigegebene Entwicklungsobjekte aus dem Qualitätssicherungssystem hierher transportiert werden, die dann wiederum als Kopien vorliegen.

Änderungen an Objekten des SAP R/3-Standards sind übrigens auch im Entwicklungssystem eines Kunden stets *Reparaturen* – **Modifikationen** genannt – da über die Originale nur SAP selbst verfügt.

Mit dem Abschluss der Entwicklungsarbeiten gibt der Entwickler seine Aufgabe frei. Wenn alle Aufgaben freigegeben wurden, kann auch der Änderungsauftrag durch den Projektleiter freigegeben werden, wodurch auf Betriebssystemebene des R/3-Anwendungsservers ein Programm tp angestoßen wird, das alle im Änderungsauftrag befindlichen Entwicklungsobjekte in Dateiform ins *Transportverzeichnis* schreibt. Die Dateien werden über das Netzwerk ins Transportverzeichnis des Qualitätssicherungssystems kopiert, von wo der Administrator den Transport einspielen kann.

Anschließend können die so entstandenen Kopien getestet werden. Sind nun Korrekturen erforderlich, muss ein zweiter Änderungsauftrag mit entsprechenden Aufgaben im Entwicklungssystem angelegt werden, da der bisherige Änderungsauftrag freigegeben wurde und damit abgeschlossen ist. Dadurch ergibt sich ein zyklischer Entwicklungsprozess, die Zuordnung eines Entwicklungsauftrages ist also *temporär*.

**Schritte** Starten Sie vom SAP-Easy-Access-Menü WERKZEUGE / ABAP WORKBENCH / ÜBERSICHT / WORKBENCH ORGANIZER (s. Abbildung 2.16 bis Abbildung 2.19).

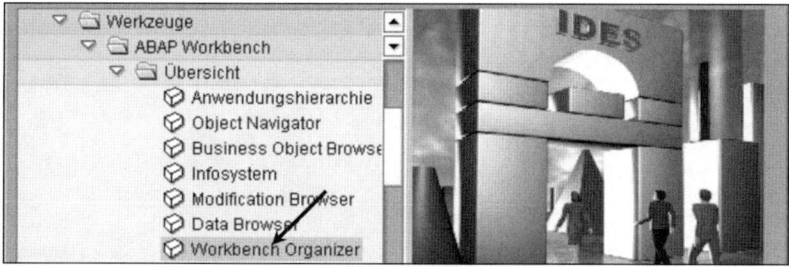

**Abbildung 2.16**
Start des Workbench
Organizers
(© SAP AG)

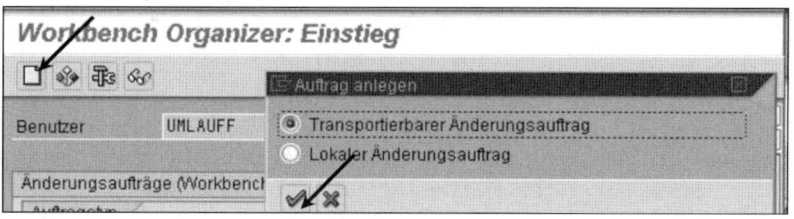

**Abbildung 2.17**
Falls das Transportwesen
noch nicht korrekt
eingerichtet wurde,
genügt auch ein lokaler
Änderungsauftrag.
(© SAP AG)

Wenn Sie, wie in Abbildung 2.18, weitere Benutzer – etwa Ihre Lehr-
gangskollegen – in Ihr Projektteam aufnehmen möchten, müssen Sie
deren R/3-Benutzernamen (Anmeldenamen) eintragen. Benutzer DIRN-
HOFER müsste im gezeigten Beispiel dann keinen eigenen Änderungsauftrag mehr anlegen, sondern würde seine Objekte über seine Aufgabe demselben Änderungsauftrag zuordnen.

Zum Bearbeiten dieser Aufgaben genügt es jedoch, wenn Sie nur Ihren
eigenen Benutzernamen, hier also Benutzer UMLAUFF, eintragen.

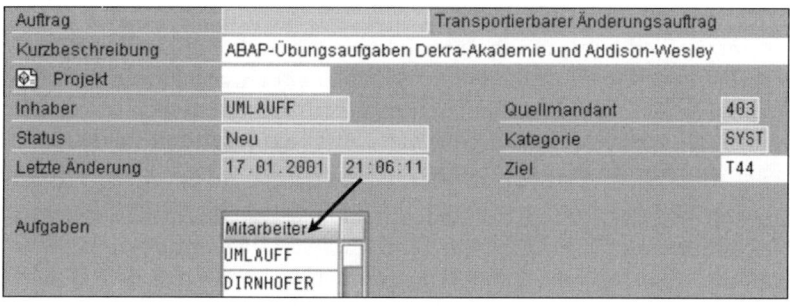

**Abbildung 2.18**
Pflege der Auftrags-
eigenschaften,
Zuordnung von Aufgaben
für Mitglieder des
Projektteams.
(© SAP AG)

**Abbildung 2.19**
Änderungsauftrag
*T53K900019* mit zwei
Aufgaben: *T53* ist der
Systemname, *K9* ist stets
enthalten, *0019* ist eine
fortlaufende Nummer
(© SAP AG)

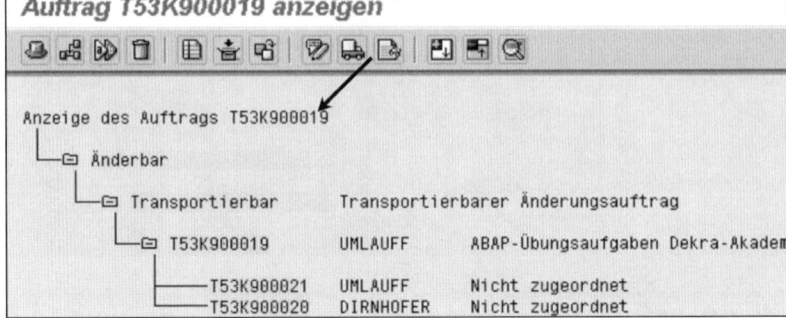

## 2.3 Entwicklungsklasse anlegen

1. Legen Sie eine Entwicklungsklasse ZABAPnn an, und ordnen Sie sie dem soeben angelegten Änderungsauftrag zu. Weisen Sie ihr, außer in Kapitel 3 »Dictionary und Übungsszenario«, alle künftig anzulegenden Objekte zu. Die Entwicklungsklasse soll zur Anwendungskomponente *Basis / ABAP Development Workbench* gehören.

**Erläuterung** Die **Entwicklungsklasse** kann als »Ordner« oder »Behälter« für die Entwicklungsobjekte – *Programme*, *Datenbanktabellen* (Dictionary-Tabellen) etc. – eines Projekts, eines Entwicklers oder einer Entwicklergruppe angesehen werden. Sie hat die Aufgabe, aus der Fülle aller R/3-Objekte dem Entwickler ein Ordnungsschema für seine eigenen Objekte an die Hand zu geben.

Es handelt sich dabei um eine *permanente projektbezogene Zuordnung* im Unterschied zum Änderungsauftrag, der eine *temporäre projektabschnittsbezogene Zuordnung* hat. Während ein Entwicklungsobjekt üblicherweise über die gesamte Lebensdauer in seiner Entwicklungsklasse verbleibt, kann nach der Freigabe eines Änderungsauftrages das Objekt einem anderen Änderungsauftrag zugewiesen werden.

Jeder Entwickler besitzt automatisch eine *lokale Entwicklungsklasse* $TMP, um unkompliziert Objekte zum Testen anzulegen. Das erste Programm ZHELLOWORLDnn wurde ihr zugeordnet. Für größere Entwicklungsprojekte sollte man sich jedoch Entwicklungsklassen zum Zwecke einer logischen Zuordnung der Objekte anlegen.

Entwicklungsklassen können einer **Transportschicht** zugeordnet werden, über die sie nach Freigabe des Änderungsauftrages ins Qualitätssicherungssystem und von da aus später ins Produktivsystem transportiert werden. Hierzu benötigt man ein korrekt eingerichtetes Transportsystem; notfalls ordnen Sie Ihre Entwicklungsklasse nur einem lokalen, also nicht transportierbaren Änderungsauftrag zu.

Zur Erleichterung der Suche nach bereits vorhandenen Entwicklungen, insbesondere im R/3-Standard, gibt es eine **Anwendungshierarchie**. Die Entwicklungsklasse sollte einer **Anwendungskomponente** zugeordnet werden, damit ihre Objekte über die Anwendungshierarchie gefunden werden können.

Klicken Sie im *Object Navigator* die Drucktaste ANLEGEN (s. Abbildung 2.20 bis Abbildung 2.24). **Schritte**

**Abbildung 2.20**
Anlegen einer
Entwicklungsklasse im
*Object Navigator*
(© SAP AG)

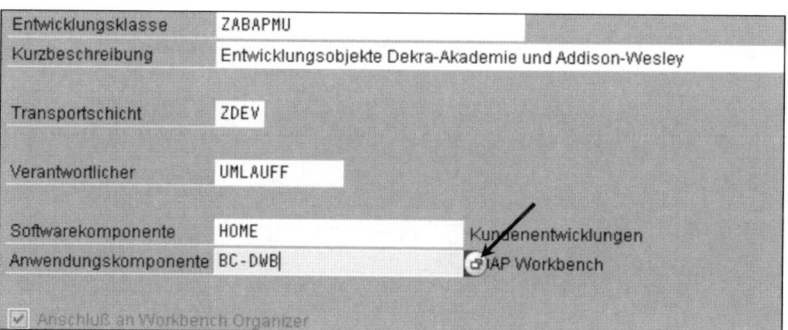

**Abbildung 2.21**
Falls Sie nur über einen
lokalen
Änderungsauftrag
verfügen, lassen Sie die
TRANSPORTSCHICHT leer.
(© SAP AG)

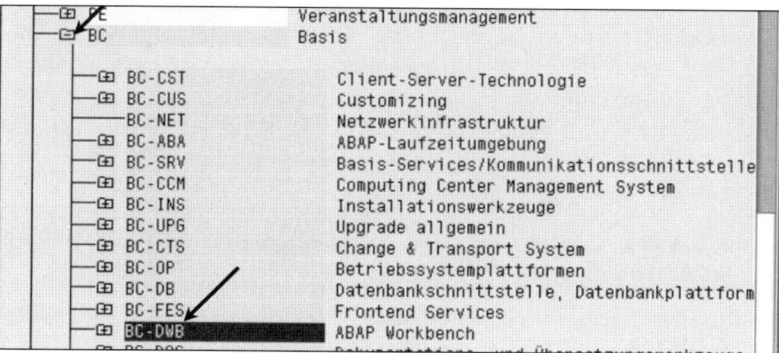

**Abbildung 2.22**
Auswahl der
Anwendungskomponente
aus der
Anwendungshierarchie
(© SAP AG)

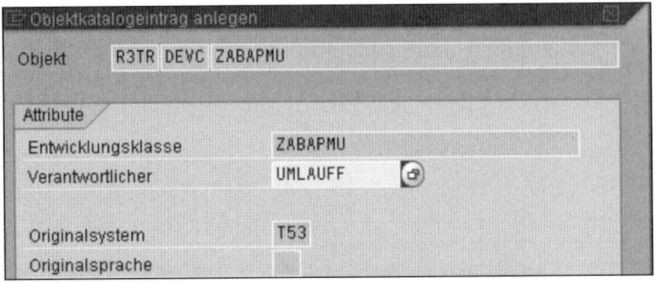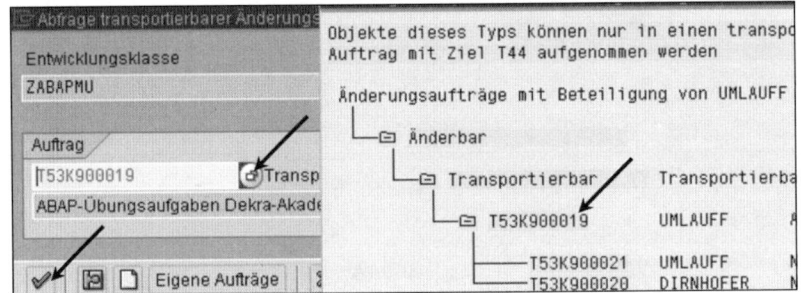

**Abbildung 2.23**
Objektkatalogeintrag der
Entwicklungsklasse
(© SAP AG)

**Abbildung 2.24**
Zuordnung der
Entwicklungsklasse zum
Änderungsauftrag; die
Zuordnung zur Aufgabe
erfolgt automatisch.
(© SAP AG)

## 2.4 Feldleiste SY: Datum, Zeit, Benutzer

**Aufgabe**

1. Bei der Ausführung von Reports ist häufig nicht erkennbar, wann und von wem der Report erstellt wurde. Erstellen Sie einen Report ZSYFELDERnn, der nach dem Gruß »Guten Tag« Datum und Uhrzeit des Starts sowie den Namen des aufrufenden Benutzers anzeigt.

Ordnen Sie diesen Report der neu angelegten Entwicklungsklasse ZABAPnn zu.

**Erläuterung** Das Laufzeitsystem unterhält während des Programmablaufs eine spezielle **Feldleiste** namens SY, bestehend aus einer Folge von Feldern. Das Feld DATUM von SY beispielsweise enthält stets das aktuelle Systemdatum. Im Programm werden die Felder mit ihrer Feldleiste durch einen Bindestrich verbunden, im Beispiel also SY-DATUM. Entsprechend kann man die aktuelle Systemzeit als SY-UZEIT und den aktuellen Benutzer als SY-USER ansprechen.

**Schritte** Legen Sie vom *Object Navigator* aus einen Report an (s. Abbildung 2.25 bis Abbildung 2.29).

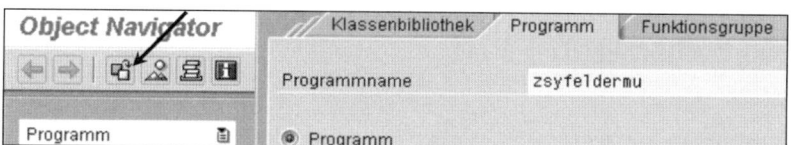

**Abbildung 2.25**
Legen Sie künftig alle
Programme nach dieser
Methode an. Auf
Abweichungen werden
Sie stets hingewiesen.
(© SAP AG)

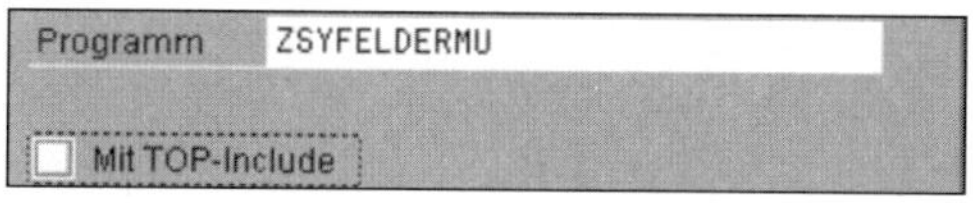

**Abbildung 2.26**
Alle Programme legen Sie
bis auf weiteres ohne
Top-Include an.
(© SAP AG)

**Abbildung 2.27**
So pflegen Sie stets die
Programmattribute
(© SAP AG)

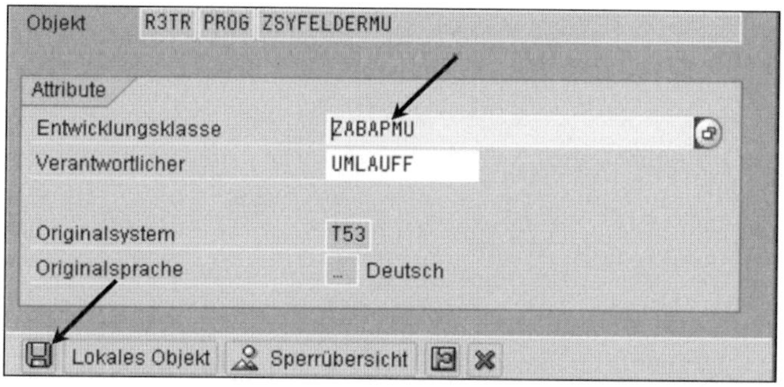

**Abbildung 2.28**
Ordnen Sie über den
Objektkatalogeintrag Ihre
Entwicklungsobjekte stets
Ihrer Entwicklungsklasse
zu. (© SAP AG)

**Abbildung 2.29**
Ordnen Sie Ihre Objekte
stets Ihrem Änderungs-
auftrag zu. (© SAP AG)

Ergänzen Sie den Programmcode und starten Sie den Report (s. Abbildung 2.30 bis Abbildung 2.31).

```
REPORT  zsyfeldermu                      .

**************************

* Systemfelder verwenden *

**************************


WRITE: 'Guten Tag',
       / 'Report ausgeführt am: ', sy-datum,
       / 'Report ausgeführt um: ', sy-uzeit,
       / 'Erstellt von: ', sy-uname.
```

**Erläuterung**    Der Schrägstrich »/« sorgt für einen **Zeilenumbruch**, vorausgesetzt die aktuelle Zeile ist nicht leer.

Der Doppelpunkt »:« und das Komma », « werden kurz vor dem Kompilieren rein textuell nach folgender Regel ersetzt: Der Textteil vor dem »:« wird jeweils wiederholt mit einem Textteil, der bis zum nächsten », « oder ».« reicht. Die obige WRITE-Anweisung wird also in folgende sieben Anweisungen aufgelöst:

```
WRITE  'Guten Tag'.
WRITE / 'Report ausgeführt am: '.
WRITE sy-datum.
WRITE / 'Report ausgeführt um: '.
WRITE sy-uzeit.
WRITE / 'Erstellt von: '.
WRITE sy-uname.
```

Die Ersetzung geschieht für Sie unsichtbar, das Quellprogramm wird natürlich nicht verändert.

**Abbildung 2.30**
Ergänzen des Reports ab der zweiten Zeile; Pretty Printer aufrufen; Syntax prüfen; Report speichern, aktivieren und starten
(© SAP AG)

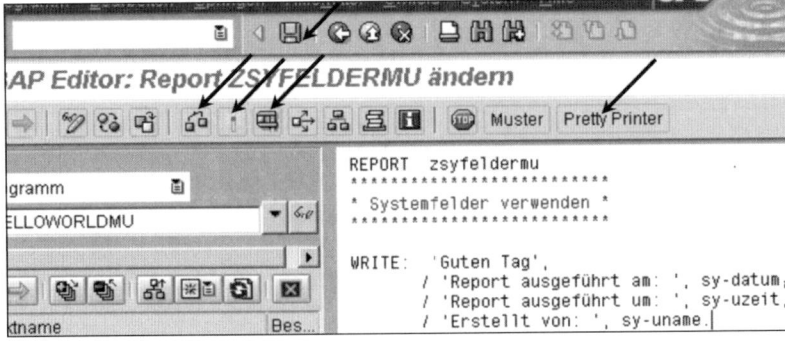

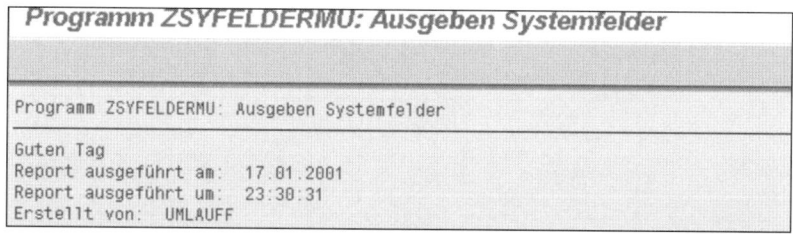

**Abbildung 2.31**
Listenausgabe des
Reports
(© SAP AG)

**2.** Zeigen Sie Ihre Entwicklungsklasse im *Object Navigator* an. Sie enthält mittlerweile ein erstes Entwicklungsobjekt, den soeben angelegten Report.

**A**ufgabe

Geben Sie im Navigationsteil des Object Navigators den Namen Ihrer Entwicklungklasse ein, und öffnen Sie sie (s. Abbildung 2.32).

**Schritte**

**Abbildung 2.32**
Hier in Ihrer
Entwicklungsklasse
werden sich künftig alle
Ihre Entwicklungsobjekte
ansammeln.
(© SAP AG)

## 2.5 Vorwärtsnavigation, Online-Hilfe

**1.** Sehen Sie sich die Struktur SYST an, durch welche die Systemfeldleiste SY definiert wird.

**A**ufgabe

Die Systemfeldleiste SY, die in der vorherigen Aufgabe bereits erwähnt wurde, enthält noch eine Vielzahl weiterer Felder, die stets nach dem Abarbeiten einer ABAP-Anweisung aktualisiert werden. Sie werden im Verlaufe der Übungsaufgaben noch viele Felder kennen lernen, jetzt werfen Sie einen kurzen Blick hinein.

**Erläuterung**

Sie könne durch Doppelklicken auf sy-datum im Programmtext zu der Strukturdefinition gelangen (s. Abbildung 2.33 bis Abbildung 2.34). Dieses Verfahren nennt man auch **Vorwärtsnavigation**, es kann nicht nur zum Ansehen, sondern auch zum Anlegen und Ändern von Objekten verwendet werden. Mit der ZURÜCK-Taste gelangen Sie wieder zu Ihrem Report.

**Schritte**

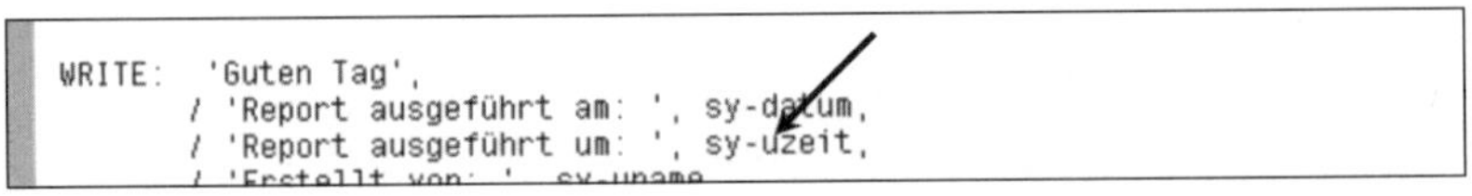

**Abbildung 2.33**
Vorwärtsnavigation:
Doppelklick auf ein
Systemfeld
(© SAP AG)

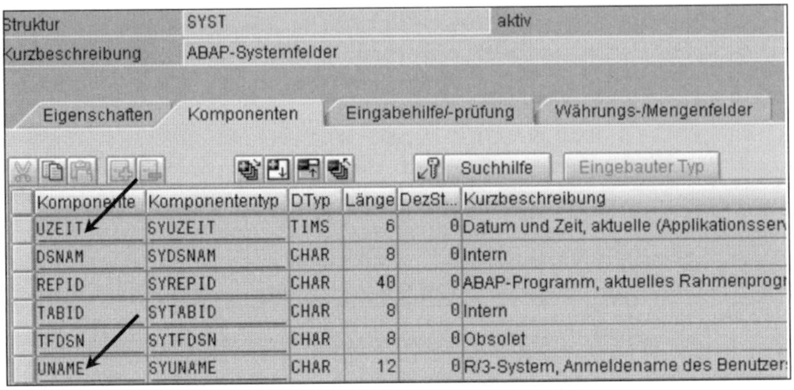

```
WRITE:  'Guten Tag',
        / 'Report ausgeführt am: ', sy-datum,
        / 'Report ausgeführt um: ', sy-uzeit,
        / 'Erstellt von: ' sy-uname
```

**Abbildung 2.34**
Struktur SYST der
Systemfeldleiste SY
(© SAP AG)

| Struktur | SYST | | | | aktiv | |
|---|---|---|---|---|---|---|
| Kurzbeschreibung | ABAP-Systemfelder | | | | | |

Eigenschaften  Komponenten  Eingabehilfe/-prüfung  Währungs-/Mengenfelder

Suchhilfe  Eingebauter Typ

| Komponente | Komponententyp | DTyp | Länge | DezSt... | Kurzbeschreibung |
|---|---|---|---|---|---|
| UZEIT | SYUZEIT | TIMS | 6 | 0 | Datum und Zeit, aktuelle (Applikationsser |
| DSNAM | SYDSNAM | CHAR | 8 | 0 | Intern |
| REPID | SYREPID | CHAR | 40 | 0 | ABAP-Programm, aktuelles Rahmenprogr |
| TABID | SYTABID | CHAR | 8 | 0 | Intern |
| TFDSN | SYTFDSN | CHAR | 8 | 0 | Obsolet |
| UNAME | SYUNAME | CHAR | 12 | 0 | R/3-System, Anmeldename des Benutzer |

**Aufgabe**

**2.** Rufen Sie die **F1-Kontexthilfe** (Online-Hilfe) zu Systemfeld SY-UZEIT.

**Erläuterung**    Die F1-Hilfe mündet für weiterführende Themen oft in der **SAP-Biblio-thek**, auch **Online-Hilfe** genannt. Sie besteht aus einer Sammlung von .chm-Dateien in Microsofts kompiliertem HTML-Format, weshalb der *Microsoft Internet-Explorer* ab Rel. 4.0 auf Ihrem Frontend-Rechner installiert sein muss. Es handelt sich um eine nahezu vollständige Sammlung des SAP-Wissens, soweit es den R/3-Standard betrifft. Beim Erlernen von R/3 und der ABAP-Programmierung ist sie eine ideale Ergänzung zum Nachschlagen.

Neben den Basis-Themen für ABAP-Programmierer und R/3-Administratoren finden Sie dort u. a. auch die Anwendungsthemen der Komponenten *Rechnungswesen*, *Logistik* und *Personalwirtschaft*. Sie ist erhältlich als CD *Online-Documentation 4.6B* (natürlich auch für andere Releases), die Sie im **SAP-Shop** bestellen können: *http://www.sap.de*, Hyperlinks *SAP-Shop / Global SAP Knowledge Shop* (s. Abbildung 2.35).

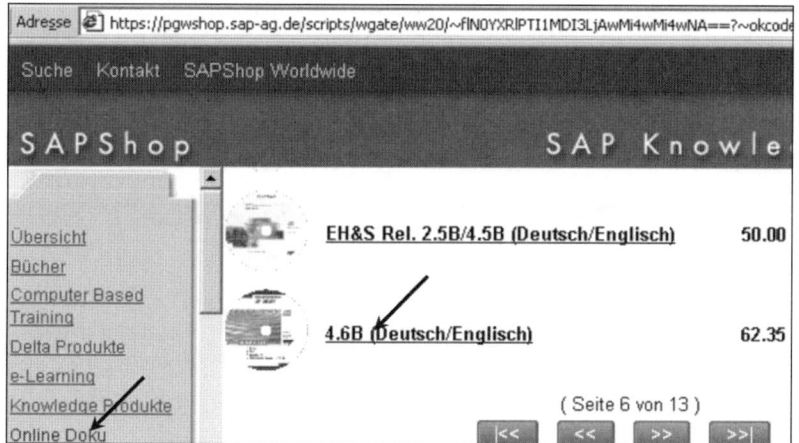

**Abbildung 2.35**
Internet-Explorer: Im
SAP-Shop können Sie die
SAP-Bibliothek online
bestellen (Preise in Euro).
(© SAP AG)

Der Autor empfiehlt Ihnen, diese CD zu Ihrem ständigen Begleiter zu machen. Nahezu alle relevanten Themen zur ABAP-Programmierung können Sie dort nachschlagen. Die SAP-Bibliothek kann auch offline gestartet werden, und zwar durch Doppelklick auf die Datei *E:\HTMLHELP\HELPDATA\DE\00000001.CHM*, falls *E:\* Ihr CD-Laufwerk ist. Suchen Sie möglichst oft zu den behandelten Themen die betreffende Hilfeseite, um Orientierung in der Fülle der angebotenen Themen zu gewinnen.

Der Online-Start der SAP-Bibiliothek erfolgt über das HILFE-Menü der SAPGUI oder kontextbezogen mit der F1-Taste (s. u.). Sollte nach der Statuszeilenmeldung »Browser wurde gestartet« eine Fehlermeldung erscheinen, bitten Sie Ihren Administrator, die Online-Hilfe einzurichten. Sollten Sie über die oben erwähnte CD *Online-Documentation 4.6B* verfügen, können Sie sich auch wie folgt behelfen: Legen Sie die CD ins CD-Laufwerk, das hier den Buchstaben *E:* trägt. Ergänzen Sie die Datei *C:\WINNT\sapdoccd.ini* mit dem Texteditor.

```
[global]
docucdD=E:\
docucdE=E:\
docucdF=E:\
[SID]
SID=XXX
docucdD=E:\
docucdE=E:\
docucdF=E:\
[HTMLHELP]
HelpType=HtmlHelpFile
HtmlHelpFilePath=E:\HTMLHELP\HELPDATA\DE
```

Sie können den Zugriff auf die Online-Hilfe beschleunigen, indem Sie den Ordner *E:\HTMLHELP\HELPDATA\DE* auf die Festplatte kopieren und den Pfad in der Datei *sapdoccd.ini* entsprechend anpassen.

**Schritte**  Setzen Sie den Cursor im Programmtext auf SY-UZEIT. Drücken Sie die Taste F1 (s. Abbildung 2.36 bis Abbildung 2.37).

**Abbildung 2.36**
F1-Hilfe für ein Systemfeld; der Hyperlink führt zur kontextbezogenen Hilfe aus der SAP-Bibliothek.
(© SAP AG)

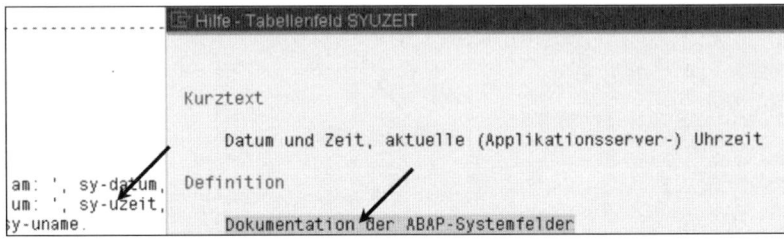

**Abbildung 2.37**
Kontextbezogene Hilfe aus der SAP-Bibliothek
(© SAP AG)

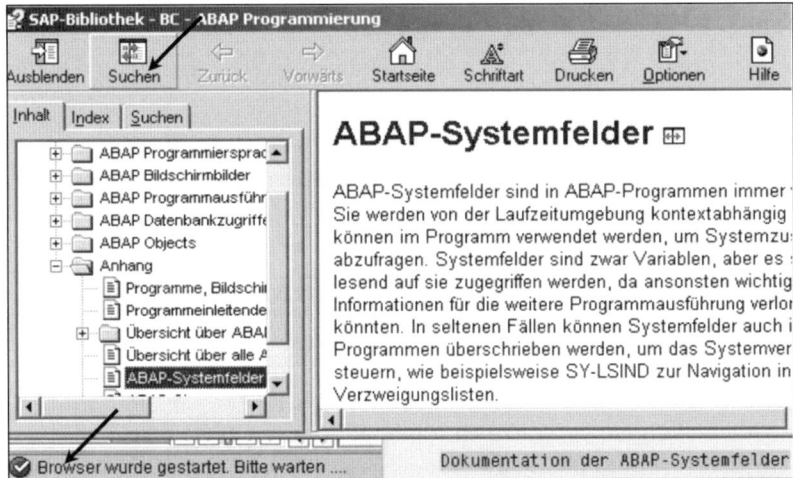

**Aufgabe**

3. Starten Sie die *SAP-Bibliothek*. Navigieren Sie nun auf diesem Wege zu der Seite *ABAP-Systemfelder* aus der vorherigen Aufgabe.

**Erläuterung**  Die F1-Hilfe bringt Sie, wenn Sie gerade an einem Problem arbeiten, meist zu der gewünschten Seite der SAP-Bibliothek. Wenn Sie sich gerade nicht in der betreffenden Anwendung aufhalten und Informationen zu einem bestimmten Thema suchen, müssen Sie lernen, sich in der Fülle der Bücher und Seiten der SAP-Bibliothek zu orientieren.

Starten Sie HILFE / SAP-BIBLIOTHEK. Sie gelangen auf die Einstiegsseite. **Schritte**
Navigieren Sie in der Baumstruktur, wie in Abbildung 2.38 gezeigt.

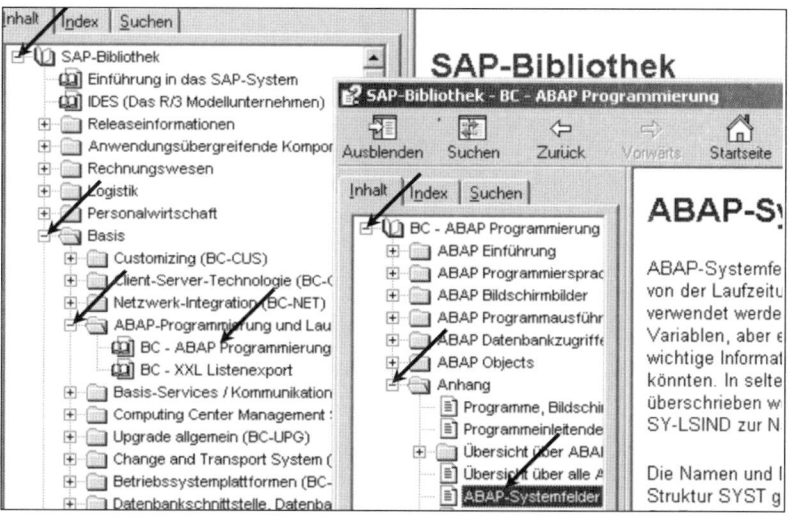

**Abbildung 2.38**
Navigation von der SAP-Bibliothek aus zur gleichen Seite
(© SAP AG)

**4.** Suchen Sie im Buch *ABAP-Programmierung* der SAP-Bibliothek eine grundlegende Beschreibung der ABAP-Anweisung WRITE. Suchen Sie den Eintrag in der Baumstruktur.

 **Aufgabe**

Geben Sie im Registerblatt INDEX das Schlüsselwort WRITE ein (s. Abbildung 2.39 bis Abbildung 2.40). **Schritte**

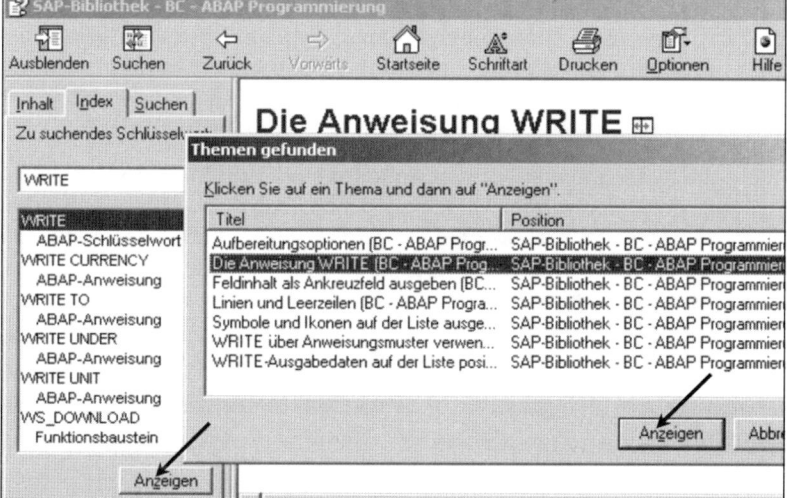

**Abbildung 2.39**
Suche nach Dokumentation zur ABAP-Anweisung WRITE
(© SAP AG)

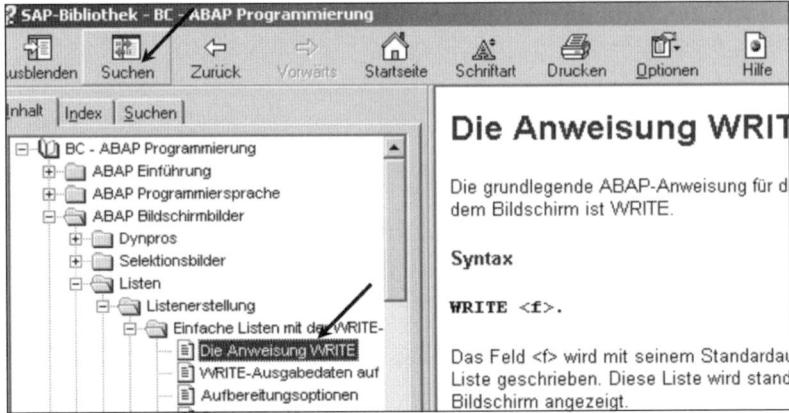

## 2.6 Liste formatieren

1. Legen Sie in einem zweiten **Modus**-Fenster der SAPGUI einen Report ZFORMATnn an. Kopieren Sie über die **X-Ablage** den Programmtext von ZSYFELDERnn hinein. Fügen Sie vor und nach der Angabe von Datum und Zeit jeweils drei *Leerzeilen* ein. Vor der Angabe des Benutzernamens geben Sie eine Trennlinie aus.

   Setzen Sie für die erste Spalte der Listenausgabe den *Tabulator* 5, für die zweite Spalte den Tabulator 30 in den Ausgabezeilen.

   Die *Listenüberschrift* soll »Liste mit Systemfeldern«, die *Titelleiste* »Formatierte Liste« lauten (s. Abbildung 2.46).

**Erläuterung**  Zum Kopieren von Texten stehen Ihnen drei Ablagen zur Verfügung: die *X-*, *Y-* und die *Z-Ablage*. Sie werden auf dem R/3-Anwendungsserver gehalten und können verwendet werden, um Texte von einem Modusfenster ins andere zu kopieren.

Alternativ hierzu kann auch das **Clipboard** – die **Windows-Zwischenablage** – zum Kopieren oder Verschieben von Texten zwischen mehreren Modusfenstern benutzt werden. Der Inhalt des Clipboards wird vom Windows-Betriebssystem Ihres Frontends gehalten. Sie können es über die in Windows üblichen Drucktasten KOPIEREN, AUSSCHNEIDEN und EINFÜGEN sowie über die Tastenkombinationen Strg+C, Strg+X und Strg+V verwenden.

Die Anweisung SKIP [n] fügt [n] **Leerzeilen**, die Anweisung ULINE eine **Trennlinie** ein.

**Tabulatoren** geben Sie in der WRITE-Anweisung vor dem jeweiligen Feld durch Angabe der Zeilenposition in Zeichen an, wobei die Position 1 dem linken Rand entspricht.

Ein zweites Modus-Fenster öffnen Sie aus dem Menü mit SYSTEM / ER-ZEUGEN MODUS. Legen Sie damit, wie in Abschnitt 2.4 »Feldleiste SY« gezeigt, in Ihrer Entwicklungsklasse ZABAPnn einen Report ZFORMATnn an.

**Schritte**

Markieren Sie mit den in Windows-Anwendungen üblichen Techniken – Ziehen der Maus oder Betätigen der Cursortasten bei gedrückter ⌈⇧⌋-Taste – im ersten Modus den Report ab der zweiten Zeile (s. Abbildung 2.41 bis Abbildung 2.42). Rufen Sie HILFSMITTEL / BLOCK/ABLAGE / KO-PIEREN IN X-ABLAGE. Wechseln Sie in den zweiten Modus, und setzen Sie den Cursor in die leere Zeile nach REPORT ZFORMATnn. Rufen Sie HILFSMIT-TEL / BLOCK/ABLAGE / EINSETZEN X-ABLAGE.

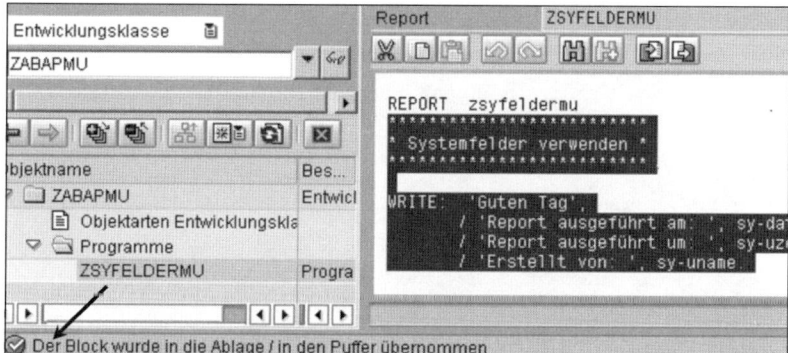

**Abbildung 2.41**
Erster Modus: Code markieren, und in die X-Ablage kopieren (© SAP AG)

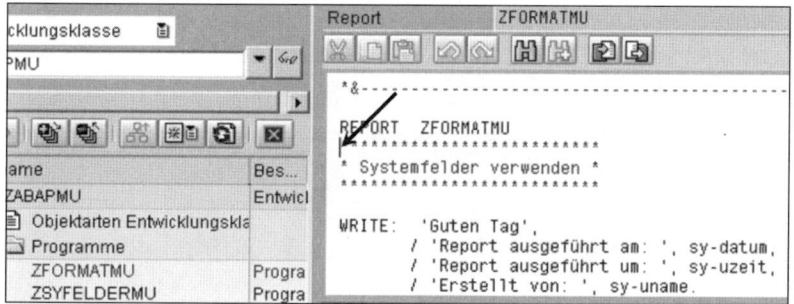

**Abbildung 2.42**
Zweiter Modus: Cursor setzen, und aus der X-Ablage den Code einsetzen (© SAP AG)

Ändern und ergänzen Sie den Programmcode.

```
REPORT  zformatmu.

***************************
* Ausgabe formatieren    *
***************************
```

```
SKIP 3.
WRITE:  5 'Guten Tag',
       /5 'Report ausgeführt am: ', 30 sy-datum,
       /5 'Report ausgeführt um: ', 30 sy-uzeit.
SKIP 3.
ULINE.
WRITE: /5 'Erstellt von: ', 30 sy-uname.
```

Das Programm können Sie nach dem Aktivieren auch mit der Funktionstaste F8 starten (s. Abbildung 2.43).

**Abbildung 2.43**
Formatierte Liste mit
Leerzeilen, Trennlinie und
Tabulatoren
(© SAP AG)

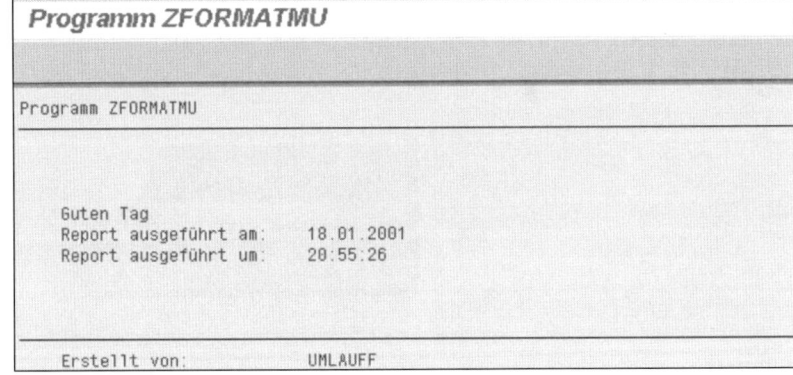

Die **Listenüberschrift** passen Sie mit SPRINGEN / TEXTELEMENTE / LISTÜBERSCHRIFTEN (s. Abbildung 2.44), die **Titelleiste** mit SPRINGEN / EIGENSCHAFTEN an (s. Abbildung 2.45). Aktivieren und starten Sie den Report.

**Abbildung 2.44**
Listenüberschrift pflegen,
aktivieren, zurück zum
ABAP Editor
(© SAP AG)

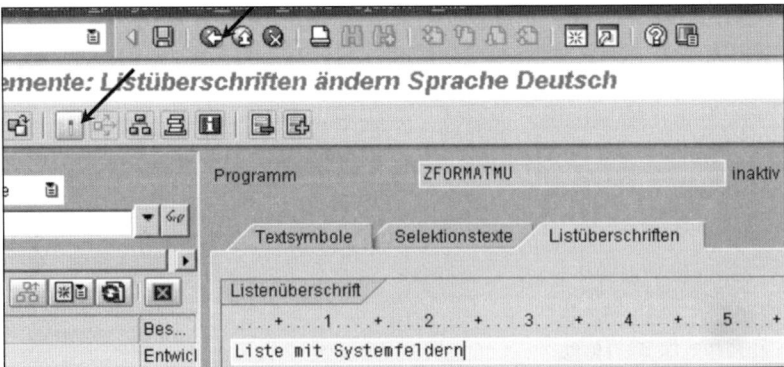

Titel          Liste formatieren
Originalsprache     ...    Deutsch

Erstellt            18.01.2001        UMLAUFF
Letzte Änderung     18.01.2001        UMLAUFF
Status              inaktiv

Attribute
Typ                 Ausführbares Programm
Status              Testprogramm
Anwendung           Kunde Filiale

**Abbildung 2.45**
Titel pflegen
(© SAP AG)

Liste formatieren

Liste mit Systemfeldern

Guten Tag
Report ausgeführt am:    18.01.2001
Report ausgeführt um:    21:09:07

Erstellt von:            UMLAUFF

**Abbildung 2.46**
Ergebnis: Titel und
Listenüberschrift der
formatierten Liste
(© SAP AG)

**2.** Aktualisieren Sie im ersten Modus die **Objektliste** der Entwicklungsklasse ZABAPnn, so dass der neue Report ZFORMATnn auch hier sichtbar wird.

**Aufgabe**

Wechseln Sie in den ersten Modus. Klicken Sie die Taste AKTUALISIEREN an (s. Abbildung 2.47). **Schritte**

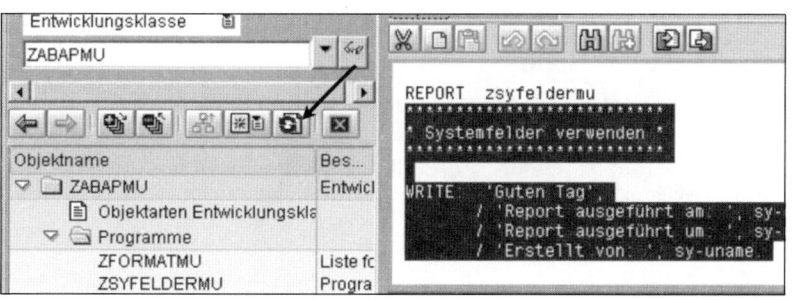

**Abbildung 2.47**
Nach dem Aktualisieren
ist auch Report ZFORMATnn
sichtbar.
(© SAP AG)

## 2.7 Variablen und Konstanten deklarieren

1. Erstellen Sie für die Lieferung eines bestimmten Produkts eine Rechnung als Report ZOELPUMPEnn, die Produktbezeichnung, Einzelpreis (netto), Anzahl, Gesamtpreis (netto und brutto) und die Mehrwertsteuer (16 %) enthält (s. Abbildung 2.48). Definieren Sie den Mehrwertsteuersatz als eine Konstante. Ergänzen Sie Tabelle 2.1.

Laden Sie das Archiv *abap.zip* von der Homepage der DEKRA-Akademie herunter: *http://www.dekra-akademie.de/download*, wie es in Abbildung 2.49 gezeigt wird. Extrahieren Sie die Datei *ABAP-Muster.rtf*. Öffnen Sie diese Datei mit *Microsoft-Word* oder einem anderen Textprogramm, das *.rtf*-Dateien lesen kann. Sie enthält alle Programmcodes, die im »Anhang A: Programmlistings« abgedruckt sind.

Kopieren Sie – ausnahmsweise – den Programmcode aus der Datei *ABAP-Muster.rtf* über die Windows-Zwischenablage in den ABAP Editor

| Beschreibung | Wert | Feldname | Felddatentyp |
|---|---|---|---|
| Produktbezeichnung | Oelpumpe 220 V | | |
| Anzahl | 5 | | |
| MwSt-Satz in Prozent | 0,16 | | |
| MwSt-Satz ganzzahlig | (zu errechnen) | | |
| MwSt-Betrag | (zu errechnen) | | |
| Einzelpreis netto | 200,00 | | |
| Gesamtpreis netto | (zu errechnen) | | |
| Gesamtpreis brutto | (zu errechnen) | | |

**Tabelle 2.1** Tragen Sie in die Tabelle geeignete Datentypen und aussagekräftige Datenfeldnamen ein. Die Werte werden im Programm als Literale zugewiesen.

```
Rechnung Oelpumpe

Rechnung Oelpumpe

Rechnung für Oelpumpe 220 V
Einzelpreis (netto):           200,00  DM
Anzahl:                          5  Stück
Gesamtpreis (netto):         1.000,00  DM
Mehrwertsteuer (16%):          160,00  DM
Gesamtpreis (brutto):        1.160,00  DM
```

**Abbildung 2.48**
Listenausgabe des
Reports ZOELPUMPEnn
(© SAP AG)

Normalerweise sollten Sie Ihre Programme selbst entwerfen und nicht die Musterlösung kopieren. Hier wird eine Ausnahme gemacht, um die Technik zu erlernen.

Mit DATA werden Datenfelder deklariert. TYPE i *(Integer)* gibt an, dass es sich um ganzzahlige numerische Werte handelt. **Erläuterung**

TYPE p *(packed)* verwendet man für numerische Werte mit fester Stellenzahl. Es handelt sich um so genannte *binär codierte Dezimalzahlen*, die für Geldbeträge und buchhalterische Zwecke sehr gut geeignet sind; pro Byte werden zwei Stellen codiert. Der Zusatz DECIMALS 2 legt die Zahl der Nachkommastellen auf zwei fest.

Wird der Typ weggelassen, wie bei der Definition DATA bezeichnung(30). geschehen, handelt es sich automatisch um den Texttyp TYPE c. Durch die Längenangabe wird hier die maximale Anzahl der Zeichen auf 30 festgelegt. Wenn die Längenangabe ebenfalls fehlt, wird automatisch die Länge 1 angenommen.

Mit CONSTANTS wird ein Feld mit unveränderlichem Wert definiert, der mit dem Zusatz VALUE festgelegt wird. Bei mit DATA deklarierten Feldern können Sie mit diesem Zusatz ebenfalls feste Werte vorbelegen.

Weitergehende Beschreibungen zum Typkonzept finden Sie in der SAP-BIBLIOTHEK / BASIS / ABAP-PROGRAMMIERUNG UND LAUFZEITUMGEBUNG / BC- ABAP-PROGRAMMIERUNG, dort im Buch BC-ABAP-PROGRAMMIE-RUNG / ABAP-PROGRAMMIERSPRACHE / GRUNDLEGENDE SPRACHELE-MENTE / DATENTYPEN.

Öffnen Sie das Archiv *abap.zip* mit *Winzip* – oder einem anderen Archivier- und Komprimierprogramm – und extrahieren Sie *ABAP-Muster.rtf* (s. Abbildung 2.49 bis Abbildung 2.53). Legen Sie den Report ZOELPUM-PEnn an. Kopieren Sie den Quellcode mit der Zwischenablage in den Report. **Schritte**

**Abbildung 2.49**
Download des Archivs
ABAP.ZIP von der
Homepage der Dekra-
Akademie

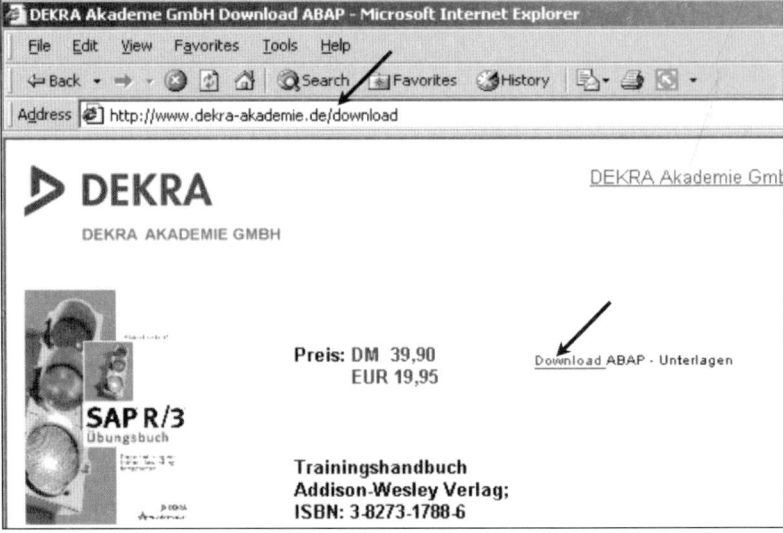

**Abbildung 2.50**
Winzip: Extrahieren von
ABAP-Muster.rtf aus
abap.zip

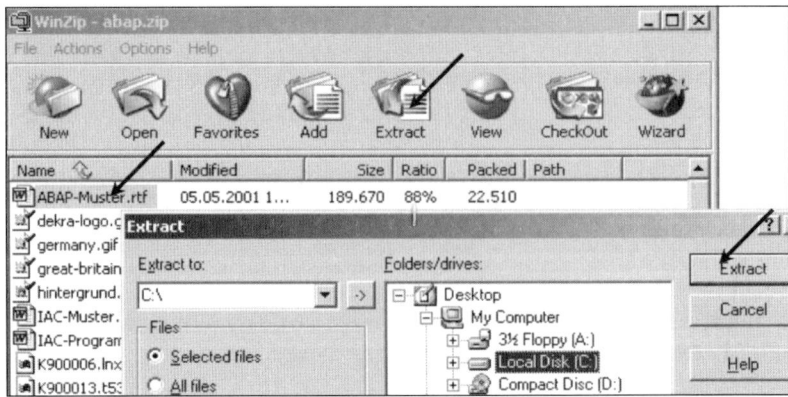

**Abbildung 2.51**
Windows-Explorer:
Öffnen der extrahierten
Datei

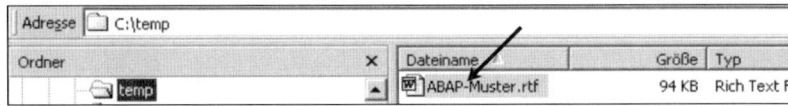

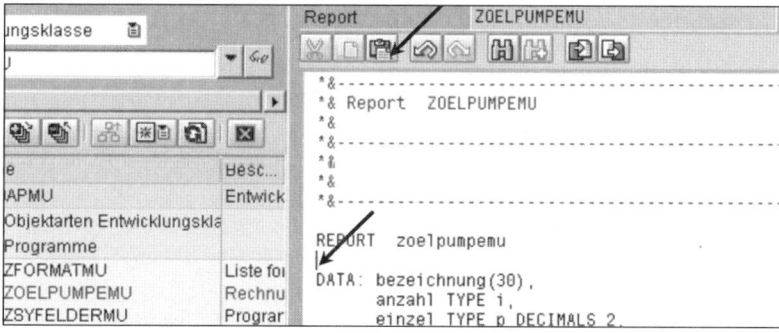

**Abbildung 2.52**
Microsoft Word:
Markieren des Quelltextes
ab der zweiten Zeile,
durch BEARBEITEN /
KOPIEREN gelangt er in die
Zwischenablage.

**Abbildung 2.53**
Einfügen der Windows-
Zwischenablage in den
Report. Alternative:
Menüpunkt HILFSMITTEL /
BLOCK/ABLAGE / EINSETZEN
CLIPBOARD (© SAP AG)

```
REPORT   zoelpumpemu                .


DATA: bezeichnung(30),
      anzahl TYPE i,
      einzel TYPE p DECIMALS 2,
      gesamtn TYPE p DECIMALS 2,
      gesamtb TYPE p DECIMALS 2,
      mwstbetrag TYPE p DECIMALS 2,
      mwstganz TYPE i.
CONSTANTS: mwstsatz TYPE p DECIMALS 2 VALUE '0.16'.
```

```
bezeichnung = 'Oelpumpe 220 V'.
einzel = '200.00'.
anzahl = 5.
gesamtn = anzahl * einzel.
mwstbetrag = gesamtn * mwstsatz.
gesamtb = gesamtn + mwstbetrag.
mwstganz = mwstsatz * 100.


WRITE:
  / 'Rechnung für' ,bezeichnung,
  / 'Einzelpreis (netto):', 22 einzel, 'DM',
  / 'Anzahl:',  25 anzahl, 'Stück',
  / 'Gesamtpreis (netto):', 22 gesamtn ,'DM',
  / 'Mehrwertsteuer (', 17(2) mwstganz , 19 '%):',
    22 mwstbetrag, 'DM',
  / 'Gesamtpreis (brutto):', 22 gesamtb ,'DM'.
```

## 2.8 Selektionsbild: PARAMETERS

**Aufgabe**

1. Gestalten Sie für ein Kassenterminal den Ausgabebeleg als Report ZKASSENTERMINALnn. Folgende Details sind zu berücksichtigen:

- Zur Eingabe des Bruttobetrags und des Zahlungsbetrags dienen, wie in Abbildung 2.54 angezeigt, auf dem Selektionsbild Eingabefelder. Der einzugebende BETRAG ist als Bruttopreis zu verstehen. Die ZAHLUNG ist der vom Kunden ausgehändigte Geldbetrag. Der MWST-SATZ soll automatisch mit 16 vorbelegt werden.

- Die Liste sehen Sie in Abbildung 2.55. Die Rückzahlung ist der von der Kassiererin zurückzugebende Differenzbetrag. Der Mehrwertsteuerbetrag wird als aktueller Prozentsatz gesondert ausgewiesen.

- Bevor Sie mit dem Programmieren beginnen, überlegen Sie sich eine Formel zum Errechnen der Mehrwertsteuer aus dem Bruttobetrag – dies ist etwas schwieriger als beim Nettobetrag.

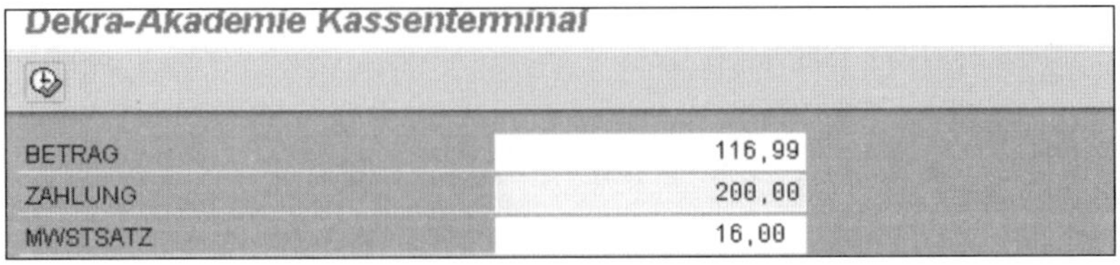

**Abbildung 2.54**
Selektionsbild des Reports mit Eingabe von Parametern
(© SAP AG)

| Dekra-Akademie Kassenterminal | |
|---|---|
| BETRAG | 116,99 |
| ZAHLUNG | 200,00 |
| MWSTSATZ | 16,00 |

```
Dekra-Akademie Kassenterminal

Dekra-Akademie Kassenterminal

Betrag:                    116,99
Kundenzahlung:             200,00
Rückzahlung:                83,01


Enthaltene MWSt:            16,14
Mehrwertsteuersatz in %    16,00

Vielen Dank für Ihren Besuch
```

**Abbildung 2.55**
Liste des Report mit
Ausgabe der Ergebnisse
der Berechnungen
(© SAP AG)

Bei einem Mehrwertsteuersatz von 16% errechnet sich die *Mehrwert-* **Erläuterung**
*steuer* für einen *Bruttobetrag* von beispielsweise DM 116, indem man
den Dreisatz anwendet:

$$MwSt = DM\ 116 * \frac{16\%}{116\%} = DM\ 16$$

Der *Nettobetrag* wäre in diesem Beispiel also DM 100.

Mit PARAMETERS wird in ABAP ein Feld definiert, das im **Selektionsbild**
vom Anwender erfragt wird. In den bisherigen Reports sahen Sie kein
Selektionsbild, da keine PARAMETERS definiert wurden. Mit dem Zusatz
DEFAULT werden dem Selektionsbild Vorschlagswerte mitgegeben.

Anstelle der Typdefinition mit TYPE kann man sich statt dessen mit LIKE
auf ein vorhandenes Feld beziehen, dessen Felddatentyp dann übernommen wird.

Nachdem mit einer WRITE-Anweisung ein Feld an einer bestimmten Position ausgegeben wurde, kann die Ausgabe einer nachfolgenden WRITE-
Anweisung mit dem Zusatz UNDER bündig zu diesem Feld angelegt werden. Diese Technik können Sie verwenden, um die Geldbeträge der
Liste rechtsbündig untereinander anzuordnen.

Legen Sie folgenden Report an: **Schritte**

```
REPORT  zkassenterminalmu          .


PARAMETERS: betrag TYPE p DECIMALS 2,
            zahlung LIKE betrag,
            mwstsatz LIKE betrag DEFAULT 16.
DATA:       zurueck LIKE betrag,
            mwstbetrag LIKE betrag.
```

```
zurueck = zahlung - betrag.
mwstbetrag = ( betrag * mwstsatz ) / ( mwstsatz + 100 ).
WRITE: / 'Betrag:', 25 betrag,
       / 'Kundenzahlung:', zahlung UNDER betrag,
       / 'Rückzahlung:', zurueck UNDER betrag.
SKIP.
ULINE.
WRITE: / 'Enthaltene MWSt:', mwstbetrag UNDER betrag,
       / 'Mehrwertsteuersatz in %', mwstsatz UNDER betrag.
ULINE.
WRITE      / 'Vielen Dank für Ihren Besuch'.
```

## 2.9 Datumsberechnungen

1. Erstellen Sie einen Report ZLEIHGEBUEHRnn, der für den Verleih von Baumaschinen die Leihgebühr bei festzulegendem Tagessatz berechnet. Das Selektionsbild enthält Eingabefelder für Maschinenbezeichnung, Tagessatz, sowie Termine für Anlieferung und Abholung (s. Abbildung 2.56).

Definieren Sie die Termine mit Bezug auf das Systemfeld SY-DATUM. Als Tag der Abholung soll automatisch das Systemdatum vorgeschlagen werden.

Stellen Sie nach erfolgter Dateneingabe die wichtigsten Abrechnungsdaten in einer Liste dar (s. Abbildung 2.57).

**Abbildung 2.56**
Selektionsbild des
Reports ZLEIHGEBUEHRnn.
(© SAP AG)

| Leihgebühr für Baumaschinen | |
|---|---|
| ⊕ | |
| MASCHID | Caterpillar |
| ANLIEF | 21.01.2000 |
| ABHOL | 22.01.2001 |
| TAGSATZ | 1,99 |

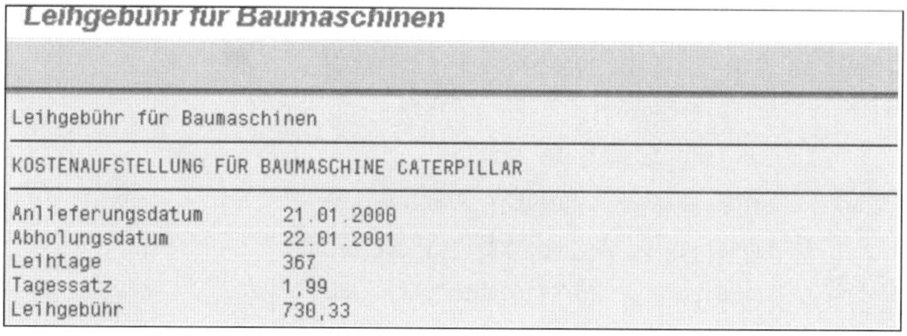

Leihgebühr für Baumaschinen

---

Leihgebühr für Baumaschinen

KOSTENAUFSTELLUNG FÜR BAUMASCHINE CATERPILLAR

| | |
|---|---|
| Anlieferungsdatum | 21.01.2000 |
| Abholungsdatum | 22.01.2001 |
| Leihtage | 367 |
| Tagessatz | 1,99 |
| Leihgebühr | 730,33 |

**Abbildung 2.57**
Liste des Reports
ZLEIHGEBUEHRnn
(© SAP AG)

Mit TYPES wird kein Feld definiert, sondern lediglich ein Typ deklariert, auf den sich spätere DATA-Definitionen mit dem Zusatz TYPE beziehen können.

**Erläuterung**

Beim Definieren eines Feldes können durch den Bezug mit LIKE auf ein vorhandenes Systemfeld all dessen Einstellungen übernommen werden.

Beim Festlegen eines Eingabeparameters kann mit dem Zusatz DEFAULT ein zu Beginn der Laufzeit zu berechnender Vorschlagswert mitgegeben werden.

Das R/3-System kann problemlos Datumsberechnungen durchführen. Der Operator »-" berechnet die Differenz zwischen zwei Kalenderdaten in Tagen.

Die linksbündige Ausrichtung der Zahlen, wie es bei den Leihtagen geschehen soll, erreicht man mit dem Zusatz LEFT-JUSTIFIED.

Legen Sie folgenden Report an:

**Schritte**

```
REPORT  zleihgebuehrmu          .


TYPES: money TYPE p DECIMALS 2.
PARAMETERS: maschid(12),
            anlief LIKE sy-datum,
            abhol LIKE sy-datum DEFAULT sy-datum,
            tagsatz TYPE money.


DATA:    tage TYPE i,
         taggebuehr TYPE money.


tage = abhol - anlief.
taggebuehr = tage * tagsatz.
```

```
WRITE: / 'KOSTENAUFSTELLUNG FÜR BAUMASCHINE',maschid.
ULINE.
WRITE: / 'Anlieferungsdatum', 25 anlief,
       / 'Abholungsdatum', 25 abhol,
       / 'Leihtage', 25 tage LEFT-JUSTIFIED,
       / 'Tagessatz',  25 tagsatz LEFT-JUSTIFIED,
       / 'Leihgebühr',  25 taggebuehr LEFT-JUSTIFIED.
```

**Aufgabe**

2. Ersetzen Sie im Selektionsbild die technisch wirkenden Feldnamen durch sich selbst erklärende Texte wie in Abbildung 2.58.

**Abbildung 2.58**
Sich selbst erklärende
Selektionstexte im
Selektionsbild
(© SAP AG)

| Leihgebühr für Baumaschinen | |
|---|---|
| Maschinenbezeichnung | Lanz Bulldog |
| Anlieferdatum | 4.5.1929 |
| Abholdatum | 22.01.2001 |
| Tagessatz | 29,99 |

**Schritte**

*Erst aktivieren ☑*

Rufen Sie vom ABAP Editor aus SPRINGEN / TEXTELEMENTE / SELEKTIONS-TEXTE. Pflegen und aktivieren Sie die Selektionstexte, wie in Abbildung 2.59 dargestellt.

**Abbildung 2.59**
Pflege der Selektionstexte
(© SAP AG)

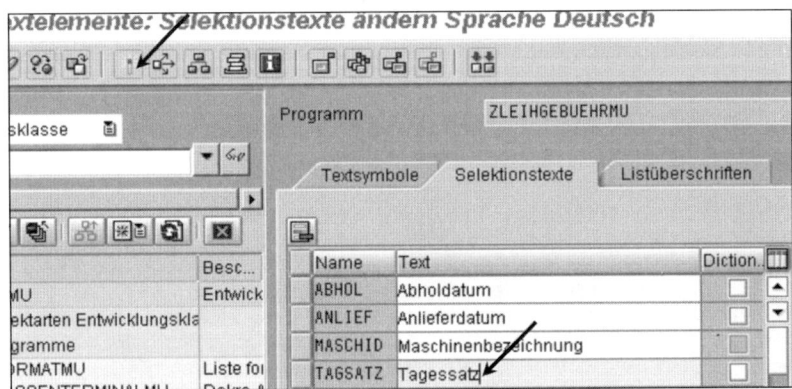

## 2.10 ABAP-Stringoperationen, IF und ENDIF

1. Erstellen Sie einen Report ZZINSTAGEnn, der nach Eingabe des Einzahlungs- und Auszahlungsdatums die Zinstage berechnet. Lesen Sie das Einzahlungs- und Auszahlungsdatum im Selektionsbild ein (s. Abbildung 2.60 bis Abbildung 2.61). Bei der Tageberechnung ist Folgendes zu beachten:

**Aufgabe**

- Das Jahr wird mit 360 Tagen gerechnet.

- Jeder Monat wird mit 30 Tagen berechnet.

- Der Tag, von dem aus gerechnet wird, zählt nicht mit.

- Die Besonderheiten des 28. bzw. 29. Februars werden nicht berücksichtigt.

- Der 31. eines Monats führt zum gleichen Ergebnis wie der 30. des Monats.

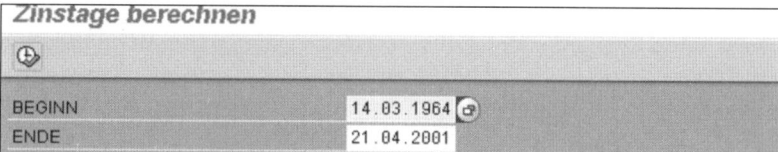

**Abbildung 2.60**
Selektionsbild des
Reports ZZINSTAGEnn
(© SAP AG)

**Abbildung 2.61**
Liste des Reports
ZZINSTAGEnn
(© SAP AG)

Berechnen Sie die Zinstage durch Addition der folgenden Werte: **Erläuterung**

- der restlichen Tage des ersten Monats bis zum 30.

- der Tage ab Beginn des letzten Monats, höchstens bis zum 30.

- der vollen Monate und Jahre dazwischen, multipliziert mit den entsprechenden Faktoren

Ein Datumsfeld enthält intern das Datum in der Form JJJJMMTT. Mit diesem Wissen können Sie gezielt Jahr, Monat und Tag extrahieren. Deklarieren Sie Datenfelder für Tag, Monat und Jahr, und zwar jeweils für das Einzahlungs- und Auszahlungsdatum im Format CHAR.

Übertragen Sie die Tages-, Monats- und Jahresinformationen aus den eingelesenen Eingabe- bzw. Ausgabedaten in die dafür vorgesehenen Felder. Hierfür verwenden Sie die ABAP-Stringoperationen. Eine Anweisung wie etwa

```
Feld1 = Feld2+6(2).
```

hat zur Folge, dass zwei Zeichen von Feld2 nach der sechsten Stelle – man nennt dies **Offset** – dem Feld1 zugewiesen werden. Hat also beispielsweise Feld2 den Wert 20011224, so würde mit der obigen Anweisung Feld1 der Wert 24 zugewiesen werden.

Die IF-Verzweigung prüft eine nachfolgende Bedingung. Ist sie wahr, wird der nachfolgende Anweisungsblock bis ENDIF ausgeführt, ansonsten unterbleibt dies. Weitere Details hierzu werden in der nächsten Aufgabe behandelt.

**Schritte** Legen Sie folgenden Report an:

```
REPORT  zzinstagemu                   .
PARAMETERS: beginn LIKE sy-datum,
            ende   LIKE sy-datum.
DATA: tein(2),
      taus(2),
      mein(2),
      maus(2),
      jein(4),
      jaus(4),
      zinstage TYPE i.
jein = beginn(4).
mein = beginn+4(2).
tein = beginn+6(2).
jaus = ende(4).
maus = ende+4(2).
taus = ende+6(2).
IF taus > 30.
  taus = 30.
ENDIF.
IF tein > 30.
  tein = 30.
ENDIF.
zinstage = ( 30 - tein ) + ( ( maus - mein ) * 30 ) +
( ( jaus - jein ) * 360 ) + ( taus - 30 ).
WRITE: / 'Ihre Zinstage vom ', beginn, ' bis ', ende, ':',
  zinstage , 'Tage '.
```

## 2.11 IF-Verzweigung: ELSEIF und ELSE

**1.** Geben Sie zu einem Zinsertrag im Report ZFREIBETRAGnn mit Hilfe einer IF-Verzweigung eine Meldung aus, welche Freibetragsgrenzen für Zinsen er einhält. Definieren Sie zwei Freibeträge: einen einfachen für Singles von 3000 und einen doppelten für Eheleute. Unterscheiden Sie für die Listenausgabe drei Fälle (s. Abbildung 2.62 bis Abbildung 2.65):

**Aufgabe**

- Zinsen kleiner als der einfache Freibetrag
- Zinsen zwischen einfachem und doppeltem Freibetrag
- Zinsen höher als der doppelte Freibetrag

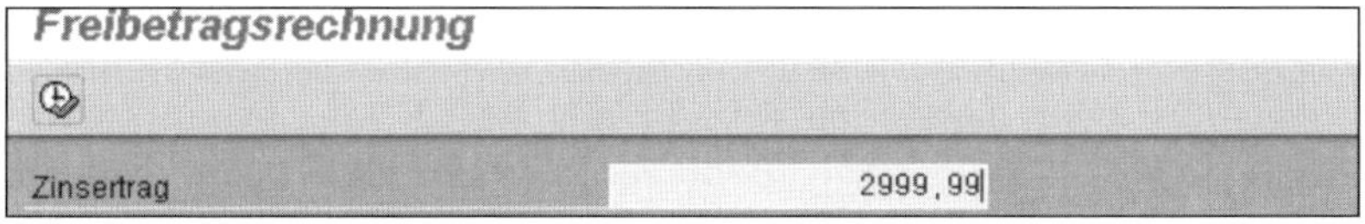

**Abbildung 2.62**
Selektionsbild des Reports ZFREIBETRAGnn (© SAP AG)

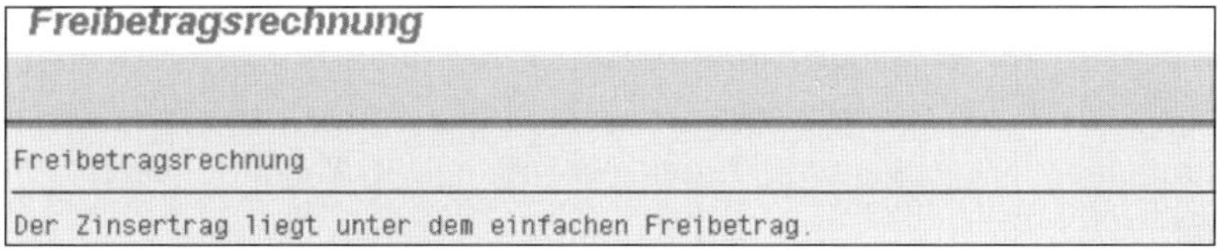

**Abbildung 2.63**
Liste des Reports ZFREIBETRAGnn (© SAP AG)

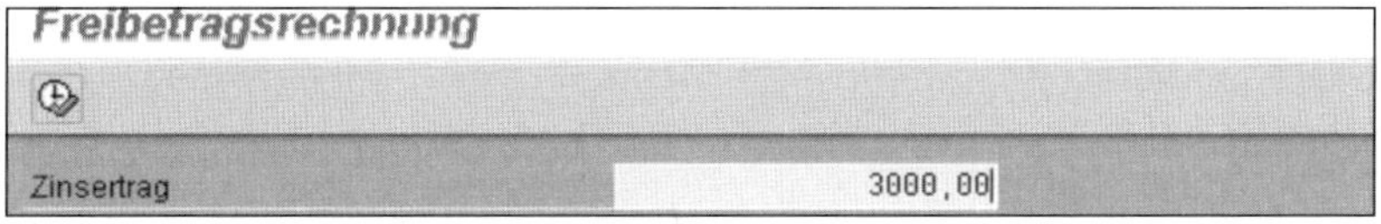

**Abbildung 2.64**
Was ein Pfennig ... (© SAP AG)

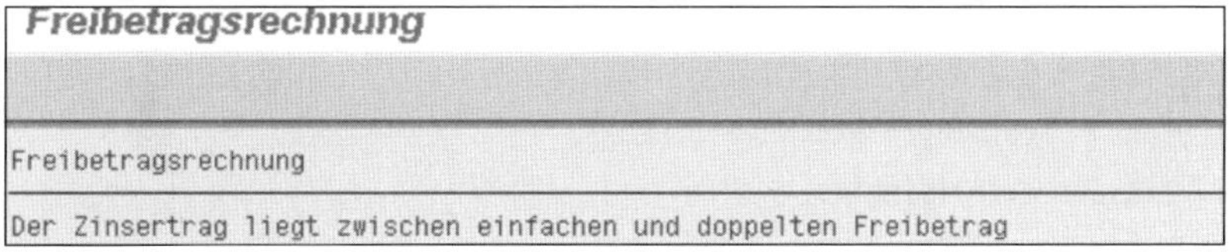

**Abbildung 2.65**
... für einen Unterschied ausmacht! (© SAP AG)

Die IF-Verzweigung hat den folgenden Aufbau:

**Erläuterung**

```
IF [Bedingung1].
  [Anweisungblock1 für Bedingung1 wahr].
ELSEIF [Bedingung2].
  [Anweisungsblock2 für Bedingung 1 falsch, Bedingung2 wahr].
ELSE.
  [Anweisungblock3 für Bedingung2 falsch].
ENDIF.
```

Die Bedingungen werden meist mit Vergleichsoperatoren formuliert. Vor und nach dem Operator muss ein Leerzeichen stehen. Im Folgenden habe ZINS den Wert 3000. Die wichtigsten Vergleichsoperatoren sind:

- = oder EQ: Ist gleich. ZINS = 3000 ist wahr.
- \> oder GT: Größer als. ZINS > 3000 ist falsch.
- \>= oder GE: Größer oder gleich. ZINS >= 3000 ist wahr.
- \< oder LT: Kleiner als ZINS < 3000 ist falsch.
- \<= oder LE: Kleiner oder gleich. ZINS <= 3000 ist wahr.
- \<> oder NE: Ungleich. ZINS <> 3000 ist falsch.

*Esual*
*greater than*
*greater Equal*
*Less than*

Von den drei Anweisungsblöcken wird also stets nur einer ausgeführt, je nachdem, welche Bedingungen wahr oder falsch sind. Wenn bereits [Bedingung1] wahr ist, spielt [Bedingung2] keine Rolle mehr, es wird [Anweisungsblock1] ausgeführt. Wenn [Bedingung1] falsch ist, wird zunächst [Bedingung2] geprüft. Ist sie wahr, wird [Anweisungsblock2] ausgeführt, ansonsten [Anweisungsblock3].

Der ELSEIF- und der ELSE-Zweig kann jeweils entfallen. Die Schachtelung einer IF-Verzweigung in den Anweisungsblock einer anderen IF-Verzweigung ist erlaubt.

**Schritte**    Legen Sie folgenden Report an:

```
REPORT  zfreibetragmu                      .


PARAMETERS: zinsert TYPE p DECIMALS 2.
DATA: freisingle TYPE p DECIMALS 2, freiehe LIKE freisingle.
freisingle = 3000.
freiehe = freisingle * 2.
IF zinsert < freisingle.
  WRITE: /
    'Der Zinsertrag liegt unter dem einfachen Freibetrag.'.
ELSEIF zinsert > freiehe.
  WRITE: /
    'Der Zinsertrag liegt über dem  doppelten Freibetrag.'.
ELSE.
  WRITE: / 'Der Zinsertrag liegt zwischen einfachem und',
    'doppeltem Freibetrag'.
ENDIF.
```

## 2.12 DO-Schleife programmieren, EXIT

**1.** Erstellen Sie einen Report ZKAPITALENTWICKLUNGnn, der nach Abfrage des Anfangskapitals, des Zinssatzes und der Anlagedauer die jährliche Zins- und Kapitalentwicklung liefert.

Für den Fall, dass der Zinsertrag den einfachen Freibetrag von DM 3.000 übersteigt, soll eine Meldung erfolgen (s. Abbildung 2.66 bis Abbildung 2.67).

Begrenzen Sie die Anlagedauer auf maximal 100 Jahre. Falls der Anwender mehr Jahre eingibt, wird das Programm mit einer Fehlermeldung beendet.

**Kapitalentwicklung**

| | |
|---|---|
| ANFKAP | 20.000,00 |
| ZINSSATZ | 9,0000 |
| JAHRE | 10 |

**Abbildung 2.66**
Selektionsbild des Reports
ZKAPITALENTWICKLUNGnn
(© SAP AG)

**Kapitalentwicklung**

Kapitalentwicklung

| Jahr | Zinsertrag | Gesamtkapital | |
|---|---|---|---|
| 0 | | 20.000,00 DM | |
| 1 | 1.800,00 DM | 21.800,00 DM | |
| 2 | 1.962,00 DM | 23.762,00 DM | |
| 3 | 2.138,58 DM | 25.900,58 DM | |
| 4 | 2.331,05 DM | 28.231,63 DM | |
| 5 | 2.540,85 DM | 30.772,48 DM | |
| 6 | 2.769,52 DM | 33.542,00 DM | |
| 7 | 3.018,78 DM | 36.560,78 DM | steuerpflichtig! |
| 8 | 3.290,47 DM | 39.851,25 DM | steuerpflichtig! |
| 9 | 3.586,61 DM | 43.437,86 DM | steuerpflichtig! |
| 10 | 3.909,41 DM | 47.347,27 DM | steuerpflichtig! |

**Abbildung 2.67**
Liste des Reports
ZKAPITALENTWICKLUNGnn
(© SAP AG)

**Erläuterung**

Die Anweisung DO [Anzahl] TIMES. ist eine Schleife, die bis ENDDO.reicht. Der dazwischenliegende Anweisungsblock wird [Anzahl] mal durchlaufen. Dabei zählt die Systemvariable SY-INDEX, beginnend mit Null, in Einerschritten nach oben.

Die Anweisung EXIT beendet das laufende Programm, wenn man sie außerhalb von Schleifen aufruft. Dann erscheint die Liste des Reports (s. Abbildung 2.68 bis Abbildung 2.69).

| Kapitalentwicklung | |
| --- | --- |
| ⊕ | |
| ANFKAP | 10000 |
| ZINSSATZ | 20 |
| JAHRE | 101 |

| Kapitalentwicklung |
| --- |
| |
| Kapitalentwicklung |
| Zeitraum zu groß |

**Schritte**   Legen Sie folgenden Report an:

```
REPORT  zkapitalentwicklungmu        .
PARAMETERS: anfkap      TYPE p DECIMALS 2,
            zinssatz    TYPE p DECIMALS 4,
            jahre       TYPE i.
DATA:       geskap      LIKE anfkap,
            zinsertrag  LIKE anfkap.
CONSTANTS:  freibetrag TYPE p DECIMALS 2 VALUE '3000.00'.


geskap = anfkap.
zinssatz = zinssatz * '0.01'.
IF jahre > 100.
  WRITE / 'Zeitraum zu groß'.
  EXIT.
ENDIF.
WRITE: /7 'Jahr', 25 'Zinsertrag', 42 'Gesamtkapital',
 / sy-index, 35 geskap , 'DM'.
DO jahre TIMES.
  zinsertrag = geskap * zinssatz.
  geskap = geskap + zinsertrag.
  WRITE: / sy-index, 15 zinsertrag, 'DM', 35 geskap , 'DM'.
  IF zinsertrag > freibetrag.
    WRITE: 'steuerpflichtig!'.
  ENDIF.
ENDDO.
```

## 2.13 WHILE-Schleife mit Bedingung, CHECK

**1.** In dem Verzinsungsbeispiel der vorausgegangenen Aufgabe soll die Anlage schon vorher aufgelöst werden, falls der Zinsertrag eines Jahres den einfachen Freibetrag übersteigt (s. Abbildung 2.70 bis Abbildung 2.73).

**Aufgabe**

Listen Sie die Kapitalstände der Anlagejahre auf, und geben Sie zum Schluss eine Meldung aus, ob die Anlage vorzeitig aufgelöst wurde. Kopieren Sie zu diesem Zweck Ihren Report der letzten Übung, und benennen Sie den neuen mit ZKAPITAL_FREIBETRAGnn. Ersetzen Sie die DO-Schleife durch eine WHILE-Schleife mit der Bedingung, dass der Zinsertrag kleiner als der Freibetrag ist.

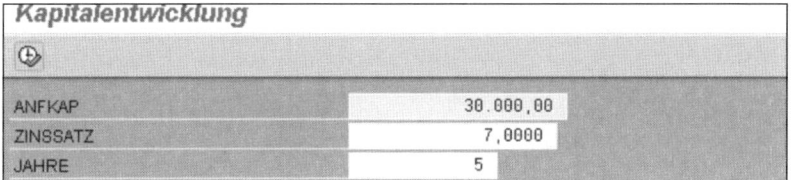

**Kapitalentwicklung**

| ANFKAP | 30.000,00 |
| ZINSSATZ | 7,0000 |
| JAHRE | 5 |

**Abbildung 2.70**
Selektionsbild des Reports ZKAPITAL_FREIBETRAGnn
(© SAP AG)

```
Kapitalentwicklung

    Jahr        Zinsertrag        Gesamtkapital
     0                             30.000,00  DM
     1          2.100,00  DM       32.100,00  DM
     2          2.247,00  DM       34.347,00  DM
     3          2.404,29  DM       36.751,29  DM
     4          2.572,59  DM       39.323,88  DM
     5          2.752,67  DM       42.076,55  DM
          Volle Laufzeit!
```

**Abbildung 2.71**
Listenbild des Reports ZKAPITAL_FREIBETRAGnn: Hier wurde die volle Laufzeit erreicht.
(© SAP AG)

| ANFKAP | 30.000,00 |
| ZINSSATZ | 9,0000 |
| JAHRE | 5 |

**Abbildung 2.72**
Ein größerer Zinssatz lässt die Zinserträge schneller steigen, …
(© SAP AG)

```
Kapitalentwicklung

    Jahr        Zinsertrag        Gesamtkapital
     0                             30.000,00  DM
     1          2.700,00  DM       32.700,00  DM
     2          2.943,00  DM       35.643,00  DM
     3          3.207,87  DM       38.850,87  DM
          Vorzeitig aufgelöst!
```

**Abbildung 2.73**
… so dass der Freibetrag schneller überschritten ist (© SAP AG).

**Erläuterung**

Innerhalb einer Schleife wird mit CHECK [Bedingung] der folgende Teil bis zum Schleifenende nur ausgeführt, wenn die [Bedingung] erfüllt ist. Dann schließt sich der nächste Schleifendurchlauf an.

Im Unterschied hierzu kennt EXIT keine Bedingung und führt zum Abbruch der Schleife, das Programm wird hinter der Schleife fortgesetzt.

Nach dem Schleifenende ist SY-INDEX nicht mehr wohldefiniert. Merken Sie daher während der Schleife die bisherigen Anlagejahre in einem Feld zur späteren Auswertung vor. Vergleichen Sie in einer IF-Anweisung nach der Schleife die bisherigen mit den ursprünglich vorgesehenen Anlagejahren, und geben Sie entsprechende Meldungen aus.

**Schritte** Speichern und Aktivieren Sie ZKAPITALENTWICKLUNGnn. Kopieren Sie mittels KONTEXTMENÜ DES REPORTS (RECHTE MAUSTASTE) / KOPIEREN (s. Abbildung 2.74 bis Abbildung 2.77).

**Abbildung 2.74**
Kopieren eines Reports
mittels des Kontextmenüs
(© SAP AG)

**Abbildung 2.75**
Name des neuen Reports
vergeben
(© SAP AG)

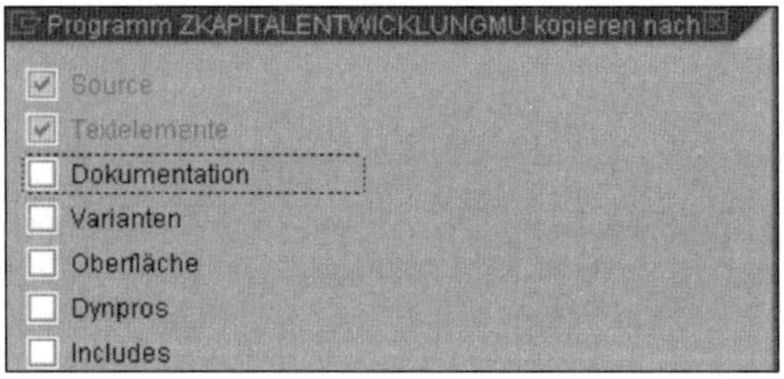

**Abbildung 2.76**
Über weitergehende
Komponenten verfügt der
Report nicht.
(© SAP AG)

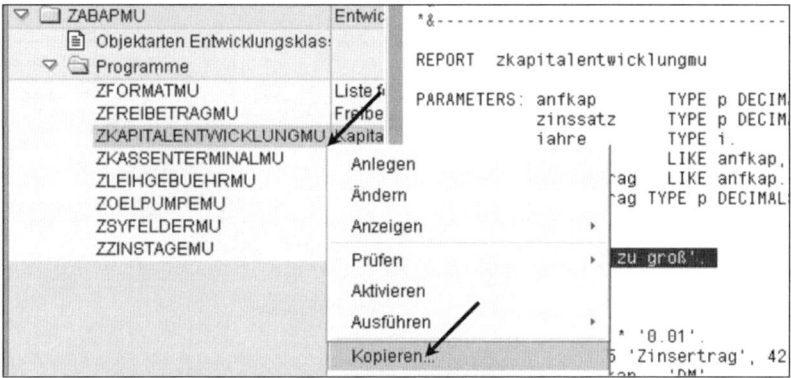

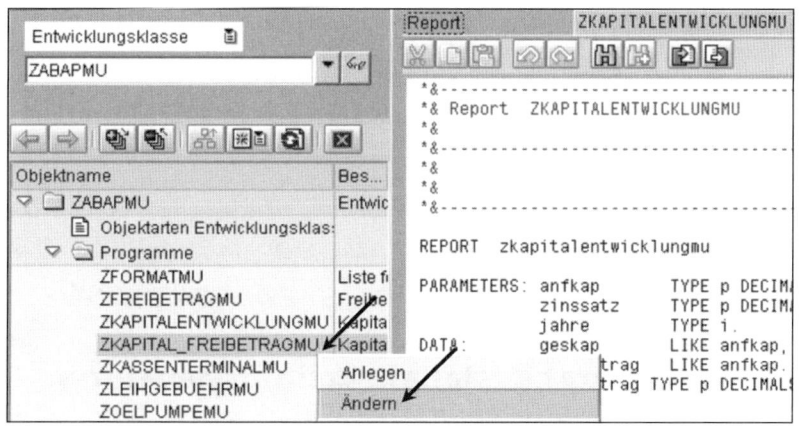

**Abbildung 2.77**
Neuen Report mit dem
Kontextmenü im
Änderungsmodus öffnen
(© SAP AG)

Ändern und ergänzen Sie den Report.

```
REPORT   zkapital_freibetragmu         .

PARAMETERS: anfkap      TYPE p DECIMALS 2,
            zinssatz    TYPE p DECIMALS 4,
            jahre       TYPE i.
DATA:       geskap      LIKE anfkap,
            zinsertrag  LIKE anfkap,
            jahre_bisher TYPE i.
CONSTANTS:  freibetrag TYPE p DECIMALS 2 VALUE '3000.00'.

IF jahre > 100.
  WRITE / 'Zeitraum zu groß'.
  EXIT.
ENDIF.
geskap = anfkap.
zinssatz = zinssatz * '0.01'.
WRITE: /7 'Jahr', 25 'Zinsertrag', 42 'Gesamtkapital',
  / sy-index, 35 geskap , 'DM'.
WHILE zinsertrag < freibetrag.
  zinsertrag = geskap * zinssatz.
  geskap = geskap + zinsertrag.
  WRITE: / sy-index, 15 zinsertrag, 'DM', 35 geskap , 'DM'.
  jahre_bisher = sy-index.
```

```
    CHECK sy-index = jahre.
    EXIT.
  ENDWHILE.
  IF jahre_bisher = jahre.
    WRITE: /15 'Volle Laufzeit!'.
  ELSE.
    WRITE: /15 'Vorzeitig aufgelöst!'.
  ENDIF.
```

## 2.14 Seitenkopf gestalten, Ereignissteuerung

1. Für einen Sparplan zahlen Sie, beginnend mit dem heutigen Tag, alle vier Wochen (28 Tage) DM 100 auf ein Konto ein. Vor jeder Zahlung wird die bisherige Sparsumme mit 0,5% verzinst und der Zinsertrag dem Betrag hinzugefügt. Der Sparvertrag endet, wenn eine Sparsumme von DM 20.000 erreicht ist.

Erstellen Sie mit dem Report ZSPARPLANnn eine Liste, die das Datum der Einzahlung und die erreichte Sparsumme ausgibt (s. Abbildung 2.78 bis Abbildung 2.79). Ein Selektionsbild wird dieses Mal nicht benötigt.

Legen Sie die Seitenlänge auf zehn Zeilen fest. Bei Beginn einer neuen Seite wird jeweils eine Überschrift eingefügt.

**Abbildung 2.78**
Liste des Reports
ZSPARPLANnn mit den
ersten beiden Seiten
(© SAP AG)

```
Sparplan Dekra 100 plus


Sparplan Dekra 100 plus                                              1

Sonderaktion: Sparplan Dekra 100 PLUS - der Weg zum Vermögen.

22.01.2001            100,00
19.02.2001            200,50
19.03.2001            301,50
16.04.2001            403,01
14.05.2001            505,03
11.06.2001            607,56

Sparplan Dekra 100 plus                                              2

Sonderaktion: Sparplan Dekra 100 PLUS - der Weg zum Vermögen.

09.07.2001            710,60
```

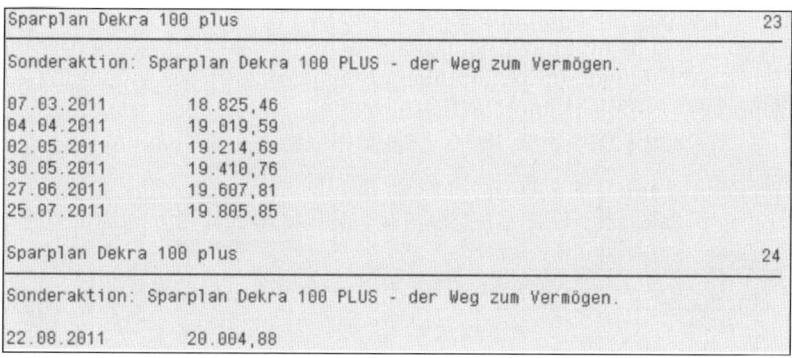

**Abbildung 2.79**
Erst zehn Jahre und 24
Seiten später ist die
Zielsumme erreicht.
(© SAP AG)

Die Seitenlänge eines Reports kann in der REPORT-Zeile mit dem Zusatz **Erläuterung**
LINE-COUNT [n] auf [n] Zeilen pro Seite eingestellt werden. Ohne diesen
Zusatz besteht die Liste nur aus einer Seite, die intern auf 60.000 Zeilen
begrenzt ist.

ABAP ist eine **ereignisgesteuerte** Programmiersprache. Ereignisse werden zu bestimmten Zeitpunkten ausgelöst. Bisher haben Sie, ohne dass
dies ausdrücklich erwähnt wurde, nur ein **Ereignis** kennen gelernt, nämlich START-OF-SELECTION. Dieses Ereignis wird ausgelöst, nachdem der Anwender das Selektionsbild abgeschickt hat und alle Eingabewerte ins
Programm transportiert wurden. Im abgedruckten Musterprogramm ist
dieses Ereignis zum ersten Mal explizit im Programmcode aufgeführt. Es
markiert den Beginn eines **Ereignisblocks**, der einen zusammenhängen-
den Programmteil darstellt.

Mit dem Erreichen des Seitenendes wird der Zeitpunkt TOP-OF-PAGE ausgelöst. Dies ist ein weiterer Ereignisblock neben START-OF-SELECTION, der
unterbrochen wird, um den auf TOP-OF-PAGE folgenden Programmcode
abzuarbeiten. Automatisch wird ein Standardseitenkopf, bestehend aus
dem Listentitel, der Seitenzahl und einer waagrechten Trennlinie generiert.

Im Ereignisblock TOP-OF-PAGE wird üblicherweise der Standardseitenkopf
um eigene Ausgaben mit WRITE etc. ergänzt. Nach dessen Abarbeitung
wird START-OF-SELECTION fortgesetzt.

Ein Ereignisblock wird im Programmcode nicht explizit beendet. Das
Ende ergibt sich implizit entweder aus dem Beginn des nächsten Ereignisblocks oder aber dem Ende des Programmtextes. Die Reihenfolge der
Ereignisblöcke im Programmtext spielt keine Rolle, sie dürfen also beliebig vertauscht werden.

Sie werden im Verlaufe der Übungsaufgaben noch eine Reihe weiterer
Ereignisse kennen lernen.

**Schritte**   Legen Sie folgenden Report an:

```
REPORT  zsparplanmu LINE-COUNT 10.
DATA: einzahl_datum LIKE sy-datum,
      sparsumme TYPE p DECIMALS 2 VALUE '0.00'.
CONSTANTS: rate TYPE p DECIMALS 2 VALUE '100.00',
           zinssatz TYPE p DECIMALS 4 VALUE '0.0050'.
START-OF-SELECTION.
  einzahl_datum = sy-datum.
  DO.
    sparsumme = sparsumme * ( '1.00' + zinssatz ).
    sparsumme = sparsumme + rate.
    WRITE: / einzahl_datum, sparsumme.
    einzahl_datum = einzahl_datum + 28.
    CHECK sparsumme >= '20000.00'.
    EXIT.
  ENDDO.

TOP-OF-PAGE.
  WRITE: / 'Sonderaktion: Sparplan Dekra 100 PLUS',
  '- der Weg zum Vermögen.'.
  SKIP.
```

## 2.15 Modularisierung: FORM-Unterprogramm

**Aufgabe**

1. Schreiben Sie einen Report ZFORMnn, der zwei FORM-Unterprogramme enthält. Das erste Unterprogramm soll das zweite aufrufen. Beide Unterprogramme sollen vom Hauptprogramm aus aufgerufen werden.

   Geben Sie in den Unterprogrammen entsprechende Meldungen aus (s. Abbildung 2.80):

   * »Ich bin jetzt im ersten Unterprogramm!«
   * »Ich bin jetzt im zweiten Unterprogramm!«

   Geben Sie im Hauptprogramm nach Ausführung des jeweiligen Unterprogramms folgende Meldungen aus:

   * »Zurück aus dem ersten Unterprogramm!«
   * »Zurück aus dem zweiten Unterprogramm!«

```
Modularisierung mit Form-Unterprogrammen

Modularisierung mit Form-Unterprogrammen

Ich bin jetzt im ersten Unterprogramm!
Ich bin jetzt im zweiten Unterprogramm!
Zurück aus dem ersten Unterprogramm!
Ich bin jetzt im zweiten Unterprogramm!
Zurück aus dem zweiten Unterprogramm!
```

**Abbildung 2.80**
Anhand der Ausgabe
können Sie die
Abarbeitungsreihenfolge
nachvollziehen.
(© SAP AG)

**Erläuterung**

Umfangreiche Programme werden schnell unübersichtlich. Ein Weg, dies zu vermeiden, ist die **Modularisierung**. Funktional zusammengehörende Programmteile kann man mit *FORM-Unterprogrammen* oder *Funktionsbausteinen* ausgliedern und so gegenüber dem restlichen Programmcode kapseln.

Ein weiteres wichtiges Argument für den Einsatz der Modularisierung ist die wiederholte Ausführung des gleichen Programmcodes. Wenn Sie etwa an vielen Stellen die Mehrwertsteuer zu einem Nettobetrag berechnen müssen, dann schreiben Sie das Programm zum Berechnen ein einziges Mal und können es stets aufrufen, wenn Sie es brauchen. Bei diesem Beispiel ist es von Vorteil, an der Schnittstelle Parameter übergeben zu können; diese Vorgehensweise lernen Sie jedoch erst in der nächsten Aufgabe kennen.

Ein **FORM-Unterprogramm** wird im einfachsten Fall, also ohne Schnittstellenparameter, wie folgt definiert:

```
FORM [Unterprogramm].
[ABAP-Code der FORM]
ENDFORM.
```

In Reports folgen die FORM-Unterprogramme meist auf das Hauptprogramm START-OF-SELECTION, das mit einer nachfolgenden FORM-Definition implizit beendet ist. Die Reihenfolge im Programmcode ist allerdings egal. Es können mehrere FORM-Unterprogrammdefinitionen aufeinander folgen. In Kapitel 6 »Dialogprogrammierung in ABAP« werden Sie die *Include-Technik* kennen lernen, die für FORM-Unterprogramme eigene Includes vorsieht.

Der Aufruf eines FORM-Unterprogramms erfolgt im einfachsten Fall – ohne Schnittstellenparameter – mit

```
PERFORM [Unterprogramm].
```

von beliebigen Stellen des Programms aus. FORM-Unterprogramme dürfen sogar andere FORM-Unterprogramme aufrufen.

Als weitere Modularisierungseinheit werden Sie später *Funktionsbausteine* kennen lernen (s. Abschnitt 5.2 »Modularisierung: Funktionsbausteine«).

**Schritte**   Legen Sie einen Report ZFORMnn an. Rufen Sie im Hauptprogramm mit PERFORM das erste und das zweite Unterprogramm auf. Geben Sie nach Ausführung der Unterprogramme die Meldungen »Zurück aus dem ersten Unterprogramm!« bzw. »Zurück aus dem zweiten Unterprogramm!« aus.

Definieren Sie das erste Unterprogramm. Geben Sie darin die Meldung »Ich bin jetzt im ersten Unterprogramm!« aus. Rufen Sie im ersten Unterprogramm das zweite Unterprogramm auf.

Definieren Sie das zweite Unterprogramm. Geben Sie im zweiten Unterprogramm die Meldung »Ich bin jetzt im zweiten Unterprogramm!« aus.

Die Kommentarzeilen über den FORM-Unterprogrammen werden automatisch nach Aufruf des *Pretty Printers* im *ABAP Editor* hinzugefügt.

```
REPORT  zformaufrufmu                   .


***Unterprogrammaufruf***
START-OF-SELECTION.
PERFORM erstesunterprogramm.
WRITE: /'Zurück aus dem ersten Unterprogramm!'.
PERFORM zweitesunterprogramm.
WRITE: /'Zurück aus dem zweiten Unterprogramm!'.


*--------------------------------------------------------------*
*        FORM erstesunterprogramm                              *
*--------------------------------------------------------------*
*        ........                                              *
*--------------------------------------------------------------*
FORM erstesunterprogramm.
   WRITE: / 'Ich bin jetzt im ersten Umterprogramm!'.
   PERFORM zweitesunterprogramm.
ENDFORM.
```

```
*--------------------------------------------------------*
*       FORM ZWEITESUNTERPROGRAMM                         *
*--------------------------------------------------------*
*       ........                                          *
*--------------------------------------------------------*
```

```
FORM zweitesunterprogramm.
  WRITE: / 'Ich bin jetzt im zweiten Unterprogramm!'.
ENDFORM.
```

## 2.16 FORM-Unterprogramm: Parameter

**1.** Schreiben Sie einen Report ZPARAMETERnn, der zwei Unterprogramme enthält, die jeweils eine Integer-Zahl als Formalparameter entgegennehmen und sie verdoppeln.

Deklarieren Sie die Übergabe der Variablen in beiden Fällen nur mit USING – im ersten FORM-Unterprogramm nach dem Prinzip *Call by reference*, im zweiten nach dem Prinzip *Call by value*.

Geben Sie die Werte jeweils im Unterprogramm und im Hauptprogramm vor und nach Ausführen des Unterprogramms aus (s. Abbildung 2.81).

```
Parameterübergabe an Form-Unterprogramme: Call by value/ref

Parameterübergabe an Form-Unterprogramme: Call by value/reference     1

Zahl vor dem FORM-Aufruf:       100
FORM callbyvalue:               200
Zahl nach callbyvalue:          100
FORM callbyreference:           200
Zahl nach callbyreference:      200
```

**Abbildung 2.81**
Nur mit dem Prinzip *Call by reference* ändert sich auch im Hauptprogramm der Wert des Aktualparameters.
(© SAP AG)

Die Unterprogrammdefinition mit Deklaration der **Formalparameter** erfolgt nach dem Schema

**Erläuterung**

```
FORM [Name] USING VALUE [p1] TYPE [t1]
            CHANGING VALUE [p2] TYPE [t2].
...
ENDFORM.
```

Anstelle der Typisierung der Formalparameter mit TYPE kann, ähnlich der Definition mit DATA, auch LIKE verwendet werden.

Im Unterschied zu den *Formalparametern* der Schnittstellendefinition des FORM-Unterprogramms werden vom PERFORM-Aufruf **Aktualparameter** übergeben.

Der Zusatz VALUE() ist optional. Mit ihm wird zwischen zwei Prinzipien bei der Zuordnung der Aktual- zu den Formalparametern im Aufruf unterschieden:

- **Call-by-value**: Der Formalparameter wird als eine Kopie des Aktualparameters angelegt. Demnach ist der Formalparameter während des Ablaufes des Unterprogramms ein eigenständiges Objekt. Dieses Prinzip wird angewendet, wenn der Formalparameter mit dem Zusatz value([Parameter]) an der Schnittstelle definiert wird.

- **Call-by-reference**: Der Formalparameter wird nicht als Kopie angelegt, sondern ist lediglich eine Referenz (Verweis) auf den Aktualparameter. Aktual- und Formalparameter sind folglich dasselbe Objekt, das nur während des Ablaufes des Unterprogramms einen anderen Namen erhält. Dieses Prinzip wird angewendet, wenn der Formalparameter ohne den Zusatz value() angelegt wird.

Mit CHANGING wird vereinbart, dass die im Unterprogramm veränderten Formalparameter an das Hauptprogramm zurückgegeben werden. Dies gilt für beide Verfahren.

Mit USING wird eigentlich vereinbart, dass keine Rückgabe von dem Unterprogramm an das Hauptprogramm stattfindet. Dies stimmt aber, technisch gesehen, nur für das Verfahren *Call-by-value*, da hier der Formalparamater als Kopie zusammen mit dem abgearbeiteten Unterprogramm verschwindet und so der Aktualparameter unverändert bleibt. Beim Verfahren *Call-by-reference* manipuliert allerdings das Unterprogramm das Originaldatenobjekt, das nur vorübergehend anders heißt. Folglich ist nach Abarbeitung des Unterprogramms die Wertänderung auch im Aktualparameter sichtbar.

Der Aufruf folgt einem ähnlichen Muster:

```
PERFORM [Unterprogramm]
    USING [Eingabeparameter]
    CHANGING [Ausgabeparameter].
```

Zur Verdeutlichung sei an dieser Stelle das in der vorherigen Aufgabe bereits angesprochene Beispiel der Berechnung der Mehrwertsteuer präsentiert. Da diese Berechnung mehrfach benötigt wird, rentiert es sich, sie in ein FORM-Unterprogramm zu kapseln.

```
REPORT  zparameteruebergabemu          .


TYPES ty_geld TYPE p DECIMALS 2.
```

```
DATA: betrag TYPE ty_geld VALUE 10,
      steuer TYPE ty_geld,
      preis_netto TYPE ty_geld VALUE '98.99',
      preis_steuer TYPE ty_geld.
CONSTANTS mwst_satz TYPE p DECIMALS 2 VALUE '0.16'.

START-OF-SELECTION.
  PERFORM mwst_ausrechnen
    USING betrag
    CHANGING steuer.
  WRITE / steuer.
  PERFORM mwst_ausrechnen
    USING preis_netto
    CHANGING preis_steuer.
  WRITE / preis_steuer.

FORM mwst_ausrechnen
  USING p_netto TYPE ty_geld
  CHANGING p_mwst TYPE ty_geld.
  p_mwst = p_netto * mwst_satz.
ENDFORM.
```

An der Schnittstelle zu diesem FORM-Unterprogramm werden die *Formalparameter* P_NETTO und P_MWST definiert. Deren Typisierung mit TYPE oder LIKE ist zwar empfehlenswert, kann jedoch auch entfallen zugunsten **generischer Schnittstellenparameter**. Als Vorteil dieser generischen Parameter ohne TYPE und LIKE zeigen sich vielseitigere Aufrufmöglichkeiten. Nachteilig können »harte Abbrüche« zur Laufzeit infolge inkompatibler Zuweisungen sein.

Den *Formalparametern* werden in dem PERFORM-Aufruf die *Aktualparameter* BETRAG und STEUER zugeordnet. Beim nächsten Aufruf können andere *Aktualparameter*, wie hier PREIS_NETTO und PREIS_STEUER, zugeordnet werden.

Das nun folgende Programmbeispiel will gerade diesen Sachverhalt verdeutlichen, um den Unterschied zwischen beiden Verfahren zu verdeutlichen. Es muss allerdings erwähnt werden, dass es kein guter Programmierstil ist, mit USING deklarierte Formalparameter im Unterprogramm zu manipulieren.

**Schritte** Legen Sie einen Report ZFORMPARAMETERnn an, und deklarieren Sie eine Integer-Variable, die Sie mit dem Wert 100 belegen. Geben Sie diese Variable auf dem Bildschirm aus.

Schreiben Sie ein FORM-Unterprogramm, das diese Zahl mit USING VALUE([Zahl]) entgegennimmt und sie nach Verdoppelung auf dem Bildschirm ausgibt.

Fügen Sie ein zweites FORM-Unterprogramm hinzu, das die Zahl mit USING [Zahl], also ohne VALUE, übernimmt, sie ebenfalls verdoppelt und ausgibt.

Rufen Sie im Report die Unterprogramme mit den angegebenen Parametern auf. Geben Sie jeweils nach dem Aufruf die Variable erneut aus und vergleichen Sie die Ergebnisse.

**HINWEIS**

Der im nachfolgend dargestellten Report verwendete Formalparameter GANZE_ZAHL müsste in beiden FORM-Unterprogrammen korrekterweise als CHANGING statt als USING deklariert werden, da offenkundig ein Wert zurückgeliefert wird. Das Übungsbeispiel dient dem Zweck, den Unterschied zwischen *Call-by-value* und *Call-by-reference* zu verdeutlichen. Ein *Call-by-reference*-Parameter kommt auch als USING-Parameter verändert zurück, ein *Call-by-value*-Parameter hingegen nicht. Hätte man GANZE_ZAHL jeweils als CHANGING deklariert, würde der veränderte Wert nach beiden Prinzipien verändert zurückgeliefert werden.

```
REPORT  zformparametermu              .


DATA: zahl TYPE i VALUE 100.
WRITE: / 'Zahl vor dem FORM-Aufruf: ', zahl.


START-OF-SELECTION.
PERFORM callbyvalue USING zahl.
WRITE: / 'Zahl nach callbyvalue: ', zahl UNDER zahl.


PERFORM callbyreference USING zahl.
WRITE: / 'Zahl nach callbyreference: ', zahl UNDER
zahl.
```

```
*-------------------------------------------------------------*
*      FORM callbyvalue                                       *
*-------------------------------------------------------------*
*      ........                                               *
*-------------------------------------------------------------*
*  --> value(ganze_zahl)                                      *
*-------------------------------------------------------------*
FORM callbyvalue USING value(ganze_zahl).
  ganze_zahl = ganze_zahl * 2.
  WRITE: / 'FORM callbyvalue: ', ganze_zahl UNDER zahl.
ENDFORM.


*-------------------------------------------------------------*
*      FORM CALLBYREFERENCE                                   *
*-------------------------------------------------------------*
*      ........                                               *
*-------------------------------------------------------------*
*  --> GANZE_ZAHL                                             *
*-------------------------------------------------------------*
FORM callbyreference USING ganze_zahl.
  ganze_zahl = ganze_zahl * 2.
  WRITE: / 'FORM callbyreference: ', ganze_zahl UNDER
zahl.
ENDFORM.
```

**1.** Versuchen Sie im Report ZFORMPARAMETERnn die Zahl als Konstante zu vereinbaren und dann an die zweite FORM-Routine zu übergeben.

 **Aufgabe**

Da Konstanten unveränderlich sind, können sie auch nicht mit *Call-by-reference* an ein Unterprogramm übergeben werden. Der Versuch führt zu einem »harten« Programmabbruch (s. Abbildung 2.82). **Erläuterung**

Ändern Sie den Report ZFORMPARAMETERnn wie untenstehend. Starten Sie den Report. Machen Sie die Änderung anschließend wieder rückgängig. **Schritte**

```
REPORT  zformparametermu              .

CONSTANTS: zahl TYPE i VALUE 100.
```

```
WRITE: / 'Zahl vor dem FORM-Aufruf: ', zahl.

PERFORM callbyvalue USING zahl.
[...]
```

**Abbildung 2.82**
Die *Call-by-reference*-
Zuweisung führt bei einer
Konstanten zu einem
»harten«
Programmabbruch.
(© SAP AG)

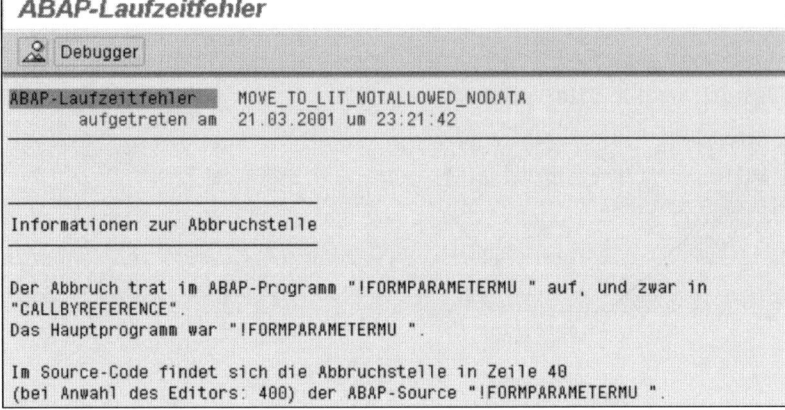

**Ausblick** Im späteren Verlaufe des Buches werden Sie auf FORM-Unterprogramme zurückkommen. In Abschnitt 5.1 »FORM-Schnittstelle mit Tabelle« lernen Sie, wie Sie eine interne Tabelle als Schnittstellenparameter übergeben können.

# Kapitel 3

# Dictionary und Übungsszenario

Für die nachfolgenden Übungsbeispiele ab Kapitel 4 »Reports mit Datenbankzugriff« benötigen Sie die Datenbank WERTPAPIERDEPOTVERWALTUNG des DEKRA EFFEKTEN KONTORS. Diese muss im R/3-System eingerichtet werden. Bei dieser Gelegenheit lernen Sie das **ABAP Dictionary** kennen. Es handelt sich dabei um das zentrale Werkzeug zur Daten-Definition, insbesondere auch zur Definition von Datenbanktabellen. Das Dictionary ist vollständig in die ABAP Workbench integriert, so dass alle Komponenten, wie *ABAP Editor*, *Screen Painter*, *Menu Painter*, *Function Builder* usw., darauf zugreifen können. ABAP-Programme können auf Dictionary-Definitionen Bezug nehmen.

**Vorbemerkung**

Sie sind ABAP-Entwickler des Finanzdienstleisters DEKRA EFFEKTEN KONTOR, der für seine Kunden Wertpapierdepots einrichtet und mittels SAP R/3 verwaltet.

**Übungsszenario**

Sie möchten Ihren Mitarbeitern, die über die SAPGUI an Ihr R/3-System angeschlossen sind, die Möglichkeit des Online-Handels von Wertpapierdaten im R/3-System eröffnen. Sie sollen Wertpapierdepots von Kunden einsehen und Wertpapiere zukaufen oder verkaufen können.

In diesem Kapitel lernen Sie, die zugehörigen Domänen, Datenelemente und Tabellen mit deren relationalen Beziehungen (Prüftabellen) anzulegen.

**Keine Namens-konvention!** Beachten Sie bitte, dass in diesem Kapitel ausnahmsweise keine Namenszusätze nn durch Initialen, wie mu beim Autor, zu ersetzen sind. Dies liegt darin begründet, dass sich für dieses Kapitel eine andere Arbeitsaufteilung der Übungsgruppen anbietet. Des Weiteren werden die Tabellen in den Programmen der nachfolgenden Kapitel umfangreich im Programmcode verwendet; ohne Namenszusätze lesen sich die Programme wohl leichter.

**Selbststudium** Wenn Sie das vorliegende Buch im Selbststudium benutzen, arbeiten Sie einfach dieses Kapitel durch und legen alle Dictionary-Objekte an. Die nachfolgenden Kapitel bauen auf den angelegten Datenbanktabellen auf.

**Einsatz im Lehrgang** Wenn Sie dieses Buch im Rahmen eines Lehrganges benutzen, ist es Aufgabe des Dozenten, zu entscheiden, wie mit diesem Kapitel zu verfahren ist. Die Entscheidung sollte sich an der verfügbaren Zeit, am erzielbaren Lerntempo und an den Vorkenntnissen der Teilnehmer orientieren.

**Hinweis an Dozenten** Als Dozent können Sie grundsätzlich zwischen zwei Alternativen wählen:

1. **Alternative A**: Eigenhändiges Anlegen aller Objekte durch die Teilnehmer. Wenn Sie diese zeitaufwändige Alternative wählen, bietet es sich an, die zahlreichen Dictionary-Objekte in Gruppenarbeit anzulegen. Sie als Dozent teilen den Übungsgruppen Domänen, Datenelemente und Tabellen zum Anlegen zu.

2. **Alternative B**: Einspielen eines Transports, der alle Objekte aus diesem Kapitel enthält. Dies müssen Sie als Dozent vor Lehrgangsbeginn durchführen. Sie sollten Ihre Teilnehmer jedoch zumindest anleiten, sich die Dictionary-Objekte im Anzeigemodus anzusehen, und ihnen den Tabellenaufbau, insbesondere die Primär-/Fremdschlüsselbeziehungen, erläutern.

**Beispieldaten einspielen** Nachdem alle Tabellen nach einer der beiden Alternativen angelegt wurden, müssen sie, da noch leer, mit Beispieldaten gefüllt werden. Dies geschieht mittels des ABAP-Reports ZDATINS. Erhältlich ist der Report, zusammen mit Beschreibungen der Dictionary-Objekte und besagtem Transport, auf der Webseite der DEKRA-Akademie.

## 3.1 Übungsszenario herunterladen

1. Beschaffen Sie sich, falls noch nicht geschehen, das Übungsszenario von der Homepage der DEKRA-Akademie, s. Abbildung 3.1.

Der Report ZDATINS ist, zusammen mit Beschreibungen der Dictionary-
Objekte, als Archiv *abap.zip* zum Herunterladen unter *http://www.de-
kra-akademie.de/download* erhältlich. Dort finden Sie auch, für die Alternative B der nachfolgenden Aufgabe, den Transport LNXK900006.

**Schritte**

**Abbildung 3.1**
Download-Seite der
Homepage der DEKRA-
Akademie, Herunterladen
des Übungsszenarios als
Archiv *abap.zip*

Wenn Sie den Umgang mit dem ABAP Dictionary erlernen wollen, wählen Sie Alternative A. Sie legen dann die Entwicklungsklasse ZDEKRA und
die darin enthaltenen Domänen, Datenelemente, Tabellen und Fremdschlüsselbeziehungen an. Schließlich legen Sie den Report ZDATINS an
und starten ihn.

**Auswahl der
Alternative**

Ein kürzerer, aber konfliktträchtigerer Weg ist Alternative B, nämlich die
Objekte des Übungsszenarios per Transport LNXK900006 anzulegen.

Alternative B sollten Sie nur unter folgenden Voraussetzungen wählen:

1. Sie sind im Umgang mit dem ABAP Dictionary bereits gut geübt.

2. Sie interessieren sich auch für Administrationsaufgaben und das
   Transportwesen von R/3.

3. Sie haben einen im Transportwesen erfahrenen Administrator zur
   Hand, der Ihnen bei Komplikationen zur Seite steht.

Eine ausführliche Erläuterung zum Transport des Übungsszenarios finden Sie in **Anhang B**.

## 3.2 Entwicklungsklasse mit Übungsszenario

**Alternative A** Der Rest dieses Kapitels befasst sich mit Alternative A.

> Legen Sie Dictionary-Objekte, relationale Beziehungen und einen Report im R/3-System an, wie es auch in der Anleitung *Liesmich.rtf* beschrieben ist. Verwenden Sie hierzu einen Änderungsauftrag und eine Entwicklungsklasse ZDEKRA.

**Aufgabe** **1.** Legen Sie die Entwicklungsklasse ZDEKRA an.

Da das Übungsszenario von den bisherigen Beispielprogrammen unabhängig ist, bietet es sich an, hierfür eine neue Entwicklungsklasse anzulegen.

**Schritte** Starten Sie vom SAP-Menü aus WERKZEUGE / ABAP WORKBENCH / ÜBERSICHT / OBJECT NAVIGATOR (s. Abbildung 3.2 bis Abbildung 3.4).

**Abbildung 3.2**
Object Navigator zum
Anlegen von Objekten
(© SAP AG)

**Abbildung 3.3**
Anlegen einer
Entwicklungsklasse
(© SAP AG)

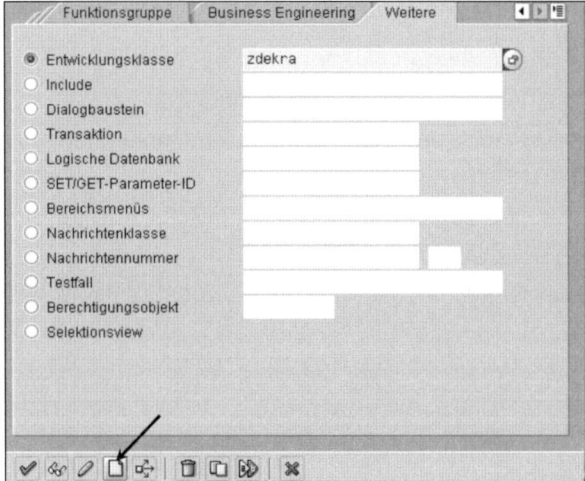

**Abbildung 3.4**
Eigenschaftspflege der
Entwicklungsklasse
(© SAP AG)

```
Entwicklungsklasse anlegen

Entwicklungsklasse      ZDEKRA                         ⊕
Kurzbeschreibung        Dekra Effekten Kontor Wertpapierdepotverwaltung

Transportschicht        ZDEV

Verantwortlicher        UMLAUFF

Softwarekomponente      HOME              Kundenentwicklungen
Anwendungskomponente    BC-DWB            ABAP Workbench
```

## 3.3 Domäne im ABAP Dictionary anlegen

**1.** Legen Sie die *Domäne* Z_NR im *ABAP Dictionary* an.                  **Aufgabe**

Das *ABAP Dictionary* unterstützt einen zweigeteilten Aufbau der Da-         **Erläuterung**
tenstruktur. Technische Eigenschaften, insbesondere der Dictionary-
Typ, werden in der **Domäne** festgelegt.

Semantische Eigenschaften wie **Feldbezeichner** – so genannte **Kurz-,
Mittel-** oder **Langtexte** –, aber auch die **Parameter-ID** für Set-/Get-Pa-
rameter werden im **Datenelement** festgelegt. Einem Datenelement wird
üblicherweise eine Domäne zugeordnet; seit Release 4.6A können
einem Datenelement aber auch direkt die technischen Eigenschaften
Datentyp, Länge und Anzahl Dezimalstellen zugewiesen werden.

Beim Anlegen einer **Datenbanktabelle** müssen die Felder typisiert werden, hierfür werden üblicherweise Datenelemente verwendet. Es ist jedoch auch eine direkte Typisierung möglich.

Den technischen Eigenschaften liegen **Dictionary-Typen** zugrunde. Sie
sind zu unterscheiden von den ABAP-Typen, die im Programm verwendet werden, können aber wechselseitig zugeordnet werden, wie Tabelle
3.1 zeigt.

| Dictionary Typ | Bedeutung | Zulässige Stellen n | ABAP Typ |
|---|---|---|---|
| DEC | Rechen-/Betrags-feld | 1-31, in Tabellen 1-17 | P((n+1)/2) |
| INT4 | 4-Byte-Integer | 10 | I |
| CURR | Währungsfeld | 1-17 | P((n+1)/2) |
| CUKY | Währungsschlüssel | 5 | C(5) |
| FLTP | Gleitpunktzahl | 16 | F(8) |
| NUMC | Numerischer Text | 1-255 | N(n) |

**Tabelle 3.1** Auswahl wichtiger Dictionary-Typen

| Dictionary Typ | Bedeutung | Zulässige Stellen n | ABAP Typ |
|---|---|---|---|
| CHAR | Character | 1-255 | C(n) |
| LCHR | Long Character | 256-max | C(n) |
| DATS | Datum | 8 | D |
| RAW | Bytefolge | 1-255 | X(n) |
| LRAW | Lange Bytefolge | 256-max | X(n) |
| CLNT | Mandant | 3 | C(3) |

**Tabelle 3.1** Auswahl wichtiger Dictionary-Typen (Fortsetzung)

Die vollständige Liste der Dictionary-Typen finden Sie in der SAP-BIBLIOTHEK – ABAP-PROGRAMMIERUNG / ABAP-PROGRAMMIERSPRACHE / GRUNDLEGENDE SPRACHELEMENTE / DATENTYPEN UND DATENOBJEKTE / DATENTYPEN / DEFINITION VON DATENTYPEN / DATENTYPEN IM ABAP DICTIONARY.

**Schritte** Sie starten wiederum mit dem Object Navigator der ABAP Workbench (s. Abbildung 3.5 bis Abbildung 3.7). Mit dem Aktivieren ordnen Sie die *Domäne* der Entwicklungsklasse ZDEKRA und Ihrem Änderungsauftrag zu.

**Abbildung 3.5**
Anlegen einer Domäne
(© SAP AG)

**Abbildung 3.6**
Pflege des Formats und
der Ausgabeeigen-
schaften der Domäne
(© SAP AG)

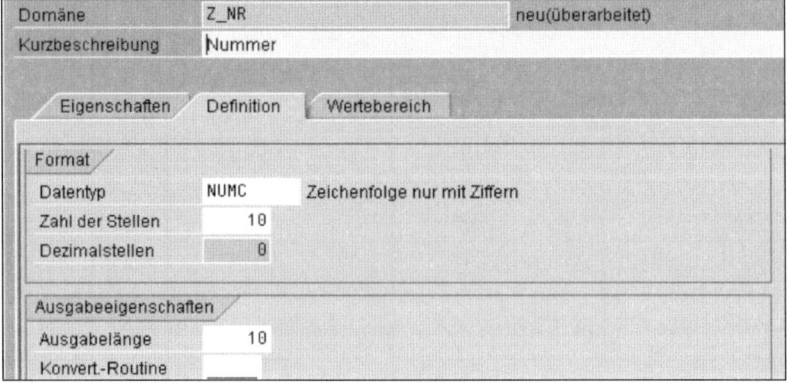

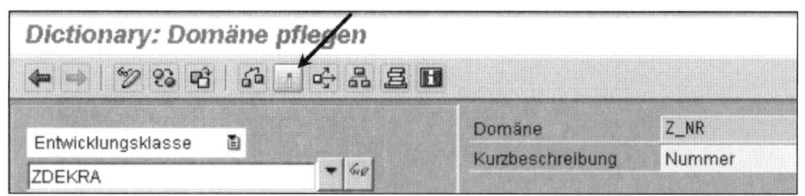

**Abbildung 3.7**
Aktivieren der Domäne
mit gleichzeitigem
Speichern
(© SAP AG)

**2.** Legen Sie in ähnlicher Weise die fehlenden *Domänen* an.

**A**ufgabe

Das Übungsszenario umfasst die in Tabelle 3.2 dargestellten Domänen.  **Schritte**

| Domäne | Dictionary-Datentyp | Länge | Ausgabe-länge |
|---|---|---|---|
| Z_NR | NUMC | 10 | 10 |
| Z_NAME | CHAR | 15 | 15 |
| Z_BESCHR | CHAR | 20 | 20 |
| Z_DATUM | DATS | 8 | 10 |
| Z_KURSWERT | DEC | 10 | 13 |
| Z_DEPOTTYP | CHAR | 1 | 1 |

**Tabelle 3.2** Domänen des Übungsszenarios Wertpapierdepotverwaltung

## 3.4 Datenelement im Dictionary anlegen

**1.** Legen Sie das *Datenelement* Z_KUNDENNR im Dictionary an.

**A**ufgabe

Legen Sie das *Datenelement* mit dem Object Navigator an (s. Abbildung 3.8 bis Abbildung 3.9). Mit dem Aktivieren ordnen Sie das Datenelement der Entwicklungsklasse ZDEKRA und Ihrem Änderungsauftrag zu.  **Schritte**

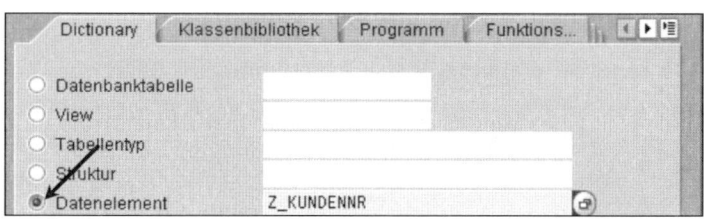

**Abbildung 3.8**
Anlegen eines
Datenelements
(© SAP AG)

**Abbildung 3.9**
Zuordnung einer Domäne
zum Datenelement
(© SAP AG)

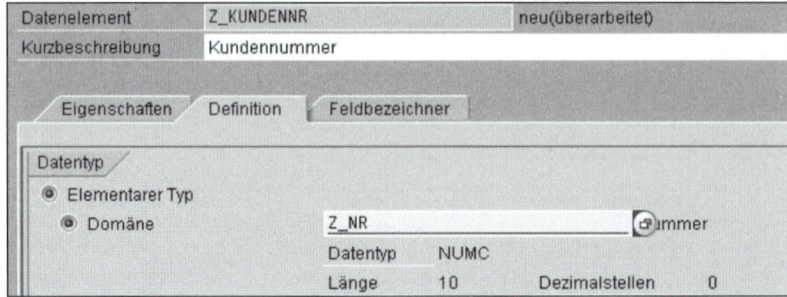

**Abbildung 3.10**
Pflege der Feldbezeichner
des Datenelements
(© SAP AG)

**Aufgabe**

2. Legen Sie in ähnlicher Weise die fehlenden *Datenelemente* an.

**Schritte** Das Übungsszenario umfasst die in Tabelle 3.3 dargestellten Datenelemente.

| Datenelement | Domäne | Datenelement | Domäne |
|---|---|---|---|
| Z_WKN | Z_NR | Z_WOHNORT | Z_NAME |
| Z_DEPOTNR | Z_NR | Z_EMITTENT | Z_NAME |
| Z_KUNDENNR | Z_NR | Z_WPTITEL | Z_BESCHR |
| Z_ANZAHL | Z_NR | Z_DATUM | Z_DATUM |
| Z_NAME | Z_NAME | Z_KURS WERT | Z_KURSWERT |
| Z_VORNAME | Z_NAME | Z_DEPOTTYP | Z_DEPOTTYP |

**Tabelle 3.3** Datenelemente des Übungsszenarios Wertpapierdepotverwaltung

## 3.5   Datenbanktabellen mit Beziehungen

**1.** Legen Sie die *Datenbanktabelle* ZKUNDEN als Anwendungstabelle (Stamm- und Bewegungdaten) an (s. Tabelle 3.4). Tabellenpflege – Dateneingabe mittels des *Data Browsers* – soll erlaubt sein.

Legen Sie das Feld MANDT als Fremdschlüssel auf die Mandantentabelle T000 an. Akzeptieren Sie den Vorschlag zur Feldzuordnung.

| Tabelle | Felder | Schlüssel | Datenelement | Prüftabelle |
|---------|--------|:---------:|--------------|-------------|
| ZKUNDEN | MANDT | ☑ | MANDT | T000 |
|  | KUNDENNR | ☑ | Z_KUNDENNR |  |
|  | NAME | ☐ | Z_NAME |  |
|  | VORNAME | ☐ | Z_VORNAME |  |
|  | WOHNORT | ☐ | Z_WOHNORT |  |
|  |  | ☐ |  |  |

**Tabelle 3.4** Datenbanktabelle ZKUNDEN und deren Prüftabelle

Die bisher angelegten Domänen und Datenelemente werden nun verwendet, um die Felder der Datenbanktabellen zu typisieren. Auf Datenbanktabellen können Sie mittels ABAP-Anweisungen zugreifen, dies lernen Sie in den nachfolgenden Kapiteln. Zuvor benötigen Sie noch einige Grundkenntnisse zu Datenbanksystemen, die Ihnen nun in Kurzform präsentiert werden.    **Erläuterung**

Die **Datenbanktabellen** des Dictionaries sind genaugenommen nur Abbildungen »echter« Tabellen der dem R/3-System zugrunde liegenden Datenbank. Das Dictionary verwaltet die Feldnamen und Felddefinitionen, sie sind gleich denen der zugehörigen Tabelle der Datenbank. Allerdings kann die Feldreihenfolge eine abweichende sein. Eine neue Datenbanktabelle wird mit dem Aktivieren des Dictionaries auf der DB angelegt. Das Dictionary ist insofern als **Meta-Datenbank** zu verstehen, als es nur die Definitionen verwaltet und keine Datensätze hält. Diese befinden sich auf der »echten« Datenbank.

In einem R/3-System gibt es jeweils genau einen **Datenbankserver**. Er bildet das Kernstück des Systems. Hingegen kann es beliebig viele **Anwendungsserver**, auch **Applikationsserver** genannt, geben, die auf den Datenbankserver zugreifen. Auf den Anwendungsservern läuft die **R/3-Basis**, die auf den Datenbankserver zugreift. Dies ermöglicht die Anpassung eines R/3-Systems an eine steigende Systemlast, etwa durch eine steigende Zahl von Anwendern. Man spricht von einer **Skalierbarkeit** des R/3-Systems.    **Dreistufige Client/Server-Architektur**

Ihr Rechner mit der SAPGUI, auch als *Frontend* bezeichnet, heißt in diesem Zusammenhang **Präsentationsserver**. Im Sinne des *Client/Server-Modells* nimmt die SAPGUI eigentlich eher die Rolle eines Clients ein, der Dienste des Anwendungsservers in Anspruch nimmt. Jedoch enthält auch Ihr Frontend einige Serverfunktionen, etwa über OLE zu Windows hin, so dass der Begriff *Präsentationsserver* durchaus seine Berechtigung hat. An ein R/3-System können – technisch gesehen – beliebig viele Präsentationsserver angeschlossen werden, was ebenfalls zur *Skalierbarkeit* des R/3-Systems beiträgt.

Den beschriebenen Aufbau nennt man auch **dreistufige Client/Server-Architektur**.

Alle betriebswirtschaftlichen Daten werden zentral auf der Datenbank gehalten. Eine **Datenbank** besteht aus Tabellen, die untereinander durch so genannte **relationale Beziehungen** miteinander verbunden sind.

**Relationaler Datenbankentwurf**

Eine *Datenbanktabelle* kann etwa wie Tabelle 3.5 aussehen. Die Zeilen bezeichnet man als **Datensätze**, die Spalten als **Felder**.

Beachten Sie, dass es sich bei diesem Beispiel um einen schlechten Datenbankentwurf handelt.

*Büroverwaltung*

| Artikel-Nr. | Artikelname | Lieferanten-Nr. | Lieferanten-name | Telefon-Nr. |
|---|---|---|---|---|
| 10 | Griffel weiß | 7 | Büro-Otto | 0631/1257 |
| 11 | Schiefertafel | 13 | Schreibwaren-Ulf | 0711/42913 |
| 12 | Schwämmchen | 7 | Büro-Otto | 0631/1257 |
| 13 | Holzlineal 30 cm | 7 | Büro-Otto | 0631/1257 |

**Tabelle 3.5** Schlechter Datenbankentwurf: Tabelle *Büroverwaltung*

Versuchen Sie zunächst nachzuvollziehen, wo die Fehlkonstruktion in diesem Entwurf steckt. Zunächst fällt auf, dass der Eintrag *Büro-Otto* dreimal auftaucht, ebenso seine *Telefon-Nr.* Gesetzt den Fall, unser *Büro-Otto* liefere 1000 statt drei Artikeln, wiederholten sich die Lieferantendaten ebenfalls 1000-fach, was zur Verschwendung von Speicherkapazität führen würde. Dieses Phänomen nennt man **Redundanz**.

Noch schlimmer wird es, wenn wir erfahren, dass sich die *Telefon-Nr.* von Büro-*Otto* geändert hat zu *0631/31983*. Betrachten Sie das Ergebnis in Tabelle 3.6.

*Büroverwaltung*

| Artikel-Nr. | Artikelname | Lieferanten-Nr. | Lieferanten-name | Telefon-Nr. |
|---|---|---|---|---|
| 10 | Griffel weiß | 7 | Büro-Otto | 0631/31983 |
| 11 | Schiefertafel | 13 | Schreibwaren-Ulf | 0711/42913 |
| 12 | Schwämmchen | 7 | Büro-Otto | 0631/1257 |
| 13 | Holzlineal 30 cm | 7 | Büro- Otto | 0631/1257 |

**Tabelle 3.6** Folge eines schlechten Datenbankentwurfs: Inkonsistente Daten!

Die *Telefon-Nr.* des dritten und vierten Datensatzes steht im Widerspruch zu der des ersten. Als Folge der Redundanz hat sich – möglicherweise unbemerkt – eine **Inkonsistenz** der Daten eingeschlichen.

Die Lösung dieses Problems setzt an der Ursache an. Der grundlegende Fehler ist, dass in obiger Tabelle zwei Objektarten, so genannte **Entitätstypen**, vermischt wurden: *Artikel* und *Lieferanten*. Sie werden nun in zwei Datenbanktabellen aufgeteilt (s. Tabelle 3.7 und Tabelle 3.8).

*Lieferant*

| Lieferanten-Nr. *Primärschlüssel* | Lieferantenname *Sekundärschlüssel* | Telefon-Nr. *Attribut* |
|---|---|---|
| 7 | Büro-Otto | 0631/31983 |
| 13 | Schreibwaren-Ulf | 0711/42913 |

**Tabelle 3.7** Korrekter Datenbankentwurf: Tabelle *Lieferant*

*Büroartikel*

| Artikel-Nr. *Primärschlüssel* | Artikelname *Sekundärschlüssel* | Lieferant *Fremdschlüssel zu Lieferant-Lieferanten-Nr.* |
|---|---|---|
| 10 | Griffel weiß | 7 |
| 11 | Schiefertafel | 13 |
| 12 | Schwämmchen | 7 |
| 13 | Holzlineal 30 cm | 7 |

**Tabelle 3.8** Korrekter Datenbankentwurf: Tabelle *Büroartikel*

Lieferanten-Nr. *7, Büro-Otto*, ist nur noch ein einziges Mal in der Lieferantentabelle eingetragen, egal wie viele Artikel er liefert. Die *Telefon-Nr.* muss nur noch in diesem einem Datensatz abgeändert werden. Beide Probleme, *Redundanz* und *Inkonsistenz*, sind also gelöst.

Die Information, wer welchen Artikel liefert, blieb im Feld *Büroartikel-Lieferant* erhalten. Will man wissen, wer die *Schiefertafel* liefert, sieht man zunächst, dass dies *Lieferant 13* ist. Will man mehr über ihn wissen, muss man in Tabelle *Lieferant* nachsehen. Dort findet man unter *Lieferanten-Nr. 13* den Eintrag *Schreibwaren-Ulf*; auch dessen *Telefon-Nr.* steht nun zur Verfügung.

**Primär- und Fremdschlüssel** Die Felder dieser beiden Tabellen haben unterschiedliche Eigenschaften und Aufgaben. Betrachten Sie das Feld *Lieferant-Lieferanten-Nr.* Es ist in dem Sinne eindeutig, als dass keine Duplikate erlaubt sind: Es darf kein zweiter Lieferant mit der *Lieferanten-Nr. 7* eingetragen werden; dieses Feld stellt also eine eindeutige identifizierende Kennung dar. Ein solches Feld nennt man **Primärschlüssel**.

Das Feld *Büroartikel-Lieferant* sieht auf den ersten Blick ähnlich aus. Es hat aber eine gänzlich andere Bedeutung. Zunächst stellt man fest, dass hier Duplikate erlaubt sind: Mehrere Artikel werden vom gleichen Lieferanten geliefert. Nun macht dieses Feld nur Sinn, wenn man weiß, das es einen Verweis auf den Primärschlüssel *Lieferant-Lieferanten-Nr.* darstellt. Ein derartiges Feld nennt man **Fremdschlüssel**. Es kann, muss aber nicht namensgleich mit dem zugehörigen Primärschlüssel sein.

Ein Schlüssel besteht oft aus mehreren Feldern. Beispielsweise würde man eine dritte Tabelle mit Lieferungen wie in Tabelle 3.9 aufbauen. Im Unterschied zu den beiden ersten Tabellen mit ihren **Stammdaten** handelt es sich hier um **Flussdaten** oder **Bewegungsdaten**. Eindeutigkeit ist für die Kombination aus allen Primärschlüsselfeldern gefordert. Der *Artikel 11* beispielsweise darf ein zweites Mal vorkommen, dann allerdings mit einem anderen *Datum*.

*Lieferung*

| Artikel<br>*Primärschlüsselfeld*<br>*Fremdschlüssel zu Büroartikel-*<br>*Artikel-Nr.* | Datum<br>*Primärschlüsselfeld* | Anzahl<br>*Attribut* |
|---|---|---|
| 11 | 01.03.2001 | 60 |
| 12 | 14.03.2001 | 99 |
| 11 | 16.03.2001 | 102 |

**Tabelle 3.9** Korrekter Datenbankentwurf: Tabelle *Lieferung*

In R/3 ist bei mandantenabhängigen Tabellen das Feld `MANDT` stets Bestandteil des Primärschlüssels. Dadurch wird die Trennung von mehreren Mandanten auf einem R/3-System erreicht.

Die restlichen Felder, die nicht dem Primärschlüssel angehören, nennt man **Attribute**, wie beispielsweise *Lieferant-Lieferantenname* und *Lieferant-Telefon*. Sie tragen die eigentlichen Nutzdaten, die den Datensatz beschreiben.

**Attribute**

Als Sonderfall der Attribute – von allerdings subalterner Bedeutung – sind die **Sekundärschlüssel** anzusehen. Es handelt sich um Attribute oder Attributgruppen einer Tabelle, die ebenfalls eindeutig sind. Beispielsweise ist das Feld *Lieferant-Lieferantenname* ein solcher Sekundärschlüssel, da es keine zwei Lieferanten gleichen Namens geben sollte. Sie sind Kandidaten für den Primärschlüssel, die nicht zum Zuge kamen, da es dafür eine bessere Wahl gab.

**Sekundärschlüssel**

Das asymmetrische Verhältnis zwischen Primär- und Fremdschlüssel nennt man **Primär-/Fremdschlüsselbeziehung**. Das vorliegende Beispiel ist die einfachste Form, die **1:n-Beziehung**. Ein Lieferant kann beliebig viele Büroartikel liefern. Umgekehrt ist ein Artikel maximal einem Lieferanten zugeordnet.

**1:n-Beziehung**

Ein Sonderfall der 1:n-Beziehung ist die **1:1-Beziehung**, die Eindeutigkeit auch vom Fremdschlüssel fordert. Dies würde bedeuten, dass ein Lieferant maximal einen Artikel liefern darf, was hier allerdings wenig Sinn macht. Klassisches Beispiel der 1:1-Beziehung ist die abendländische Form der Ehe: Ein Mann darf höchstens eine Frau heiraten, umgekehrt darf eine Frau höchstens einen Mann heiraten. Verbleibt die Streitfrage, wer Primärschlüssel sein darf…

**1:1-Beziehung**

In der Praxis genügt der gezeigte Datenbankentwurf nicht; man kann nämlich meist mehrere Lieferanten für denselben Artikel finden. Dann muss man das Beispiel auf eine **n:m-Beziehung** erweitern, die ihrerseits aus zwei 1:n-Beziehungen und einer dritten Tabelle zur relationalen Zuordnung besteht.

**n:m-Beziehung**

Die Erweiterung des Schemas in Tabelle 3.10 bis Tabelle 3.12 schließt auch den Fall ein, dass zwei Lieferanten den gleichen Artikel zu unterschiedlichen Preisen liefern. *Schreibwaren-Ulf* konkurriere nun mit *Büro-Otto*, indem er den *Griffel weiß* billiger anbietet, einen Umstand, den Sie an der ersten und der letzten Zeile der neuen Tabelle *Lieferbeziehung* erkennen.

*Lieferant*

| Lieferanten-Nr.<br>*Primärschlüssel* | Lieferantenname<br>*Sekundärschlüssel* | Telefon-Nr.<br>*Attribut* |
|---|---|---|
| 7 | Büro-Otto | 0631/31983 |
| 13 | Schreibwaren-Ulf | 0711/42913 |

**Tabelle 3.10**   n:m-Beziehung: Die Tabelle *Lieferant* bleibt unverändert.

*Büroartikel*

| Artikel-Nr.<br>*Primärschlüssel* | Artikelname<br>*Sekundärschlüssel* |
|---|---|
| 10 | Griffel weiß |
| 11 | Schiefertafel |
| 12 | Schwämmchen |
| 13 | Holzlineal 30 cm |

**Tabelle 3.11**   n:m-Beziehung: Die Tabelle *Büroartikel* verliert den Fremdschlüssel zur Tabelle *Lieferant* an die Tabelle *Lieferbeziehung*.

*Lieferbeziehung*

| Lieferant<br>*Primärschlüsselfeld,*<br>*Fremdschlüssel*<br>*zu Lieferant-Lieferanten-Nr.* | Artikel-Nr.<br>*Primärschlüsselfeld,*<br>*Fremdschlüssel*<br>*zu Büroartikel-Artikel-Nr.* | Preis<br>*Attribut* |
|---|---|---|
| 7 | 10 | 0,99 |
| 13 | 11 | 19,99 |
| 7 | 12 | 4,98 |
| 7 | 13 | 8,99 |
| 13 | 10 | 0,79 |

**Tabelle 3.12**   n:m-Beziehung: Die Tabelle *Lieferbeziehung* drückt aus, welcher Lieferant welchen Artikel zu welchem Preis liefert.

Die Tabelle *Lieferbeziehung* liest sich so:

- Erste Zeile: *Büro-Otto* liefert den *Griffel weiß* für *DM 0,99*.

- Letzte Zeile: *Schreibwaren-Ulf* liefert der *Griffel weiß* für *DM 0,79*.

**Prüftabelle**    Die *Primär-/Fremdschlüsselbeziehung* hat die wichtige Eigenschaft, dass der Fremdschlüssel nur Werte enthalten darf, die auch im Primärschlüssel vertreten sind. Will man also beispielsweise einen neuen Büroartikel *Tonerkartusche* dem Lieferanten *11* zuordnen, muss zuvor der Lieferant *11*, z. B. *Kopier-Maxe*, angelegt werden. Beabsichtigt man andererseits, *Büro-Otto* wegen seiner zu hohen Preise aus der Tabelle zu löschen, müssen zuvor alle Artikel von ihm entweder gelöscht oder anderen Lieferanten zugeordnet werden. In diesem Sinne ist z. B. die Tabelle *Lieferant* **Prüftabelle** gegenüber der Tabelle *Lieferbeziehung* mit deren Fremdschlüssel *Lieferbeziehung-Lieferant*. Die Fremdschlüsselprüfung zielt stets auf den kompletten Fremdschlüssel mit allen Feldern.

Eines der Felder des Fremdschlüssels ist **Prüffeld**, nämlich jenes, in das in der Dictionary-Tabellenpflege die Schlüsselbeziehung eingetragen wird (s. Abbildung 3.19). Primär und Fremdschlüssel müssen in ihren Datentypen feldweise übereinstimmen, für das Prüffeld wird sogar Domänengleichheit gefordert.

Betrachten Sie nun das **Übungsszenario Wertpapierdepotverwaltung** in Abbildung 3.11. Die Pfeile stellen die Primär-/Fremdschlüsselbeziehungen zwischen den Datenbanktabellen dar: Die Fremdschlüssel (Pfeilenden) verweisen auf Primärschlüssel (Pfeilspitzen). Jeder Pfeil steht für eine *1:n-Beziehung*.

**Übungsszenario Wertpapierdepotverwaltung**

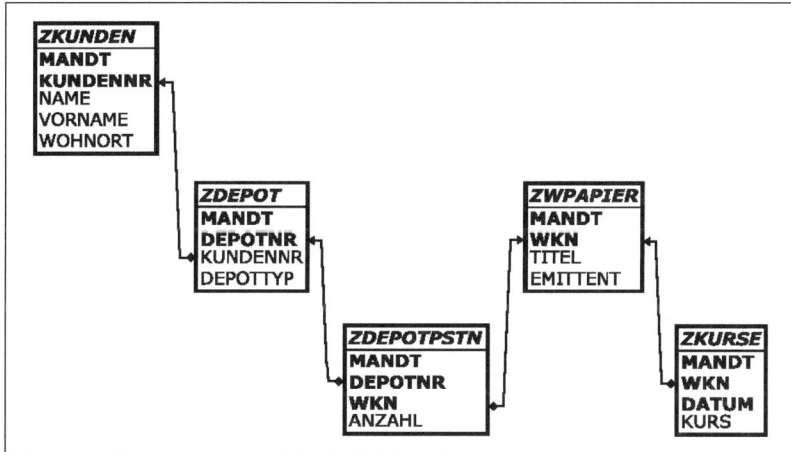

**Abbildung 3.11**
Übungsszenario: Tabellen (kursiv) mit Primärschlüsseln (fett), Attributen (normal) und Primär-/Fremdschlüsselbeziehungen (Pfeile)
(© SAP AG)

Alle Datenbanktabellen des Übungsszenarios enthalten im Primärschlüssel das Mandantenfeld MANDT. Der **Mandant** repräsentiert im SAP R/3-System ein Unternehmen oder eine Organisation. Auf einem R/3-System können also mehrere Firmen unabhängig voneinander geführt werden. Darüber hinaus können spezielle Mandanten für bestimmte Zwecke, etwa für das Customizing, Entwickeln oder Testen, eingerichtet werden. Die Mandanten werden in der Systemtabelle T000 gehalten. Das Feld MANDT ist also jeweils ein Fremdschlüssel auf diese Systemtabelle, was aber in der Abbildung 3.11 aus Gründen der Übersichtlichkeit nicht dargestellt ist.

Tabelle ZKUNDEN enthält mit NAME, VORNAME und WOHNORT die Stammdaten zu einem Kunden, diese werden mit dem Primärschlüssel KUNDENNR nummeriert.

Tabelle ZDEPOT enthält die Stammdaten eines Wertpapierdepots, dessen Feld KUNDENNR einen Fremdschlüssel auf die Prüftabelle ZKUNDEN darstellt. Der DEPOTTYP enthält entweder 'P' für »Privatkunde«, 'G' für »Geschäftskunde« oder 'V' für »variant«, was entweder *beides* oder *nicht bekannt* bedeutet. Die Depots werden mit dem Primärschlüssel DEPOTNR nummeriert.

Tabelle ZWPAPIER enthält mit TITEL und EMITTENT die Stammdaten zu einem Wertpapier. Die Wertpapiere werden mit dem Primärschlüssel WKN (Wertpapierkennnummer) nummeriert.

Tabelle ZDEPOTPSTN verwaltet, als Bewegungsdaten, die ANZAHL an bestimmten Wertpapieren, die sich in einem Depot befinden. Hierzu gibt es die Fremdschlüssel WKN auf die Prüftabelle ZWPAPIER und DEPOTNR auf die Prüftabelle ZDEPOT. Beide zusammen bilden – mit dem Mandantenfeld – den eindeutigen Primärschlüssel. Die *1:n-Beziehungen* der beiden Fremdschlüssel bilden zusammen eine *n:m-Beziehung*.

Tabelle ZKURSE schließlich verwaltet, als Bewegungsdaten, den aktuellen KURS eines Wertpapiers WKN an einem bestimmten DATUM. WKN ist dabei ein Fremdschlüssel auf die Prüftabelle ZWPAPIER, gemeinsam mit DATUM und dem Mandantenfeld bildet es den eindeutigen Primärschlüssel.

**Schritte**    Legen Sie die Datenbanktabelle mit dem Object Navigator an (s. Abbildung 3.12 bis Abbildung 3.18). Mit dem Aktivieren ordnen Sie die Datenbanktabelle der Entwicklungsklasse ZDEKRA und Ihrem Änderungsauftrag zu. Danach werden automatisch die technischen Eigenschaften abgefragt.

**Abbildung 3.12**
Anlegen einer
Datenbanktabelle
(© SAP AG)

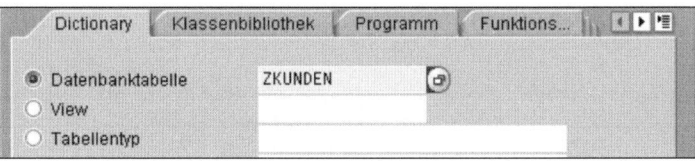

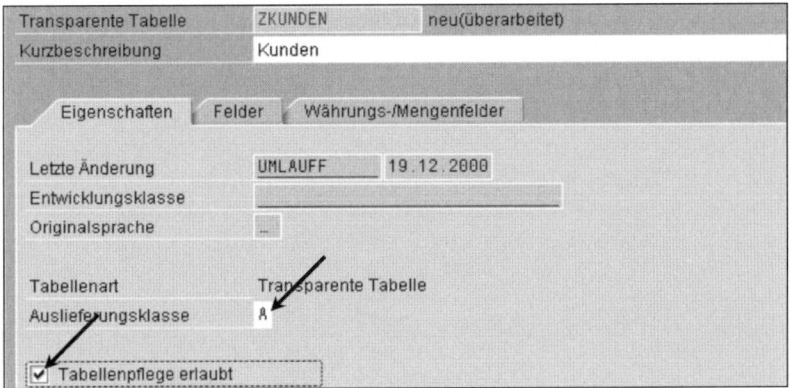

**Abbildung 3.13**
Pflege der
Tabelleneigenschaften.
Die Tabellenpflege erfolgt
mit dem *Data Browser*
(s. u.).
(© SAP AG)

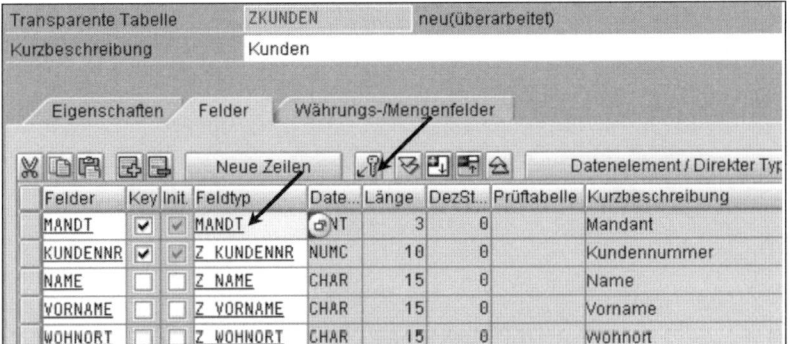

**Abbildung 3.14**
Anlegen der
Tabellenfelder; Anlegen
eines Feldes als
Fremdschlüssel
(© SAP AG)

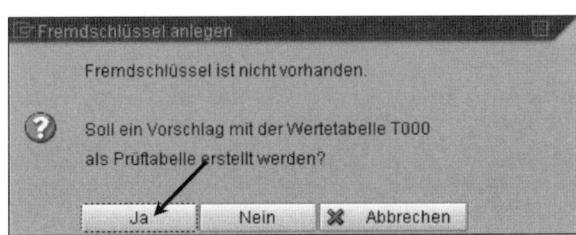

**Abbildung 3.15**
Die Mandantentabelle
T000 wird als Prüftabelle
vorgeschlagen.
(© SAP AG)

**Abbildung 3.16**
Die vorgeschlagene
Fremdschlüsseldefinition
ist korrekt und kann
übernommen werden.
(© SAP AG)

Fremdschlüssel ZKUNDEN1-MANDT anlegen

| Kurzbeschreibung | Mandant |
| Prüftabelle | T000 |

| Prüftabelle | Prüftabfeld | Fremdschl... | FremdschlFeld | generisch | Konstante |
|---|---|---|---|---|---|
| T000 | MANDT | ZKUNDEN | MANDT | ☐ | |
| | | | | | |
| | | | | | |
| | | | | | |
| | | | | | |

◀ ▶

Dynpro-Prüfung

☑ Prüfung erwünscht   Fehlernachricht   MsgNr   AGeb

---

**Abbildung 3.17**
Die aktivierte Tabelle mit
Fremdschlüssel
(© SAP AG)

| Transparente Tabelle | ZKUNDEN | aktiv |
| Kurzbeschreibung | Kunden | |

Eigenschaften   Felder   Währungs-/Mengenfelder

Datenelement / Direkter Typ

| Felder | Key | Init. | Feldtyp | Date... | Länge | DezSt... | Prüftabelle | Kurzbeschreibung |
|---|---|---|---|---|---|---|---|---|
| MANDT | ☑ | ☑ | MANDT | NT | 3 | 0 | T000 | Mandant |
| KUNDENNR | ☑ | ☑ | Z_KUNDENNR | NUMC | 10 | 0 | | Kundennummer |
| NAME | ☐ | ☐ | Z_NAME | CHAR | 15 | 0 | | Name |
| VORNAME | ☐ | ☐ | Z_VORNAME | CHAR | 15 | 0 | | Vorname |
| WOHNORT | ☐ | ☐ | Z_WOHNORT | CHAR | 15 | 0 | | Wohnort |

---

**Abbildung 3.18**
Pflege der technischen
Einstellungen der Tabelle
mit anschließendem
Speichern, zurück zum
Object Navigator
(© SAP AG)

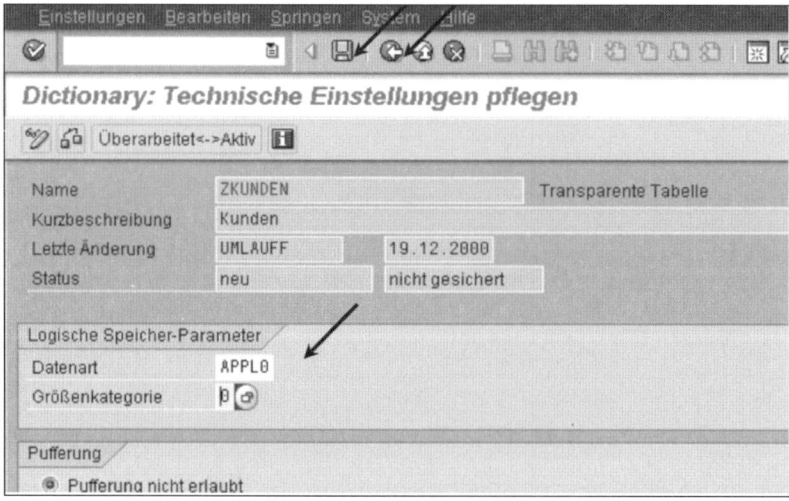

Einstellungen   Bearbeiten   Springen   System   Hilfe

**Dictionary: Technische Einstellungen pflegen**

Überarbeitet<->Aktiv

| Name | ZKUNDEN | Transparente Tabelle |
| Kurzbeschreibung | Kunden | |
| Letzte Änderung | UMLAUFF | 19.12.2000 |
| Status | neu | nicht gesichert |

Logische Speicher-Parameter

| Datenart | APPL0 |
| Größenkategorie | 0 |

Pufferung

⦿ Pufferung nicht erlaubt

**2.** Legen Sie die Tabelle ZDEPOT an (s. Tabelle 3.13). Das Feld KUNDENNR ist ein Fremdschlüssel auf den Primärschlüssel der Prüftabelle ZKUNDEN.

**Aufgabe**

| Tabelle | Felder | Schlüssel | Datenelement | Prüftabelle |
|---------|--------|-----------|--------------|-------------|
| ZDEPOT | MANDT | ☑ | MANDT | T000 |
| | DEPOTNR | ☑ | Z_DEPOTNR | |
| | KUNDENNR | ☐ | Z_KUNDENNR | ZKUNDEN |
| | DEPOTTYP | ☐ | Z_DEPOTTYP | |

**Tabelle 3.13** Datenbanktabelle ZDEPOT und deren Prüftabelle

Legen Sie die Tabelle ZDEPOT analog zu Tabelle ZKUNDEN an, und ergänzen Sie in der Zeile KUNDENNR die Fremdschlüsselbeziehung (s. Abbildung 3.19 bis Abbildung 3.22).

**Schritte**

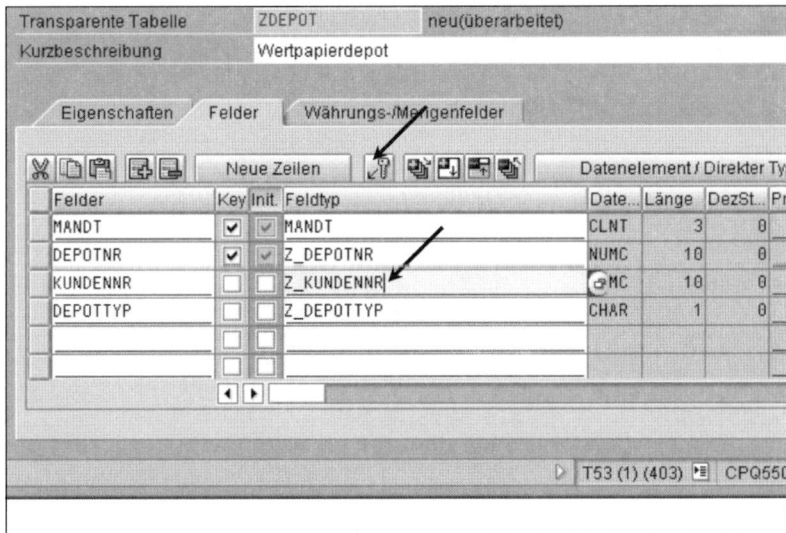

**Abbildung 3.19**
Tabelle ZDEPOT; Anlegen Fremdschlüssel für ein Feld (© SAP AG)

**Abbildung 3.20**
Prüftabelle angeben (© SAP AG)

**Abbildung 3.21**
Der Vorschlag wird
aufgrund gleicher
Domänen der Felder
erstellt. (© SAP AG)

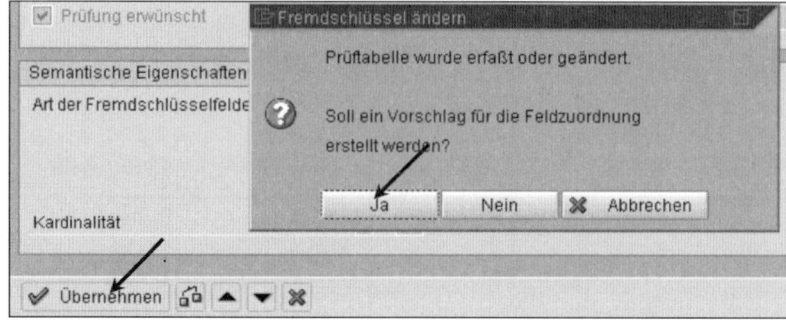

**Abbildung 3.22**
Dieser Vorschlag ist
korrekt und kann
übernommen werden.
(© SAP AG)

**Aufgabe**

3. Legen Sie in ähnlicher Weise die fehlenden Tabellen an.

**Schritte** Das Übungsszenario umfasst die in Tabelle 3.14 dargestellten Datenbanktabellen.

| Tabelle | Felder | Schlüssel | Datenelement | Prüftabelle |
|---------|--------|-----------|--------------|-------------|
| ZKUNDEN | MANDT | ☑ | MANDT | T000 |
| | KUNDENNR | ☑ | Z_KUNDENNR | |
| | NAME | ☐ | Z_NAME | |
| | VORNAME | ☐ | Z_VORNAME | |
| | WOHNORT | ☐ | Z_WOHNORT | |
| ZDEPOT | MANDT | ☑ | MANDT | T000 |
| | DEPOTNR | ☑ | Z_DEPOTNR | |
| | KUNDENNR | ☐ | Z_KUNDENNR | ZKUNDEN |
| | DEPOTTYP | ☐ | Z_DEPOTTYP | |
| ZDEPOTPSTN | MANDT | ☑ | MANDT | T000 |
| | DEPOTNR | ☑ | Z_DEPOTNR | ZDEPOT |
| | WKN | ☑ | Z_WKN | ZWPAPIER |
| | ANZAHL | ☐ | Z_ANZAHL | |

| Tabelle | Felder | Schlüssel | Datenelement | Prüftabelle |
|---------|--------|-----------|--------------|-------------|
| ZWPAPIER | MANDT<br>WKN<br>TITEL<br>EMITTENT | ☑<br>☑<br>☐<br>☐ | MANDT<br>Z_WKN<br>Z_WPTITEL<br>Z_EMITTENT | T000 |
| ZKURSE | MANDT<br>WKN<br>DATUM<br>KURS | ☑<br>☑<br>☑<br>☐ | MANDT<br>Z_WKN<br>Z_DATUM<br>Z_KURS | T000<br>ZWPAPIER |

**Tabelle 3.14** Datenbanktabellen und deren Prüftabellen zum Übungsszenario Wertpapierdepotverwaltung

## 3.6 Data Browser: Beispieldaten eingeben

**1.** Geben Sie einige Beispieldaten in die Tabellen ein. Sehen Sie sich diese mit dem **Data Browser** an.

**Aufgabe**

Da Sie die Option ☑ *Tabellenpflege* in allen Tabellen erlaubt haben (s. Abbildung 3.13), können Sie nun Beispieldaten mit einem einfachen Werkzeug, dem *Data Browser*, bearbeiten.

**Erläuterung**

In der Praxis ist die Datenpflege per *Data Browser* unüblich. Dem Endanwender werden hierfür normalerweise Änderungstransaktionen, meist in Form von Dialogprogrammen, zur Verfügung gestellt, welche die betriebswirtschaftlichen Prozesse nachbilden. In Kapitel 6 »Dialogprogrammierung in ABAP« werden Sie eine derartige Änderungstransaktion programmieren.

Geben Sie folgenden Kunden in Tabelle ZKUNDEN von deren Tabellenpflege aus mittels HILFMITTEL / TABELLENINHALT / EINTRÄGE ERFASSEN ein (s. Abbildung 3.23).

**Schritte**

**Abbildung 3.23**
Erfassen von Kundendaten für Tabelle ZKUNDEN (© SAP AG)

In die Datenanzeige mittels des *Data Browsers* gelangen Sie von der Tabellenpflege aus mittels HILFSMITTEL / TABELLENINHALT / ANZEIGEN (s. Abbildung 3.24 bis Abbildung 3.25).

**Data Browser: Tabelle ZKUNDEN: Selektionsbild**

Anzahl Einträge

| KUNDENNR | | bis | |
| NAME | | bis | |
| VORNAME | | bis | |
| WOHNORT | | bis | |

**Data Browser: Tabelle ZKUNDEN          1 Treffer**

Prüftabelle...

Tabelle:      ZKUNDEN
Angezeigte Felder:   5 von  5  Feststehende Führungsspalten: 2  Listbreite 0250

| | MANDT | KUNDENNR | NAME | VORNAME | WOHNORT |
|---|---|---|---|---|---|
| | 403 | 0000000007 | MICHAEL S. | UMLAUFF | KAISERSLAUTERN |

Geben Sie mit der gleichen Methode Daten in die restlichen Datenbanktabellen ein (s. Abbildung 3.26 bis Abbildung 3.29). Halten Sie dabei die angegebene Reihenfolge ein. Sie können Fremdschlüsselwerte erst dann in eine Tabelle eintragen, wenn vorher in der zugehörigen Prüftabelle der gleiche Wert als Primärschlüssel angelegt wurde.

Geben Sie weitere Daten ein, die Ihrer Phantasie entspringen. Allzu viel Mühe sollten Sie sich allerdings nicht geben. Im nächsten Abschnitt werden die von Ihnen eingegebenen Daten nämlich überschrieben.

Tabelle:      ZDPEPOT
Angezeigte Felder:   4 von  4  Feststehende Führungsspalten: 2  Listbreite 0250

| | MANDT | DEPOTNR | KUNDENNR | DEPOTTYP |
|---|---|---|---|---|
| | 403 | 0000000815 | 0000000007 | G |

Tabelle:      ZWPAPIER
Angezeigte Felder:   4 von  4  Feststehende Führungsspalten: 2  Listbreite 0250

| | MANDT | WKN | TITEL | EMITTENT |
|---|---|---|---|---|
| | 403 | 0000004711 | DEKRA-ACADEMY CORP. | WESLEY-BROTHERS |

```
Tabelle:       ZKURSE
Angezeigte Felder:  4 von  4  Feststehende Führungsspalten: 3  Listbreite 0250
```

| | MANDT | WKN | DATUM | KURS |
|---|---|---|---|---|
| | 403 | 0000004711 | 14.03.2001 | 998 |

**Abbildung 3.28**
Datensatz eingeben in ZKURSE. Der Fremdschlüssel WKN muss in ZWPAPIER als Primärschlüssel existieren. (© SAP AG)

```
Tabelle:       ZDEPOTPSTN
Angezeigte Felder:  4 von  4  Feststehende Führungsspalten: 3  Listbreite 0250
```

| | MANDT | DEPOTNR | WKN | ANZAHL |
|---|---|---|---|---|
| | 403 | 0000000815 | 0000004711 | 0000000042 |

**Abbildung 3.29**
Datensatz in ZDPEPOTPSTN: Die Fremdschlüssel DEPOTNR resp. WKN müssen in ZDEPOT resp. ZWPAPIER als Primärschlüssel existieren. (© SAP AG)

## 3.7 Daten des Übungsszenarios einspielen

**1.** Legen Sie den Report ZDATINS an.

**Aufgabe**

Nun werden die Tabellen des Übungsszenarios mit einer großen Menge von Beispieldaten gefüllt.

**Erläuterung**

Den Programmcode finden Sie in der Datei *zdatins.txt* aus dem Archiv *abap.zip* von *http://www.dekra-akademie.de/download*. Er ist zu groß, um hier abgedruckt zu werden. Öffnen Sie die Datei mit dem Windows-Editor (s. Abbildung 3.33).

Falls Sie, *Alternative B* (s. Beginn dieses Kapitels) folgend, die Dictionary-Objekte mittels des Transports LNXK900006 eingespielt haben, ist auch der Report ZDATINS bereits angelegt (s. Anhang B: Transport). Sie müssen ihn nur noch starten (s. nächste Aufgabe).

**Alternative B**

Legen Sie den Report ZDATINS an (s. Abbildung 3.30 bis Abbildung 3.34). Der Report muss der Entwicklungsklasse ZDEKRA sowie dem Änderungsauftrag zugeordnet und schließlich aktiviert werden.

**Schritte**

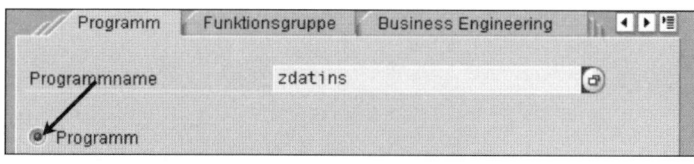

**Abbildung 3.30**
Anlegen des Reports ZDATINS
(© SAP AG)

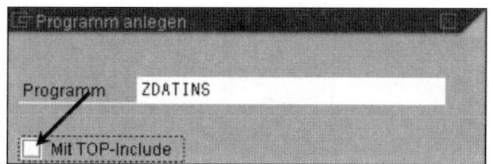

**Abbildung 3.31**
Dieser Report bedarf keiner Includetechnik.
(© SAP AG)

**Abbildung 3.32**
Eigenschaftspflege des
Reports (© SAP AG)

| Titel | Programm ZDATINS |
|---|---|
| Originalsprache | ... Deutsch |
| Erstellt | 20.12.2000 UMLAUFF |
| Letzte Änderung | |
| Status | neu(überarbeitet) |

| Attribute | |
|---|---|
| Typ | Ausführbares Programm |
| Status | Testprogramm |
| Anwendung | Kunde Filiale |

**Abbildung 3.33**
Markieren des
Programmcodes ab der
zweiten Zeile; mit
BEARBEITEN / KOPIEREN in
die Zwischenablage
(© SAP AG)

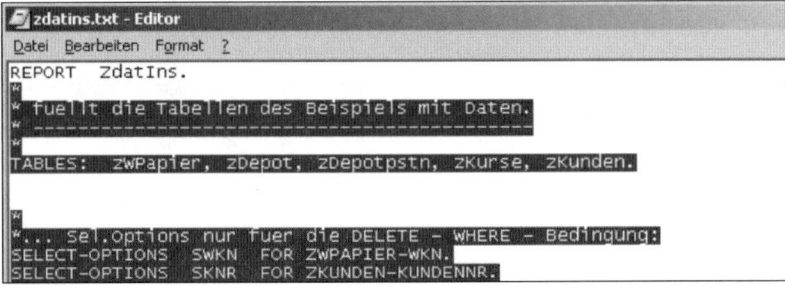

```
zdatins.txt - Editor
Datei  Bearbeiten  Format  ?
REPORT  ZdatIns.
*
* fuellt die Tabellen des Beispiels mit Daten.
* ----------------------------------------
*
TABLES:  zWPapier, zDepot, zDepotpstn, zKurse, zKunden.

*
*... Sel.Options nur fuer die DELETE - WHERE - Bedingung:
SELECT-OPTIONS  SWKN  FOR ZWPAPIER-WKN.
SELECT-OPTIONS  SKNR  FOR ZKUNDEN-KUNDENNR.
```

**Abbildung 3.34**
Einfügen des
Programmcodes aus der
Zwischenablage
(© SAP AG)

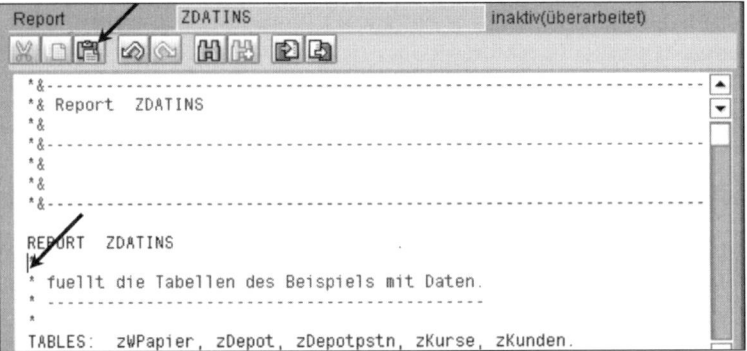

```
Report         ZDATINS                    inaktiv(überarbeitet)

*&----------------------------------------
*& Report  ZDATINS
*&
*&----------------------------------------
*&
*&
*&----------------------------------------

REPORT  ZDATINS

* fuellt die Tabellen des Beispiels mit Daten.
* ----------------------------------------
*
TABLES:  zWPapier, zDepot, zDepotpstn, zKurse, zKunden.
```

**Aufgabe**

**2.** Füllen Sie die Tabellen mit dem Report ZDATINS.

**Erläuterung**   Nach dem Anlegen aller Objekte – oder nach erfolgreichem Transport LNXK900006 – sind alle Dictionary-Objekte und der Report ZDATINS der Entwicklungsklasse ZDEKRA in der ABAP Workbench sichtbar: WERKZEUGE / ABAP WORKBENCH / ÜBERSICHT / OBJECT NAVIGATOR. Der Report ZDATINS fügt in alle Tabellen eine große Anzahl von Beispieldaten ein, wobei vorhandene Daten gelöscht werden.

Starten Sie den Report ZDATINS aus der Entwicklungsklasse ZDEKRA heraus: KONTEXTMENÜ REPORT ZDATINS / AUSFÜHREN / DIREKT (s. Abbildung 3.35 bis Abbildung 3.37). **Schritte**

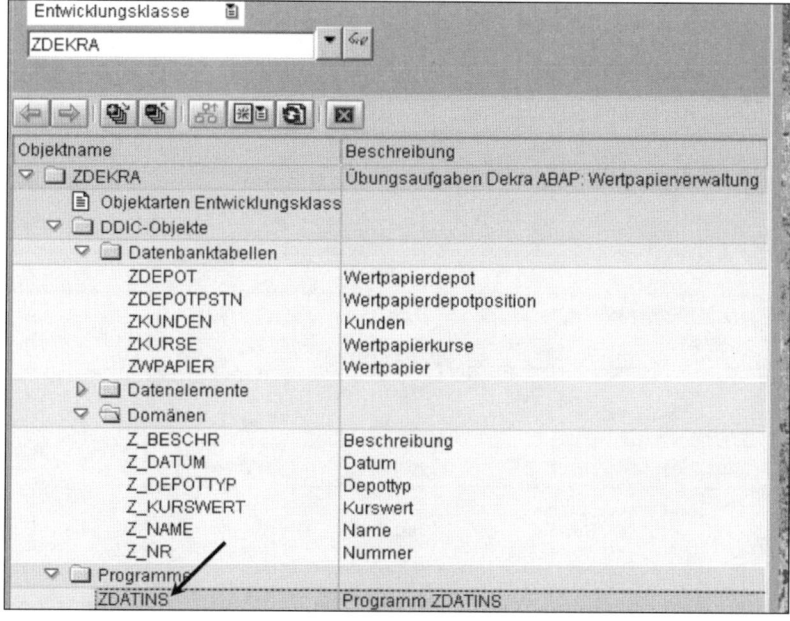

**Abbildung 3.35**
Entwicklungsklasse
ZDEKRA, Start des Reports
ZDATINS über das
Kontextmenü
(© SAP AG)

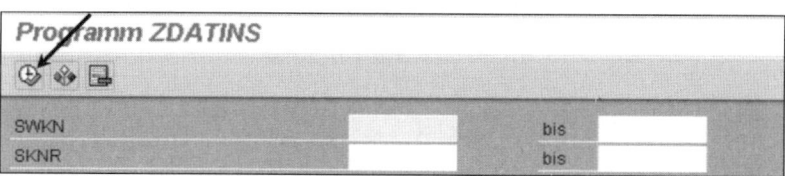

**Abbildung 3.36**
Komplettgenerierung der
Beispieldaten ohne
Parametereingabe
(© SAP AG)

```
Programm ZDATINS


Programm ZDATINS

0000226489 Whistler Corp.        AOM-Bank
0000266119 Stromberg Reed.       AOM-Bank
0000361990 Zorin Industries      AOM-Bank
0000504500 Isar Amperwerke       Emission-GmbH
0000589730 Greiffenberger         StockMaker
```

**Abbildung 3.37**
Diese Liste darf keine
Fehlermeldungen
enthalten. Ursachen
hierfür sind meist
fehlerhaft angelegte
Dictionary-Objekte.
(© SAP AG)

Betrachten Sie auch die Tabelleninhalte im *Data Browser*, z. B. die Tabelle ZKUNDEN: KONTEXTMENÜ ZKUNDEN / TABELLENINHALT (s. Abbildung 3.38 bis Abbildung 3.39).

**Abbildung 3.38**
*Data Browser* mit der
Tabelle ZKUNDEN
(© SAP AG)

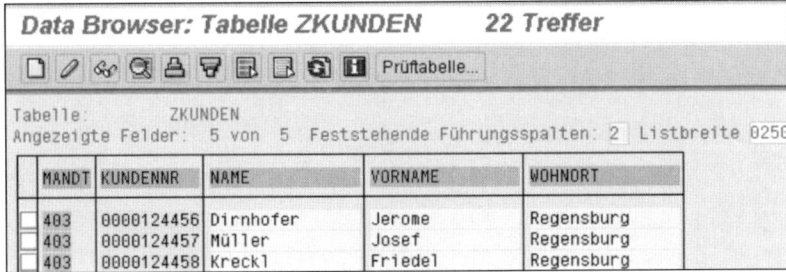

**Abbildung 3.39**
Die Tabellen sind nun mit
Beispieldaten gefüllt.
(© SAP AG)

Nun ist Ihre Systemumgebung inklusive des R/3-Systems komplett eingerichtet, um ABAP-Programme mit Datenbankzugriff zu entwickeln.

# Kapitel 4

# Reports mit Datenbankzugriff

Nachdem im vorherigen Kapitel erfolgreich eine Datenbank mit Beispieldaten angelegt wurde, lernen Sie nun, mittels der in ABAP integrierten Datenbanksprache *Open-SQL* über einen Report auf die Datenbanktabellen zuzugreifen.

Bei der **Structured Query Language (SQL)** handelt es sich um eine Datenbanksprache, die von nahezu allen relationalen **Datenbankmanagementsystemen (DBMS)** unterstützt wird. STANDARD-SQL besteht aus folgenden Teilen:

- **Data Manipulation Language (DML)**: Datenbankmanipulationssprache, mit der Daten aus der Datenbank gelesen, geändert und gelöscht werden

- **Data Definition Language (DDL)**: Datenbankdefinitionssprache, mit der Tabellen, Primär-/Fremdschlüsselbeziehungen etc. angelegt, geändert und gelöscht werden

- **Data Control Language (DCL)**: Datenbankkontrollsprache, mit der Zugriffsrechte auf Datenbanktabellen und Datensätze verwaltet werden

Leider finden sich in den einzelnen DBMS wie ORACLE, INFORMIX oder auch die aus ADABAS D hervorgegangene SAP DB proprietäre Ergänzungen und Abweichungen vom Standard-SQL. Aus diesem Grunde hat SAP mit **Open-SQL** eine DBMS-unabhängige Untermenge von Standard-SQL in ABAP integriert. Über die in die R/3-Basis integrierte

Datenbankschnittstelle wird *Open-SQL* in Standard-SQL umgesetzt. *Open-SQL* umfasst lediglich den Teil DML. DDL wird aufgrund des *ABAP Dictionaries*, DCL aufgrund des *R/3-Berechtigungskonzepts* nicht benötigt.

In Ausnahmefällen steht Ihnen über die ABAP-Anweisung EXEC SQL [Native-SQL-Code]) aus **Native-SQL** – das Original-SQL des R/3 zugrunde liegenden Datenbanksystems – zur Verfügung, dessen Verwendung allerdings nicht empfehlenswert ist.

## 4.1 Open-SQL: SELECT, Textelemente

**1.** Erstellen Sie für das *DEKRA Effekten Kontor* eine Übersicht über alle Depotkunden als Report ZKUNDEN_REGENSBURGnn, die ihren Wohnsitz in Regensburg haben. Die Übersicht soll Kundennummer, Name, Vorname sowie Wohnort des Kunden aus der Tabelle ZKUNDEN enthalten und nach Kundennummern aufsteigend sortiert sein.

Darüber hinaus soll die Liste Datum und Uhrzeit der Erstellung sowie den Namen des Erstellers enthalten (s. Abbildung 4.1).

Verwenden Sie statt feststehender Texte **Textelemente**. Pflegen Sie die Textelemente in deutscher Sprache. Übersetzen Sie die Textelemente ins Englische.

Navigieren Sie vom Quelltext des Reports aus zur Tabelle ZKUNDEN.

**Abbildung 4.1**
Liste des Reports
ZKUNDEN_REGENSBURGnn
(© SAP AG)

```
Kunden aus Regensburg


Kunden aus Regensburg

Kunden mit Wohnort Regensburg

0000124456    Dirnhofer      Jerome
0000124457    Müller         Josef
0000124458    Kreckl         Friedel
0000124459    Taylor         Jasmin
0000124460    Kellner        Tamara
0000649912    Hermann        Konrad



            Diese Liste wurde erstellt:
            am: 23.01.2001
            um: 23:20:17
            von: UMLAUFF
```

Zum Lesen von Datenbanktabellen verwenden Sie den Open-SQL-Be- **Erläuterung**
fehl SELECT. Er erlaubt sehr komplexe Abfragen und hat den folgenden
Aufbau, der keineswegs vollständig ist:

```
SELECT [Auswahlfelder]
  INTO [Ziel]
  FROM [Datenbanktabelle]
  WHERE [Bedingung]
  ORDER BY [Sortierfelder].
```

Die [Auswahlfelder] müssen in der [Datenbanktabelle] enthalten sein, mit
»∗« sind alle Felder gemeint.

Das [Ziel] ist im einfacheren Falle ein Feld oder eine Feldleiste, man
nennt beides auch **Arbeitsbereich**. Da die Treffermenge mehrere Datensätze umfasst, ergibt sich eine SELECT-Schleife, die mit ENDSELECT abzu-
schließen ist. In jedem Schleifendurchlauf wird jeweils ein Datensatz in
den Arbeitsbereich gestellt. Im komplexeren Falle ist das [Ziel] eine
interne Tabelle (s. Abschnitt 4.6 »TYPES, Array fetch, READ TABLE«).

WHERE- und ORDER-Klauseln sind optional. Die [Bedingung] enthält in der
Mitte einen bereits von der IF-Verzweigung her bekannten Operator: =,
EQ, >, GT, <=, LE... Links vom Operator enthält die [Bedingung] ein Feld der
[Datenbanktabelle], rechts vom Operator befindet sich ein ABAP-Feld,
ein Literal oder Ähnliches. Die Sortierfelder stammen wiederum aus der
[Datenbanktabelle].

Wenn mindestens ein Datensatz gefunden wurde, erhält das Systemfeld
SY-SUBRC den Wert 0. Nach den meisten ABAP-Anweisungen wird vom
Laufzeitsystem SY-SUBRC neu gesetzt. Wenn man dieses Systemfeld auswerten will, muss man als nächstes IF SY-SUBRC NE 0 ... prüfen und
eventuell zu einer Fehlerverarbeitung verzweigen. Der Wert 0 steht stets
für eine fehlerfreie Ausführung der vorangegangenen ABAP-Anweisung. Der Wert 4 in SY-SUBRC steht hier für den Fall, dass kein Datensatz
gefunden wurde. Je höher der Wert, desto schwerwiegenderer Art ist
der aufgetretene Fehler.

Neben SELECT-*Schleifen* gibt es auch SELECT-*Anweisungen* ohne
ENDSELECT, wenn nur ein Datensatz gesucht wird oder eine interne Tabelle gefüllt wird. Dies lernen Sie in späteren Aufgaben.

Wenn Sie in WRITE-Anweisungen Literale in deutscher Sprache verwenden, hat dies den Nachteil, dass ein anderssprachiger Anwender Ihre
Liste nicht lesen kann. Deshalb sollten Sie statt fester Literale so genannte **Textelemente** verwenden. Sie formulieren sie im Quelltext entweder in der Form text-[Nummer] oder '[Text]'([Nummer]). Dann pflegen

Sie die Textelemente zunächst in Ihrer Anmeldesprache. Anschließend können Sie sie in andere Sprachen übersetzen.

**Schritte**   Legen Sie folgenden Report an:

```
REPORT  zkunden_regensburgmu             .


DATA wa_kunden LIKE zkunden.


START-OF-SELECTION.
  WRITE text-001.
  SKIP.
  SELECT * FROM zkunden INTO wa_kunden
   WHERE wohnort = 'Regensburg' ORDER BY
   kundennr.
    WRITE: / wa_kunden-kundennr, 15 wa_kunden-name,
      wa_kunden-vorname.
  ENDSELECT.
  IF sy-subrc NE 0.
    WRITE / text-002.
  ENDIF.
  ULINE.
  SKIP 2.
  WRITE: /15 'Angaben zur Liste'(003).
  WRITE: /15 'am:', sy-datum.
  WRITE: /15 'um:', sy-uzeit.
  WRITE: /15 'von:', sy-uname.
```

Durch Doppelklick auf die Textelemente gelangen Sie in deren Pflege (s. Abbildung 4.2 bis Abbildung 4.5). Von dort aus geht es weiter mit SPRINGEN / ÜBERSETZUNG. Starten Sie den Report, er liefert dann ein Ergebnis wie Abbildung 4.1 zu sehen. Melden Sie sich ab und wieder neu an, dieses Mal mit Anmeldesprache EN (Englisch). Der Pfad ab dem SAP-Easy-Access-Menü lautet auf Englisch TOOLS / ABAP WORKBENCH / OVERVIEW / OBJECT NAVIGATOR. Starten Sie den Report erneut, Sie sehen Abbildung 4.6.

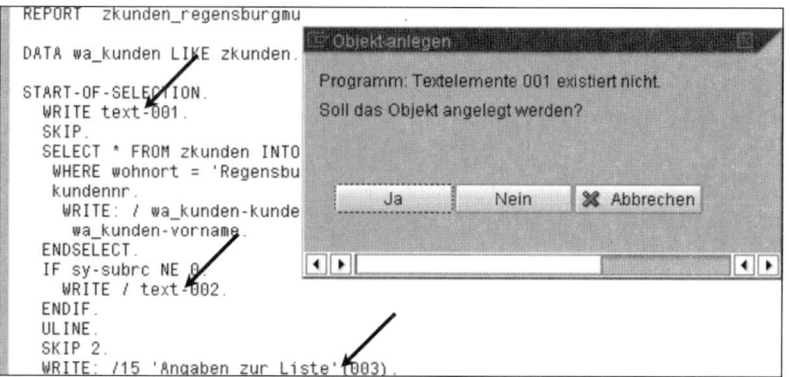

**Abbildung 4.2**
Textelemente im Report
(© SAP AG)

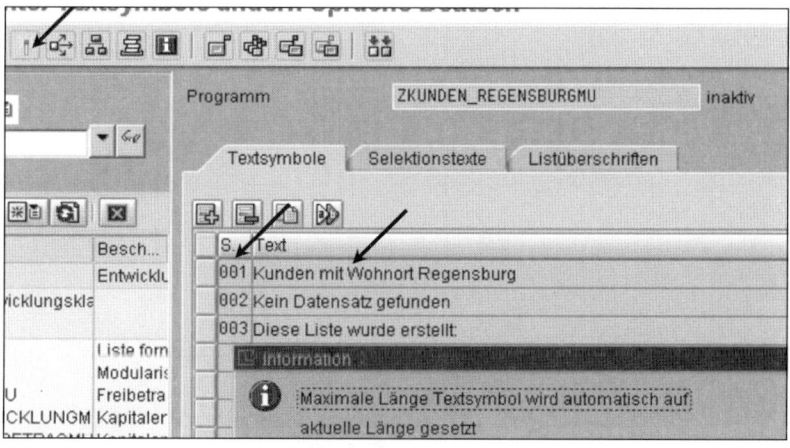

**Abbildung 4.3**
Pflege der Textelemente
des Reports (© SAP AG)

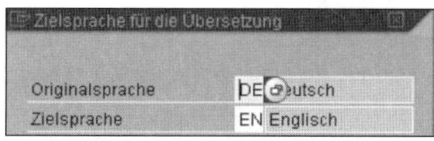

**Abbildung 4.4**
Auswahl der Zielsprache
für die Übersetzung
(© SAP AG)

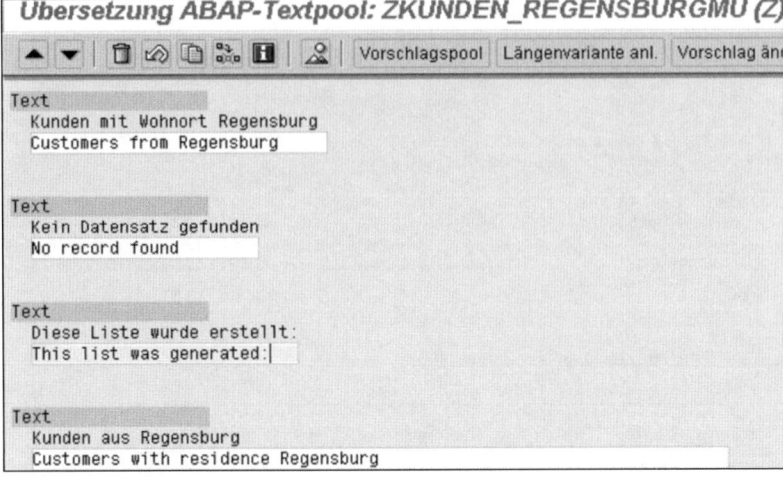

```
Übersetzung ABAP-Textpool: ZKUNDEN_REGENSBURGMU (Z)

▲  ▼ │ 🗑 🖆 🖹 ⬚ 🄷 │ 👤 │ Vorschlagspool  Längenvariante anl.  Vorschlag än(

Text
   Kunden mit Wohnort Regensburg
   Customers from Regensburg


Text
   Kein Datensatz gefunden
   No record found


Text
   Diese Liste wurde erstellt:
   This list was generated:|


Text
   Kunden aus Regensburg
   Customers with residence Regensburg
```

```
Customers with residence Regensburg


Customers with residence Regensburg

Customers from Regensburg

0000124456    Dirnhofer      Jerome
0000124457    Müller         Josef
0000124458    Kreckl         Friedel
0000124459    Taylor         Jasmin
0000124460    Kellner        Tamara
0000649912    Hermann        Konrad


            This list was generated:
```

In Abbildung 4.7 bis Abbildung 4.8 sehen Sie, wie Sie per Vorwärtsnavigation durch Doppelklick zur Tabelle ZKUNDEN gelangen.

```
START-OF-SELECTION.
  WRITE text-001.
  SKIP.
  SELECT * FROM zkunden INTO wa_kunden
    WHERE wohnort = 'Regensburg' ORDER BY
    kundennr.
```

**Abbildung 4.8**
Tabellenpflege im
Dictionary –
Anzeigemodus
(© SAP AG)

## 4.2 Kursentwicklung mit SELECT SINGLE

**1.** Die Wertpapierinhaber wünschen eine Aufstellung über die Kursentwicklung in ansprechender Form (s. Abbildung 4.10). Programmieren Sie hierzu einen Report ZKURSENTWnn.

**Aufgabe**

Erzeugen Sie ein Selektionsbild zum Einlesen des gewünschten Wertpapiertitels (s. Abbildung 4.9). Informieren Sie sich über den Zusatz LOWER CASE zu PARAMETERS durch Drücken der F1-Taste.

Die benötigten Daten lesen Sie mit zwei SELECT-Anweisungen aus den Tabellen ZWPAPIER und ZKURSE. Für die Tabelle ZWPAPIER verwenden Sie SELECT SINGLE.

Prüfen Sie über SY-SUBRC hinter den SELECT-Schleifen, ob mindestens ein passender Datensatz zum Auswahlkriterium gefunden wurde. Geben sie andernfalls eine Fehlermeldung aus.

Errechnen Sie zudem den Durchschnittskurs. Geben Sie ihn zusammen mit dem zugehörigen Zeitraum aus. Summieren Sie hierzu innerhalb der SELECT-Schleife über ZKURSE den Kurs auf und führen Sie einen Zähler mit, der die Schleifendurchläufe zählt. Speichern Sie im ersten Schleifendurchlauf das Anfangsdatum in einem geeigneten Datenfeld. Berechnen Sie den Durchschnittskurs, und geben Sie ihn, mit dem Zusatz LEFT-JUSTIFIED zu WRITE, linksbündig aus.

| *Kursentwicklung beobachten* | |
|---|---|
| ⊕ | |
| WP_TITEL | Linde |

**Abbildung 4.9**
Selektionsbild des
Reports ZKURSENTWnn
(© SAP AG)

**Abbildung 4.10**
Liste des Reports
ZKURSENTWnn, Daten aus
der Datenbank
(© SAP AG)

```
Kursentwicklung beobachten


Titel/NR des Wertpapiers : Linde              648.300
20.01.2001        989
21.01.2001        988
22.01.2001        991
23.01.2001        992
24.01.2001        991


Der Durchschnittskurs von 20.01.2001 bis 24.01.2001 beträgt 990,20
```

**Erläuterung**  Um diese Aufgabe lösen zu können, sollten Sie sich zunächst Struktur, Inhalte und Beziehungen der Tabellen ZWPAPIER und ZKURSE nochmals vergegenwärtigen (s. Abbildung 4.11 bis Abbildung 4.14).

**Abbildung 4.11**
Ansehen einer
Datenbanktabelle
(© SAP AG)

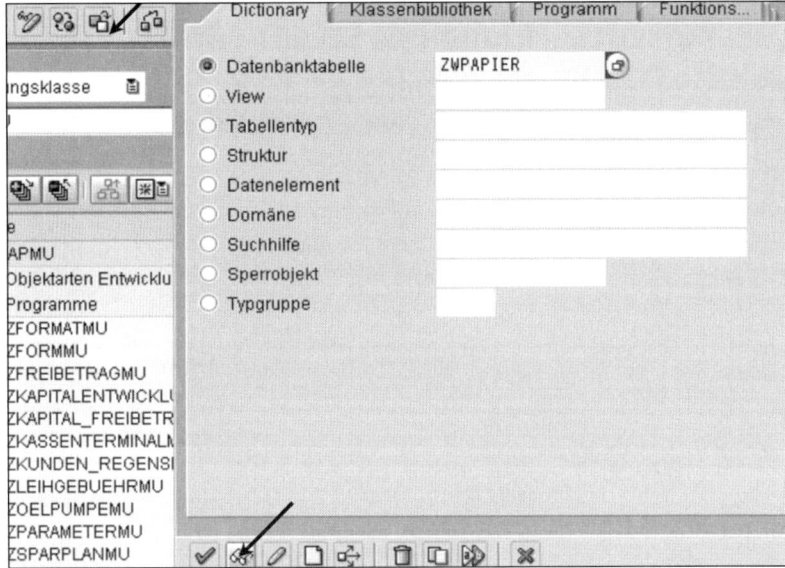

**Abbildung 4.12**
Datenbanktabelle ZKURSE
(© SAP AG)

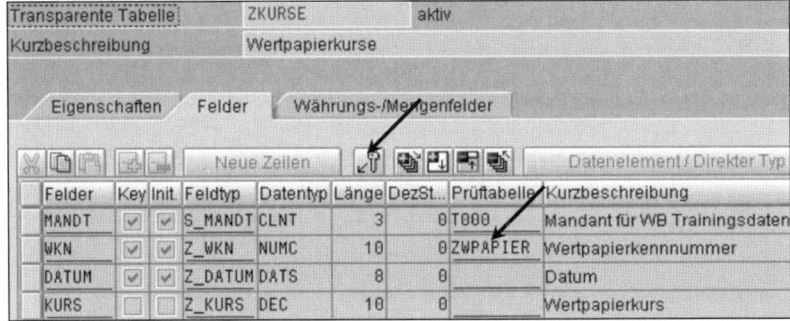

| Kurzbeschreibung | Wertpapier | |
|---|---|---|
| Prüftabelle | ZWPAPIER | ⊙ |

| Prüftabelle | Prüfabfeld | Fremdschl... | FremdschlFeld | generisch | Konstante |
|---|---|---|---|---|---|
| ZWPAPIER | MANDT | ZKURSE | MANDT | ☐ | |
| ZWPAPIER | WKN | ZKURSE | WKN | ☐ | |

**Abbildung 4.13**
Fremdschlüsselfeld WKN
(Wertpapierkennnummer)
aus ZKURSE ist, neben
dem Mandantenfeld,
Primärschlüsselfeld in
ZWPAPIER. (© SAP AG)

| Transparente Tabelle | ZWPAPIER | aktiv |
|---|---|---|
| Kurzbeschreibung | Wertpapier | |

Eigenschaften | Felder | Währungs-/Mengenfelder

✂ ⬚⬚ ⬚⬚  Neue Zeilen  ⬚ ⬚⬚⬚⬚  Datenelement / Direkter Ty

| Felder | Key | Init. | Feldtyp | Datentyp | Länge | DezSt... | Prüftabelle | Kurzbeschreibung |
|---|---|---|---|---|---|---|---|---|
| MANDT | ✓ | ✓ | MANDT | CLNT | 3 | 0 | T000 | Mandant |
| WKN | ✓ | ✓ | Z_WKN | NUMC | 10 | 0 | | Wertpapierkennnummer |
| TITEL | ☐ | ☐ | Z_WPTI.. | CHAR | 20 | 0 | | Wertpapiertitel |
| EMITTE.. | ☐ | ☐ | Z_EMIT.. | CHAR | 15 | 0 | | Emittent |

**Abbildung 4.14**
Datenbanktabelle
ZWPAPIER
(© SAP AG)

Während des Programmierens erlangt man eine *kontextbezogene Hilfe* zu Syntax und Semantik mit der F1-Taste, mit der hier exemplarisch der Zusatz LOWER CASE zu PARAMETERS erkundet wird (s. Abbildung 4.15 bis Abbildung 4.17). Der *Kontext* wird dabei durch die aktuelle Position des Cursors bestimmt.

Ohne den Zusatz LOWER CASE zu PARAMETERS werden Kleinbuchstaben automatisch in Großbuchstaben konvertiert. Die Wertpapiertitel wurden jedoch in üblicher Groß-/Kleinschreibung, etwa Linde, gepflegt, so dass das zu Großbuchstaben konvertierte LINDE nicht gefunden werden würde.

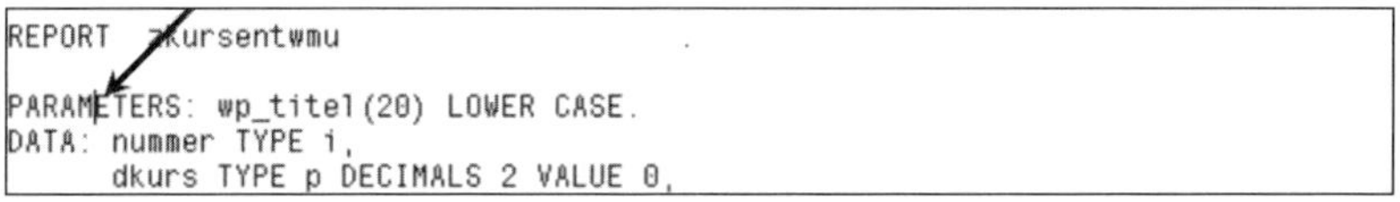

```
REPORT  zkursentwmu

PARAMETERS: wp_titel(20) LOWER CASE.
DATA: nummer TYPE i,
      dkurs TYPE p DECIMALS 2 VALUE 0,
```

**Abbildung 4.15**
Kontextbezogene F1-Hilfe:
Cursor auf das
Schlüsselwort setzen,
F1-Taste drücken
(© SAP AG)

**Abbildung 4.16**
Die Hilfeseite zu
PARAMETERS erscheint.
(© SAP AG)

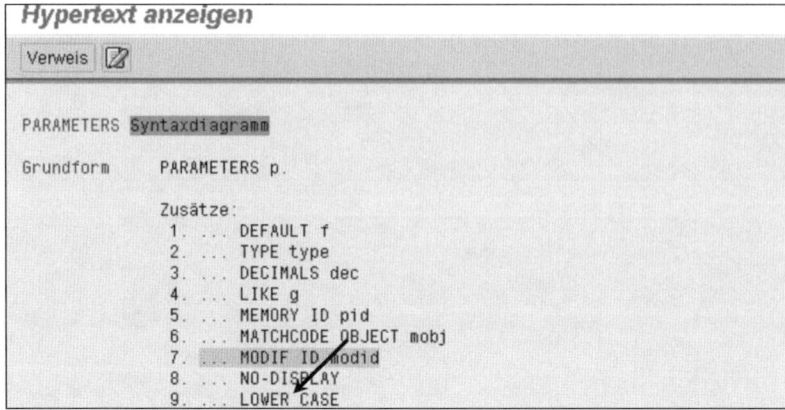

**Abbildung 4.17**
Unter Zusatz 9 finden Sie
eine kurze Beschreibung.
(© SAP AG)

Bei der Open-SQL-Anweisung SELECT SINGLE handelt es sich nicht um eine SELECT-*Schleife*, sondern eine SELECT-*Anweisung*: Es wird maximal ein Datensatz gefunden. Deshalb sollte man bei SELECT SINGLE auf Eindeutigkeit der WHERE-Bedingung achten, da sonst der Treffer vom Zufall bestimmt würde.

Die WHERE-Klausel ist eindeutig, wenn Sie darin alle Primärschlüsselfelder der Datenbanktabelle mit dem Operator »=« angeben. Das Feld TITEL von ZWPAPIER ist zwar kein Primärschlüssel, es ist als – impliziter – Sekundärschlüssel jedoch auch eindeutig, da ein Wertpapiertitel nur einmal in der Tabelle vorkommen sollte.

**Schritte** Legen Sie folgenden Report an:

```
REPORT   zkursentwmu          .


PARAMETERS: wp_titel(20) LOWER CASE.
DATA: nummer TYPE i,
      dkurs TYPE p DECIMALS 2 VALUE 0,
      zaehler TYPE i VALUE 0,
      adatum LIKE sy-datum,
      wa_wpapier LIKE zwpapier,
      wa_kurse LIKE zkurse.


START-OF-SELECTION.
  SELECT SINGLE * FROM zwpapier INTO wa_wpapier
```

```
    WHERE titel = wp_titel.
  IF sy-subrc NE 0.
    WRITE 'Kein Wertpapier gefunden'(001).
    EXIT.
  ENDIF.
  nummer = wa_wpapier-wkn.
  WRITE: / 'Titel/NR des Wertpapiers :', wp_titel, num-
mer.
  SELECT * FROM zkurse INTO wa_kurse WHERE wkn = nummer.
    dkurs = dkurs + wa_kurse-kurs.
    zaehler = zaehler + 1.
    IF zaehler EQ 1.
      adatum = wa_kurse-datum.
    ENDIF.
    WRITE: / wa_kurse-datum, wa_kurse-kurs.
  ENDSELECT.
  ULINE.
  IF sy-subrc NE 0.
    WRITE 'Keine Kurse zu diesem Wertpapier gefun-
den'(002).
    EXIT.
  ENDIF.
  dkurs = dkurs / zaehler.
  WRITE: / 'Der Durchschnittskurs von', adatum, 'bis',
    wa_kurse-datum, 'beträgt', dkurs LEFT-JUSTIFIED.
```

# 4.3 Gebührenrechnung, CASE-Verzweigung

**1.** Erstellen Sie für die Abwicklung eines Wertpapierkaufes eine Gebührenabrechnung als Report ZGEBUEHRnn, deren Berechnung abhängig von der Höhe des Vertragswertes mit unterschiedlichen Prozentsätzen gestaffelt ist. Berechnen Sie für einen vorgegebenen Depotposten eines Kundendepots die Transaktionsgebühr für Kauf bzw. Verkauf nach folgenden Regeln:

- 1 % bis zu einer Kauf-/Verkaufssumme von DM 20.000
- 0,75 % bei einer Kauf-/Verkaufssumme ab DM 20.000
- Mindestgebühr ist DM 30

**A**ufgabe

**Aufgabe**

Betrachten Sie hierzu auch Abbildung 4.21 bis Abbildung 4.24.

Der Kurswert soll zur Vereinfachung einem Parameter entnommen werden. Berechnen Sie eine Wertpapiertransaktion für DEPOTNR 296001, WKN 851908. Testen Sie die folgenden Kurswerte aus: DM 20, DM 200 und DM 195.

**Erläuterung**    Sehen Sie sich im Dictionary nochmals den Aufbau der Tabelle ZDE-POTPSTN an (s. Abbildung 4.18 bis Abbildung 4.20). Schauen Sie sich zudem mit dem Data Browser das angegebene Depot an.

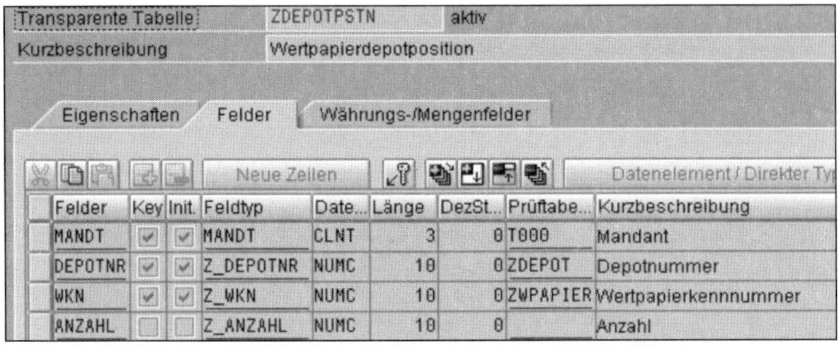

**Abbildung 4.18**
Dictionary-Tabelle
ZDEPOTPSTN. Zu den
Datensätzen gelangen Sie
mit: HILFMITTEL /
TABELLENINHALT / ANZEIGEN
(© SAP AG)

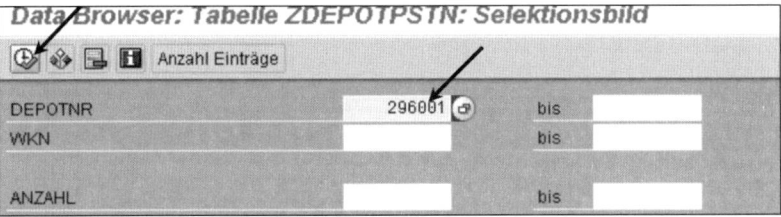

**Abbildung 4.19**
Auswahl des Depots im
Data Browser
(© SAP AG)

**Abbildung 4.20**
Von Wertpapier 851908
gibt es in diesem Depot
100 Stück.
(© SAP AG)

Lesen Sie über das Selektionsbild die gewünschte Depotnummer (DEPOTNR) und die Wertpapierkennnummer (WKN) ein. Beziehen Sie sich bei den Typangaben auf den Typ des Tabellenfeldes, aus dem die Daten stammen. Schlagen Sie die obigen Angaben vor. Deklarieren Sie einen Parameter KURSWERT, den Sie mit dem Vorschlagswert 20 belegen.

Legen Sie Datenfelder für den Gesamtwert eines Depotpostens und für die Transaktionsgebühr an.

Ermitteln Sie in einer SELECT-Schleife aus der Tabelle ZDEPOTPSTN mit einer WHERE-Klausel und geeigneten Bedingungen die Anzahl der Depotposten.

Unterscheiden Sie mittels einer IF-Konstruktion die drei Fälle für die Transaktionsgebühren.

Geben Sie die Daten des Depotpostens, den aktuellen Kurswert und die dazugehörige Transaktionsgebühr aus.

Legen Sie den folgenden Report an:                                    **Schritte**

```
REPORT  zgebuehrmu            .


PARAMETERS: depot_nr LIKE zdepotpstn-depotnr DEFAULT
296001,
          wkn_nr LIKE zdepotpstn-wkn DEFAULT 851908,
          kurswert   TYPE p DECIMALS 2 DEFAULT '20'.
DATA: dpstn_wert  TYPE p DECIMALS 2,
      ta_gebuehr   TYPE p DECIMALS 2,
      wa_zdepotpstn LIKE zdepotpstn.


START-OF-SELECTION.
  SELECT * FROM zdepotpstn INTO wa_zdepotpstn
    WHERE depotnr = depot_nr AND wkn = wkn_nr.
  ENDSELECT.
  dpstn_wert = kurswert * wa_zdepotpstn-anzahl.
  IF dpstn_wert < '20000.00'.
    ta_gebuehr = dpstn_wert * '0.01'.
    IF ta_gebuehr < '30.00'.
      ta_gebuehr = '30.00'.
    ENDIF.
  ELSE.
    ta_gebuehr = '0.0075' * dpstn_wert.
  ENDIF.
  WRITE: /'DepotNr:', 25 depot_nr,
   /'WKN:', 25 wkn_nr,
   /'Anzahl:', 25 wa_zdepotpstn-anzahl,
```

```
/'Kurs:', 20 kurswert, 'DM',

/'Gesamtwert:', dpstn_wert UNDER kurswert, 'DM',

/'Transaktionsgebühr:',   ta_gebuehr UNDER kurswert,
'DM'.
```

Starten Sie den Report (s. Abbildung 4.21 bis Abbildung 4.24).

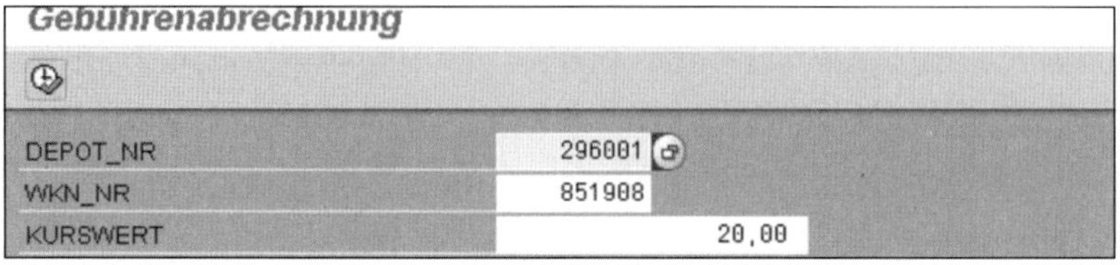

**Abbildung 4.21**
Selektionsbild des
Reports ZGEBUEHRnn
(© SAP AG)

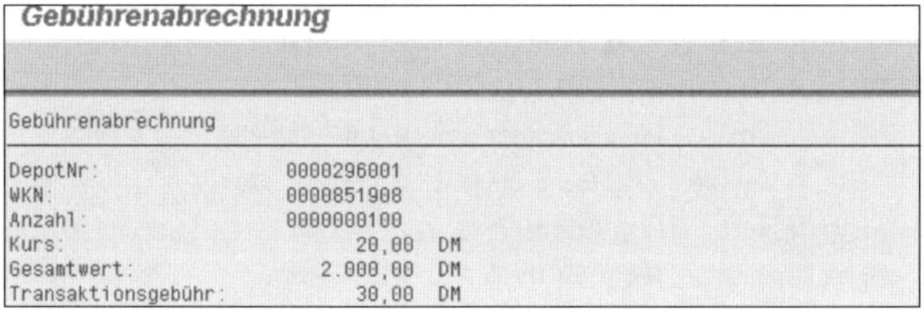

**Gebührenabrechnung**

| DEPOT_NR | 296001 |
| WKN_NR | 851908 |
| KURSWERT | 20,00 |

**Abbildung 4.22**
Fall 1: Mindestgebühr
DM 30 (© SAP AG)

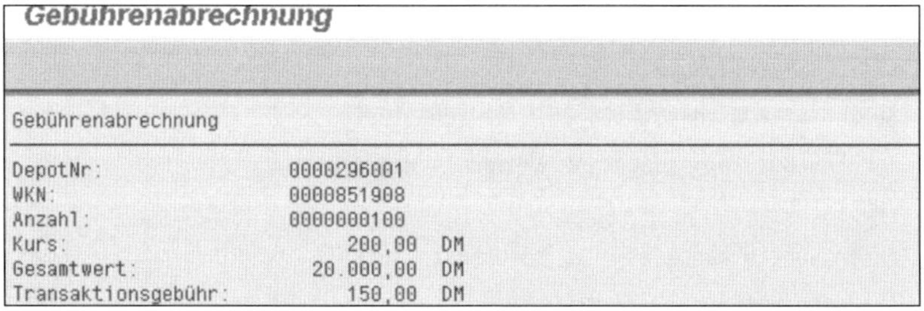

**Gebührenabrechnung**

```
Gebührenabrechnung

DepotNr:              0000296001
WKN:                  0000851908
Anzahl:               0000000100
Kurs:                     20,00  DM
Gesamtwert:            2.000,00  DM
Transaktionsgebühr:       30,00  DM
```

**Abbildung 4.23**
Fall 2: Ein Gesamtwert
ab DM 20.000 führt
zu niedrigerer
Transaktionsgebühr.
(© SAP AG)

**Gebührenabrechnung**

```
Gebührenabrechnung

DepotNr:              0000296001
WKN:                  0000851908
Anzahl:               0000000100
Kurs:                    200,00  DM
Gesamtwert:           20.000,00  DM
Transaktionsgebühr:      150,00  DM
```

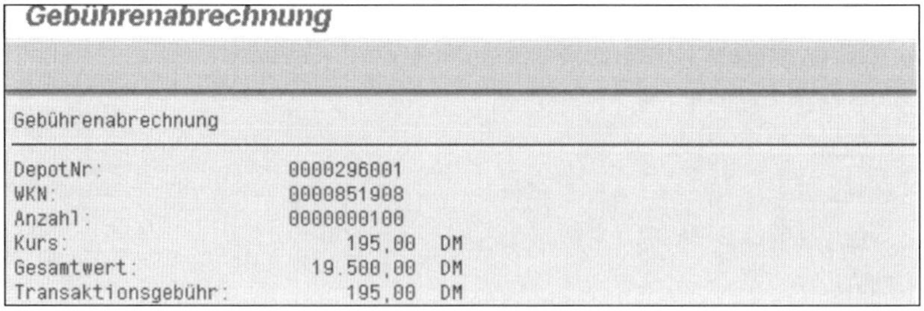

**Abbildung 4.24**
Fall 3: Ein Gesamtwert
unter DM 20.000
führt zu voller
Transaktionsgebühr.
(© SAP AG)

**Gebührenabrechnung**

```
Gebührenabrechnung

DepotNr:              0000296001
WKN:                  0000851908
Anzahl:               0000000100
Kurs:                    195,00  DM
Gesamtwert:           19.500,00  DM
Transaktionsgebühr:      195,00  DM
```

2. Erweitern Sie Ihren Report ZGEBUEHRnn zum Report ZGEBUEHRKUNDEnn, indem Sie für Geschäftskunden die Mindestgebühr auf DM 100 festsetzen und dafür die Gebührensätze auf 0,8% bzw. 0,5% (für Depotpostenwerte ab DM 20.000) senken. Von Privatkunden verlangen Sie weiterhin die oben genannten Gebühren. Behandeln Sie dabei Kunden vom Typ »variant« – bei denen man dies also nicht so genau weiß – wie Privatkunden.

Geben Sie ferner eine Fehlermeldung für den Fall aus, dass kein Datensatz gefunden wird.

Testen Sie den Report mit einigen Geschäfts- und Privatkunden.

**Aufgabe**

Betrachten Sie nochmals die Tabelle ZDEPOT (s. Abbildung 4.25 bis Abbildung 4.27).

**Erläuterung**

**Abbildung 4.25**
Dictionary-Tabelle ZDEPOT. Zu den Datensätzen: HILFMITTEL / TABELLENINHALT / ANZEIGEN (© SAP AG)

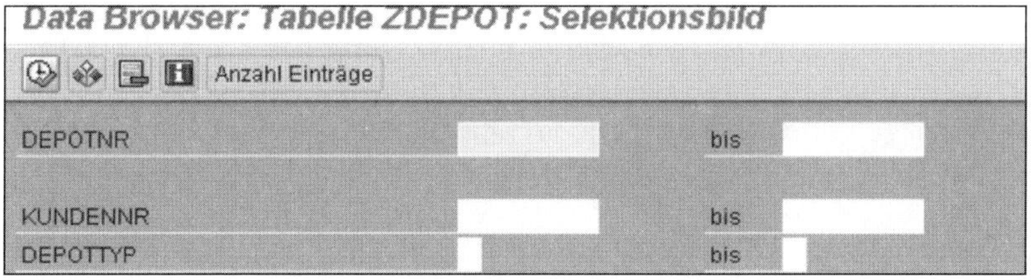

**Abbildung 4.26**
Data Browser: keine Einschränkungen nötig (© SAP AG)

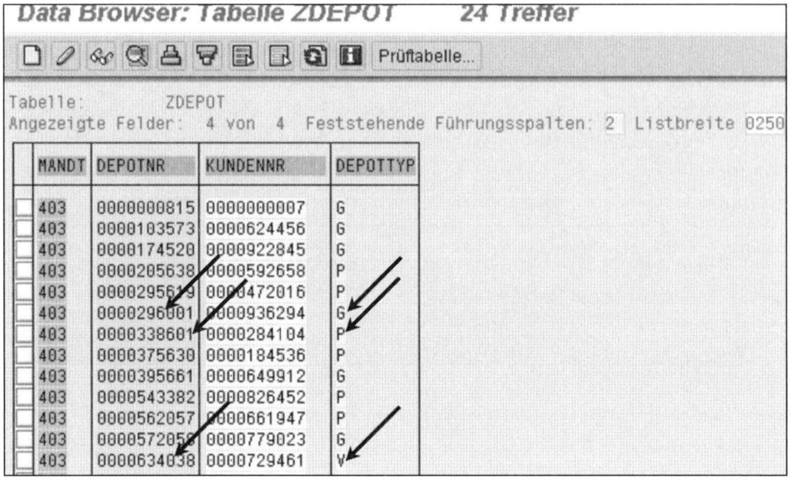


| MANDT | DEPOTNR | KUNDENNR | DEPOTTYP |
|---|---|---|---|
| 403 | 0000000815 | 0000000007 | G |
| 403 | 0000103573 | 0000624456 | G |
| 403 | 0000174520 | 0000922845 | G |
| 403 | 0000205638 | 0000592658 | P |
| 403 | 0000295619 | 0000472016 | P |
| 403 | 0000296001 | 0000936294 | G |
| 403 | 0000338601 | 0000284104 | P |
| 403 | 0000375630 | 0000184536 | P |
| 403 | 0000395661 | 0000649912 | G |
| 403 | 0000543382 | 0000826452 | P |
| 403 | 0000562057 | 0000661947 | P |
| 403 | 0000572058 | 0000779023 | G |
| 403 | 0000634038 | 0000729461 | V |

**Abbildung 4.27** Der DEPOTTYP »P« kennzeichnet Privatkunden, »G« Geschäftskunden und »V« Kunden vom Typ »variant«. (© SAP AG)

Kopieren Sie den Report `ZGEBUEHRnn` zu `ZGEBUEHRKUNDEnn`, analog zu Abbildung 2.74.

Fügen Sie eine Prüfung, ob ein Datensatz aus `ZDEPOTPSTN` gefunden wurde, ein. Falls nicht, dann gilt `SY-SUBRC = 4`, wird eine Fehlermeldung ausgegeben und das Programm verlassen.

Deklarieren Sie zusätzlich einen Arbeitsbereich für die Tabelle `ZDEPOT`.

Fügen Sie eine `SELECT SINGLE`-Anweisung ein, mit der Sie mittels der Depotnummer aus der Tabelle `ZDEPOT` den Depottyp erkunden.

Bauen Sie eine `CASE`-Verzweigung auf, welche die möglichen Depottypen voneinander unterscheidet. Sie kann, anders als die `IF`-Verzweigung, mehr als zwei Fälle unterscheiden, ohne dass Sie dafür eine Schachtelung vornehmen zu müssen. Allerdings ist der Vergleichsoperator impliziterweise stets »=«, andere Operatoren wie etwa »<« sind nicht verfügbar. Die Prüfung auf Geschäftskunden nehmen Sie wie folgt vor:

```
WHEN 'G'.
```

Der sich anschließende Programmblock wird nur ausgeführt, wenn die Bedingung erfüllt ist.

Kopieren Sie den Teil, in dem die Transaktionsgebühren für die Privatkunden und variante Kunden berechnet werden, in den anderen `CASE`-Zweig und passen Sie ihn für Firmenkunden an.

Sie können die Depottypen »`P`« und »`V`« folgendermaßen in einem Vergleich zusammenfassen:

```
WHEN 'P' OR 'V'.
```

Wenn Sie damit rechnen müssen, dass über die von Ihnen geprüften Fälle hinaus weitere Fälle auftreten, können Sie diese nach folgender Bedingung bearbeiten.

WHEN OTHERS.

Berücksichtigen Sie so den Fall, dass ein ungültiger Depottyp gefunden wird, und geben Sie eine entsprechende Fehlermeldung aus.

Ergänzen Sie den Report wie folgt:                                                          **Schritte**

```
REPORT   zgebuehrkundemu                    .


PARAMETERS: depot_nr LIKE zdepotpstn-depotnr DEFAULT 296001,
            wkn_nr LIKE zdepotpstn-wkn DEFAULT 851908,
            kurswert   TYPE p DECIMALS 2 DEFAULT '20'.
DATA: dpstn_wert  TYPE p DECIMALS 2,
      ta_gebuehr   TYPE p DECIMALS 2,
      wa_zdepotpstn LIKE zdepotpstn,
      wa_zdepot LIKE zdepot.


START-OF-SELECTION.
  SELECT * FROM zdepotpstn INTO wa_zdepotpstn
    WHERE depotnr = depot_nr AND wkn = wkn_nr.
  ENDSELECT.
  IF sy-subrc = 4.
    WRITE:
     /'Es wurde kein entsprechender Datensatz gefun-
den!'.
    EXIT.
  ENDIF.
  dpstn_wert = kurswert * wa_zdepotpstn-anzahl.
  SELECT SINGLE * FROM zdepot INTO wa_zdepot
    WHERE depotnr = depot_nr.
  CASE wa_zdepot-depottyp.
    WHEN 'P' OR 'V'.
      IF dpstn_wert < '20000.00'.
        ta_gebuehr = dpstn_wert * '0.01'.
        IF ta_gebuehr < '30.00'.
```

```
                    ta_gebuehr = '30.00'.
                ENDIF.
            ELSE.
                ta_gebuehr = '0.0075' * dpstn_wert.
            ENDIF.
          WHEN 'G'.
            IF dpstn_wert < '20000.00'.
              ta_gebuehr = dpstn_wert * '0.008'.
              IF ta_gebuehr < '100.00'.
                ta_gebuehr = '100.00'.
              ENDIF.
            ELSE.
                ta_gebuehr = '0.005' * dpstn_wert.
            ENDIF.
          WHEN OTHERS.
            WRITE: /'Ungültiger Depottyp'.
            EXIT.
      ENDCASE.
      WRITE: /'DepotNr:', 25 depot_nr,
      /'WKN:', 25 wkn_nr,
      /'Anzahl:', 25 wa_zdepotpstn-anzahl,
      /'Kurs:', 20 kurswert, 'DM',
      /'Gesamtwert:', dpstn_wert UNDER kurswert, 'DM',
      /'Transaktionsgebühr:', ta_gebuehr UNDER kurswert, 'DM'.
```

Führen Sie die in Abbildung 4.28 bis Abbildung 4.32 dargestellten Berechnungen aus; das Selektionsbild ist gleich dem des Reports ZGEBUEHR.

**Abbildung 4.28**
Der Geschäftskunde »G«
zahlt mindestens DM 100.
(© SAP AG)

```
Gebührenabrechnung

DepotNr:              0000296001
WKN:                  0000851908
Anzahl:               0000000100
Kurs:                      20,00  DM
Gesamtwert:             2.000,00  DM
Transaktionsgebühr:       100,00  DM
```

```
Gebührenabrechnung

DepotNr:              0000296001
WKN:                  0000851908
Anzahl:               0000000100
Kurs:                     300,00  DM
Gesamtwert:            30.000,00  DM
Transaktionsgebühr:       150,00  DM
```

**Abbildung 4.29**
Der Geschäftskunde »G«
zahlt für über DM 20.000
Gesamtwert nur 0,5%
Transaktionsgebühr.
(© SAP AG)

```
Gebührenabrechnung

DepotNr:              0000338601
WKN:                  0000361990
Anzahl:               0000000050
Kurs:                     300,00  DM
Gesamtwert:            15.000,00  DM
Transaktionsgebühr:       150,00  DM
```

**Abbildung 4.30**
Der Privatkunde »P« zahlt
für unter DM 20.000
Gesamtwert 1%
Transaktionsgebühr.
(© SAP AG)

```
Gebührenabrechnung

DepotNr:              0000634038
WKN:                  0000806600
Anzahl:               0000000450
Kurs:                     100,00  DM
Gesamtwert:            45.000,00  DM
Transaktionsgebühr:       337,50  DM
```

**Abbildung 4.31**
Der »variante« Kunde »V«
zahlt für unter DM 20.000
Gesamtwert 0,75%
Transaktionsgebühr.
(© SAP AG)

```
Gebührenabrechnung

Es wurde kein entsprechender Datensatz gefunden!
```

**Abbildung 4.32**
Die Depotnummer 296001
besitzt keine Wertpapiere
907500. (© SAP AG)

## 4.4  Interne Tabelle, APPEND, SORT, LOOP

**1.** Legen Sie in einem Report ZDEPOTPOSTENnn eine interne Tabelle an, welche die Daten der Datenbanktabelle ZDEPOTPSTN enthält. Sortieren Sie die interne Tabelle nach der Wertpapierkennnummer aufsteigend. Innerhalb gleicher Wertpapierkennnummern sortieren Sie nach der Anzahl absteigend. Geben Sie die interne Tabelle auf dem Bildschirm aus.

Eine **interne Tabelle** wird, im Unterschied zur Datenbanktabelle, im Arbeitsspeicher des R/3-Anwendungsservers gehalten. Sie können sie wie folgt, zusammen mit einem passenden Arbeitsbereich, deklarieren:

**Erläuterung**

DATA: [interne Tabelle] LIKE TABLE OF [Bezugsfeldleiste],

    [Arbeitsbereich] LIKE [Bezugsfeldleiste].

Die [Bezugsfeldleiste] kann eine Tabelle oder eine Struktur des Dictionaries sein. Statt mit LIKE können Sie die interne Tabelle auch mit TYPE TABLE OF und Bezug auf einen Feldleistentyp deklarieren. Den [Arbeitsbereich], der stets denselben Feldaufbau haben sollte, benötigen Sie, um einzelne Datensätze der internen Tabelle bearbeiten zu können.

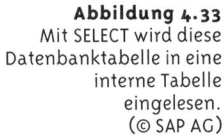

Wenn Sie eine interne Tabelle aus einer Datenbanktabelle füllen wollen, stellen Sie mit SELECT jeweils einen Datensatz in den Arbeitsbereich. Die APPEND-Anweisung hängt innerhalb der SELECT-Schleife den Arbeitsbereich an das Tabellenende an:

APPEND [Arbeitsbereich] TO [interne Tabelle].

Die interne Tabelle wird mit der Anweisung REFRESH initialisiert, was bedeutet, dass die Tabelle keine Datensätze mehr enthält:

REFRESH [interne Tabelle].

Mit der SORT-Anweisung kann die interne Tabelle nach ihren Feldern sortiert werden.

SORT [interne Tabelle] BY [Feld1] [Feld2] ...

Dabei hat die Sortierung nach [Feld1] Vorrang vor der nach [Feld2]: Die Sortierung nach [Feld2] erfolgt nur innerhalb von Feldern, die in [Feld1] gleich sind. Eine absteigende Sortierung erreicht man mit dem Zusatz DESCENDING zu einem Feld.

Die LOOP-Schleife dient der Bearbeitung der internen Tabelle. Mit jedem Schleifendurchlauf wird ein Datensatz in den Arbeitsbereich gestellt, der dann bearbeitet werden kann:

LOOP AT [interne Tabelle] INTO [Arbeitsbereich].

   [Bearbeiten des Datensatzes im Arbeitsbereich]

ENDLOOP.

Sehen Sie sich den Aufbau der Datenbanktabelle ZDEPOTPSTN nochmals im Dictionary an (s. Abbildung 4.33).

**Abbildung 4.33**
Mit SELECT wird diese Datenbanktabelle in eine interne Tabelle eingelesen.
(© SAP AG)

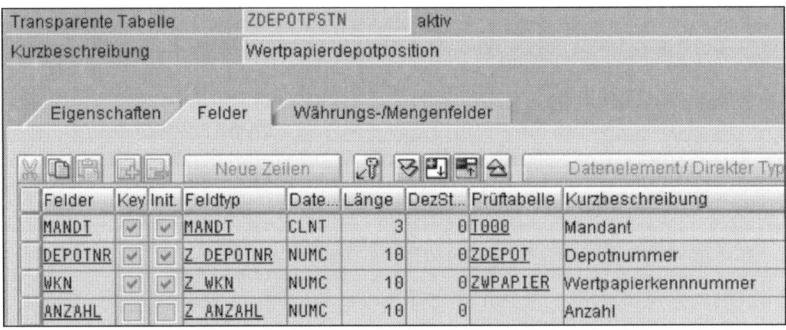

Legen Sie den Report ZDEPOTPOSTENnn an. **Schritte**

Deklarieren Sie eine interne Tabelle IT_ZDEPOTPSTN und einen zugehörigen Arbeitsbereich WA_ZDEPOTPSTN, indem Sie sich auf die Struktur der
Depotposten-Tabelle beziehen.

Initialisieren Sie mit REFRESH und CLEAR die Tabelle und den zugehörigen
Arbeitsbereich.

Füllen Sie die interne Tabelle in einer SELECT-Schleife mit den Daten des
Depotpostens.

Sortieren Sie die interne Tabelle mit dem Befehl SORT nach der Wertpapierkennnummer aufsteigend und nach der Anzahl absteigend. Dabei
hat die erste Sortierung Vorrang vor der zweiten: Nur innerhalb gleicher
Wertpapierkennnummern wird nach der Anzahl, hier in absteigender
Reihenfolge, sortiert.

Geben Sie mit einer LOOP-Schleife die interne Tabelle aus.

```
REPORT   zdepotpostenmu              .


DATA: it_depotposten LIKE TABLE OF zdepotpstn,
      wa_depotposten LIKE zdepotpstn.


START-OF-SELECTION.
CLEAR wa_depotposten.
REFRESH it_depotposten.
SELECT * FROM zdepotpstn INTO wa_depotposten.
  APPEND wa_depotposten TO it_depotposten.
ENDSELECT.
SORT it_depotposten BY  wkn anzahl DESCENDING.
WRITE: /10 'WKN',
        30 'Anzahl',
        50 'Depotnr'.
LOOP AT it_depotposten INTO wa_depotposten.
  WRITE: /10 wa_depotposten-wkn,
          30 wa_depotposten-anzahl,
          50 wa_depotposten-depotnr.
ENDLOOP.
```

Starten Sie den Report (s. Abbildung 4.34).

**Abbildung 4.34**
Listenausgabe der
internen Tabelle
ZDEPOTPSTN
(© SAP AG)

```
Programm ZDEPOTPOSTENMU


Programm ZDEPOTPOSTENMU

        WKN                Anzahl             Depotnr
        0000226489         0000000800         0000205638
        0000226489         0000000100         0000825172
        0000226489         0000000100         0000572058
        0000266119         0000000700         0000375630
        0000266119         0000000500         0000395661
        0000266119         0000000500         0000103573
        0000266119         0000000100         0000937561
        0000361990         0000004000         0000634038
        0000361990         0000000100         0000936224
        0000361990         0000000050         0000338601
        0000361990         0000000050         0000937561
        0000504500         0000000300         0000923547
```

**Aufgabe**

**2.** Bearbeiten Sie die vorherige Aufgabe nach der Methode der »althergebrachten« *Kopfzeilenprogrammierung*.

**Erläuterung**    Seit Release 4.0 sollten neue Programme nicht mehr nach dieser Methode erstellt werden. Da ein großer Teil des vorhandenen ABAP-Codes noch in Kopfzeilenprogrammierung vorliegt, wird sie hier dennoch in einem Beispiel behandelt.

Bei der Definition einer Tabelle erreicht man durch den Zusatz WITH HEADER LINE, dass eine **Kopfzeile** gleichen Namens angelegt wird. Tabellenverarbeitungsanweisungen wie LOOP und READ (lernen Sie später kennen) lesen dann automatisch in diese Kopfzeile, der Arbeitsbereich braucht dann nicht mehr, wie bisher, explizit angegeben zu werden.

Auch die Open-SQL-Anweisung SELECT unterstützt Kopfzeilenprogrammierung: Mit TABLES wird, trotz des Namens, keine Tabelle, sondern ein einzeiliger Arbeitsbereich zu einer Datenbanktabelle gleichen Namens definiert. In diesem Arbeitsbereich stellt die SELECT-Schleife jeweils einen Datensatz zur Verfügung, ohne dass man dies in der INTO-Klausel ausdrücklich festlegen müsste.

Vorteil dieser Methode ist ein kürzerer ABAP-Code. Der Nachteil ist, dass durch zwei verschiedene Programmobjekte gleichen Namens dieser Programmcode verwirrend aussieht. Zu beachten ist, dass CLEAR die Kopfzeile und REFRESH die interne Tabelle initialisiert.

**Schritte**    Kopieren Sie den Report ZDEPOTPOSTENnn zu ZKOPFZEILEnn. Ändern Sie den Programmcode wie folgt:

```
REPORT  zkopfzeilemu.

DATA: it_depotposten LIKE TABLE OF zdepotpstn
      WITH HEADER LINE.
TABLES zdepotpstn.

START-OF-SELECTION.
CLEAR it_depotposten.
REFRESH it_depotposten.
SELECT * FROM zdepotpstn.
  APPEND ZDEPOTPSTN TO it_depotposten.
ENDSELECT.
SORT it_depotposten BY wkn anzahl DESCENDING.
WRITE: /10 'WKN',
        30 'Anzahl',
        50 'Depotnr'.
LOOP AT it_depotposten.
  WRITE: /10 it_depotposten-wkn,
          30 it_depotposten-anzahl,
          50 it_depotposten-depotnr.
ENDLOOP.
```

## 4.5 LOOP über interne Tabelle

**1.** Erstellen Sie einen Report, der für jede Wertpapierkennnnummer WKN das Depot mit der größten Anzahl dieser Aktien ermittelt und ausgibt (s. Abbildung 4.35).

```
Programm ZDEPOTWKNMAXMU

Programm ZDEPOTWKNMAXMU

WKN        Maximale Anzahl Depotnr
0000226489 0000000800      0000205638
0000266119 0000000700      0000375630
0000361990 0000004000      0000634038
0000504500 0000000300      0000923547
0000589730 0000000500      0000296001
0000648300 0000000200      0000572058
0000706200 0000000100      0000732458
0000707400 0000000300      0000725395
0000806600 0000000450      0000634038
0000851908 0000000350      0000846510
```

**Abbildung 4.35**
Das Depot mit der maximalen Anzahl wird durch eine Schleife über eine sortierte interne Tabelle ermittelt.
(© SAP AG)

**Schritte** Kopieren Sie den Report ZDEPOTPOSTENnn zu ZDEPOTWKNMAXnn, und löschen Sie die WRITE-Anweisung. Die Sortierung der internen Tabelle verbleibt wie vorher: aufsteigend nach der Wertpapierkennnummer WKN und, bei gleicher WKN, absteigend nach der ANZAHL.

Deklarieren Sie eine temporäre Wertpapierkennnummer als Datenfeld TMPWKN für die WKN. Setzen Sie dieses Feld mit CLEAR auf seinen Initialwert.

Prüfen Sie in einer LOOP-Schleife über die interne Tabelle, ob sich die WKN ändert. Belegen Sie innerhalb der Schleife die Variable TMPWKN mit der aktuellen WKN, und vergleichen Sie mit Hilfe einer IF-Anweisung die temporäre mit der aktuellen WKN, um festzustellen, wann ein Depotposten mit einer neuen WKN beginnt. Dies ist der Depotposten, dessen Anzahl für jene WKN am größten ist.

Überlegen Sie, ob die Zuweisung TMPWKN = WA_DEPOTPOSTEN-WKN vor oder nach der IF-Anweisung stehen muss.

Geben sie den Datensatz in übersichtlicher Form aus, wenn sich die WKN geändert hat.

Starten Sie den Report.

```
REPORT zdepotwknmaxmu                    .


DATA: it_depotposten LIKE TABLE OF zdepotpstn,
      wa_depotposten LIKE zdepotpstn,
      tmpwkn         LIKE zdepotpstn-wkn.


START-OF-SELECTION.
CLEAR wa_depotposten.
REFRESH it_depotposten.
SELECT * FROM zdepotpstn INTO wa_depotposten.
  APPEND wa_depotposten TO it_depotposten.
ENDSELECT.
SORT it_depotposten BY wkn anzahl DESCENDING.
WRITE: /1 'WKN',
       12 'Maximale Anzahl',
       28 'Depotnr'.
CLEAR tmpwkn.
LOOP AT it_depotposten INTO wa_depotposten.
  IF wa_depotposten-wkn <> tmpwkn.
    WRITE: / wa_depotposten-wkn,
```

```
        (15) wa_depotposten-anzahl,
             wa_depotposten-depotnr.
    ENDIF.
    tmpwkn = wa_depotposten-wkn.
ENDLOOP.
```

## 4.6 TYPES, Array fetch, READ TABLE

**1.** Geben Sie im Report aus der letzten Aufgabe nun zusätzlich den Depottyp (»P« für privat, »G« für geschäftlich, »V« für variant) mit aus (s. Abbildung 4.36). Überlegen Sie sich, aus welcher Datenbanktabelle Sie das Datenfeld DEPOTTYP ermitteln. Deklarieren Sie in dem neuen Report ZDEPOTTYPnn mit Bezug auf Felder dieser Datenbanktabelle einen **ABAP-Datentyp**, der die Felder Depotnummer und Depottyp umfasst.

Legen Sie mit Bezug auf diesen Datentyp eine interne Tabelle und einen Arbeitsbereich an. Füllen Sie diese interne Tabelle aus der Datenbanktabelle mit der Technik »Array Fetch«. Lesen Sie aus der internen Tabelle den betreffenden Datensatz.

```
Programm ZDEPOTTYP


Programm ZDEPOTTYP

WKN        Maximale Anzahl Depotnr     Depottyp
0000226489 0000000800      0000205638  P
0000266119 0000000700      0000375630  P
0000361990 0000004000      0000634038  V
0000504500 0000000300      0000923547  V
0000589730 0000000500      0000296001  G
0000648300 0000000200      0000572058  G
```

**Abbildung 4.36**
Erweiterung des Reports
um die Angabe des
Depottyps (© SAP AG)

Die Datenbanktabelle ZDEPOTPSTN enthält einen Fremdschlüssel auf die **Erläuterung** Prüftabelle ZDEPOT (s. Abbildung 4.37). Dort findet man das gesuchte Feld DEPOTTYP (s. Abbildung 4.38).

**Abbildung 4.37**
Suche nach dem
Depottyp: Fremdschlüssel
auf ZDEPOT. (© SAP AG)

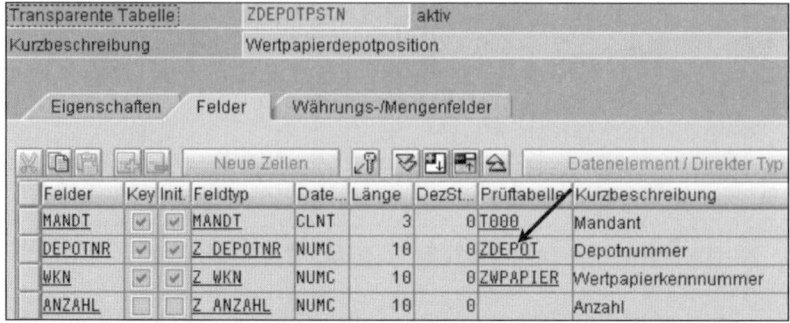

**Abbildung 4.38**
In ZDEPOT findet man das
gesuchte Feld DEPOTTYP.
(© SAP AG)

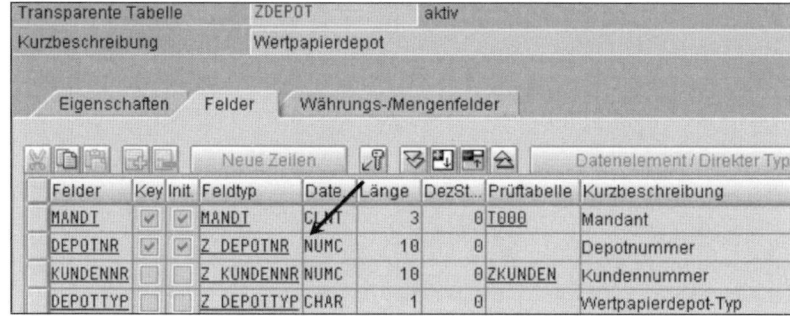

Die Anweisung TYPES zum Deklarieren von ABAP-Datentypen haben Sie bereits kennen gelernt. Sie kann auch zum Deklarieren strukturierter Datentypen, so genannter **Feldleistentypen**, verwendet werden, die aus mehreren Feldern bestehen. Die Felddeklarationen werden nach TYPES mit BEGIN eingeleitet und mit END abgeschlossen.

Der Open-SQL-Befehl SELECT erlaubt, neben der bereits bekannten datensatzweisen Verarbeitung durch eine Schleife, auch das direkte Einlesen in eine interne Tabelle. Dies erfolgt mittels des Zusatzes INTO TABLE. Es handelt sich dabei um eine SELECT-Anweisung ohne ENDSELECT, da die interne Tabelle ja die komplette Treffermenge aufnehmen kann. Dieses Verfahren nennt man **Array Fetch**.

Wenn die Felddefinitionen von Datenbanktabelle und interner Tabelle nicht präzise übereinstimmen, verwenden Sie stattdessen den Zusatz INTO CORRESPONDING FIELDS OF TABLE. Die Feldzuordnung erfolgt nach folgenden Regeln:

- Gleichnamige Felder der Datenbanktabelle und der internen Tabelle werden bei der Wertzuweisung einander zugeordnet und übertragen.

- Felder der Datenbanktabelle, die kein gleichnamiges Feld in der internen Tabelle aufweisen, werden nicht übertragen.

- Felder der internen Tabelle, die kein gleichnamiges Feld der Datenbanktabelle aufweisen, behalten ihren bisherigen Wert. Dies ist zu
  Beginn der Initialwert.

Aus einer internen Tabelle kann mittels des Befehls

```
READ TABLE [interne Tabelle] INTO [Arbeitsbereich]
  WITH KEY [Feld1] = [Suchschlüssel1]
           [Feld2] = [Suchschlüssel2]...
```

ein einzelner Datensatz gelesen werden. Den Datensatz, den Sie lesen
möchten, spezifizieren Sie anhand der Zuordnung von Tabellenfeldern
zu Suchschlüsseln mit dem Zusatz WITH KEY.

Kopieren Sie den Report aus der letzten Übung.　**Schritte**

Deklarieren Sie mit TYPES einen ABAP-Datentyp für die Depotdaten, der
nur die Felder Depotnummer und Depottyp enthalten soll. Beziehen Sie
sich bei der Typangabe mit LIKE auf den Typ des Datenbanktabellenfeldes, aus dem die Daten kommen sollen. Deklarieren Sie mit Bezug auf
diesen Typ eine interne Tabelle und einen zugehörigen Arbeitsbereich.

Initialisieren Sie diese Tabelle und ihren Arbeitsbereich.

Füllen Sie anschließend die neue interne Tabelle mit der Array-Fetch-
Technik des SELECT-Befehls.

Fügen Sie innerhalb der LOOP-Schleife einen READ-Befehl ein, der aus der
internen Tabelle den Eintrag mit der aktuellen Depotnummer liest.
Geben Sie dazu mit der Option WITH KEY [Suchschluessel] = [Wert] die
Depotnummer explizit als Suchschlüssel an.

Erweitern Sie die WRITE-Anweisung um die Ausgabe des Depottyps.

```
REPORT zdepottypmu          .


TYPES: BEGIN OF ty_depotdaten,
         depotnr LIKE zdepot-depotnr,
         depottyp LIKE zdepot-depottyp,
       END OF ty_depotdaten.
DATA: it_depotdaten TYPE TABLE OF ty_depotdaten,
      wa_depotdaten TYPE ty_depotdaten.
DATA: it_depotposten LIKE TABLE OF zdepotpstn,
      wa_depotposten LIKE zdepotpstn,
      tmpwkn         LIKE zdepotpstn-wkn.
```

```
START-OF-SELECTION.

CLEAR wa_depotposten.

REFRESH it_depotposten.

SELECT * FROM zdepotpstn INTO wa_depotposten.

  APPEND wa_depotposten TO it_depotposten.

ENDSELECT.

SORT it_depotposten BY wkn anzahl DESCENDING.

SELECT * FROM zdepot

 INTO CORRESPONDING FIELDS OF TABLE it_depotdaten.

WRITE: /1 'WKN',

       12 'Maximale Anzahl',

       28 'Depotnr',

       39 'Depottyp'.

CLEAR tmpwkn.

LOOP AT it_depotposten INTO wa_depotposten.

  IF wa_depotposten-wkn <> tmpwkn.

    READ TABLE it_depotdaten INTO wa_depotdaten

    WITH KEY depotnr = wa_depotposten-depotnr.

    WRITE: / wa_depotposten-wkn,

             (15) wa_depotposten-anzahl,

             wa_depotposten-depotnr,

             wa_depotdaten-depottyp.

  ENDIF.

  tmpwkn = wa_depotposten-wkn.

ENDLOOP.
```

## 4.7 Zeilen aus interner Tabelle löschen

**1.** Löschen Sie im Report ZDEPOTDELETEnn, der aus dem Report ZDEPOTWKNMAXnn hervorgeht, in der internen Tabelle für jede Wertpapiernummer alle Datensätze bis auf jeweils denjenigen, der die maximale Anzahl eines Wertpapierpostens enthält. Geben Sie die interne Tabelle aus (s. Abbildung 4.39).

```
Programm ZDEPOTDELETEMU

Programm ZDEPOTDELETEMU

WKN        Maximale Anzahl Depotnr
0000226489 0000000800      0000205638
0000266119 0000000700      0000375630
0000361990 0000004000      0000634038
0000504500 0000000300      0000923547
0000589730 0000000500      0000296001
0000648300 0000000200      0000572058
```

**Abbildung 4.39**
Datensätze der internen
Tabelle, die nicht gelöscht
wurden.
(© SAP AG)

Der Befehl DELETE löscht aus einer internen Tabelle eine Zeile. Ähnlich wie beim READ-Befehl muss hierzu die Zeile spezifiziert werden. Dies kann durch Angabe von Schlüsselfeldern mit dem Zusatz WITH KEY oder auch durch Angabe eines Indexes mit dem Zusatz INDEX erfolgen. Der erste Datensatz der internen Tabelle hat den Index 1, der zweite den Index 2 usw. **Erläuterung**

Während einer LOOP-Schleife wird stets das Systemfeld SY-TABIX mitgezählt, das den Index des aktuellen Datensatzes liefert. Dies können Sie nutzen, um den aktuellen Datensatz zu bearbeiten, oder – wie hier geschehen – zu löschen.

Kopieren Sie den Report ZDEPOTWKNMAXnn aus Abschnitt 4.5 nach ZDEPOTDE-LETEnn. **Schritte**

Fügen Sie eine LOOP-Schleife über die interne Tabelle ein, die alle Datensätze bis auf jeweils denjenigen mit der maximalen Anzahl eines Wertpapierpostens löscht. Ändern Sie die vorhandene LOOP-Schleife entsprechend ab.

Geben Sie die geänderte Liste aus.

```
REPORT zdepotdeletemu               .


DATA: it_depotposten LIKE TABLE OF zdepotpstn,
      wa_depotposten LIKE zdepotpstn,
      tmpwkn         LIKE zdepotpstn-wkn.


START-OF-SELECTION.
CLEAR wa_depotposten.
REFRESH it_depotposten.
SELECT * FROM zdepotpstn INTO wa_depotposten.
  APPEND wa_depotposten TO it_depotposten.
ENDSELECT.
```

```
SORT it_depotposten BY  wkn anzahl DESCENDING.
WRITE: /1 'WKN',
        12 'Maximale Anzahl',
        28 'Depotnr'.
CLEAR tmpwkn.
LOOP AT it_depotposten INTO wa_depotposten.
  IF wa_depotposten-wkn = tmpwkn.
    DELETE it_depotposten INDEX sy-tabix.
  ENDIF.
  tmpwkn = wa_depotposten-wkn.
ENDLOOP.
LOOP AT it_depotposten INTO wa_depotposten.
  WRITE: / wa_depotposten-wkn,
          (15) wa_depotposten-anzahl,
          wa_depotposten-depotnr.
ENDLOOP.
```

## 4.8 Zwei Tabellen, MOVE-CORRESPONDING

**1.** Programmieren Sie einen Report ZDEPOTKUNDENnn, der Kundendaten aus zwei Datenbanktabellen zusammenstellt. Zu jeder Kundennummer soll der Kundenname und eine Liste seiner Depots angezeigt werden. Die Liste der Depots soll jeweils die Depotnummer und den Depottyp enthalten (s. Abbildung 4.40).

Überlegen Sie, welche vorgegebenen Datenbanktabellen Sie benötigen und wie diese strukturiert sind. Über welche *Primär-/Fremdschlüsselbeziehungen* sind die Datenbanktabellen miteinander verbunden?

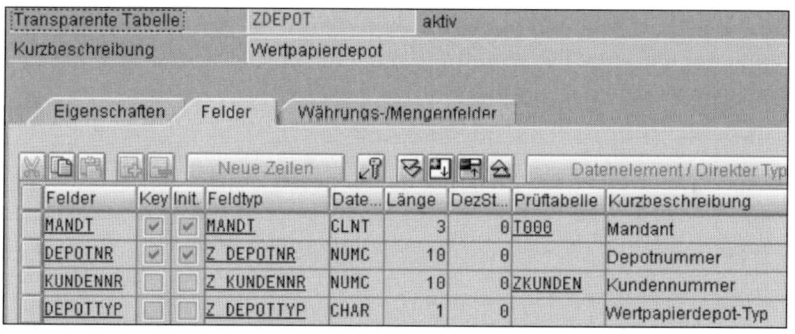

**Abbildung 4.40**
Liste mit Daten aus den
über Primär-
/Fremdschlüsselbeziehun-
gen verknüpften
Datenbanktabellen
ZDEPOT und ZKUNDEN.
(© SAP AG)

Die benötigten Daten befinden sich in den Datenbanktabellen ZDEPOT
und ZKUNDEN (s. Abbildung 4.41 bis Abbildung 4.42). Sie werden sie mit
zwei geschachtelten SELECT-Anweisungen auslesen. In der nächsten
Aufgabe lernen Sie als Alternative hierzu den INNER JOIN kennen.

**Erläuterung**

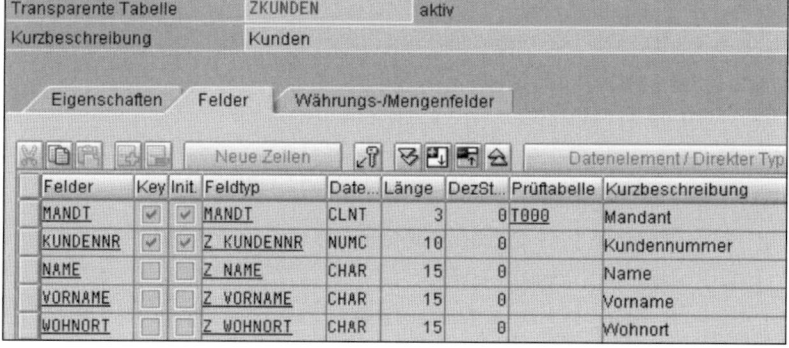

**Abbildung 4.41**
Die Tabelle ZDEPOT liefert
die Daten zum
Wertpapierdepot. Das
Feld KUNDENNR ist
Fremdschlüssel auf
Prüftabelle ZKUNDEN.
(© SAP AG)

**Abbildung 4.42**
Prüftabelle ZKUNDEN mit
den Kundendaten
(© SAP AG)

Die Anweisung MOVE-CORRESPONDING [Feldleiste1] TO [Feldleiste2]. erlaubt es, zwei Feldleisten mit ungleicher, jedoch ähnlicher Struktur einander zuzuweisen. Die Ähnlichkeit beruht auf der Gleichheit von Feldnamen in beiden Feldleisten. Das Zuordnungsprinzip ist ähnlich dem Zusatz INTO CORRESPONDING FIELDS OF TABLE der SELECT-Anweisung:

- Gleichnamige Felder der beiden Feldleisten werden bei der Wertzuweisung einander zugeordnet.

- Die restlichen Felder der [Feldleiste1] werden nicht übertragen.

- Die restlichen Felder der [Feldleiste2] behalten ihren bisherigen Wert. Dies ist zu Beginn der Initialwert.

**Schritte**    Legen Sie den Report ZDEPOTKUNDENnn an.

Deklarieren Sie einen strukturierten Datentyp für die Depots der Kunden, der als Felder die Depotnummer und den Depottyp enthält.

Beziehen Sie sich jeweils bei der Typangabe mit LIKE auf den Typ des Tabellenfeldes, von dem die Daten kommen sollen.

Definieren Sie eine Feldleiste mit Bezug auf diesen Datentyp.

Definieren Sie eine strukturierte Feldleiste für den Kunden, die aus Kundennummer, Name und einer Untertabelle mit der Struktur des Depot-Datentyps besteht. Definieren Sie mit LIKE-Bezug auf diese Feldleiste eine interne Tabelle der Kunden.

Definieren Sie Arbeitsbereiche für die beiden Datenbanktabellen.

Lesen Sie die Daten über zwei ineinander geschachtelte SELECT-Schleifen in die internen Tabellen ein. Geben Sie die Daten über zwei verschachtelte LOOP-Schleifen aus.

```
REPORT  zdepotkundenmu           .


TYPES: BEGIN OF ty_depot,
         depotnr LIKE zdepot-depotnr,
         depottyp LIKE zdepot-depottyp,
       END OF ty_depot.
DATA: wa_depot TYPE ty_depot.
DATA: BEGIN OF wa_kunde,
         kundennr LIKE zkunden-kundennr,
         name LIKE zkunden-name,
         it_depot TYPE TABLE OF ty_depot,
       END OF wa_kunde.
```

```
DATA: it_kunde LIKE TABLE OF wa_kunde.
DATA: wa_zdepot LIKE zdepot,
      wa_zkunden LIKE zkunden,

START-OF-SELECTION.
SELECT * FROM zkunden INTO wa_zkunden.
  CLEAR wa_kunde.
  MOVE-CORRESPONDING wa_zkunden TO wa_kunde.
  SELECT * FROM zdepot INTO wa_zdepot
   WHERE kundennr = wa_kunde-kundennr.
    MOVE-CORRESPONDING wa_zdepot TO wa_depot.
    APPEND wa_depot TO wa_kunde-it_depot.
  ENDSELECT.
  APPEND wa_kunde TO it_kunde.
ENDSELECT.
LOOP AT it_kunde INTO wa_kunde.
  WRITE: / 'K-Nr.', wa_kunde-kundennr, wa_kunde-name.
  LOOP AT wa_kunde-it_depot INTO wa_depot.
    WRITE: /7 wa_depot-depotnr, 20 wa_depot-depottyp.
  ENDLOOP.
  ULINE.
ENDLOOP.
```

## 4.9 SELECT-OPTIONS, INNER JOIN, Alias

**1.** Erstellen Sie mit dem Report ZKUNDENWERTPAPIEREnn eine Liste der Depotposten von Kunden, deren Kundennummern Sie als *Selektionsoption* einlesen (s. Abbildung 4.43 bis Abbildung 4.44).

Auf der Liste sollen folgende Felder erscheinen:
- Kundennummer
- Depotnummer
- Wertpapierkennnummer
- Anzahl der Wertpapiere

Diese Felder stammen aus zwei Datenbanktabellen, die Sie aus dem Übungsszenario heraussuchen. Greifen Sie auf die Felder mit einer SELECT-Schleife, die einen INNER JOIN realisiert, zu.
Die Liste soll nach der Kundennummer sortiert und die Wertpapiere eines Depots absteigend nach deren Anzahl geordnet sein.

**Abbildung 4.43**
Selektionsbild des
Reports: Eingabe des
Bereiches der
Kundennummern
(© SAP AG)

```
Programm ZKUNDENWERTPAPIEREMU

⊕ ⊗ 🖫

KNR                    700000 🗗    bis        800000
```

**Abbildung 4.44**
Listenausgabe:
Kundennummern und
Wertpapiere aus dem
gewählten
Kundenbereich
(© SAP AG)

```
Programm ZKUNDENWERTPAPIEREMU

KundenNr:  DepotNr:   WKN:        Anzahl:

0000729461 0000634038 0000361990 0000004000
0000729461 0000634038 0000888584 0000000600
0000729461 0000634038 0000589730 0000000500
0000729461 0000634038 0000866600 0000000450
0000729461 0000634038 0000899436 0000000200
0000729461 0000634038 0000861935 0000000100

0000779023 0000572058 0000648300 0000000200
0000779023 0000572058 0000226489 0000000100
0000779023 0000572058 0000866600 0000000100
0000779023 0000572058 0000707400 0000000050
0000779023 0000572058 0000853849 0000000050
0000779023 0000572058 0000861935 0000000050
```

**Erläuterung**
**Selektionsoption**

Das ABAP-Schlüsselwort PARAMETERS, das Sie bereits kennen und das ein Feld auf dem Selektionsbild eines Reports definiert, besitzt einen »großen Bruder« mit umfangreicheren Selektionsmöglichkeiten für den Benutzer: SELECT-OPTIONS erlaubt sowohl das Auswählen mehrerer Einzelwerte als auch das von Intervallen. Einzelwertabgrenzungen und Intervalle können sowohl einschließenden sowie ausschließenden Charakter haben.

Auf dem Selektionsbild (s. Abbildung 4.45), sieht der Anwender zunächst zwei Felder, in die er entweder einen Einzelwert (entsprechend PARAMETERS) oder auch ein Intervall eingeben kann. Mit der Pfeiltaste öffnet sich ein Selektionsfenster für komplexere Auswahlen (s. Abbildung 4.46 bis Abbildung 4.48).

**Abbildung 4.45**
Selektionsbild mit einer SELECT-OPTIONS: Eingabe eines Einzelwertes, eines Intervalls oder einer komplexen Auswahl (© SAP AG)

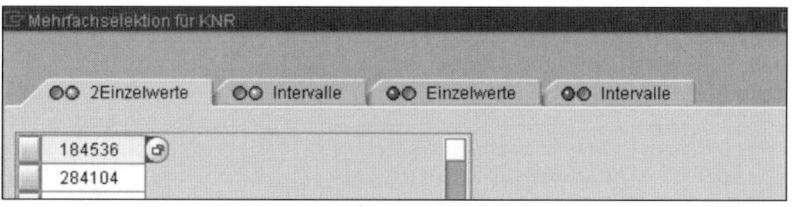

**Abbildung 4.46**
Selektion mehrerer Einzelwerte (© SAP AG)

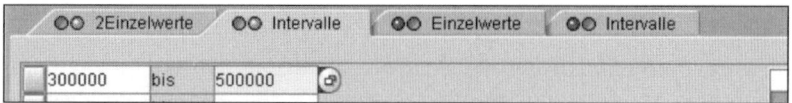

**Abbildung 4.47**
Selektion eines Intervalls (© SAP AG)

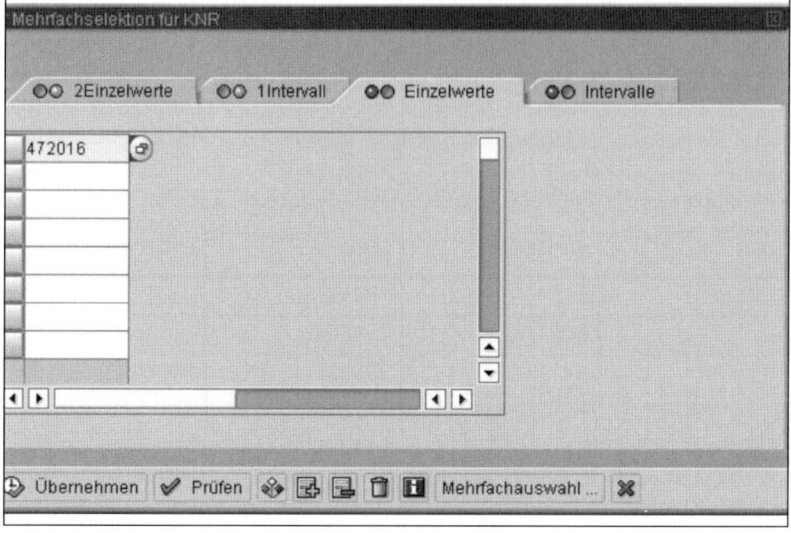

**Abbildung 4.48**
Ausschluss eines Einzelwertes: Dieser Wert liegt zwar im obigen Intervall, wird aber nicht selektiert. Testen Sie auch ausschließende Intervalle. (© SAP AG)

**Abbildung 4.49**
Ergebnisliste dieser
Auswahl: Die KUNDENNR
entspricht den Vorgaben
der komplexen Selektion.
(© SAP AG)

```
KundenNr:   DepotNr:    WKN:         Anzahl:

0000184536  0000835401  0000855800   0000001000
0000184536  0000375630  0000266119   0000000700
0000184536  0000835401  0000861935   0000000300
0000184536  0000835401  0000899436   0000000100
0000184536  0000835401  0000907500   0000000070

0000284104  0000338601  0000865153   0000008000
0000284104  0000338601  0000874446   0000003000
0000284104  0000338601  0000853194   0000000300
0000284104  0000338601  0000648300   0000000200
0000284104  0000338601  0000853849   0000000200
0000284104  0000338601  0000851908   0000000100
0000284104  0000338601  0000361990   0000000050

0000374034  0000725395  0000707400   0000000300
0000374034  0000725395  0000893975   0000000200

0000396710  0000733659  0000874446   0000003000
0000396710  0000732458  0000855800   0000000800
0000396710  0000733659  0000899436   0000000500
0000396710  0000732458  0000851908   0000000250
0000396710  0000733659  0000865153   0000000200
0000396710  0000732458  0000706200   0000000100
0000396710  0000733659  0000861935   0000000050

0000492569  0000846510  0000872981   0000000800
0000492569  0000846510  0000890724   0000000400
```

Die Anweisung SELECT-OPTIONS definiert, anders als PARAMETERS, kein einzelnes Feld, sondern eine interne Tabelle mit einer festgelegten Struktur aus vier Spalten: Die Felder LOW und HIGH enthalten die Unter- und Obergrenzen der jeweiligen Intervalle; für Einzelwerte ist dabei nur das Feld LOW belegt. Das Feld OPTION enthält den Vergleichsoperator: für Intervalle ist dies BT (between, zwischen), für Einzelwerte stehen die üblichen Operatoren wie EQ (equal, gleich) oder GT (greater, größer) zur Verfügung. Das Feld SIGN schließlich legt fest, ob die Zeile eine einschließende (I, inklusive) oder ausschließende (E, exklusive) Funktion hat. Die abgebildete komplexe Selektion ergäbe folgende interne Tabelle:

| SIGN | OPTIONS | LOW | HIGH |
|------|---------|--------|--------|
| I | EQ | 184536 | |
| I | EQ | 284104 | |
| I | BT | 300000 | 500000 |
| E | EQ | 472016 | |

**Tabelle 4.1** Interne Tabelle einer SELECT-OPTIONS für die abgebildete Selektion

Mit der Klausel FOR innerhalb von SELECT-OPTIONS können Sie, analog zu LIKE, Bezug auf im Dictionary definierte Felder nehmen:

SELECT-OPTIONS [so_name] FOR [Bezugsfeld].

Die SELECT-OPTIONS-Definition hat, trotz des ähnlichen Namens, nichts mit der Open-SQL-Anweisung SELECT zu tun. In deren WHERE-Klausel können Sie, statt des »=«-Operators für einen Parameter, die komplette Selektionsoption mit dem IN-Operator abfragen. Er ermöglicht es, nur Datensätze zu selektieren, die den komplexen Selektionen entsprechen, die der Anwender eingegeben hat und die in der internen Selektionsoptionstabelle gehalten werden:

**IN-Operator für SELECT**

```
SELECT ...
  WHERE [Datenbanktabellenfeld] IN [Selektionsoption]
```

Für die SELECT-Anweisung lernen Sie nun eine wichtige Erweiterung kennen, nämlich den Zugriff auf Felder aus mehreren Tabellen.

**Erläuterung Inner Join**

Betrachten Sie nochmals Abbildung 4.37 und Abbildung 4.38. Die Datenbanktabelle ZDEPOTPSTN enthält einen Fremdschlüssel DEPOTNR auf die Prüftabelle ZDEPOT, deren Primärschlüssel – neben dem Mandantenfeld – aus einem Feld gleichen Namens besteht.

Die zu erstellende Liste enthält Felder aus beiden Tabellen:

- aus ZDEPOTPSTN die Felder DEPOTNR, WKN und ANZAHL
- aus ZDEPOT die Felder DEPOTNR und KUNDENNR

Die zu lösende Aufgabe besteht nun darin, jeweils eine Zeile aus ZDEPOTPSTN mit der richtigen Zeile aus ZDEPOT zu verbinden. Diese Verbindung erfolgt über die Gleichheit des gemeinsamen Schlüssels DEPOTNR in beiden Tabellen.

Betrachten Sie nun folgende Beispieldatensätze:

ZDEPOTPSTN

| DEPOTNR | WKN | ANZAHL |
|---------|--------|--------|
| 643038  | 361990 | 4000   |
| 643038  | 888584 | 600    |
| 643038  | 589730 | 500    |
| 572058  | 648300 | 200    |

**Tabelle 4.2** Datenbanktabelle ZDEPOTPSTN mit Fremdschlüssel DEPOTNR

ZDEPOT

| DEPOTNR | KUNDENNR |
|---------|----------|
| 643038  | 729461   |
| 572058  | 779023   |

**Tabelle 4.3** Datenbanktabelle ZDEPOT mit Primärschlüssel DEPOTNR

In Tabelle ZDEPOT ist die DEPOTNR eindeutiger *Primärschlüssel*; es darf also beispielsweise nur ein Datensatz 643038 in der Tabelle zu finden sein. In Tabelle ZDEPOTPSTN ist die DEPOTNR hingegen *Fremdschlüssel* auf den Primärschlüssel von ZDEPOT. Die Nummer 643038 ist nicht eindeutig, und darf folglich in mehreren Datensätzen erscheinen.

Durch Zusammenstellen jeweils eines Datensatzes aus ZDEPOTPSTN zu jener Zeile aus ZDEPOT, die den gleichen Wert für DEPOTNR aufweist, erhält man als Ergebnisse folgende »virtuelle« Tabelle:

| KUNDENNR | DEPOTNR | WKN    | ANZAHL |
|----------|---------|--------|--------|
| 729461   | 634038  | 361990 | 4000   |
| 729461   | 634038  | 888584 | 600    |
| 729461   | 634038  | 589730 | 500    |
| 779023   | 572058  | 648300 | 200    |

**Tabelle 4.4** Aus der Verknüpfung beider Datenbanktabellen resultierende »virtuelle« Tabelle

Eine solche Verknüpfung nennt man in der Datenbankfachsprache **Inner Join**[1]. Die SELECT-Anweisung unterstützt dies innerhalb der FROM-Klausel durch einen Zusatz:

```
SELECT ...
  FROM [Datenbanktabelle1] AS [Alias1]
    INNER JOIN [Datenbanktabelle2] AS [Alias2]
    ON [Alias1]~[Schlüssel1] = [Alias2]~[Schlüssel2]...
```

Zunächst werden nach der FROM-Klausel die beiden Datenbanktabellen genannt. Zur Vereinfachung der Schreibweise bei längeren Dateinamen kann man, wenn man will, den Datenbanktabellen mit AS kürzere Aliasnamen zuordnen. Nach dem Zusatz ON wird die Zuordnung der Primär- und Fremdschlüsselfelder festgelegt.

[1]. Belasten Sie sich an dieser Stelle noch nicht mit dem Unterschied zwischen den Fachbegriffen »Inner Join« und »Left Outer Join«. Bei Interesse lesen Sie die Online-Hilfe: SAP-BIBLIOTHEK / BASIS / ABAP-PROGRAMMIERUNG UND LAUFZEITUMGEBUNG / ABAP PROGRAMMIERUNG / ABAP DATENBANKZUGRIFFE / DATENBANKZUGRIFFE IM R/3-SYSTEM / OPEN SQL / DATEN LESEN / DATENBANKTABELLEN ANGEBEN.

Da nun in der SELECT-Anweisung mehrere Datenbanktabellen auftreten, kann ein Feldname eventuell nicht mehr eindeutig sein. Das Feld DEPOTNR beispielsweise tritt in beiden Tabellen auf. Deshalb muss man bei der Benennung der Felder deren Datenbanktabellennamen mit angeben. An seiner Stelle kann man auch den Aliasnamen verwenden. Den Datenbanktabellennamen oder den Aliasnamen verbindet man über die Tilde »~« mit dem Feldnamen.

An dieser Stelle tritt die Frage auf, warum diese Verbindung mit der Tilde und nicht, wie in Standard-SQL, mit dem Bindestrich »−« erfolgt. Der Grund dafür liegt in folgender Verwechslungsmöglichkeit: Hat man sich mit

TABLES ZDEPOT.

eine Feldleiste definiert, die den gleichen Namen wie die Datenbanktabelle ZDEPOT trägt, so bezeichnet im gesamten Programm

ZDEPOT-DEPOTNR

das betreffende Feld der (einzeiligen) Feldleiste. Hingegen ist mit

ZDPEPOT~DEPOTNR

innerhalb der SELECT-Anweisung das betreffende Feld der Datenbanktabelle gemeint.

Schauen Sie sich ein kleines Programmierbeispiel, das ohne Aliasnamen arbeitet, an:

```
zdepot-depotnr = 634038
SELECT zdepot~kundennr zdepotpstn~wkn
 INTO (wa_zdepot-kundennr, wa_zdepotpstn-wkn)
 FROM zdepot INNER JOIN zdepotpstn ON
  zdepot~depotnr = zdepotpstn~depotnr
 WHERE zdepot~depotnr = zdepot-depotnr.
```

In der letzten Zeile dürfte der Unterschied zwischen "~" und "-" deutlich werden. Es werden alle Wertpapierkennnummern mit den dazugehörenden Kundennummern ermittelt, die zum Depot 634038 gehören.

**Schritte**

Definieren Sie Arbeitsbereiche für die Depot- und Depotpostentabelle.

Lesen Sie mit SELECT-OPTIONS die Kundennummer für die Tabelle ZDEPOT ein.

Geben Sie Listenüberschriften aus.

Ermitteln Sie mit einer SELECT-Schleife – eingeschränkt auf die SELECT-OPTIONS – die Depotposten. Sie werden über einen INNER JOIN mit den Kundendepots verbunden. Sortieren Sie nach der Kundennummer, innerhalb eines Kunden nach deren Anzahl in absteigender Reihenfolge.

Wenn eine Kundennummer zum ersten Mal auftritt, geben Sie eine Leerzeile aus.

Geben Sie die in die Zielfelder gestellten Daten in der SELECT-Schleife aus.

```
REPORT   zkundenwertpapieremu          .


DATA: wa_zdepot LIKE zdepot,
  wa_zdepotpstn LIKE zdepotpstn,
  kundennr LIKE wa_zdepot-kundennr.
SELECT-OPTIONS: so_knr FOR wa_zdepot-kundennr.


START-OF-SELECTION.
WRITE: /'KundenNr:', 12 'DepotNr:', 23 'WKN:', 34
'Anzahl:'.
CLEAR kundennr.
SELECT dt~kundennr dt~depotnr dtp~wkn dtp~anzahl
 INTO (wa_zdepot-kundennr, wa_zdepot-depotnr,
  wa_zdepotpstn-wkn, wa_zdepotpstn-anzahl)
 FROM zdepot AS dt INNER JOIN zdepotpstn AS dtp
  ON dt~depotnr = dtp~depotnr
 WHERE dt~kundennr IN so_knr
 ORDER BY dt~kundennr dtp~anzahl DESCENDING.
  IF kundennr <> wa_zdepot-kundennr.
    SKIP.
  ENDIF.
  WRITE: / wa_zdepot-kundennr, wa_zdepot-depotnr,
    wa_zdepotpstn-wkn, wa_zdepotpstn-anzahl.
  kundennr = wa_zdepot-kundennr.
ENDSELECT.
```

# 4.10 INNER JOIN über drei Tabellen

**1.** Erweitern Sie das Programm aus der vorherigen Aufgabe um die Ausgabe des Wertpapiertitels zu einem Report ZKUNDENWPTITELnn. Suchen Sie im Übungsszenario die betreffende Datenbanktabelle. Ermitteln Sie, über welche Primär-/Fremdschlüsselbeziehungen diese mit den bisher verwendeten Datenbanktabellen verbunden ist.

Erweitern Sie den INNER JOIN innerhalb der SELECT-Anweisung um diese Datenbanktabelle und die zugehörige Schlüsselzuordnung. Ergänzen Sie die WRITE-Anweisung um die Ausgabe des Wertpapiertitels (s. Abbildung 4.50).

**Aufgabe**

```
Programm ZKUNDENWPTITELMU

KundenNr:   DepotNr:    WKN:        Anzahl:       Titel:

0000729461 0000634038 0000361990 0000004000 Zorin Industries
0000729461 0000634038 0000888584 0000000600 Tege
0000729461 0000634038 0000589730 0000000050 Greiffenberger
0000729461 0000634038 0000806600 0000000450 Oldenburg. Landesb.
0000729461 0000634038 0000899436 0000000200 Sun Brewing 6DR
0000729461 0000634038 0000861935 0000000100 Mövenpick Hold.

0000779023 0000572058 0000648300 0000000200 Linde
0000779023 0000572058 0000226489 0000000100 Whistler Corp.
0000779023 0000572058 0000806600 0000000100 Oldenburg. Landesb.
0000779023 0000572058 0000707400 0000000050 KWS
0000779023 0000572058 0000853849 0000000050 Takeda Chem. Ind.
0000779023 0000572058 0000861935 0000000050 Mövenpick Hold.
```

**Abbildung 4.50**
Listenausgabe mit Daten aus drei Tabellen, realisiert durch zwei geschachtelte INNER JOINs.(© SAP AG)

Das Feld TITEL der Datenbanktabelle ZWPAPIER enthält den Wertpapiertitel. Diese Datenbanktabelle hat, neben dem Mandantenfeld, das Feld WKN (Wertpapierkennnummer) als Primärschlüssel. Von der Datenbanktabelle ZDEPOTPSTN verweist das gleichnamige Feld WKN als Fremdschlüssel auf ZWPAPIER (s. Abbildung 4.51 bis Abbildung 4.52).

**Erläuterung**

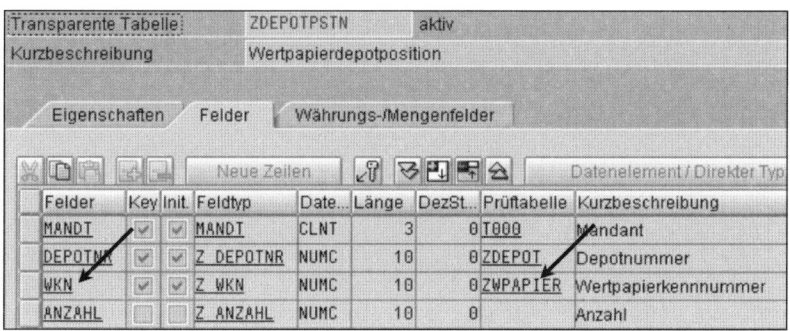

**Abbildung 4.51**
Datenbanktabelle ZDEPOTPSTN mit Fremdschlüssel WKN auf Datenbanktabelle ZWPAPIER (© SAP AG)

**Abbildung 4.52**
Datenbanktabelle
ZWPAPIER mit
Primärschlüssel WKN
enthält das Feld TITEL mit
dem Wertpapiertitel.
(© SAP AG)

| Felder | Key | Init. | Feldtyp | Date... | Länge | DezSt... | Prüftabelle | Kurzbeschreibung |
|--------|-----|-------|---------|---------|-------|----------|-------------|------------------|
| MANDT | ✓ | ✓ | MANDT | CLNT | 3 | 0 | T000 | Mandant |
| WKN | ✓ | ✓ | Z_WKN | NUMC | 10 | 0 | | Wertpapierkennnummer |
| TITEL | | | Z_WPTITEL | CHAR | 20 | 0 | | Wertpapiertitel |
| EMITTENT | | | Z_EMITTENT | CHAR | 15 | 0 | | Emittent |

**Schritte**     Kopieren Sie den Report aus der vorherigen Aufgabe.

Definieren Sie zunächst einen Arbeitsbereich für die Datenbanktabelle ZWPAPIER.

Die Syntax der INNER JOIN-Klausel erlaubt nur auf der linken Seite die Angabe eines komplexeren Ausdrucks. Klammern Sie deshalb den vorhandenen INNER JOIN-Ausdruck und ergänzen Sie einen – dann übergeordneten – INNER JOIN zwischen dem geklammerten Ausdruck und der Datenbanktabelle ZWPAPIER, die den Wertpapiertitel enthält. Sie erhalten so einen geschachtelten INNER JOIN-Ausdruck.

Erweitern Sie die Quell- und Zielfeldlisten der SELECT-Anweisung sowie alle Ausgabeanweisungen um den Wertpapiertitel.

```
REPORT  zkundenwptitelmu          .


DATA: wa_zdepot LIKE zdepot,
    wa_zdepotpstn LIKE zdepotpstn,
    kundennr LIKE wa_zdepot-kundennr,
    wa_zwpapier LIKE zwpapier.
SELECT-OPTIONS: so_knr FOR wa_zdepot-kundennr.


START-OF-SELECTION.
WRITE: /'KundenNr:', 12 'DepotNr:', 23 'WKN:', 34 'Anzahl:',
    45 'Titel:'.
CLEAR kundennr.
SELECT dt~kundennr dt~depotnr dtp~wkn dtp~anzahl wp~titel
    INTO (wa_zdepot-kundennr, wa_zdepot-depotnr,
    wa_zdepotpstn-wkn, wa_zdepotpstn-anzahl, wa_zwpapier-titel)
    FROM ( zdepot AS dt INNER JOIN zdepotpstn AS dtp
```

```
 ON dt~depotnr = dtp~depotnr ) INNER JOIN zwpapier AS wp
 ON wp~wkn = dtp~wkn
WHERE dt~kundennr IN so_knr
ORDER BY dt~kundennr dtp~anzahl DESCENDING.
 IF kundennr <> wa_zdepot-kundennr.
  SKIP.
 ENDIF.
 WRITE: / wa_zdepot-kundennr, wa_zdepot-depotnr,
  wa_zdepotpstn-wkn, wa_zdepotpstn-anzahl,
  wa_zwpapier-titel.
 kundennr = wa_zdepot-kundennr.
ENDSELECT.
```

## 4.11 Statistik, Aggregate, Gruppierung

**1.** Erstellen Sie einen Report ZAGGREGATnn, der zu jeder Wertpapierkennnummer den minimalen, den maximalen und den durchschnittlichen Kurs des Wertpapiers sowie die Anzahl der registrierten Tageskursdaten zu diesem Wertpapier ausgibt (s. Abbildung 4.53).

**Aufgabe**

```
Programm ZAGGREGATMU
      WKN    Minimum      Maximum   Durchschnitt Anzahl registrierter Ta
0000226489       360          364        361,80           5
0000266119       754          764        758,20           5
0000361990     2.811        2.814      2.812,00           5
0000504500       160          160        160,00           5
0000589730       181          183        182,20           5
0000648300       988          992        990,20           5
0000706200       150          152        150,60           5
0000707400     1.216        1.230      1.224,80           5
```

**Abbildung 4.53**
Listenausgabe.
statistische Werte,
ermittelt mit
Aggregatfunktionen.
(© SAP AG)

Mittels so genannter **Aggregatfunktionen** innerhalb der Feldliste der SELECT-Anweisung ermitteln Sie komprimierte Informationen über den gesamten Datenbestand – oder über einen Teil davon – hinweg. Hierzu gehören die Funktionen MIN() zur Ermittlung des kleinsten, MAX() zur Ermittlung des größten, AVG() zur Berechnung des Mittelwertes sowie COUNT() zur Bestimmung der Anzahl der betroffenen Datensätze. Der Code **Erläuterung**

```
DATA anz TYPE i.
SELECT COUNT( wkn )
 INTO anz
 FROM zdepotpstn
 WHERE depotnr = 643038.
```

etwa liefert im Feld ANZ die Anzahl der Wertpapierposten im Depot 643038 zurück. Wie Sie an diesem Beispiel erkennen können, liefert SELECT mit einer Aggregatfunktion in dieser Form nur einen Datensatz zurück, benötigt also kein ENDSELECT. In der nächsten Aufgabe lernen Sie einen Zusatz kennen, mit dem auch mehrere Datensätze ermittelt werden können.

Betrachten Sie nun die Datenbanktabelle ZKURSE (s. Abbildung 4.54 bis Abbildung 4.55). Zum Primärschlüssel WKN und DATUM enthält sie jeweils den zugehörigen Tageskurs des Wertpapiers.

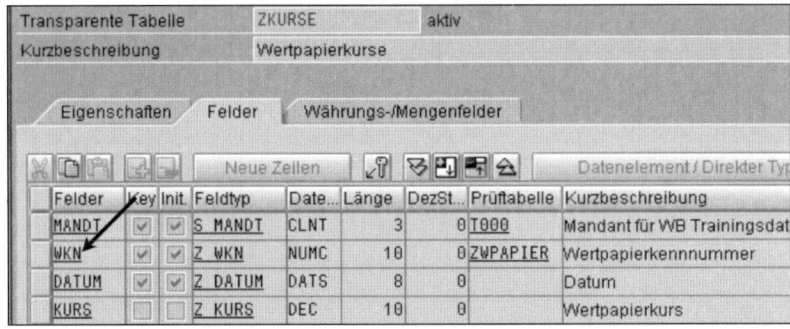

**Abbildung 4.54**
Datenbanktabelle ZKURSE
mit Tageskursen zu den
Wertpapieren: WKN ist
Fremdschlüssel auf
Datenbanktabelle
ZWPAPIER. (© SAP AG)

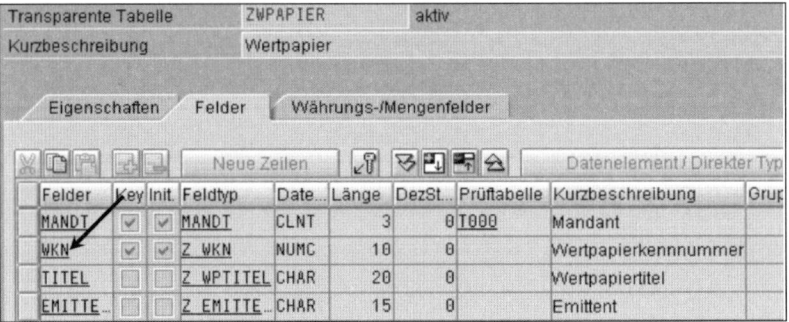

**Abbildung 4.55**
Datenbanktabelle
ZWPAPIER, die Prüftabelle
zu ZKURSE (© SAP AG)

**Schritte** Legen Sie einen Report an, und definieren Sie einen Arbeitsbereich für die Datenbanktabelle ZWPAPIER.

Deklarieren Sie eine Feldleiste mit Datenfeldern für den minimalen, maximalen und durchschnittlichen Kurs sowie für die Depotanzahl. Bei der Typangabe können Sie sich – soweit möglich – auf die entsprechenden Tabellenfelder beziehen. Beachten Sie jedoch, dass das Feld KURS keine Nachkommastellen vorsieht, die bei der Mittelwertberechnung allerdings entstehen können.

Programmieren Sie zunächst eine äußere SELECT-Schleife über die Datenbanktabelle mit den Wertpapieren ZWPAPIER, mit deren Hilfe in einer inneren SELECT-Anweisung die statistischen Werte zu dem betreffenden

Wertpapier ermittelt werden. Wie dies eleganter gelöst werden kann, lernen Sie in der nachfolgenden Aufgabe.

Geben Sie die Werte der Datenfelder aus, und geben Sie vor den SELECT-Anweisungen eine passende Überschrift an.

```
REPORT zaggregatmu          .

DATA wa_wpapier LIKE zwpapier.
DATA: BEGIN OF wa_kurse,
      minkurs LIKE zkurse-kurs,
      maxkurs LIKE zkurse-kurs,
      avgkurs TYPE p DECIMALS 2,
      anzkurs LIKE zkurse-kurs,
      END OF wa_kurse.


START-OF-SELECTION.
  CLEAR wa_kurse.
  WRITE: /8 'WKN', 17 'Minimum',
    31 'Maximum', 44 'Durchschnitt',
    57 'Anzahl registrierter Tageskurse'.
  SELECT * FROM zwpapier INTO wa_wpapier.
    SELECT MIN( kurs ) MAX( kurs ) AVG( kurs ) COUNT(*)
      FROM zkurse
      INTO wa_kurse
      WHERE wkn = wa_wpapier-wkn.
    WRITE: / wa_wpapier-wkn, wa_kurse-minkurs,
      wa_kurse-maxkurs, wa_kurse-avgkurs, wa_kurse-anz-
kurs.
  ENDSELECT.
```

> 2. Ändern Sie den Report aus der vorherigen Aufgabe zu einem Report ZGROUPBYnn so ab, dass er zwar die gleiche Ausgabe (s. Abbildung 4.53) erzeugt, jedoch mittels der GROUP BY-Klausel auf die äußere SELECT-Schleife verzichten kann.

**Aufgabe**

**Erläuterung**

In der vorherigen Aufgabe wurden die Wertpapierkennnummern, zu denen statistische Werte ermittelt wurden, von der Tabelle ZWPAPIER in einer äußeren Schleife geliefert. Die Kursdaten zu einem bestimmten Wertpapier bilden somit eine **Gruppe**.

Die Schachtelung von SELECT-Anweisungen ist nicht mehr notwendig, wenn in der inneren Schleife mittels GROUP BY mitgeteilt wird, für welche Gruppen von Datensätzen statistische Werte errechnet werden sollen: Aus allen Datensätzen, die jeweils die gleiche Wertpapierkennnummer haben, werden Maximum, Minimum, Durchschnitt und Anzahl ermittelt. Jeweils ein Wert für WKN bildet also eine *Gruppe*, das Verfahren heißt daher **Gruppierung.**

**Schritte**    Kopieren Sie den Report aus der vorherigen Aufgabe. Zunächst ändern Sie die Feldleistendefinition zu einer Typendeklaration mit dem zusätzlichen Feld WKN ab und definieren, hierauf basierend, eine interne Tabelle mit zugehöriger Feldleiste. Entfernen Sie die äußere SELECT-Schleife, und geben Sie die statistischen Werte aus der internen Tabelle in einer LOOP-Schleife aus.

```
REPORT   zgroupbymu                    .
TYPES: BEGIN OF ty_kurse,
         wkn LIKE zkurse-wkn,
         minkurs LIKE zkurse-kurs,
         maxkurs LIKE zkurse-kurs,
         avgkurs TYPE p DECIMALS 2,
         anzkurs LIKE zkurse-kurs,
       END OF ty_kurse.
DATA: it_kurse TYPE TABLE OF ty_kurse,
      wa_kurse TYPE ty_kurse.


START-OF-SELECTION.
  CLEAR: it_kurse, wa_kurse.
  WRITE: /8 'WKN', 17 'Minimum',
     31 'Maximum', 44 'Durchschnitt',
     57 'Anzahl registrierter Tageskurse'.
  SELECT wkn MIN( kurs ) MAX( kurs ) AVG( kurs ) COUNT(*)
    FROM zkurse
    INTO TABLE it_kurse
    GROUP BY wkn.
  LOOP AT it_kurse INTO wa_kurse.
    WRITE: / wa_kurse-wkn, wa_kurse-minkurs,
       wa_kurse-maxkurs, wa_kurse-avgkurs, wa_kurse-anzkurs.
  ENDLOOP.
```

## 4.12 Datensätze in Datenbanktabelle einfügen

**1.** Ein neuer Kunde möchte bei Ihrer Bank ein Depot eröffnen und Wertpapiere kaufen. Er soll über ein Depot mit mehr als zehn Wertpapieren von mindestens zwei verschiedenen Emittenten verfügen. Fügen Sie in die Tabellen mit den Kunden, den Depots und den Depotposten entsprechende Datensätze ein.

Legen Sie mit einem Report ZDB_INSERTnn einen Kunden Nr. 1000*mm* mit einem Depot 1100*mm* an, wobei *mm* eine Nummer sei, die Ihnen Ihr Dozent zuteilt. Falls Sie dieses Buch im Selbststudium durcharbeiten, verwenden Sie – wie der Autor – für *mm* den Wert '01'. Ordnen Sie diesem Depot als Depotposten die Wertpapiere 888584 und 874446 zu. Die restlichen Feldinhalte dürfen Sie selbst frei bestimmen.

Mit der Open-SQL-Anweisung

**Erläuterung**

```
INSERT INTO [Datenbanktabelle] VALUES [Feldleiste]
```

nehmen Sie, nachdem Sie bisher mit SELECT umfangreich gelesen haben, erstmals schreibenden Zugriff auf die **DB (Datenbank)**. Der in der Feldleiste enthaltene Datensatz wird in die Datenbanktabelle geschrieben. Hierzu sollte er einen passenden, idealerweise gleichen Aufbau wie die DB-Tabelle haben. Ansonsten wird er vorher, falls möglich, vom Laufzeitsystem konvertiert.

An dieser Stelle sei ausdrücklich darauf hingewiesen, dass die in dieser und den folgenden Aufgaben dargestellten Programme zum Schreibzugriff noch einige Mängel aufweisen. In späteren Aufgaben werden Konzepte vorgestellt, mit denen diese Mängel behoben werden können.

**Sicherheit und Konsistenz von DB-Systemen**

In der DB eines produktiven R/3-Systems befinden sich Daten, die für eine Organisation von erheblichem Wert sind und deren Verlust eine existenzielle Bedrohung darstellen können. Schreibzugriffe auf eine DB sind dabei generell als »kritisch« anzusehen. Die Schöpfer der DBMS (Datenbankmanagementsysteme) haben deshalb eine Reihe von Konzepten und Mechanismen entwickelt, um diese Gefahren abzuwehren.

*Als Programmierer ist es Ihre Aufgabe, aus dem Berechtigungskonzept, dem Sperrkonzept und dem Transaktionskonzept herrührende DB-Sicherheitsmechanismen zu unterstützen und anzuwenden.*

**H**INWEIS

Eine mögliche Gefahr, die einem Datenbestand droht, ist der unberechtigte Zugriff durch nichtautorisierte Anwender. SAP R/3 verzichtet, da

**Berechtigungskonzept**

es auf einer Vielzahl von DB-Systemen basieren kann, auf die Nutzung von datenbankeigenen Berechtigungsprüfungen und hat stattdessen ein eigenes **Berechtigungskonzept** implementiert. In Abschnitt 4.15 »Berechtigungsobjekt anlegen und prüfen« werden Sie es näher kennen lernen. Als Programmierer sind Sie Ihren Kunden gegenüber verpflichtet, das Berechtigungskonzept von SAP R/3 anzuwenden, um so unbefugte Zugriffe zu verhindern.

**Sperrkonzept**    An einem Datenbanksystem arbeiten im Allgemeinen mehrere Anwender gleichzeitig, wodurch Konflikte durch zufällig zeitgleiche Zugriffe entstehen können.

Betrachten Sie folgende Konfliktsituation: Angenommen, Sie wollten die Adresse eines Kunden ändern. Ihr Rechner liest zunächst diesen Datensatz und zeigt ihn an. Zeitgleich will Ihr Kollege, ohne dass er von Ihrer Aktivität weiß, zufälligerweise die Telefonnummer desselben Kunden ändern. Auch sein Rechner liest diesen Datensatz.

Nun ändern Sie die Adresse des Kunden und speichern den Datensatz. Ihr Kollege bearbeitet ab diesem Zeitpunkt einen Datensatz mit veralteten Adressdaten. Er ändert nun die Telefonnummer und speichert ebenfalls den Datensatz inklusive der veralteten Adressdaten ab. Aus seiner Sicht hat alles tadellos funktioniert. Ihre Änderung der Adressdaten jedoch ist nun klammheimlich überschrieben worden.

Datenbanksysteme lösen dieses Problem mit Sperren.

- Eine **Schreibsperre** (*E-Sperre*: »exclusive«, ausschließend) sollte stets vor Schreibzugriffen – also vor INSERT, UPDATE und DELETE – auf den betreffenden Datensatz beantragt werden. Wird die Sperre vom DBMS gewährt, kann kein anderer Anwender eine gleiche Sperre, auch keine Lesesperre, mehr erlangen. Dadurch ist gewährleistet, dass zu einem Zeitpunkt nur ein Anwender den Datensatz bearbeiten kann, so dass obige Situation nicht mehr entstehen kann. Wenn eine konkurrierende Sperre bereits gesetzt wurde, muss das Änderungsprogramm dem Anwender eine entsprechende Fehlermeldung ausgeben.

- Eine **Lesesperre** (*S-Sperre*: »shared«, gemeinsam) sollte vor Lesezugriffen – also vor SELECT – auf den betreffenden Datensatz gesetzt werden. Wenn eine Lesesperre gewährt wurde, kann keine gleiche Schreibsperre mehr gesetzt werden. Dadurch wird erreicht, dass der gelesene Datensatz auch während der Anzeige noch aktuell ist. Es können jedoch weitere gleiche Lesesperren erworben werden, so dass mehrere Anwender gleichzeitig den Datensatz lesen können.

Nachdem das Ändern oder Anzeigen des Datensatzes beendet ist, muss das Programm das DBS zur Freigabe der Sperre auffordern, damit andere Anwender anschließend die Möglichkeit haben, diesen Datensatz zu bearbeiten.

Sperren können sich, ähnlich wie Open-SQL-Befehle, über mehr als einen Datensatz erstrecken. Im Extremfall kann sogar eine ganze Datenbanktabelle gesperrt werden. Es ist allerdings empfehlenswert, nur die Datensätze zu sperren, die auch tatsächlich bearbeitet werden, um andere Anwender nicht unnötig zu behindern.

SAP R/3 realisiert ein eigenes, vom darunter liegenden DBS unabhängiges Sperrkonzept. Den Umgang mit Sperren im R/3-System erlernen Sie in Abschnitt 6.3.4 »Sperrobjekt anlegen«.

Eine weitere Gefahr besteht darin, dass unvollständig erfolgte Änderungen am Datenbestand zu betriebswirtschaftlich oder technisch inkonsistenten Zuständen führen. Ein klassisches Beispiel für dieses Problem liefert die Kontenbuchung in der Finanzbuchhaltung. Deren grundlegende Regel lautet, dass der Summe der Buchungen, die auf den Soll-Seiten von Konten vorgenommen werden, Gegenbuchungen in gleicher Höhe auf den Haben-Seite anderer Konten gegenüberstehen müssen. Gelingt nur die Soll-Buchung, während die Haben-Buchung scheitert, befindet sich die DB in einem **betriebswirtschaftlich inkonsistenten Zustand.** Die Haben-Buchung könnte etwa deshalb scheitern, weil zeitgleich ein anderer Anwender auf diesem Konto eine Buchung vornimmt und deshalb eine Schreibsperre darauf gesetzt hat.

**Transaktions-konzept, LUW**

**Technisch inkonsistent** ist eine DB beispielsweise dann, wenn ein Kundendatensatz aus ZKUNDE verlorengeht, während für seine Kundennummer noch ein Depot in ZDEPOT existiert, der Fremdschlüssel KUNDENNR also ins Leere verweist.

Für die technische wie auch betriebswirtschaftliche Konsistenz sorgt zunächst das dem R/3-System unterlegte Datenbanksystem. Jedes moderne DBMS unterstützt das so genannte **Transaktionskonzept**, das nach folgenden Prinzipien funktioniert:

- Eine **Transaktion** ist eine Menge von Datenbankänderungen, welche die DB von einem konsistenten Zustand in einen konsistenten Folgezustand überführt. Wenn nicht alle Änderungen erfolgreich sind, mündet dies im Allgemeinen in einen inkonsistenten Zustand.

- Es werden entweder alle oder gar keine Änderungen vorgenommen!

- Die Vornahme der DB-Änderungen einer Transaktion darf nur in einem einzigen, unteilbaren Schritt erfolgen. Dieser Schritt wird eingeleitet durch den Open-SQL-Befehl COMMIT WORK.

- Sollte eine der DB-Änderungen scheitern, müssen alle bis dahin vorgenommen DB-Änderungen dieser Transaktion umgehend zurückgenommen werden. Dies stößt die Open-SQL-Anweisung ROLLBACK WORK an, sie überführt die Datenbank wieder in den konsistenten Ausgangszustand. Der erwünschte Folgezustand wird nicht erreicht, der Anwender sollte darüber informiert werden.

- Erst wenn alle DB-Änderungen erfolgreich waren, ist der konsistente Nachfolgezustand erreicht. Erst ab diesem Zeitpunkt ist die Transaktion unumkehrbar ins DBS eingebracht, ein ROLL BACK WORK ist nicht mehr möglich.

In der SAP R3-Welt spricht man anstelle von *Transaktion* von einer **LUW** (Logical Unit of Work, Logische Arbeitseinheit). Das liegt darin begründet, dass der Begriff der *SAP-Transaktion* eine etwas andere, technische Bedeutung hat (s. Kapitel 6 »Dialogprogrammierung in ABAP«).

In der Praxis wird das Transaktionskonzept dadurch realisiert, dass alle Datenbankänderungen so lange verzögert werden, bis die Menge der DB-Änderungen vollständig ist. Anschließend erfolgt ein COMMIT WORK. Beispielsweise darf die Soll-Buchung noch nicht in die DB geschrieben werden, wenn der Anwender noch die Haben-Buchung – etwa auf einem nachfolgenden Bildschirm – festlegen muss.

Weitergehende Erläuterungen, etwa zum Unterschied zwischen SAP-LUW und DB-LUW, finden Sie in Abschnitt 6.4.1 »Verbuchungsfunktionsbaustein anlegen«.

Mit der Open-SQL-Anweisung INSERT können Sie auf folgende Weise einen Arbeitsbereich in eine Datenbanktabelle einfügen:

```
INSERT INTO [Datenbanktabelle] VALUES [Arbeitsbereich].
```

Der [Arbeitsbereich] sollte dabei mit Dictionary-Bezug auf die [Datenbanktabelle] definiert werden.

**●ACHTUNG**

> *Die in dieser und den nachfolgenden Aufgaben vorgestellten Reports beachten das Sperr- und das Berechtigungskonzept noch nicht! Sie dienen ausschließlich dem – möglichst einfachen – Erlernen von Open-SQL-Anweisungen mit schreibendem Zugriff. Bis zum Produktiveinsatz müssten sie also entsprechend ergänzt werden.*

Generell ist es empfehlenswert, DB-Änderungen in *Funktionsbausteine* zu kapseln und mittels so genannter *Verbuchungstechniken* die DB-Änderungen bis COMMIT WORK zu verzögern. Dies lernen Sie ab Abschnitt 6.4.1.

**Schritte**　Deklarieren Sie im Report ZDB_INSERTnn alle verwendeten Beispieldaten, die zu einem Primärschlüssel gehören, wie Kundennummer, Depotnummer und zwei Wertpapierkennnummern, als Konstanten.

Deklarieren Sie Arbeitsbereiche für die benötigten Tabellen.

Fügen Sie einen Datensatz mit Kundendaten in die Tabelle ZKUNDEN ein, indem Sie die einzelnen Felder des Tabellenarbeitsbereiches entsprechend belegen und mit INSERT der Datenbank hinzufügen.

Fügen Sie auf ähnliche Weise für dieselbe Kundennummer einen Datensatz in die Tabelle ZDEPOT ein.

Belegen Sie für die vorher benutzte Depotnummer den Arbeitsbereich zur Tabelle ZDEPOTPSTN. Übertragen Sie mindestens zwei Datensätze mit INSERT in die Datenbank.

Prüfen Sie nach jedem INSERT den Returncode dieser Open-SQL-Anweisung. Falls ein Fehler aufgetreten ist, führen Sie ein ROLLBACK WORK durch, und brechen Sie das Programm nach einer Fehlermeldung ab.

Geben Sie andernfalls an den entsprechenden Stellen Meldungen aus, welche die Kundenregistrierung, die Depoteröffnung und die Wertpapierkäufe bestätigen (s. Abbildung 4.56).

Bestätigen Sie nach dem letzten erfolgreichen INSERT die Datenbankänderungen mit COMMIT WORK.

Testen Sie Ihren Report. Versuchen Sie, eine schon vorhandene Kundennummer zu verwenden und Ihren Report mehrmals auszuführen: Wegen des bereits vorhandenen Primärschlüssels KUNDENNR scheitert dann die INSERT-Anweisung (s. Abbildung 4.57).

```
REPORT  zdb_insertmu           .


DATA: wa_kunden LIKE zkunden,
      wa_depot LIKE zdepot,
      wa_depotpstn LIKE zdepotpstn.
CONSTANTS: cdepotnr LIKE zdepot-depotnr VALUE 110001,
           ckundennr LIKE zkunden-kundennr VALUE 100001,
           cwkn_1 LIKE zdepotpstn-wkn VALUE 888584,
           cwkn_2 LIKE zdepotpstn-wkn VALUE 874446.


START-OF-SELECTION.
*****Kundendaten eingeben*****
  wa_kunden-kundennr = ckundennr.
  wa_kunden-name = 'Dirnhofer'.
  wa_kunden-vorname = 'Walter'.
  wa_kunden-wohnort = 'Regensburg'.
  INSERT INTO zkunden VALUES wa_kunden.
```

```
    IF sy-subrc NE 0.
      ROLLBACK WORK.
      WRITE: / 'Fehler beim INSERT in die Tabelle ZKUN-
DEN!'.
        EXIT.
      ENDIF.
      WRITE: / 'Neuer Kunde mit Nr:', wa_kunden-kundennr.
*****Depotdaten eingeben*****
      wa_depot-depotnr = cdepotnr.
      wa_depot-kundennr = ckundennr.
      wa_depot-depottyp = 'P'.
      INSERT INTO zdepot VALUES wa_depot.
      IF sy-subrc NE 0.
        ROLLBACK WORK.
        WRITE: / 'Fehler beim INSERT in die Tabelle ZDEPOT!'.
        EXIT.
      ENDIF.
      WRITE: / 'Neues Depot mit Nr:', wa_depot-depotnr.
*****Depotpostendaten eingeben*****
      wa_depotpstn-depotnr = cdepotnr.
      wa_depotpstn-wkn = cwkn_1.
      wa_depotpstn-anzahl = 20.
      INSERT INTO zdepotpstn VALUES wa_depotpstn.
      IF sy-subrc NE 0.
        ROLLBACK WORK.
        WRITE: / 'Fehler beim INSERT in die
                  Tabelle ZDEPOTPSTN!'.
        EXIT.
      ENDIF.
      WRITE: / 'Wertpapierkauf mit WKN:', wa_depotpstn-wkn,
             'und Anzahl:', wa_depotpstn-anzahl.
      wa_depotpstn-wkn = cwkn_2.
      wa_depotpstn-anzahl = 50.
      INSERT INTO zdepotpstn VALUES wa_depotpstn.
      IF sy-subrc NE 0.
```

```
    ROLLBACK WORK.
    WRITE: / 'Fehler beim INSERT in die
              Tabelle ZDEPOTPSTN!'.
     EXIT.
   ENDIF.
   WRITE: / 'Wertpapierkauf mit WKN:', wa_depotpstn-wkn,
           'und Anzahl:', wa_depotpstn-anzahl.
   COMMIT WORK.
```

```
Programm ZDB_INSERTMU

Neuer Kunde mit Nr: 0000100001
Neues Depot mit Nr: 0000110001
Wertpapierkauf mit WKN: 0000888584 und Anzahl: 0000000020
Wertpapierkauf mit WKN: 0000874446 und Anzahl: 0000000050
```

**Abbildung 4.56**
Erfolgreiches Anlegen vier
neuer Datensätze
(© SAP AG)

Rufen Sie den Report erneut auf.

```
Programm ZDB_INSERTMU

Fehler beim INSERT in die Tabelle ZKUNDEN!
```

**Abbildung 4.57**
Der erneute Aufruf
scheitert, da der
Primärschlüssel in
ZKUNDEN bereits
vorhanden ist.
(© SAP AG)

## 4.13 Datensätze in Datenbanktabelle ändern

**1.** Aufgrund eines Beschlusses der Hauptversammlung wird bei einer
Aktie eine Nennwertherabsetzung von DM 50 auf DM 5 durchge-
führt. Folglich muss die Anzahl dieser Papiere bei allen betroffenen
Depotposten jeweils verzehnfacht werden.

**Aufgabe**

Falls Sie diese Aufgabe in einer Übungsgruppe bearbeiten, wird Ihr
Dozent Ihnen eine Wertpapierkennnummer zuteilen, ansonsten
verwenden Sie – wie der Autor – die Wertpapierkennnummer
874446.

**Übungsgruppe**

Ändern Sie mit dem Report ZDB_UPDATEnn die Anzahl aller betroffenen
Wertpapiere in den Depots entsprechend ab, und geben Sie eine
Liste der geänderten Daten mit der zugehörigen Depotnummer aus
(s. Abbildung 4.58).

**Abbildung 4.58**
Depotposten vor und
nach der Aktualisierung
(© SAP AG)

```
Programm ZDB_UPDATEMU

WKN: 0000874446

Depot-Nr: 0000103573 bisherige Anzahl: 0000000200
Depot-Nr: 0000110001 bisherige Anzahl: 0000000050
Depot-Nr: 0000295619 bisherige Anzahl: 0000001000
Depot-Nr: 0000338601 bisherige Anzahl: 0000003000
Depot-Nr: 0000562057 bisherige Anzahl: 0000006000
Depot-Nr: 0000733659 bisherige Anzahl: 0000003000
Depot-Nr: 0000825172 bisherige Anzahl: 0000005000
Depot-Nr: 0000903620 bisherige Anzahl: 0000008000
Depot-Nr: 0000923547 bisherige Anzahl: 0000000100
Depot-Nr: 0000937561 bisherige Anzahl: 0000009000

Depot-Nr: 0000103573 aktualisierte Anzahl: 0000002000
Depot-Nr: 0000110001 aktualisierte Anzahl: 0000000500
Depot-Nr: 0000295619 aktualisierte Anzahl: 0000010000
Depot-Nr: 0000338601 aktualisierte Anzahl: 0000030000
Depot-Nr: 0000562057 aktualisierte Anzahl: 0000060000
Depot-Nr: 0000733659 aktualisierte Anzahl: 0000030000
Depot-Nr: 0000825172 aktualisierte Anzahl: 0000050000
Depot-Nr: 0000903620 aktualisierte Anzahl: 0000080000
Depot-Nr: 0000923547 aktualisierte Anzahl: 0000001000
Depot-Nr: 0000937561 aktualisierte Anzahl: 0000090000
```

**Erläuterung**  Bereits vorhandene Datensätze in einer Datenbanktabelle können Sie nicht neu, etwa mit INSERT, einfügen. Stattdessen steht Ihnen mit der Open-SQL-Anweisung UPDATE die Möglichkeit, die *Nichtschlüsselfelder* (Attribute) des Datensatzes zu ändern, zur Verfügung.

Die Änderung wird zunächst in einem Arbeitsbereich vorbereitet, um dann mit

UPDATE [Datenbanktabelle] FROM [Arbeitsbereich].

in die DB geschrieben zu werden. Im Arbeitsbereich wird über den Primärschlüssel festgelegt, welcher Datensatz der Datenbanktabelle geändert wird.

**●ACHTUNG**

*Bei dieser Übungsaufgabe wird ebenfalls noch auf den Einsatz des Sperr- und Berechtigungskonzepts verzichtet, um das Verständnis der UPDATE-Anweisung zu erleichtern. Für den Produktivbetrieb müsste der Report um entsprechende Mechanismen ergänzt werden.*

**Schritte**  Definieren Sie eine interne Tabelle und eine Feldleiste als Arbeitsbereich mit Bezug auf die Datenbanktabelle ZDEPOTPOSTEN.

Definieren Sie eine Konstante mit der zu ändernden Wertpapierkennnummer.

Fügen Sie über eine SELECT-Anweisung alle Datensätze, welche die betroffene Wertpapierkennnummer enthalten, aus der Depotposten-tabelle in die interne Tabelle ein.

Multiplizieren Sie in einer LOOP-Schleife über die interne Tabelle für jeden Datensatz die Anzahl der Wertpapiere mit 10 und aktualisieren Sie den zu diesem Primärschlüssel gehörenden Datensatz auf der Datenbank mit UPDATE. Geben Sie den alten Datensatz vor dem Aktualisieren aus (s. Abbildung 4.58).

Prüfen Sie jedesmal den Returncode des Open-SQL-Befehls, der Wert 0 steht für »kein Fehler«. Falls ein Datenbankzugriff scheitern sollte, brechen Sie das Programm nach ROLLBACK WORK und einer Fehlermeldung mit EXIT ab.

Falls alles gut geht, schließen Sie die LUW mit COMMIT WORK ab. Geben Sie die aktualisierte Liste aus.

```
REPORT  zdb_updatemu                    .


CONSTANTS: cwkn LIKE zdepotpstn-wkn VALUE 874446.
DATA: it_depotpstn LIKE TABLE OF zdepotpstn,
      wa_depotpstn LIKE zdepotpstn.


START-OF-SELECTION.
  SELECT * FROM zdepotpstn INTO TABLE it_depotpstn
    WHERE wkn = cwkn.
  WRITE: / 'WKN:', cwkn, /.
  LOOP AT it_depotpstn INTO wa_depotpstn.
    WRITE: / 'Depot-Nr:', wa_depotpstn-depotnr,
      'bisherige Anzahl:', wa_depotpstn-anzahl.
    wa_depotpstn-anzahl = wa_depotpstn-anzahl * 10.
    UPDATE zdepotpstn FROM wa_depotpstn.
    IF sy-subrc NE 0.
      ROLLBACK WORK.
      WRITE: / 'Fehler beim UPDATE der
              Tabelle ZDEPOTPSTN!'.
      EXIT.
    ENDIF.
  ENDLOOP.
  COMMIT WORK.
```

```
SKIP.
SELECT * FROM zdepotpstn INTO wa_depotpstn
 WHERE wkn = cwkn.
  WRITE: / 'Depot-Nr:', wa_depotpstn-depotnr,
   'aktualisierte Anzahl:', wa_depotpstn-anzahl.
ENDSELECT.
```

## 4.14 Datensätze in Datenbanktabelle löschen

**Aufgabe**

1. Löschen Sie mit einem Report ZDB_DELETEnn das Depot 835401 von Herrn Bowman mit allen zugehörigen Depotposten.

   Zeigen Sie jeweils vor und nach dem Löschen alle Depots von Herrn Bowman (Name, Kundennummer, Depotnummer) und alle Depotposten (Depotnummer, Wertpapierkennnummer, Anzahl) seines Depots 835401 an (s. Abbildung 4.59)..

**Übungsgruppen** Falls Sie diese Aufgabe in einer Übungsgruppe bearbeiten, wird Ihnen Ihr Dozent das von Ihnen zu löschende Depot und den zugehörigen Kunden zuweisen.

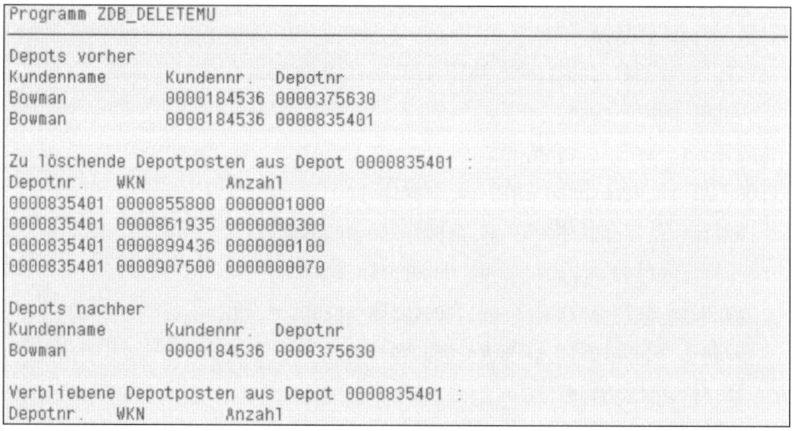

**Abbildung 4.59**
Kunde Bowmans Depots
vor, während und nach
dem Löschen
(© SAP AG)

```
Programm ZDB_DELETEMU

Depots vorher
Kundenname        Kundennr.  Depotnr
Bowman            0000184536 0000375630
Bowman            0000184536 0000835401

Zu löschende Depotposten aus Depot 0000835401 :
Depotnr.   WKN         Anzahl
0000835401 0000855800 0000001000
0000835401 0000861935 0000000300
0000835401 0000899436 0000000100
0000835401 0000907500 0000000070

Depots nachher
Kundenname        Kundennr.  Depotnr
Bowman            0000184536 0000375630

Verbliebene Depotposten aus Depot 0000835401 :
Depotnr.   WKN         Anzahl
```

**Erläuterung** Mit der Open-SQL-Anweisung DELETE können Sie in der DB befindliche Datensätze löschen. Analog zur SELECT-Anweisung können Sie in einer WHERE-Klausel festlegen, dass alle Datensätze, welche die WHERE-Bedingung erfüllen, gelöscht werden:

```
DELETE FROM [Datenbanktabelle]
  WHERE [Datenbanktabellenfeld] = [Vergleichswert].
```

**ACHTUNG●**

Bei dieser Übungsaufgabe wird, wie in den bisherigen Aufgaben mit Schreibzugriff auf die DB, auf den Einsatz des Sperr- und Berechtigungskonzepts verzichtet, um das Verständnis der DELETE-Anweisung zu erleichtern. Für den Produktivbetrieb müsste der Report um entsprechende Anweisungen ergänzt werden.

Definieren Sie Arbeitsbereiche für die Kunden-, Depot- und Depotposten-Datenbanktabellen.  **Schritte**

Geben Sie zunächst in einer SELECT-Anweisung mit INNER JOIN die Felder Kundennname, Kundennummer und Depotnummer aus.

Geben Sie anschließend die zu löschenden Depotposten mit den Feldern Depotnummer, Wertpapierkennnummer und Anzahl aus.

Löschen Sie die betroffenen Depotposten. Prüfen Sie den Erfolg. Gegebenenfalls führen Sie ein ROLLBACK WORK durch und beenden das Programm mit einer Fehlermeldung.

```
REPORT  zdb_deletemu                   .


DATA: wa_kunden LIKE zkunden,
      wa_depot LIKE zdepot,
      wa_depotpstn LIKE zdepotpstn.
CONSTANTS: cdepotnr LIKE zdepot-depotnr VALUE 835401.


START-OF-SELECTION.
* Ausgeben des Zustandes vorher
  WRITE: /'Depots vorher',
  /'Kundenname', 17 'Kundennr.', 28 'Depotnr'.
  SELECT zkunden~name zdepot~depotnr zdepot~kundennr
    FROM zdepot INNER JOIN zkunden
    ON zdepot~kundennr = zkunden~kundennr
    INTO (wa_kunden-name, wa_depot-depotnr,
    wa_depot-kundennr)
    WHERE zkunden~name = 'Bowman'.
    WRITE: / wa_kunden-name, wa_depot-kundennr,
    wa_depot-depotnr.
  ENDSELECT.
```

```
   SKIP.
   WRITE: /'Zu löschende Depotposten aus Depot',
           cdepotnr,':',
          /'Depotnr.', 12 'WKN', 23 'Anzahl'.
   SELECT  * FROM zdepotpstn INTO wa_depotpstn
     WHERE depotnr = cdepotnr.
     WRITE: / wa_depotpstn-depotnr, wa_depotpstn-wkn,
     wa_depotpstn-anzahl.
   ENDSELECT.
   SKIP.
* Alle Depotposten des Depots 835401 von Herrn Bowman
löschen
   DELETE FROM zdepotpstn WHERE depotnr = cdepotnr.
   IF sy-subrc NE 0.
     ROLLBACK WORK.
     WRITE: / 'Fehler beim DELETE in der Tabelle ZDEPOT-
PSTN.'.
     EXIT.
   ENDIF.
* Depot 835401 löschen
   DELETE FROM zdepot WHERE depotnr = cdepotnr.
   IF sy-subrc NE 0.
     ROLLBACK WORK.
     WRITE: / 'Fehler beim DELETE in der Tabelle ZDE-
POT.'.
     EXIT.
   ENDIF.
   COMMIT WORK.
* Ausgeben des Zustandes vorher
   WRITE: /'Depots nachher',
    /'Kundenname', 17 'Kundennr.', 28 'Depotnr'.
   SELECT zkunden~name zdepot~depotnr zdepot~kundennr
     FROM zdepot INNER JOIN zkunden
     ON zdepot~kundennr = zkunden~kundennr
     INTO (wa_kunden-name, wa_depot-depotnr,
```

```
     wa_depot-kundennr)
  WHERE zkunden~name = 'Bowman'.
  WRITE: / wa_kunden-name, wa_depot-kundennr,
     wa_depot-depotnr.
ENDSELECT.
SKIP.
WRITE: /'Verbliebene Depotposten aus Depot', cde-
potnr,':',
  /'Depotnr.', 12 'WKN', 23 'Anzahl'.
SELECT  * FROM zdepotpstn INTO wa_depotpstn
  WHERE depotnr = cdepotnr.
  WRITE: / wa_depotpstn-depotnr, wa_depotpstn-wkn,
     wa_depotpstn-anzahl.
ENDSELECT.
```

## 4.15 Berechtigungsobjekt anlegen und prüfen

**1.** Legen Sie das *Berechtigungsobjekt* Z_DEPOTPST mit den Feldern ACTVT (Aktivität) und ANZAHL an. Testen Sie mit einem Report ZBERECHT_OBJnn, ob Sie als ausführender Benutzer über eine zugehörige *Berechtigung* verfügen, In Depots – und zwar unabhängig vom Depottyp – Änderungen vorzunehmen.

Geben Sie für jeden Fall eine Meldung aus.

**A**ufgabe

Falls Sie diese Aufgabe in einer Übungsgruppe bearbeiten, wird Ihr Dozent das Anlegen des Berechtigungsobjektes der Gruppe vorführen.

**Übungsgruppen**

Mittels dieses **Berechtigungsobjektes** wird vor einer Änderung der Wertpapieranzahl eines Depotpostens geprüft, ob der Anwender hierzu überhaupt berechtigt ist.

**Erläuterung**

Die Datenbanksysteme, die das R/3-System verwendet, verfügen zwar durch die im Standard-SQL enthaltene **DCL**-Anweisungen (**Data Control Language**, **Datenkontrollsprache**) über Berechtigungsprüfungen beim Datenzugriff. Das R/3-System macht jedoch keinen Gebrauch davon, sondern hat ein eigenes Berechtigungswesen implementiert. Es bildet gewissermaßen eine eigene Abstraktionsschicht; auf Tabellenebene findet keine Zugriffskontrolle statt.

Jeglicher Schutz von SAP-Objekten muss »von Hand« programmiert werden – die Rechte der Benutzer sind zunächst nur Einträge in bestimmten Systemtabellen (USR12 und USR13), die technisch gesehen vom Zugriff auf die zu schützenden Objekte unabhängig sind.

Ein *Berechtigungsobjekt* besteht aus Feldern, die logisch meist einem Datenbanktabellenfeld zugeordnet sind. Das Feld ACTVT spielt eine besondere Rolle. Es gibt eine Reihe vordefinierter Aktivitäten wie Anlegen (= 1), Ändern (= 2), Anzeigen (= 3) oder Löschen (= 6). Bei deren Auswahl wird eine entsprechende F4-Hilfe aufgebaut (s. Abbildung 4.64).

Begrifflich ist das *Berechtigungsobjekt* von der *Berechtigung* zu unterscheiden. Ein Berechtigungsobjekt zum Schutz der Tabelle ZKUNDEN vor unberechtigten Zugriffen könnte etwa so aussehen:

| KUNDENNR |
|----------|
| ACTVT |

Eine **Berechtigung** hingegen ist eine konkrete Ausprägung des Berechtigungsobjektes, wobei die Felder mit konkreten Werten gefüllt werden. Die *Berechtigung*

| KUNDENNR | 729461 |
|----------|--------|
| ACTVT | 2 |

erlaubt ihrem Inhaber das Ändern des Kunden 729461. Der Wert '*' besitzt als »Jokerzeichen« eine Sonderrolle, er steht für alle Werte. Zu einem Berechtigungsobjekt kann ein Benutzer mehrere Berechtigungen haben. Der Inhaber der beiden Berechtigungen

| KUNDENNR | * |
|----------|---|
| ACTVT | 3 |

| KUNDENNR | 729461 |
|----------|--------|
| ACTVT | * |

darf zwar alle Kunden ansehen, hat aber nur für den Kunden 729461 das Recht auf alle Aktivitäten. Dem Inhaber der Berechtigung

| KUNDENNR | * |
|----------|---|
| ACTVT | * |

schließlich wird für alle Kunden das Recht auf alle Aktivitäten eingeräumt.

Eine Berechtigung umfasst nur einen filigranen Ausschnitt der Aktivitäten eines Benutzers. Um sinnvoll arbeiten zu können, benötigt der Benutzer eine Vielzahl von Berechtigungen, weshalb man sie zu **Profilen** zusammenfasst. Ein Profil repräsentiert eine bestimmte Aktivität, etwa das Anlegen von Belegen aus der Finanzbuchhaltung. Profile wiederum werden zu **Sammelprofilen** zusammengefasst, die das Tätigkeitsfeld eines Benutzers repräsentieren, etwa den Leiter der Finanzbuchhaltung.

Das umfassendste Profil ist SAP_ALL, das alle Berechtigungen des Systems enthält. In Produktivsystemen dürfen aus Sicherheitsgründen nur wenige Benutzer dieses Profil besitzen. Meist ist es der Systemadministrator, dessen Aufgabe es ist, Profile und Sammelprofile zu erstellen und Benutzern zuzuweisen. Für die Erfüllung dieser Aufgabe stehen ihm eine Reihe von Werkzeugen wie der *Profilgenerator* zur Verfügung. Er ist es auch, der Profile und Sammelprofile dem *Benutzerstammsatz* zuweist. Einzelne Berechtigungen können dem Benutzerstammsatz übrigens nicht zugewiesen werden.

Das Anlegen von Berechtigungsobjekten und das Prüfen von Berechtigungen allerdings ist die Aufgabe des Programmierers, also die Ihre!

*Das Berechtigungskonzept von SAP funktioniert nur, wenn Sie als Programmierer es in Ihren Programmen auch einsetzen. Wenn Sie ein Programm schreiben, das zwar auf Daten zugreift, die zugehörigen Berechtigungen aber nicht überprüft, schaffen Sie eine Sicherheitslücke!*

**ACHTUNG**

Mit der ABAP-Anweisung AUTHORITY-CHECK können sie prüfen, ob der Benutzer, der Ihr Programm gestartet hat, über die benötigten Berechtigungen verfügt:

```
AUTHORITY-CHECK OBJECT [Name des Berechtigungsobjekts]
  ID 'ACTVT' FIELD [Wert der Aktivität]
  ID [Feldname1] FIELD [Wert1]
  ID [Feldname2] FIELD [Wert2]
```

...

Anhand des Rückgabewertes 0 für SY-SUBRC erkennen Sie, dass der Benutzer eine passende Berechtigung besitzt. Andernfalls sollten Sie das Programm an dieser Stelle abbrechen oder andere Maßnahmen treffen wie Menüeinträge zu deaktivieren. Sie müssen alle Felder in der Anweisung AUTHORITY-CHECK abfragen, da sonst SY-SUBRC stets ungleich 0 zurückgeliefert wird. Durch Ersetzen von FIELD [Wert] durch DUMMY erreichen Sie, dass ein Feldinhalt für die Prüfung ohne Bedeutung ist. Ein Leerzeichen als Feldwert (FIELD ' ') erfüllt diesen Zweck nicht!

**Schritte**    Starten Sie in der ABAP-Workbench wie üblich das Anlegen von Reposi-
tory-Objekten und legen Sie das Berechtigungsobjekt, wie in Abbildung
4.60 bis Abbildung 4.64 gezeigt, an. Ordnen Sie es, wie üblich, Entwicklungsklasse und Änderungsauftrag zu.

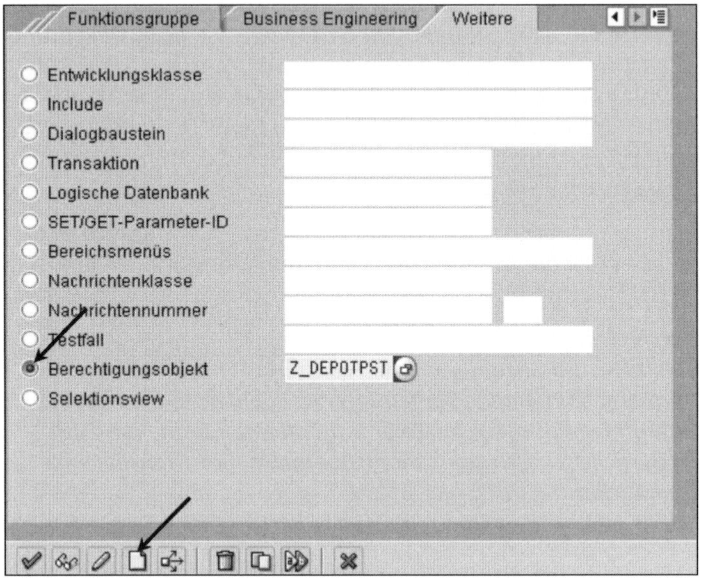

**Abbildung 4.60**
Anlegen eines
Berechtigungsobjektes
(© SAP AG)

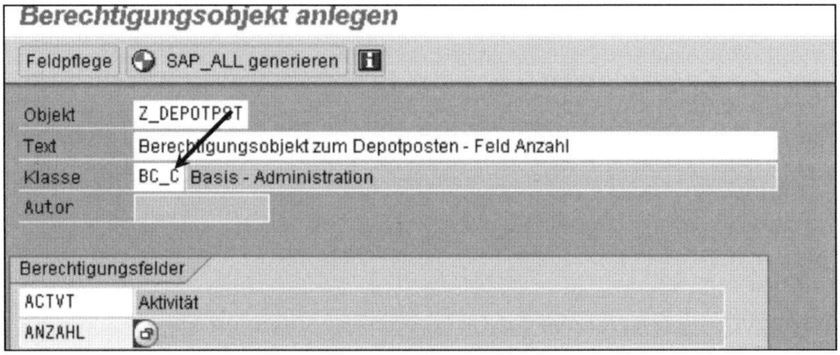

**Abbildung 4.61**
Auswahl der Klasse BC_C
(Basis Entwicklungs-
umgebung), Anlegen der
Berechtigungsfelder
(© SAP AG)

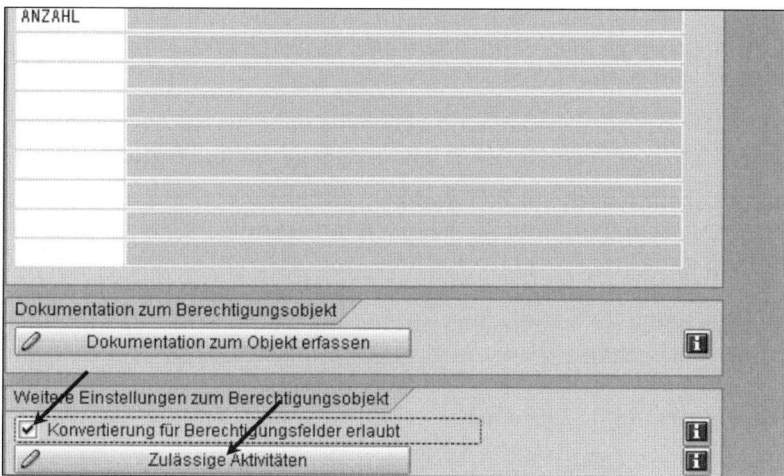

**Abbildung 4.62**
Zulässige Aktivitäten des
Feldes ACTVT: Die Option
☑ Konvertierung erlaubt
z. B. die Angabe von '2',
was zu '0002' gewandelt
wird.
(© SAP AG)

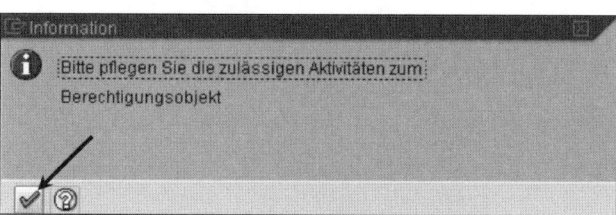

**Abbildung 4.63**
Die Aktivitäten erscheinen
in der F4 -Hilfe zum Feld
ACTVT des
Berechtigungsobjektes.
(© SAP AG)

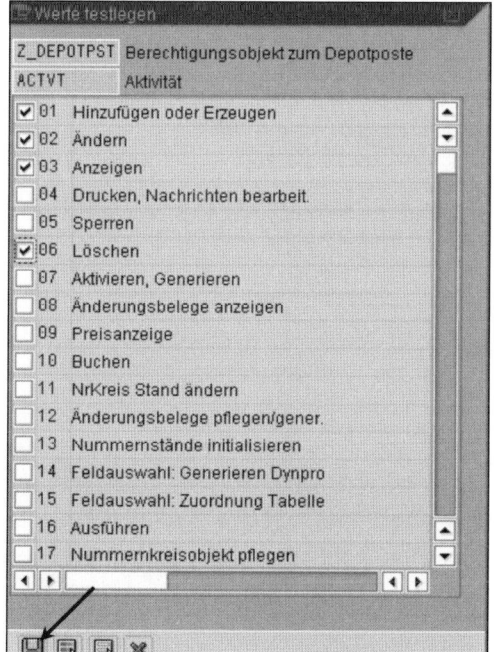

**Abbildung 4.64**
Auswahl der möglichen
Aktivitäten. Mit dem
Speichern wird das
Berechtigungsobjekt
angelegt. (© SAP AG)

Legen Sie einen Report an, und programmieren Sie darin eine AUTHORITY-CHECK-Anweisung mit dem Feldwert 02 für »Aktivität = ändern« und DUMMY für den Depottyp.

Prüfen Sie den Returncode, und geben Sie mit einer IF-Anweisung für die in Frage kommenden Werte jeweils eine passende Meldung aus.

Starten Sie anschließend den Report (s. Abbildung 4.65 bis 4.68). Da Ihrem Berechtigungsprofil die zugehörige Berechtigung fehlt, wird die Prüfung zunächst scheitern. Falls Sie, wie der Autor, über das Profil SAP_ALL verfügen, wird die Prüfung anschließend positiv ausfallen. Andernfalls bitten Sie Ihren Administrator, für Sie ein Berechtigungsprofil mit einer Berechtigung zum Berechtigungsobjekt Z_DEPOTPST anzulegen und dabei die Aktivität '02' zu erlauben. Dieses Profil möge er Ihrem Benutzerstammsatz zuordnen.

```
REPORT  ZBERECHT_OBJMU            .


AUTHORITY-CHECK OBJECT 'Z_DEPOTPST'
     ID 'ACTVT' FIELD '02'
     ID 'ANZAHL' DUMMY.
IF SY-SUBRC = 0.
     WRITE 'Berechtigung zum Ändern von Depotdaten vorhanden'.
ELSE.
     WRITE 'Keine Berechtigung zum Ändern von Depotdaten.'.
ENDIF.
```

**Abbildung 4.65**
Da die Berechtigung noch im Benutzerprofil (hier SAP_ALL) fehlt, scheitert die Berechtigungsprüfung (© SAP AG).

| Programm ZBERECHT_OBJMU |
|---|
| Keine Berechtigung zum Ändern von Depotdaten. |

**Abbildung 4.66**
Neugenerieren des Profils SAP_ALL (© SAP AG)

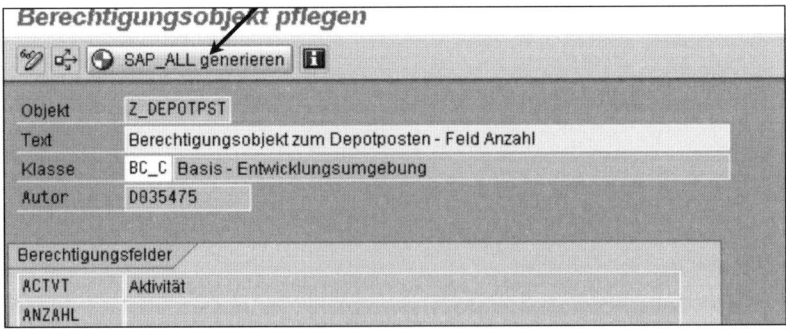

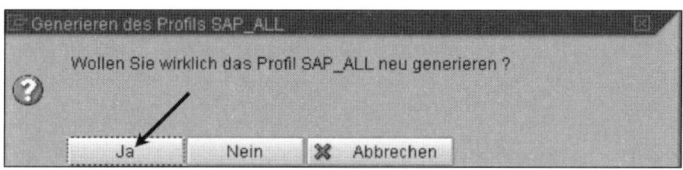

**Abbildung 4.67**
Nach dem Neugenerieren
des Profils sollte SAP_ALL
eine passende
Berechtigung für dieses
Berechtigungsobjekt
enthalten. (© SAP AG)

```
Programm ZBERECHT_OBJMU                                              1

Berechtigung zum Ändern von Depotdaten vorhanden
```

**Abbildung 4.68**
Erneuter Start des
Reports: Die
Berechtigungsprüfung
endet mit positivem
Resultat. (© SAP AG)

## 4.16 Wertpapiere verkaufen

**A**ufgabe

1. Sie wollen einen Teil Ihrer Wertpapiere mit der Kennnummer 874446 aus Ihrem Depot mit der Nummer 825172 verkaufen und den Wertpapierverkauf dokumentieren.

   Falls Sie diese Aufgabe in einer Übungsgruppe bearbeiten, wird Ihr Dozent Ihnen eine andere Wertpapierkennnummer und Depotnummer zuweisen.

   Lesen Sie auf dem Selektionsbild die Wertpapierkennnummer und die Anzahl der zu verkaufenden Wertpapiere ein.

   Prüfen Sie daraufhin, ob die Papiere in ausreichender Anzahl in Ihrem Depot vorhanden sind, falls nicht, beenden Sie das Programm mit einer Fehlermeldung. Wenn alle Papiere verkauft werden, löschen Sie den Datensatz der Depotpostentabelle, ansonsten modifizieren Sie ihn entsprechend.

   Geben Sie eine Meldung aus, die den Wertpapierverkauf dokumentiert, Beispiele finden Sie in Abbildung 4.69 bis Abbildung 4.74.

Führen Sie vor dem Starten des Programms den Report ZDATINS aus, um den ursprünglichen Zustand der DB des Übungsszenarios wieder herzustellen und aktuelle Kursdaten zu erhalten (s. Abschnitt 3.6 »Data Browser: Beispieldaten eingeben«).

**Übungsszenario wiederherstellen**

In Übungsgruppen ist dies Aufgabe des Dozenten.

**Übungsgruppen**

Überlegen Sie, welche Datenbanktabellen Sie benötigen, und definieren Sie die für den Zugriff benötigten Feldleisten.

**Schritte**

Lesen Sie im Selektionsbild die Wertpapierkennnummer, die Anzahl der zu verkaufenden Wertpapiere und die Depotnummer ein. Geben Sie die obigen Nummern als Vorschlagswerte mit. Deklarieren Sie ein Datenfeld für den Betrag des Verkaufswertes.

Prüfen Sie anhand des Berechtigungsobjektes aus der vorherigen Aufgabe, ob der Benutzer zum Ändern der Datenbanktabelle ZDEPOTPSTN berechtigt ist.

Ermitteln Sie mit SELECT SINGLE die Anzahl der Wertpapiere zur vorgegebenen Wertpapierkennnummer in Ihrem Depot.

Unterscheiden Sie in einer IF-Anweisung die folgenden drei Fälle:

- Sie haben im Depot mehr Papiere als verkauft werden sollen. In diesem Falle ändern Sie mit UPDATE deren Anzahl in der Datenbanktabelle ZDEPOTPSTN. Geben Sie eine Meldung aus, wie viele Wertpapiere in Ihrem Depot verbleiben.

- Sie wollen den gesamten Posten veräußern. Löschen Sie den Datensatz in der Datenbanktabelle ZDEPOTPSTN mit DELETE und geben Sie eine entsprechende Meldung aus.

- Es sind nicht genügend Wertpapiere im Depot, um den Verkaufsauftrag auszuführen. Geben Sie eine Fehlermeldung aus, und verlassen Sie das Programm mit EXIT.

Prüfen Sie in den ersten beiden Fällen den Returncode der Datenbankaktion. Falls die DB-Änderung scheitert, führen Sie ein ROLLBACK WORK aus.

Ermitteln Sie mit SELECT SINGLE die Wertpapierdaten (Titel und Emittent) und den aktuellen Tageskurs. Berechnen Sie die Verkaufssumme der Wertpapiere. Geben Sie die Daten auf dem Bildschirm aus.

Testen Sie Ihren Report, und spielen Sie die drei verschiedenen Fälle durch (s. Abbildung 4.69 bis Abbildung 4.74).

```
REPORT  zwpverkaufmu              .


PARAMETERS: pa_wkn LIKE zdepotpstn-wkn DEFAULT 874446,
            pa_anz LIKE zdepotpstn-anzahl DEFAULT 50,
            pa_depnr LIKE zdepotpstn-depotnr DEFAULT
825172.
DATA: betrag LIKE zkurse-kurs,
      wa_depotpstn LIKE zdepotpstn,
      wa_wpapier LIKE zwpapier,
      wa_kurse LIKE zkurse.


START-OF-SELECTION.
  AUTHORITY-CHECK OBJECT 'Z_DEPOTPST'
    ID 'ACTVT' FIELD '02'
    ID 'ANZAHL' DUMMY.
  IF sy-subrc NE 0.
```

```
      WRITE 'Keine Berechtigung zum Ändern
             von Depotdaten.'.
    EXIT.
  ENDIF.
  SELECT SINGLE * FROM zdepotpstn INTO wa_depotpstn
    WHERE depotnr = pa_depnr AND wkn = pa_wkn.
  IF pa_anz < wa_depotpstn-anzahl.
    wa_depotpstn-anzahl = wa_depotpstn-anzahl - pa_anz.
    UPDATE zdepotpstn FROM wa_depotpstn.
    IF sy-subrc NE 0.
      ROLLBACK WORK.
      WRITE: / 'Fehler beim UPDATE der
                 Tabelle ZDEPOTPSTN!'.
      EXIT.
    ELSE.
      WRITE: / 'Sie haben jetzt noch',
                 wa_depotpstn-anzahl,
        'Stück von diesem Wertpapier'.
    ENDIF.
  ELSEIF pa_anz = wa_depotpstn-anzahl.
    DELETE FROM zdepotpstn
      WHERE depotnr = wa_depotpstn-depotnr.
    IF sy-subrc NE 0.
      ROLLBACK WORK.
      WRITE: /
        'Fehler beim DELETE in der Tabelle ZDEPOTPSTN!'.
      EXIT.
    ELSE.
      WRITE: / 'Sie haben alle Wertpapiere veräußert.'.
    ENDIF.
  ELSE.
    WRITE: /
      'Sie haben nicht genügend Aktien in ihrem Depot!'.
    EXIT.
  ENDIF.
  ULINE.
  SELECT SINGLE * FROM zwpapier INTO wa_wpapier
    WHERE wkn = pa_wkn.
  SELECT SINGLE * FROM zkurse INTO wa_kurse
```

```
        WHERE wkn = pa_wkn AND datum = sy-datum.
        betrag = wa_kurse-kurs * pa_anz.
        WRITE: / 'Verkauf des Wertpapiers:', pa_wkn, ',',
        wa_wpapier-titel, ',', wa_wpapier-emittent,
        / 'Anzahl: ', pa_anz UNDER pa_wkn,
        / 'Kurs: ', 24 wa_kurse-kurs, 'DM',
        / 'Datum: ', sy-datum UNDER pa_wkn,
        / 'Betrag: ', 20 betrag , 'DM'.
```

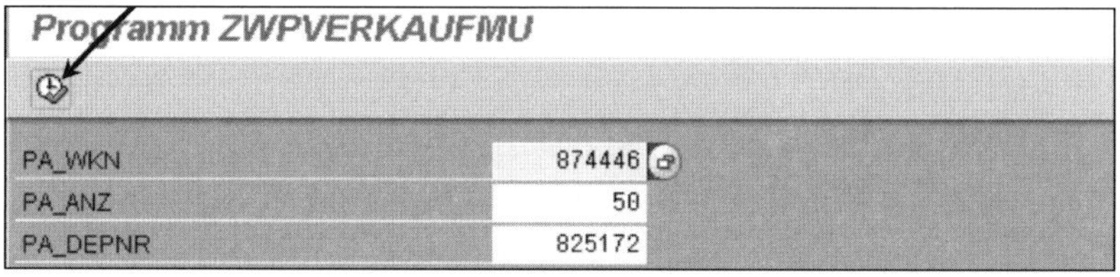

**Abbildung 4.69**
Verkauf von 50
Wertpapieren gemäß der
Parametervorschläge
(© SAP AG)

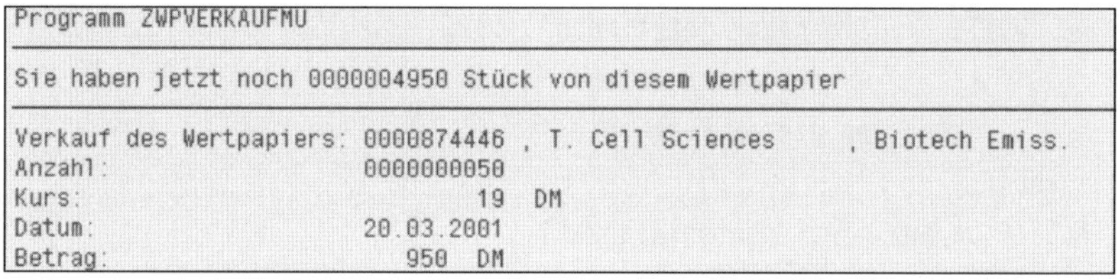

**Abbildung 4.70**
Nach dem Verkauf von 50
Wertpapieren zum Kurs
von DM 19, insgesamt also
DM 950, verbleiben 4950
von ursprünglich 5000
Aktien im Depot.
(© SAP AG)

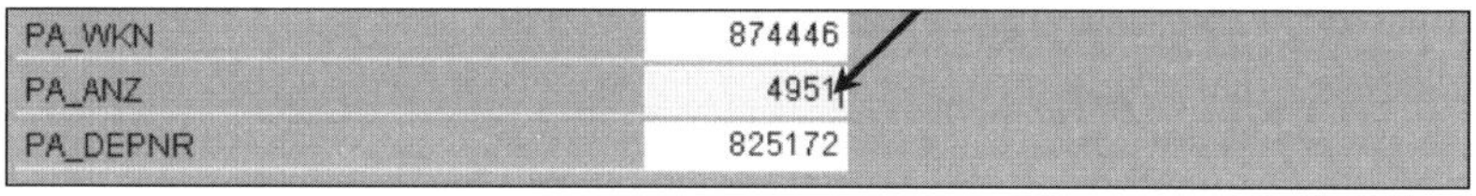

**Abbildung 4.71**
Der böswillige Versuch,
eine Aktie mehr zu
verkaufen, als man
wirklich besitzt...
(© SAP AG)

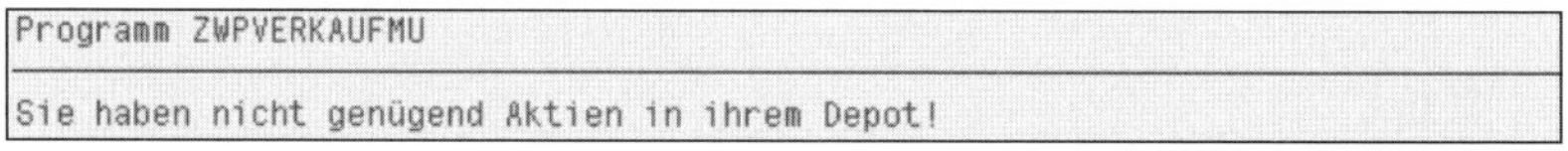

**Abbildung 4.72**
... wird mit schnöder
Ignoranz bestraft!
(© SAP AG)

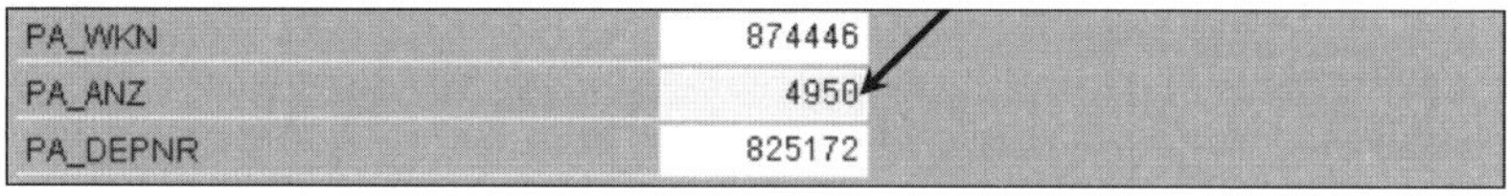

**Abbildung 4.73**
Erneuter Versuch: Eine
Aktie weniger zum
Verkauf... (© SAP AG)

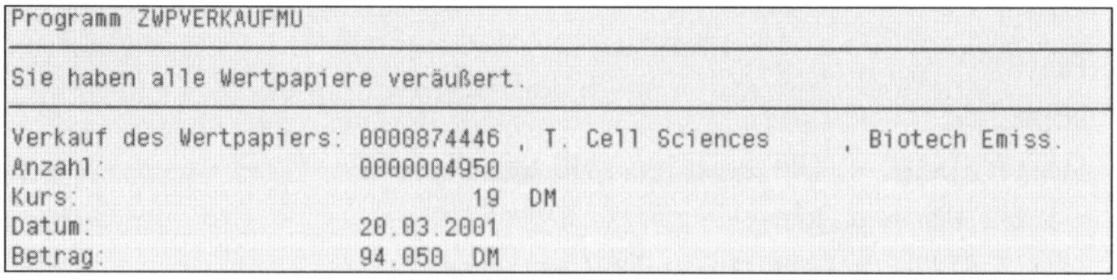

**Abbildung 4.74**
... und der gesamte
Wertpapierposten ist
verkauft. (© SAP AG)

# Kapitel 5

# Fortgeschrittene Reports

Nachdem Sie sich nun ausgiebig mit der Datenbeschaffung und -manipulation in Datenbank befasst haben, widmen Sie sich in diesem Kapitel noch einigen fortgeschritteneren Aspekten der Programmierung von Reports:

- ▶ *Übergabe von internen Tabellen an FORM-Unterprogramme*
- ▶ *Modularisierung von Programmen mit Funktionsbausteinen*
- ▶ *Aufbereitung von Listen mit Seitenkopf und Seitenfuß*
- ▶ *Programmierung dynamischer Listen, so genannter Verzweigungslisten*
- ▶ *Ausgabe von Nachrichten, Definition von Nachrichtenklassen*

## 5.1  FORM-Schnittstelle mit Tabelle

An dieser Stelle wird die Definition und der Aufruf von FORM-Unterprogrammen, dem bereits die Abschnitte 2.15 »Modularisierung: FORM-Unterprogramm« und 2.16 »FORM-Unterprogramm: Parameter« gewidmet waren, fortgesetzt.

1. Erstellen Sie einen Report ZFORMINTTABnn, der für eine vom Anwender einzugebende Depotnummer (s. Abbildung 5.1), die Wertpapierkennnummer und die Anzahl der darin enthaltenen Wertpapiere über ein FORM-Unterprogramm ausgibt (s. Abbildung 5.2).

   Lesen Sie die Depotdaten in eine interne Tabelle ein, und übergeben Sie diese als USING-Parameter an ein FORM-Unterprogramm. Dessen Aufgabe ist es, den Inhalt der internen Tabelle auszugeben.

**A**ufgabe

**Abbildung 5.2**
Listenausgabe der
internen Tabelle, die über
die Schnittstelle des FORM-
Unterprogramms als
Referenz übergeben
wurde.
(© SAP AG)

**Erläuterung**  Die interne Tabelle wird an der Schnittstelle mit Bezug auf eine global definierte interne Tabelle definiert. Mit einem Paar eckiger Klammern »[]« wird festgelegt, dass eine komplette interne Tabelle in den Formalparameter übergeben wird. Eine Definition wie

```
FORM ...
    CHANGING p_inttab like it_kunden[]
...
```

übergibt die interne Tabelle als Referenz.

Beim Aufruf werden ebenfalls die eckigen Klammern »[]« verwendet, um eine komplette interne Tabelle als Aktualparameter zu übergeben:

```
PERFORM ...
    CHANGING it_beste_kunden[].
```

**HINWEIS**  Der früher zur Übergabe von internen Tabellen vorgesehene Parametertyp TABLES ist obsolet.

**Schritte**  Lesen Sie über das Selektionsbild eine Depotnummer ein. Deklarieren Sie einen Typ mit den Feldern Wertpapierkennnummer und Anzahl. Definieren Sie mit Bezug auf diesen Typ eine interne Tabelle.

Ermitteln Sie aus der Tabelle ZDEPOTPSTN zur eingelesenen Depotnummer die Wertpapierkennnummer und die Anzahl der Wertpapiere. Übertragen Sie die Daten in den Arbeitsbereich der internen Tabelle.

Falls die Datenbankabfrage erfolgreich war, rufen Sie ein FORM-Unterprogramm auf, welches die interne Tabelle übergibt und die Liste ausgibt, ansonsten geben Sie eine Fehlermeldung aus.

Definieren Sie die interne Tabelle als Formalparameter mit USING unter Verwendung der eckigen Klammern »[]« für Tabellenparameter.

Geben Sie im FORM-Unterprogramm mit einer LOOP-Schleife die interne Tabelle aus.

```
REPORT  zforminttabmu                   .


 TYPES: BEGIN OF ty_depot,
         wkn LIKE zdepotpstn-wkn,
         anzahl LIKE zdepotpstn-anzahl,
       END OF ty_depot.
DATA it_depot TYPE TABLE OF ty_depot.
PARAMETERS: depot_nr LIKE zdepotpstn-depotnr DEFAULT 937561.


START-OF-SELECTION.
  WRITE: / 'Depot Nr', depot_nr.
  SKIP.
  SELECT wkn anzahl FROM zdepotpstn
    INTO TABLE it_depot
    WHERE depotnr = depot_nr.
  IF sy-subrc = 0.
    PERFORM write_depot
      USING it_depot[].
  ELSE.
    WRITE: / 'Diese Depotnummer existiert nicht.'.
  ENDIF.


*------------------------------------------------------*
*       FORM WRITE_DEPOT                           *
*------------------------------------------------------*
*       ........                                   *
*------------------------------------------------------*
*  --> DEPOTTAB                                    *
*------------------------------------------------------*
```

```
FORM write_depot
  USING p_depottab LIKE it_depot[].
  DATA wa_depottab TYPE ty_depot.
  WRITE: / 'WKN', 12 'Anzahl'.
  LOOP AT p_depottab INTO wa_depottab.
    WRITE: / wa_depottab-wkn, wa_depottab-anzahl.
  ENDLOOP.
ENDFORM.
```

## 5.2 Modularisierung: Funktionsbausteine

**Aufgabe**

**1.** Erstellen Sie eine Funktionsgruppe ZWPDVnn mit einem darin enthaltenen Funktionsbaustein Z_KURS_GEWINN_VERHAELTNISnn, der als Eingabe-
parameter den Kurs eines Wertpapiers und die zuletzt ausgeschüttete
Dividende entgegennimmt und daraus das Kurs-/Gewinnverhältnis
nach der Formel:

KGV = KURS / DIVIDENDE.

berechnet.

Testen Sie den Funktionsbaustein zunächst mit dem hierfür verfügbaren Testwerkzeug.

**Erläuterung** Der wesentliche Unterschied zwischen dem FORM-Unterprogramm und
einem **Funktionsbaustein** ist der, dass ersteres integraler Bestandteil des
eigenen Programms ist und vorzugsweise nur darin aufgerufen wird.
Der Funktionsbaustein hingegen, den Sie in dieser Aufgabe kennen lernen, ist nicht Bestandteil des aufrufenden Programms. Vielmehr gehört
er einer **Funktionsgruppe** an, die technisch gesehen eine Sonderform
eines Programms darstellt.

Dieser Unterschied hat Auswirkungen auf die Sichtbarkeit von globalen
Variablen. Das Form-Unterprogramm sieht die – mit DATA, PARAMETERS und
SELECT-OPTIONS vereinbarten – globalen Variablen des eigenen Programms, der Funktionsbaustein hingegen nicht. Deshalb kommt der
Schnittstelle des Funktionsbausteines eine größere Bedeutung zu als der
des FORM-Unterprogramms, da nur deren Daten sowohl dem Aufrufer als
auch dem Funktionsbaustein bekannt sind.

An der Schnittstelle des Funktionsbausteines finden Sie folgende Para-
metertypen vor:

- **Import-Parameter**: Eingabe in den Funktionsbaustein
- **Export-Parameter**: Ausgabe aus dem Funktionsbaustein

- **Changing-Parameter**: Ein- und Ausgabe in und aus dem Funktionsbaustein

- **Tabellen-Parameter**: Übergabe interner Tabellen an den Funktionsbaustein

Daneben finden Sie an der Schnittstelle **Ausnahmen** (*Exceptions*, s. u.) und die **Dokumentation** der Schnittstellenparameter vor.

Bei der Entscheidung, welche der beiden Modularisierungseinheiten Sie einsetzen, sollten Sie folgende Entscheidungskriterien heranziehen:

- Wenn die zu kapselnde Funktionalität in lediglich einem Programm benötigt wird, oder der Zugriff auf globale Daten des aufrufenden Programms benötigt wird, verwenden Sie ein FORM-Unterprogramm.

- Wenn die zu kapselnde Funktionalität in mehreren Programmen benötigt wird, dann legen Sie einen *Funktionsbaustein* an. Alle Daten, die der Funktionsbaustein und das aufrufende Programm gemeinsam verwenden, müssen dann an der Schnittstelle definiert werden.

Funktionsbausteinsteine werden in größeren Programmierprojekten zur **Kapselung** bestimmter Funktionalitäten verwendet. Der Programmierer, der einen Funktionsbaustein aufruft, muss lediglich dessen Schnittstelle kennen und die zugrunde liegende Semantik verstehen, nicht jedoch, wie ein – ihm möglicherweise unbekannter – Kollege den Funktionsbaustein intern codiert hat. Deshalb kommt der Dokumentation der Funktionsbausteine in Programmierteams eine große Bedeutung zu.

Darüber hinaus spielen Funktionsbausteine bei der Verbuchung von schreibenden Zugriffen auf Datenbanktabellen eine wichtige Rolle. SAP empfiehlt, prinzipiell alle schreibenden Zugriffe mit OPEN-SQL-Anweisungen (UPDATE, INSERT und DELETE) in Funktionsbausteinen zu kapseln. Näheres hierzu und zum Konzept der SAP-LUW erfahren Sie im Abschnitt 6.4.1 »Verbuchungsfunktionsbaustein anlegen«.

Legen Sie zunächst die *Funktionsgruppe* ZWPDVnn an (s. Abbildung 5.3 bis Abbildung 5.4). **Schritte**

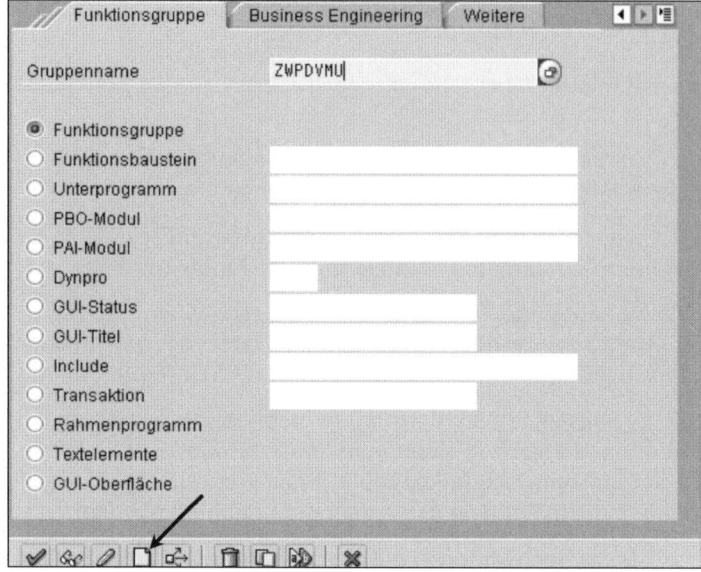

**Abbildung 5.3**
Anlegen einer
Funktionsgruppe
(© SAP AG)

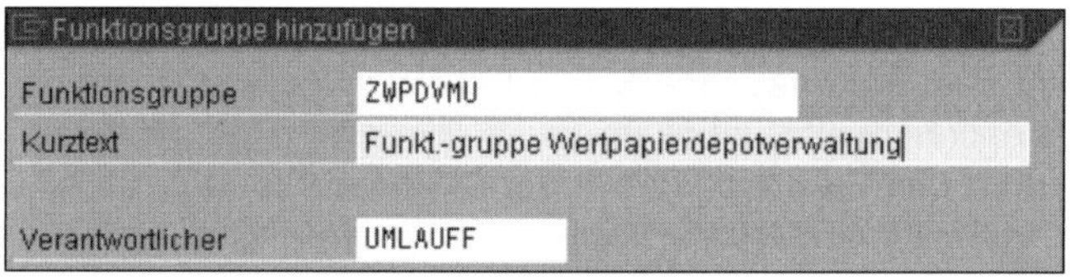

**Abbildung 5.4**
Pflege der
Funktionsgruppen-
attribute (© SAP AG)

Legen Sie anschließend in der Funktionsgruppe den Funktionsbaustein an (s. Abbildung 5.5 bis Abbildung 5.8).

Der Kundennamensraum sieht für Funktionsbausteine vor, dass sie mit Z_ oder Y_ beginnen müssen.

Tragen Sie Kurs und Dividende als *Import-Parameter* ein, wobei Sie als Bezugsfeld jeweils ZKURSE-KURS verwenden. *Export-Parameter* ist das Kurs-/Gewinnverhältnis, das Sie als Typ F (Fließkommawert) definieren. Sichern Sie Ihre Eingaben.

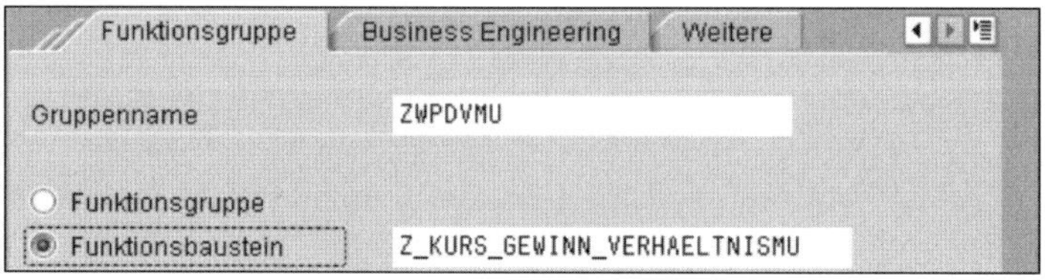

**Abbildung 5.5**
Anlegen eines
Funktionsbausteines in
einer Funktionsgruppe
(© SAP AG)

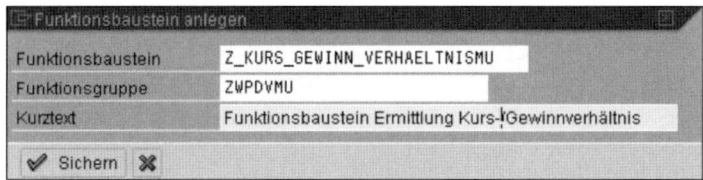

**Abbildung 5.6**
Pflege der
Funktionsbaustein-
attribute (© SAP AG)

**Abbildung 5.7**
Definition der Import-
Parameter. Links ist die
Position der
Funktionsgruppe in der
Entwicklungsklasse zu
sehen. (© SAP AG)

In Abbildung 5.8 sehen Sie in der linken Hälfte eine Übersicht über die Funktionsbausteine, welche die Funktionsgruppe enthält – derzeit ist dies nur einer. Darunter erkennen Sie, dass die Funktionsgruppe – einem Programm vom Typ *Modulpool* ähnlich – aus mehreren *Includes* genannten Teilen besteht. Beides lernen Sie allerdings erst im nächsten Kapitel kennen.

**Abbildung 5.8**
Definition des
Exportparameters mit
einer Typisierung. Links
sehen Sie die
Detailansicht der
Funktionsgruppe.
(© SAP AG)

Geben Sie den **Quellcode** des Funktionsbausteines ein und aktivieren Sie ihn, zusammen mit der Funktionsgruppe (s. Abbildung 5.9 bis Abbildung 5.10).

```
FUNCTION z_kurs_gewinn_verhaeltnismu .
*"------------------------------------------------------------
*"*"Lokale Schnittstelle:
*"  IMPORTING
*"     REFERENCE(KURS) LIKE  ZKURSE-KURS
*"     REFERENCE(DIVIDENDE) LIKE  ZKURSE-KURS
*"  EXPORTING
*"     REFERENCE(KGV) TYPE  P
*"------------------------------------------------------------


  kgv = kurs / dividende.
ENDFUNCTION.
```

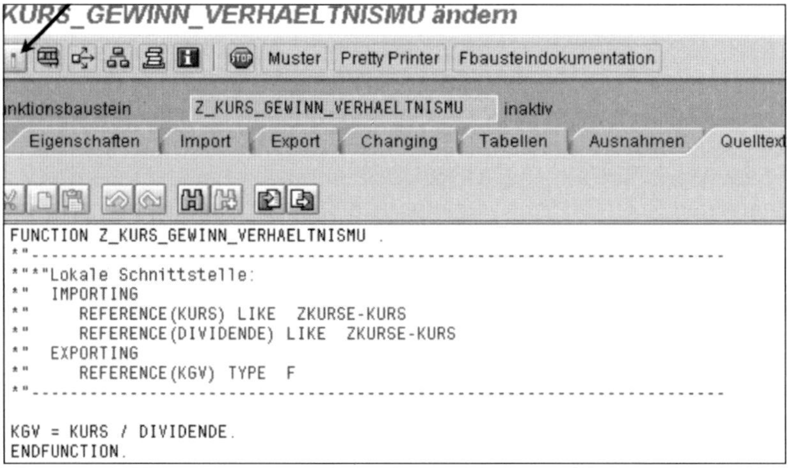

**Abbildung 5.9**
Quelltext des
Funktionsbausteines: Die
Schnittstellenbeschrei-
bung wird automatisch
generiert. Aktivieren Sie
den Funktionsbaustein.
(© SAP AG)

```
KURS_GEWINN_VERHAELTNISMU ändern

[icons]  Muster  Pretty Printer  Fbausteindokumentation

unktionsbaustein    Z_KURS_GEWINN_VERHAELTNISMU    inaktiv

 Eigenschaften   Import   Export   Changing   Tabellen   Ausnahmen   Quelltext

[icons]

FUNCTION Z_KURS_GEWINN_VERHAELTNISMU .
*"----------------------------------------------------
*"*"Lokale Schnittstelle:
*"  IMPORTING
*"     REFERENCE(KURS) LIKE  ZKURSE-KURS
*"     REFERENCE(DIVIDENDE) LIKE  ZKURSE-KURS
*"  EXPORTING
*"     REFERENCE(KGV) TYPE  F
*"----------------------------------------------------

KGV = KURS / DIVIDENDE.
ENDFUNCTION.
```

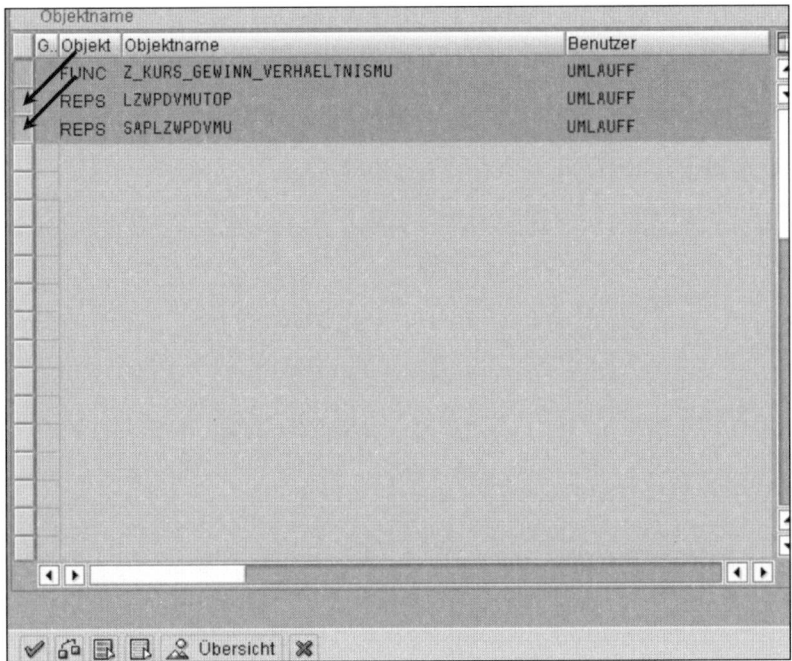

**Abbildung 5.10**
Neben dem
Funktionsbaustein muss
auch noch dessen
Funktionsgruppe aktiviert
werden. (© SAP AG)

Der Funktionsbaustein ist nach seiner Aktivierung einsatzbereit. Nun
können Sie mit dem Testwerkzeug prüfen, ob der Baustein auch wirklich
so funktioniert, wie vorgesehen (s. Abbildung 5.11 bis Abbildung 5.13).
Das Ergebnis erscheint, da als **Gleitkommatyp** F definiert, in Abbildung
5.13 in der mathematischen **Exponentialschreibweise**, zu der man
greift, wenn es darum geht, sehr große oder sehr kleine Werte darzustellen. Betrachten Sie den folgenden Ausdruck:

2,345.6E+12

Der Wert 2,345.6 links von "E+" ist die **Mantisse**, der Wert 12 rechts
davon ist der **Exponent** einer Zehnerpotenz. In Kenntnis dieses Sachver-
haltes können Sie den Wert in üblicher Weise darstellen:

$2,345.6E+12 = 2,345.6 * 10^{12}$

$= 2,345.6 * 1.000.000.000.000 = 2.345.600.000.000$

Das Ergebnis ist mit rund 2 Billionen ein recht großer Wert, der sich, dies
sei am Rande zum Vergleich erwähnt, in einer ähnlichen Größenordung
wie die Verschuldung der öffentlichen Hand der Bundesrepublik
Deutschland in DM bewegt...

Das in Abbildung 5.13 ablesbare Ergebnis wird folglich so interpretiert:

$2,781.25E+00 = 2,781.25 * 10^{00} = 2,781.25 * 1 = 2,781.25$

**Abbildung 5.11**
Start des Testwerkzeuges
für den Funktionsbau-
stein (© SAP AG)

**Abbildung 5.12**
Manuelle Eingabe der
Import-Parameter
(© SAP AG)

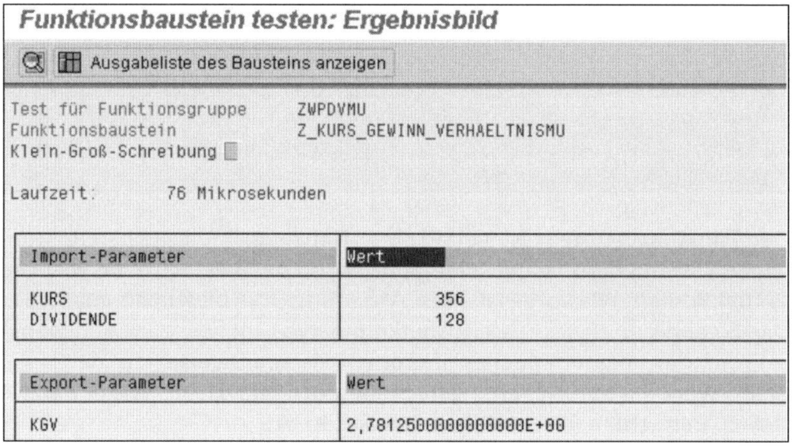

**Abbildung 5.13**
Rückgabe des Export-
Parameters durch das
Testwerkzeug (© SAP AG)

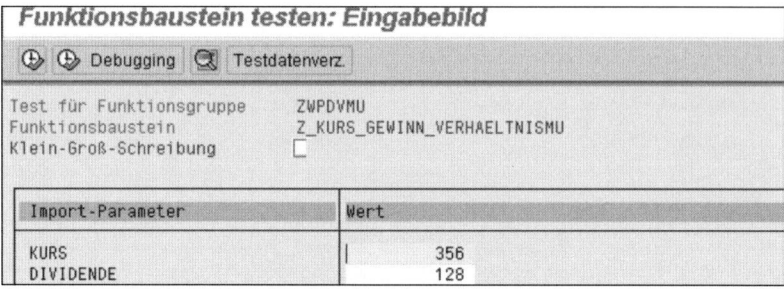

Was passiert, wenn das Unternehmen keine Dividende ausschüttet? Dann tritt das ein, was ein Programmierer stets beachten muss: Ein Sonderfall, in dem ein Programm nicht wie vorgesehen funktioniert. Hier führt eine verbotene Division durch Null zu einem »harten« Programmabbruch (s. Abbildung 5.14 bis Abbildung 5.15). Nach dem Anlegen eines Reports, der den Funktionsbaustein aufruft, werden Sie diesen Fehlerfall durch Erweiterung des Funktionsbausteines um eine *Exception* (Ausnahme) abfangen.

```
Funktionsbaustein testen: Eingabebild

 ⊕  ⊕  Debugging   ⊠  Testdatenverz.

Test für Funktionsgruppe      ZWPDVMU
Funktionsbaustein             Z_KURS_GEWINN_VERHAELTNISMU
Klein-Groß-Schreibung         ☐

 ┌─────────────────────┬──────────────────────┐
 │ Import-Parameter    │ Wert                 │
 ├─────────────────────┼──────────────────────┤
 │ KURS                │              256│    │
 │ DIVIDENDE           │                0     │
```

**Abbildung 5.14**
Das Streichen der
Dividende führt zu einer
Division durch Null...
(© SAP AG)

```
ABAP-Laufzeitfehler

 🗍 Debugger

ABAP-Laufzeitfehler    COMPUTE_FLOAT_ZERODIVIDE
       aufgetreten am  22.03.2001 um 22:50:07

>> ABAP-Kurzdump ist nicht komplett abgespeichert (zu groß)

  000010    FUNCTION Z_KURS_GEWINN_VERHAELTNISMU .
  000020    *"
  000030    *"*"Lokale Schnittstelle:
  000040    *"  IMPORTING
  000050    *"     REFERENCE(KURS) LIKE  ZKURSE-KURS
  000060    *"     REFERENCE(DIVIDENDE) LIKE  ZKURSE-KURS
  000070    *"  EXPORTING
  000080    *"     REFERENCE(KGV) TYPE  F
  000090    *"
  000100
 ───>       KGV = KURS / DIVIDENDE.
  000120    ENDFUNCTION.


Inhalt der Systemfelder
```

**Abbildung 5.15**
... die wiederum zu einem
Laufzeitfehler und der
Ausgabe eines
Kurzdumps führt.
(© SAP AG)

2. Legen Sie einen Report ZFUNC_BAUST_AUFRUFnn an, lesen Sie Kurs und Dividende ein. Geben Sie die Eingabewerte sowie das vom Funktionsbaustein errechnete Kurs-/Gewinnverhältnis aus (s. Abbildung 5.16 bis Abbildung 5.17).

**Aufgabe**

```
Programm ZFUNC_BAUST_AUFRUFMU

 ⊕

PA_KURS                              356
PA_DIVI                              128
```

**Abbildung 5.16**
Selektionsbild des
Reports mit Eingabe von
Kurs und Dividende
(© SAP AG)

```
Programm ZFUNC_BAUST_AUFRUFMU

Kurs:             356
Dividende:        128
KGV:          2,7812500000000000E+00
```

**Abbildung 5.17**
Listenausgabe mit
Importparametern und
dem Exportparameter
Kurs-/Gewinnverhältnis
(© SAP AG)

**Erläuterung** Jeden in Ihrem R/3-System angelegten Funktionsbaustein können Sie vom Report aus mit folgender Anweisung aufrufen:

```
CALL FUNCTION [Name des Funktionsbausteines]
  EXPORTING
    [Formalparameter Export1] = [Aktualparameter Export1]
    [Formalparameter Export2] = [Aktualparameter Export2]
    ...
  IMPORTING
    [Formalparameter Import1] = [Aktualparameter Import1]
    [Formalparameter Import2] = [Aktualparameter Import2]
    ...
  TABLES
    [Formalparameter Tabelle1] = [Aktualparameter Tabelle1]
    [Formalparameter Tabelle1] = [Aktualparameter Tabelle1]
    ...
  EXCEPTIONS
    [Ausnahme1] = 1
    [Ausnahme2] = 2
    ...
    OTHERS    = [Anzahl Exceptions + 1].
```

Beachten Sie bitte, dass die Bedeutung von EXPORTING und IMPORTING gegenüber der Schnittstelle vertauscht ist und hier aus der Position des Aufrufers zu verstehen ist. Einem EXPORTING-Parameter des Aufrufes entspricht an der Funktionsbausteinschnittstelle ein *Import-Parameter*.

Beachten Sie des weiteren, dass der Wertefluss im Falle der IMPORTING-Parameter ungewohnterweise von links nach rechts zu lesen ist: Nach Ablauf des Funktionsbausteines wird der Wert des [Formalparameter Import1] (links) dem [Aktualparameter Import1] (rechts) zugewiesen. Der Wertefluss bei den EXPORTING-Parametern hingegen erfolgt, wie üblich, von rechts nach links: Beim Aufruf des Funktionsbausteines wird der [Aktualparameter Export1] (rechts) dem [Formalparameter Export1] (links) zugewiesen.

Ferner können auch Changing- und Tabellenparameter in beiden Richtungen übergeben werden.

Der Teil EXCEPTIONS wird später erläutert.

Beginnen Sie zunächst Ihren Report mit folgendem Code:

**Schritte**

```
REPORT  zfunc_baust_aufrufmu        .
```

```
PARAMETERS: pa_kurs LIKE zkurse-kurs,
            pa_divi LIKE zkurse-kurs.
DATA:       kursgewinnverhaeltnis TYPE f.
```

Da der oben skizzierte Aufruf des Funktionsbausteines viel Schreibarbeit bedeutet, unterstützt Sie der ABAP Editor durch das Einfügen eines **Aufrufmusters**, bei dem Sie lediglich den Funktionsbausteinnamen angeben müssen (s. Abbildung 5.18 bis Abbildung 5.20). Anschließend entkommentieren Sie die benötigten Zeilen und ordnen EXPORTING- und IMPORTING-Formalparameter den Aktualparametern aus Ihrem Programm zu.

Geben Sie nach dem Aufruf die Werte für Kurs, Dividende und Kurs-/Gewinnverhältnis aus.

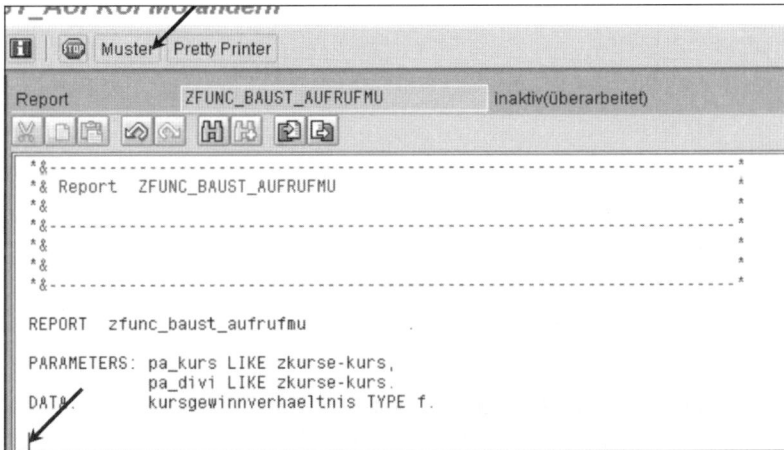

**Abbildung 5.18**
Nutzung der Musterfunktionalität des ABAP Editors zum Einfügen des Funktionsbausteinaufrufes (© SAP AG)

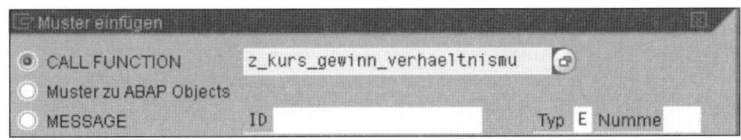

**Abbildung 5.19**
Muster für einen Funktionsbaustein einfügen (© SAP AG)

**Abbildung 5.20**
Eingefügtes Aufrufmuster
des Funktionsbausteines;
den Formalparametern
sind noch Aktual-
parameter zuzuordnen.
(© SAP AG)

```
REPORT  zfunc_baust_aufrufmu       .

PARAMETERS: pa_kurs LIKE zkurse-kurs,
            pa_divi LIKE zkurse-kurs.
DATA:       kursgewinnverhaeltnis TYPE f.

CALL FUNCTION 'Z_KURS_GEWINN_VERHAELTNISMU'
       EXPORTING
            kurs      =
            dividende =
*      IMPORTING
*           KGV       =
```

Der Report befindet sich nun in folgendem, ausführbarem Zwischenzustand:

```
REPORT  zfunc_baust_aufrufmu       .


PARAMETERS: pa_kurs LIKE zkurse-kurs,

            pa_divi LIKE zkurse-kurs.

DATA:       kursgewinnverhaeltnis TYPE f.


START-OF-SELECTION.
  CALL FUNCTION 'Z_KURS_GEWINN_VERHAELTNISMU'
       EXPORTING
            kurs          = pa_kurs

            dividende     = pa_divi

       IMPORTING
            kgv           = kursgewinnverhaeltnis.
  WRITE: / 'Kurs:', 15 pa_kurs,
    / 'Dividende:', 15 pa_divi,
    / 'KGV:', 15 kursgewinnverhaeltnis.
```

3. Erweitern Sie die Schnittstelle des Funktionsbausteines Z_KURS_GE-
   WINN_VERHAELTNISnn um eine *Exception* (Ausnahme) für den Fall, dass
   die Dividende gleich Null ist.

   Testen Sie die *Exception* zunächst mit dem Testwerkzeug für Funktionsbausteine.

   Behandeln Sie dann die Ausnahme im aufrufenden Report
   ZFUNC_BAUST_AUFRUFnn, indem Sie eine entsprechende Meldung ausgeben.

Wie zu Beginn bereits mit dem Testwerkzeug ausprobiert, führt die Eingabe einer Dividende von Null wegen der resultierenden Division durch Null zu einem »harten« Abbruch. Dieses Schicksal erleidet auch Ihr Report in dem derzeitigen Zwischenzustand, probieren Sie es nach dem Aktivieren des Reports ruhig mal aus (s. Abbildung 5.25) – keine Angst, weitere Konsequenzen sind nicht zu befürchten.

Als Programmierer sollten Sie stets bestrebt sein, mittels geeigneter Prüfungen derartige Fehlerfälle vor dem »harten« Abbruch abzufangen. Ein Funktionsbaustein, der einen Fehler entdeckt, kann dies dem Aufrufer durch Rufen einer **Exception** mitteilen. *Exceptions* sind an der Schnittstelle zu definieren. Sie werden mit

```
RAISE [Exception]
```

gerufen, wodurch der Ablauf des Funktionsbausteines abgebrochen wird. Für unterschiedliche Fehlerfälle können unterschiedliche *Exceptions* definiert werden.

Der Aufrufer nimmt die *Exceptions* entgegen, indem er ihnen beim Aufruf Nummern zuordnet. Die Zuordnung der Nummern ist zwar wahlfrei, jedoch ist es Konvention, die Exceptions fortlaufend, beginnend mit 1, durchzunummerieren:

```
CALL FUNCTION [Name des Funktionsbausteines]

    ...

  EXCEPTIONS
    [Ausnahme1] = 1
    [Ausnahme2] = 2
    ...
    OTHERS      = [Anzahl Exceptions + 1].
```

Die Nummer der *Exception* kann anschließend in SY-SUBRC abgefragt werden. Der Wert 0 besagt wie immer, dass kein Fehler aufgetreten ist. Die Exception OTHERS ist für fehlerhafte Aufrufe vorgesehen. Sie besagt, dass eine im Aufruf nicht zugewiesene Exception aufgetreten ist. Dies kann beispielsweise dann passieren, wenn die Funktionsbausteinschnittstelle später um eine Exception ergänzt wurde, welche die älteren Aufrufe noch nicht kannten.

Gehen Sie wieder in die Pflege der Funktionsbausteinschnittstelle. Tragen Sie im Registerblatt *Ausnahmen* die *Exception* KEINE_DIVIDENDE ein.

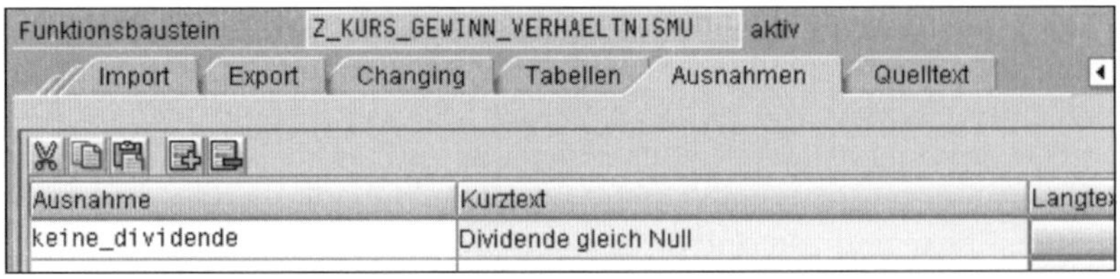

**Abbildung 5.21**
Eintragen der Ausnahme
in die Schnittstelle des
Funktionsbausteines
(© SAP AG)

| Funktionsbaustein | Z_KURS_GEWINN_VERHAELTNISMU | aktiv | | |
|---|---|---|---|---|
| Import | Export | Changing | Tabellen | Ausnahmen | Quelltext | ◀ |

| Ausnahme | Kurztext | Langtex |
|---|---|---|
| keine_dividende | Dividende gleich Null | |

Prüfen Sie vor der Stelle, die den Fehler verursachen kann, mit einer IF-Verzweigung, ob die Dividende gleich '0.00' ist. Lösen Sie in diesem Falle mit RAISE die Exception aus.

```
FUNCTION z_kurs_gewinn_verhaeltnismu .
*"----------------------------------------------------------
*"*"Lokale Schnittstelle:
*"  IMPORTING
*"     REFERENCE(KURS) LIKE   ZKURSE-KURS
*"     REFERENCE(DIVIDENDE) LIKE   ZKURSE-KURS
*"  EXPORTING
*"     REFERENCE(KGV) TYPE   F
*"  EXCEPTIONS
*"      KEINE_DIVIDENDE
*"----------------------------------------------------------


  IF dividende = '0.00'.
    RAISE keine_dividende.
  ENDIF.
  kgv = kurs / dividende.
ENDFUNCTION.
```

Testen Sie den Funktionsbaustein erneut mit einer Dividende gleich Null aus (s. Abbildung 5.22 bis Abbildung 5.23).

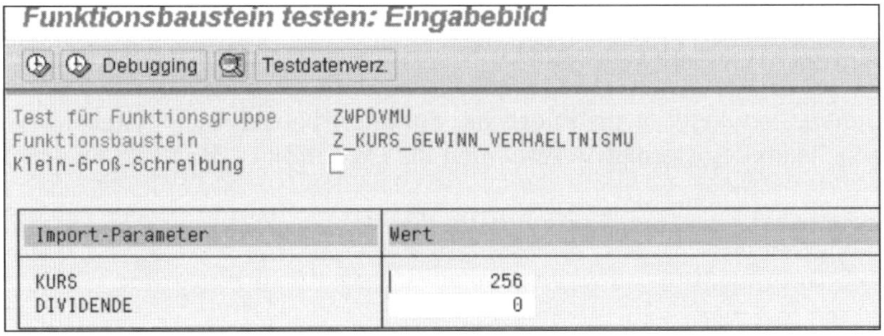

**Abbildung 5.22**
Testen der neuen
Ausnahme des
Funktionsbausteines
(© SAP AG)

**Funktionsbaustein testen: Eingabebild**

⊕ ⊕ Debugging ◲ Testdatenverz.

```
Test für Funktionsgruppe      ZWPDVMU
Funktionsbaustein             Z_KURS_GEWINN_VERHAELTNISMU
Klein-Groß-Schreibung         ☐
```

| Import-Parameter | Wert |
|---|---|
| KURS | 256 |
| DIVIDENDE | 0 |

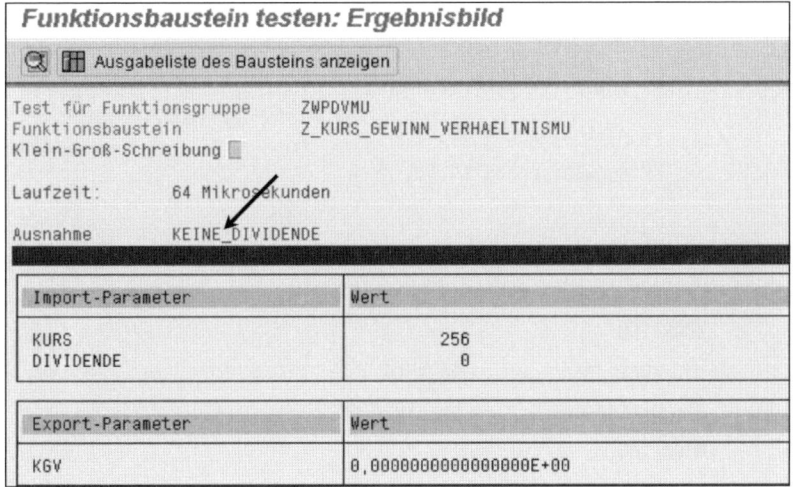

**Abbildung 5.23**
Durch die Ausnahme wird
ein »harter Absturz«
vermieden. (© SAP AG)

Fügen Sie im Quelltext Ihres Reports vor dem bisherigen Aufruf mit der *Muster*-Funktion des ABAP-Editors einen Musteraufruf des Funktionsbausteines Z_KURS_GEWINN_VERHAELTNIS ein (s. Abbildung 5.24).

```
REPORT  zfunc_baust_aufrufmu          .

PARAMETERS: pa_kurs LIKE zkurse-kurs,
            pa_divi LIKE zkurse-kurs.
DATA:       kursgewinnverhaeltnis TYPE f.

START-OF-SELECTION.
CALL FUNCTION 'Z_KURS_GEWINN_VERHAELTNISMU'
     EXPORTING
          kurs            =
          dividende       =
*    IMPORTING
*         KGV             =
*    EXCEPTIONS
*         KEINE_DIVIDENDE = 1
*         OTHERS          = 2

IF sy-subrc <> 0.
* MESSAGE ID SY-MSGID TYPE SY-MSGTY NUMBER SY-MSGNO
*         WITH SY-MSGV1 SY-MSGV2 SY-MSGV3 SY-MSGV4.
ENDIF.
```

**Abbildung 5.24**
Der Musteraufruf liefert
dieses Mal auch die
*Exceptions* und deren
Behandlung. (© SAP AG)

Vergleichen Sie die beiden Funktionsaufrufe. Tragen Sie wie bisher die EXPORTING- und IMPORTING-Aktualparameter ein, und entkommentieren Sie die dabei benötigten Zeilen. Übernehmen Sie die Zuordnung der Exceptions aus dem Muster und löschen Sie anschließend den alten Aufruf.

Programmieren Sie nach dem Aufruf des Funktionsbausteines statt der vorgebenen IF-Verzweigung eine CASE-Verzweigung, welche für die möglichen Returncodes in SY-SUBRC Meldungen ausgibt. Starten Sie den Report, und wählen Sie die Dividende gleich 0 (s. Abbildung 5.25 bis Abbildung 5.26).

```
REPORT  zfunc_baust_aufrufmu            .

PARAMETERS: pa_kurs LIKE zkurse-kurs,
            pa_divi LIKE zkurse-kurs.
DATA:       kursgewinnverhaeltnis TYPE f.

START-OF-SELECTION.
  CALL FUNCTION 'Z_KURS_GEWINN_VERHAELTNISMU'
      EXPORTING
          kurs          = pa_kurs
          dividende     = pa_divi
      IMPORTING
          kgv           = kursgewinnverhaeltnis
      EXCEPTIONS
          keine_dividende = 1
          OTHERS          = 2.
  CASE sy-subrc.
    WHEN 1.
      WRITE: / 'Keine Dividendenzahlung.'.
      EXIT.
    WHEN 2.
      WRITE: / 'Anderer Fehler im Funktionsbaustein.'.
      EXIT.
  ENDCASE.
  WRITE: / 'Kurs:', 15 pa_kurs,
         / 'Dividende:', 15 pa_divi,
         / 'KGV:', 15 kursgewinnverhaeltnis.
```

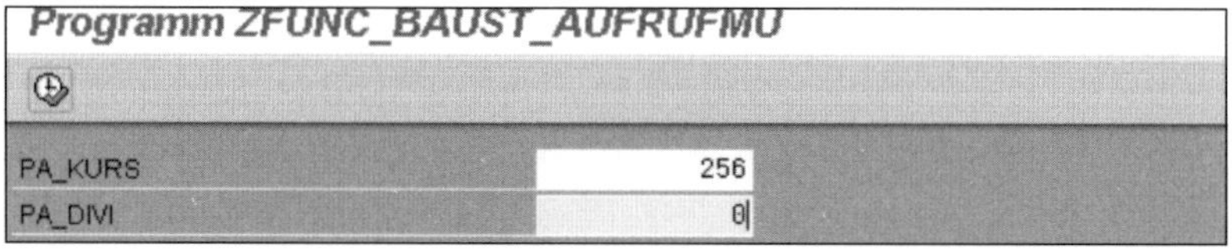

**Abbildung 5.25**
Selektionsbild zum Testen
der Ausnahmesituation
(© SAP AG)

| Programm ZFUNC_BAUST_AUFRUFMU | |
|---|---|
| ⊕ | |
| PA_KURS | 256 |
| PA_DIVI | 0 |

```
Programm ZFUNC_BAUST_AUFRUFMU

Keine Dividendenzahlung.
```

**Abbildung 5.26**
Listenbild nach Auftreten
der Ausnahme; ein
»harter« Abbruch wird
auch hier vermieden.
(© SAP AG)

## 5.3 Listen: Seitenaufbau, Kopf- und Fußzeile

1. Erstellen Sie einen Report ZSEITENAUFBAUnn, der eine Liste der Wertpapierkurse liefert. Der Benutzer kann dabei über eine Selektionsoption die anzuzeigenden Bereiche von Wertpapierkennnummern frei wählen (s. Abbildung 5.27).

   **Aufgabe**

   Die Ergebnisliste des Reports soll nicht nur die gewünschten Daten enthalten, sondern darüber hinaus mit Kopf- und Fußzeilen übersichtlich aufbereitet werden (s. Abbildung 5.28).

   Unterbinden Sie den Standardseitenkopf. Auf jeder neuen Seite, auch auf der ersten, geben Sie in zwei Kopfzeilen eine kurze Beschreibung der Liste, die Seitenzahl und das aktuelle Wertpapier aus.

   In der Fußzeile soll folgender Text erscheinen:

   '------- Kurse in DM -------'

   Vor dem Wechsel zu einem neuen Wertpapier geben Sie eine Leerzeile, gefolgt von der Wertpapierkennnummer und dem Titel des Papiers, aus.

   Am Ende der Liste geben Sie das Erstellungsdatum und den Namen des Aufrufers aus.

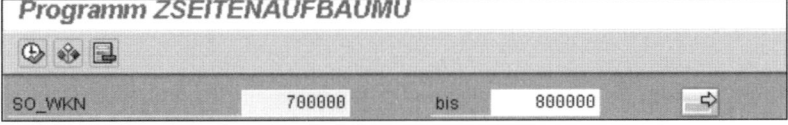

**Programm ZSEITENAUFBAUMU**

| SO_WKN | 700000 | bis | 800000 |

**Abbildung 5.27**
Selektionsbild mit
Selektionsoption für die
Wertpapierkennnummer
(© SAP AG)

**Abbildung 5.28**
Ergebnisliste; die
Ereignisse TOP-OF-PAGE,
END-OF-PAGE, END-OF-
SELECTION sind deutlich
zu erkennen. (© SAP AG)

```
Kursentwicklung                                    Seite    1
Wertpapier: 0000706200 Titel: Rosenthal


WKN:  0000706200 Titel:  Rosenthal
Datum:                Kurs:
20.03.2001            152
19.03.2001            150
18.03.2001            150
17.03.2001            150
16.03.2001            151

 —————— Kurse in DM ——————

Kursentwicklung                                    Seite    2
Wertpapier: 0000707400 Titel: KWS


WKN:  0000707400 Titel:  KWS
Datum:                Kurs:
20.03.2001            1.230
19.03.2001            1.229
18.03.2001            1.224
17.03.2001            1.225
16.03.2001            1.216

 —————— Kurse in DM ——————

Kursentwicklung                                    Seite    3
Wertpapier: 0000707400 Titel: KWS


Liste erstellt am 26.03.2001 von:  UMLAUFF
```

**Erläuterung**  Zu Programmbeginn können Sie im bereits bekannten Zusatz LINE-COUNT neben der Zeilenanzahl einer Seite der Ergebnisliste auch die Zeilenanzahl des Seitenfußes festlegen. Des Weiteren können Sie die Ausgabe des Standardseitenkopfes, der aus den Programmattributen gebildet wird, unterdrücken:

```
REPORT [Reportname]
    LINE-COUNT [Seitenlänge]([Seitenfußlänge])
    NO STANDARD PAGE HEADING.
```

Bisher kennen Sie bereits folgende Ereignisse:

- START-OF-SELECTION: Nach dem Senden des Selektionsbildes durch den Anwender

- TOP-OF-PAGE: Zu Beginn einer neuen Seite

Für diese Aufgabe benötigen Sie folgende weitere Ereignisse:

- END-OF-PAGE: Beim Erreichen des unteren Seitenrandes. Dieses Ereignis wird nur durch Schreibanweisungen wie WRITE oder SKIP, nicht jedoch durch die Anweisung NEW-PAGE ausgelöst.

- END-OF-SELECTION: Nachdem alle Anweisungen von START-OF-SELECTION abgearbeitet wurden, wird dieses Ereignis kurz vor dem Erscheinen der Ergebnisliste ausgelöst.

Es gibt noch, im Zusammenhang mit *Logischen Datenbanken*, einige Ereignisse zwischen START-OF-SELECTION und END-OF-SELECTION, die jedoch im Rahmen dieses Buches, das ja als Einführung verstanden werden will, nicht mehr behandelt werden können. **Anmerkung**

Legen Sie einen Report an, dessen REPORT-Zeile Sie wie beschrieben ergänzen. **Schritte**

Definieren Sie eine SELECT-OPTIONS für die Wertpapierkennnummer. Die Daten entnehmen Sie den Datenbanktabellen ZWPAPIER und ZKURSE.

Programmieren Sie in START-OF-SELECTION eine SELECT-Schleife über die Wertpapier-Tabelle, eingeschränkt auf die SELECT-OPTIONS und sortiert nach der Wertpapierkennnummer. Geben Sie Wertpapiertitel und -kennnummer aus.

Listen Sie in einer eingebetteten Schleife über die Kurstabelle die Kurse des Wertpapiers auf, absteigend sortiert nach dem Datum.

Geben Sie zum Ereignis TOP-OF-PAGE den Seitenkopf, zum Ereignis END-OF-PAGE den Seitenfuß und zum Ereignis END-OF-SELECTION das Listenende aus.

```
REPORT  zseitenaufbaumu LINE-COUNT 13(1)
  NO STANDARD PAGE HEADING.


DATA: wa_wpapier LIKE zwpapier,
  wa_kurse LIKE zkurse,
  wknr LIKE zwpapier-wkn,
  wptitel LIKE zwpapier-titel.
SELECT-OPTIONS so_wkn FOR WA_WPAPIER-WKN.


START-OF-SELECTION.
  SELECT * FROM zwpapier into wa_wpapier
    WHERE wkn IN so_wkn
    ORDER BY wkn.
    wknr = wa_wpapier-wkn.
    wptitel = wa_wpapier-titel.
    WRITE: / 'WKN: ', wknr, 'Titel: ', wptitel.
    WRITE: / 'Datum: ', 21 'Kurs:'.
```

```
SELECT * FROM zkurse into wa_kurse
    WHERE wkn = wa_wpapier-wkn
    ORDER BY datum DESCENDING.
    WRITE: / wa_kurse-datum, wa_kurse-kurs.
  ENDSELECT.
  SKIP.
ENDSELECT.


TOP-OF-PAGE.
  WRITE: / 'Kursentwicklung', 50 'Seite', sy-pagno.
  WRITE: / 'Wertpapier:', wknr, 'Titel:', wptitel.
  SKIP.
  SKIP.


END-OF-PAGE.
  WRITE: / '------- Kurse in DM -------'.


END-OF-SELECTION.
  SKIP 2.
  WRITE: / 'Liste erstellt am', sy-datum, 'von: ', sy-uname.
```

## 5.4  Systemereignisse und FORM

1. Die FORM-Anweisung definiert, wie die Ereignisse START-OF-SELECTION, TOP-OF-PAGE, END-OF-PAGE und END-OF-SELECTION auch, einen *Ereignisblock*. Schreiben Sie einen Report ZSTART_OF_SELECTIONnn, der zeigt, dass die Position der Ereignisblöcke im Programmcode völlig frei gewählt werden kann.

Der Report beginnt mit einer WRITE-Ausgabe, dem der Programmtext eines FORM-Unterprogramms mit ebenfalls nur einer Ausgabe folgt. Diesem wiederum schließt sich der Ereignisblock START-OF-SELECTION mit einer weiteren Ausgabe, dem Aufruf des FORM-Unterprogramms und einer letzten Ausgabe an.

Beobachten Sie die Abarbeitungsreihenfolge der WRITE-Anweisungen und der Ereignisse (s. Abbildung 5.29).

```
Programm ZSTART_OF_SELECTION_FORMMU
═══════════════════════════════════════════════════
...gleich nach der REPORT-Anweisung.
...nach der Zeile START-OF-SELECTION.
...innerhalb des FORM-Unterprogramms.
...nach dem FORM-Aufruf.
```

**Abbildung 5.29**
Abarbeitungsreihenfolge
der Ereignisse FORM und
START-OF-SELECTION
(© SAP AG)

Alle Programmzeilen nach der REPORT-Anweisung gehören, falls kein anderer *Ereignisblock* definiert wurde, zum Ereignis START-OF-SELECTION. Die erste WRITE-Ausgabe gehört somit implizit zu diesem Ereignisblock, obwohl dieser später nochmals explizit definiert wird. Jene Stelle im Programmcode ist demnach faktisch nur eine Fortsetzung des bereits begonnenen Ereignisblockes START-OF-SELECTION, der von dem Ereignisblock FORM ... ENDFORM lediglich unterbrochen wurde.

**Erläuterung**

Der nachfolgend dargestellte Programmcode dient ausschließlich der Vertiefung Ihrer Kenntnisse zu Systemereignissen. Einen derartigen Programmierstil sollten Sie sich keinesfalls angewöhnen!

**ACHTUNG●**

Legen Sie den Report an, und geben Sie an den angegebenen Stellen jeweils Texte aus, welche die Position der Ausgabe im Report verdeutlichen.

**Schritte**

```
REPORT  zstart_of_selection_formmu    .


WRITE: / '...gleich nach der REPORT-Anweisung.'.


*-------------------------------------------------------------*
*         FORM SCHREIBE_MELDUNG                               *
*-------------------------------------------------------------*
*         ........                                            *
*-------------------------------------------------------------*
FORM schreibe_meldung.
  WRITE: / '...innerhalb des FORM-Unterprogramms.'.
ENDFORM.


START-OF-SELECTION.
  WRITE: / '...nach der Zeile START-OF-SELECTION.'.
  PERFORM schreibe_meldung.
  WRITE: / '...nach dem FORM-Aufruf.'.
```

## 5.5   Interaktiver Report: Verzweigungslisten

**Aufgabe**

**1.** Geben Sie im Report ZINTERAKTIVE_LISTEnn dem Benutzer die Möglichkeit, in einer Kundenliste per Doppelklick auf eine Zeile zu einer Verzweigungsliste mit den Depots des ausgewählten Kunden zu gelangen (s. Abbildung 5.30 bis Abbildung 5.31). Anstelle des Doppelklicks kann der Benutzer auch durch Markieren einer Zeile und Klick auf die Drucktaste »Lupe« zur Verzweigungsliste gelangen.

Sorgen Sie dafür, dass der Anwender von der Verzweigungsliste aus keine weitere Verzweigung mehr starten kann.

Sorgen Sie des Weiteren dafür, dass nur bei korrekter Auswahl einer Kundenzeile eine Verzweigungsliste aufgebaut wird, nicht hingegen, wenn der Anwender beispielsweise den Listentitel doppelklickt.

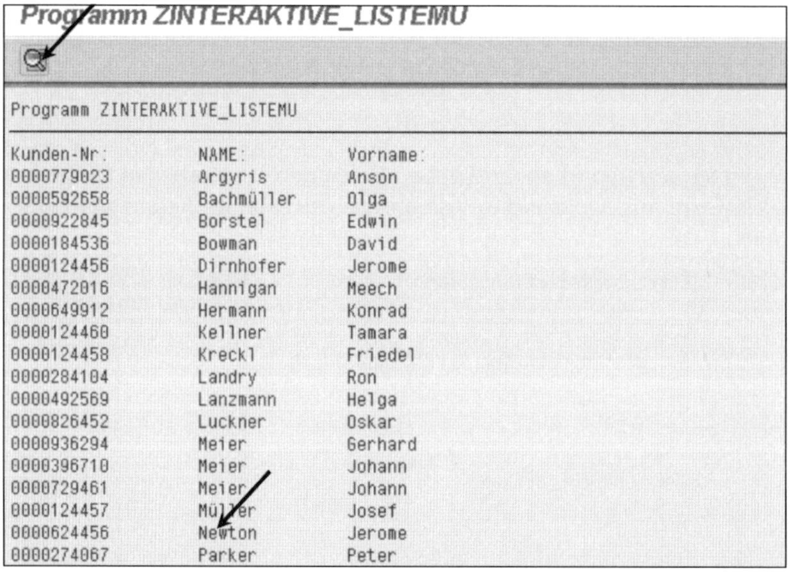

**Abbildung 5.30**
Grundliste: Auswahl eines Kunden durch Doppelklick, alternativ hierzu: Markieren und Klick auf die Drucktaste »Lupe« (© SAP AG)

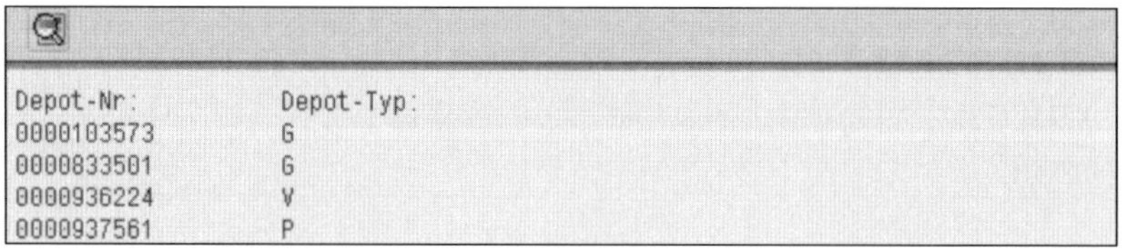

```
Programm ZINTERAKTIVE_LISTEMU


Programm ZINTERAKTIVE_LISTEMU

Kunden-Nr:        NAME:          Vorname:
0000779023        Argyris        Anson
0000592658        Bachmüller     Olga
0000922845        Borstel        Edwin
0000184536        Bowman         David
0000124456        Dirnhofer      Jerome
0000472016        Hannigan       Meech
0000649912        Hermann        Konrad
0000124460        Kellner        Tamara
0000124458        Kreckl         Friedel
0000284104        Landry         Ron
0000492569        Lanzmann       Helga
0000826452        Luckner        Oskar
0000936294        Meier          Gerhard
0000396710        Meier          Johann
0000729461        Meier          Johann
0000124457        Müller         Josef
0000624456        Newton         Jerome
0000274067        Parker         Peter
```

**Abbildung 5.31**
Verzweigungsliste: Die Wertpapierdepots des aus dem HIDE-Bereich zurückgelieferten Kunden werden aufgelistet. (© SAP AG)

```
Depot-Nr:         Depot-Typ:
0000103573        G
0000833501        G
0000936224        V
0000937561        P
```

Bisher mussten Sie alle Informationen in einer einzigen Liste unterbringen, diese heißt ab nun **Grundliste**. Mittels der Technik, durch Auswahl einer Zeile zu detaillierteren Angaben zu einer **Verzweigungsliste** zu gelangen, vermeiden Sie es, die Grundliste mit Informationen zu überfrachten. Wegen der Möglichkeit der Benutzerinteraktion auf Listen nennt man Reports, die diese Technik verwenden, auch **interaktive Reports**. **Erläuterung**

Der Doppelklick auf die Grundliste – oder das Markieren einer Zeile und Klicken der Drucktaste »Lupe« – löst das Ereignis AT LINE-SELECTION aus. Der Listenpuffer der Grundliste bleibt im Hintergrund erhalten, nachfolgende WRITE-Anweisungen im Ereignisblock AT LINE-SELECTION bauen den Listenpuffer der Verzweigungsliste auf.

Es können für bis zu 20 aufeinanderfolgende Verzweigungslisten Listenpuffer aufgebaut werden. Um erkennen zu können, auf welcher Listenstufe man sich gerade befindet, wird das Systemfeld SY-LSIND vom Laufzeitsystem versorgt. Es enthält für die Grundliste den Wert 0, für die erste Verzweigungsliste den Wert 1, für die zweite den Wert 2 usw. bis 20. Hier bauen Sie nur eine Verzweigungsliste für SY-LSIND = 1 auf.

Dem Ereignisblock AT LINE-SELECTION muss bekannt gemacht werden, welche Zeile der Grundliste ausgewählt wurde. Dies können Sie über den HIDE-Bereich erreichen: Beim Aufbau der Grundliste speichern Sie zu jeder Zeile, die Sie ausgeben, für den Anwender unsichtbar mit HIDE die Informationen, die Sie für den Aufbau der Verzweigungsliste benötigen. Zum Ereignis AT LINE-SELECTION werden dann, ohne Ihr weiteres Zutun, aus dem HIDE-Bereich alle Felder mit den dort zu der ausgewählten Zeile gespeicherten Werten gefüllt. Hierzu ein kleines Beispiel:

```
...
START-OF-SELECTION.
...
LOOP at it_kunden INTO wa_kunden.
  WRITE: / wa_kunden-kundennr, wa_kunden-name,
   wa_kunden-vorname.
  HIDE: wa_kunden-name, wa_kunden-wohnort.
ENDLOOP.


AT LINE-SELECTION.
  WRITE: 'Es wurde Kunde', wa_kunden-name, 'aus',
   wa_kunden-wohnort, 'ausgewählt!'.
```

Der Report führt zu folgender Grundliste:

```
Programm Z_INTERAKTIVE_LISTE

--------------------------------------------------------------

0000124456  Dirnhofer    Jerome

0000124458  Kreckl       Friedel

0000624456  Newton       Jerome
```

Der unsichtbare HIDE-Bereich hingegen sieht folgendermaßen aus; beachten Sie dabei, dass die Zeilennummerierung in der Zeile Programm Z_INTERAKTIVE_LISTE mit 1 beginnt.

| Zeilen nr. | Feldname | Wert | Feldname | Wert |
|---|---|---|---|---|
| 3 | wa_kunden-name | Dirnhofer | wa_kunden-wohnort | Regensburg |
| 4 | wa_kunden-name | Kreckl | wa_kunden-wohnort | Regensburg |
| 5 | wa_kunden-name | Newton | wa_kunden-wohnort | New York |

**Tabelle 5.1** Der für den Benutzer unsichtbare HIDE-Bereich

Wenn nun der Benutzer den Kunden »Newton«, also die fünfte Zeile der Grundliste, doppelklickt, wird das Ereignis AT LINE-SELECTION ausgelöst. Gleichzeitig werden aus dem HIDE-Bereich alle zu Zeile 5 gespeicherten Felder mit den dort gespeicherten Werten gefüllt. Impliziterweise werden also folgende Anweisungen ausgeführt:

```
wa_kunden-name = 'Newton'.

wa_kunden-wohnort = 'New York'.
```

Die Verzweigungsliste verfügt über keinen Standardseitenkopf. Im gezeigten Beispiel würde sie wie folgt aussehen:

```
Es wurde Kunde Newton     aus New York     ausgewählt!
```

Auch für die Verzweigungsliste kann ein HIDE-Bereich angelegt werden, um Verzweigungslisten höherer Stufe mit ausgewählten Werten zu versorgen. Im Ereignisblock AT LINE-SELECTION sollte man dann die Listenstufe SY-LSIND mit einer CASE-Verzweigung auseinandersteuern, damit das Programm weiß, welche Verzweigungsliste nun aufzubauen ist.

Von der Verzweigungsliste kann der Benutzer mit der ZURÜCK-Taste (weißer Pfeil nach links auf grünem Grunde) wieder zur Grundliste zurückkehren und von dort aus zu einem anderen Kunden verzweigen.

Falls der Anwender eine Zeile doppelklickt, zu der nichts im HIDE-Bereich abgelegt wurde, etwa der Listentitel (Zeilen 1 und 2), dann werden auch keine Werte zurückgestellt. Dies könnte dazu führen, dass alte Feldinhalte für die Verzweigungsliste verarbeitet werden.

**Korrekte Zeilenauswahl?**

Deshalb sollten Sie Felder, die im HIDE-Bereich stehen, jeweils zum Ende von START-OF-SELECTION und AT LINE-SELECTION mit CLEAR initialisieren. Dann können Sie nämlich zu Beginn von AT LINE-SELECTION prüfen, ob die Felder aus dem HIDE-Bereich auch gefüllt wurden. Falls dies nicht geschehen ist, brechen Sie den Aufbau der Verzweigungsliste ab.

Wenn Sie wie in dieser Aufgabe vermeiden wollen, dass der Anwender durch Doppelklick auf die Verzweigungsliste zur nächsthöheren Verzweigungsliste wechseln kann, sollten Sie zu Beginn von AT LINE-SELECTION die Listenstufe SY-LSIND prüfen. Wenn dann kein WRITE, SKIP oder Ähnliches erfolgt, wird auch kein Verzweigungslistenpuffer aufgebaut.

**Begrenzung der Listenstufe**

Auf diese Weise können Sie auch vermeiden, dass der Benutzer sich durch übereifriges Doppelklicken »mutwillig« über die Listenstufe 20 hinaus hocharbeitet, was zu einem »harten« Abbruch führt.

Schreiben Sie einen Report, der zunächst eine Zeile mit Spaltenüberschriften und dann in einer SELECT-Schleife über die Kundentabelle eine Liste mit Kundennummer, Name und Vorname ausgibt. Die Liste soll alphabetisch nach Kundennamen geordnet sein.

**Schritte**

Bewahren Sie nach der Ausgabe mittels HIDE die Kundennummer für die Verzweigungsliste auf.

Schreiben Sie nach der Schleife für das Ereignis AT LINE-SELECTION ebenfalls eine Überschriftzeile, und geben Sie danach in einer SELECT-Schleife über die Depottabelle die Depots der Kunden, nach der Depotnummer geordnet, aus.

```
REPORT  zinteraktive_listemu         .


DATA: wa_kunden LIKE zkunden,
   wa_depot LIKE zdepot.


START-OF-SELECTION.
   WRITE: / 'Kunden-Nr: ', 20 'NAME: ', 35 'Vorname: '.
   SELECT * FROM zkunden INTO wa_kunden
     ORDER BY name vorname.
     WRITE: / wa_kunden-kundennr, 20 wa_kunden-name,
       35 wa_kunden-vorname.
```

```
        HIDE: wa_kunden-kundennr.
    ENDSELECT.
    CLEAR: wa_kunden, wa_depot.


AT LINE-SELECTION.
  CHECK sy-lsind = 1.
  CHECK NOT wa_kunden IS INITIAL.
  WRITE: / 'Depot-Nr: ', 20 'Depot-Typ: '.
  SELECT * FROM zdepot INTO wa_depot
    WHERE kundennr = wa_kunden-kundennr
    ORDER BY depotnr.
      WRITE: / wa_depot-depotnr, 20 wa_depot-depottyp.
  ENDSELECT.
  CLEAR: wa_kunden, wa_depot.
```

Probieren Sie aus, was passiert, wenn Sie in die Überschriftzeile der Grundliste doppelklicken: Es sollte dann keine Verzweigungsliste angezeigt werden.

Probieren Sie des Weiteren aus, was passiert, wenn Sie in die Verzweigungsliste doppelklicken: Es sollte nichts passieren.

## 5.6 Nachrichtenklasse und MESSAGE

**Aufgabe**

1. Geben Sie in der interaktiven Kundenliste des Reports ZMESSAGEnn, der als Kopie aus dem Report ZINTERAKTIVE_LISTEnn hervorgeht, bei Doppelklick auf einen Kundennamen eine Infomeldung aus, ob es sich um einen Geschäftskunden (der auch private Depots haben kann) oder ausschließlich um einen Privatkunden handelt. Geben Sie für den Fall, dass der Kunde über keine Depots verfügt, eine *Fehler-Message* aus.

   Legen Sie hierzu zunächst eine *Nachrichtenklasse* ZDEKRAnn mit entsprechenden Nachrichten an.

**Erläuterung**  Während des Programmablaufes kann es zu Eingabefehlern, unklaren Situationen oder gar zum Abbruch kommen. Der Benutzer muss darüber entsprechend informiert werden. Hierfür ist die MESSAGE-Anweisung vorgesehen, welche eine Nachricht über die Statuszeile (im GUI-Fenster ganz unten) oder über ein Popup-Fenster dem Anwender überbringt. Darüber hinaus wird mittels des Nachrichtentyps auch der Programmablauf gesteuert, um beispielsweise die erneute Eingabe von Daten zu ermöglichen.

Folgende **Nachrichtentypen** sind in ABAP-Reports vorgesehen:

| Typ | Darstellung | Verarbeitung |
|---|---|---|
| A | Popup-Fenster | Das Programm wird abgebrochen. |
| E | Statuszeile | Der Verarbeitungsblock wird abgebrochen, die Anzeige der vorhergehenden Listenstufe bleibt erhalten. |
| I | Popup-Fenster | Das Programm wird nach der MESSAGE fortgesetzt. |
| S | Statuszeile des Folgebildes | Das Programm wird nach der MESSAGE fortgesetzt. |
| W | Statuszeile | Wie Typ E. |
| X | GUI-Fenster | Ein Laufzeitfehler mit Kurzdump wird ausgelöst. |

**Tabelle 5.2** Nachrichtentypen; für diesen Report benötigen Sie die Typen E und I.

Nachrichten müssen stets mit Bezug auf eine *Nachrichtenklasse* ausgegeben werden, die wie folgt in der REPORT-Zeile anzugeben ist:

```
REPORT [Reportname] MESSAGE-ID [Nachrichtenklasse].
```

Die **Nachrichtenklasse** enthält eine Sammlung von Nachrichten, die im Report unter ihrer jeweiligen Nummer in der MESSAGE-Anweisung angesprochen werden können. Die Nachrichten können bis zu vier Platzhalter »&« enthalten, die über die MESSAGE-Anweisung zur Laufzeit mit Parametern wie Feldinhalten, Textelementen oder Literalen gefüllt werden können.

```
MESSAGE [Typ][Nachrichtennummer] WITH [Parameter1]
  [Parameter2] [Parameter3] [Parameter4].
```

Legen Sie die Nachrichtenklasse ZDEKRA*nn* wie alle anderen Repository-Objekte mit dem Object Navigator an (s. Abbildung 5.32 bis Abbildung 5.33). **Schritte**

**Abbildung 5.32**
Anlegen einer
Nachrichtenklasse
(© SAP AG)

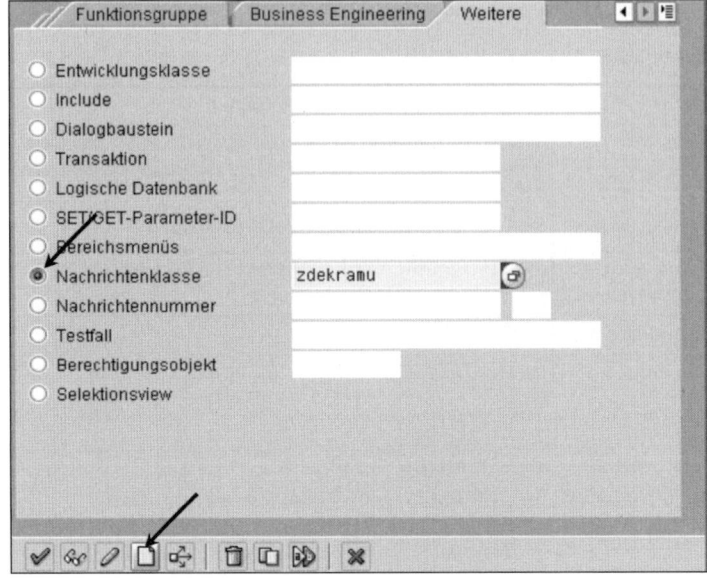

**Abbildung 5.33**
Attributpflege der
Nachrichtenklasse
(© SAP AG)

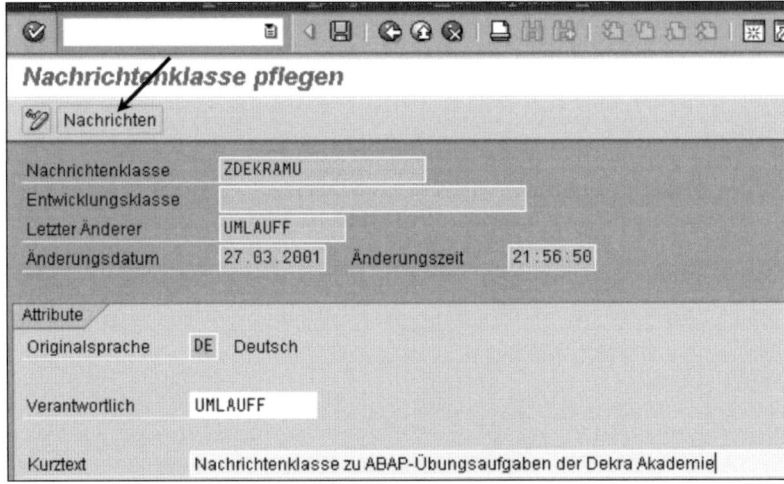

Üblicherweise enthält eine Nachrichtenklasse eine Standardnachricht mit vier Platzhaltern '& & & &' zur Ausgabe von rein programmintern definierten Nachrichten. Legen Sie des Weiteren unter frei wählbaren Nummern die für das Programm benötigten Nachrichten an, wobei Sie jeweils für die betreffende Kundennummer in der Nachricht einen Platzhalter »&« vorsehen (s. Abbildung 5.34 bis Abbildung 5.35).

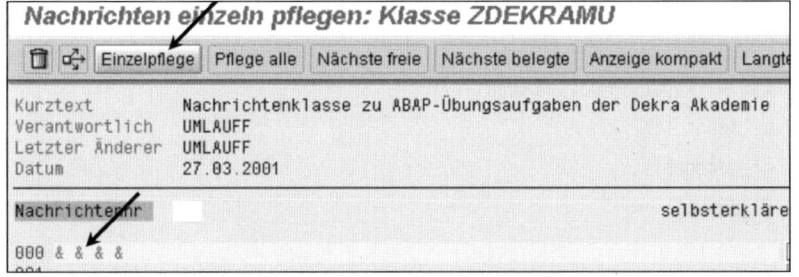

**Abbildung 5.34**
Anlegen einer allgemeinen, rein programmdefinierten Standardnachricht mit vier Platzhaltern (© SAP AG)

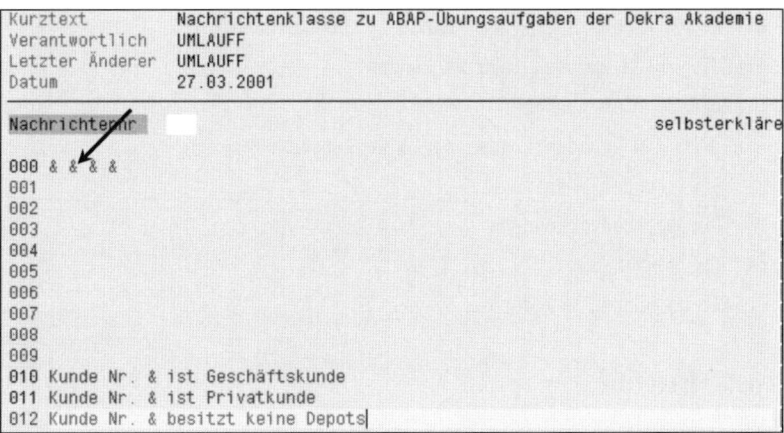

**Abbildung 5.35**
Anlegen der für den Report benötigten Nachrichten (© SAP AG)

Kopieren Sie den Report aus der vorherigen Aufgabe, und erweitern Sie die REPORT-Anweisung um die Angabe der MESSAGE-ID.

Definieren Sie zwei **Flags** (binäre Felder mit den zwei Werten initial und 'X'), um sich innerhalb der SELECT-Schleife im Ereignisblock AT LINE-SELECTION zu merken, ob geschäftliche Depots – Depottyp 'G' – oder private Depots – Depottyp 'P' – entdeckt wurden.

Prüfen Sie nach dem Suchvorgang, ob der Kunde überhaupt ein Depot besitzt, falls nicht, rufen Sie eine entsprechende **E-Message** (Fehlermessage).

Ansonsten rufen Sie, abhängig von den Flags, eine **I-Message** (Informationsmessage), mit der dem Anwender mitgeteilt wird, ob geschäftliche Depots oder private Depots gefunden wurden.

Sorgen Sie durch Initialisierung der Flags an entsprechender Stelle dafür, dass der Report auch nach Verlassen der Verzweigungsliste und deren erneutem Aufruf mit einem anderen Kunden immer noch korrekte Meldungen liefert.

```
REPORT  zmessagemu MESSAGE-ID zdekramu.

DATA: wa_kunden LIKE zkunden,
  wa_depot LIKE zdepot,
  fl_geschaeft,
  fl_privat.

START-OF-SELECTION.
  WRITE: / 'Kunden-Nr: ', 20 'NAME: ', 35 'Vorname: '.
  SELECT * FROM zkunden INTO wa_kunden
    ORDER BY name vorname.
    WRITE: / wa_kunden-kundennr, 20 wa_kunden-name,
     35 wa_kunden-vorname.
    HIDE: wa_kunden-kundennr.
  ENDSELECT.
  CLEAR: wa_kunden, wa_depot.

AT LINE-SELECTION.
  CHECK sy-lsind = 1.
  CHECK NOT wa_kunden IS INITIAL.
  WRITE: / 'Depot-Nr: ', 20 'Depot-Typ: '.
  CLEAR: fl_geschaeft, fl_privat.
  SELECT * FROM zdepot INTO wa_depot
    WHERE kundennr = wa_kunden-kundennr
    ORDER BY depotnr.
    CASE wa_depot-depottyp.
      WHEN 'G'.
        fl_geschaeft = 'X'.
      WHEN 'P'.
        fl_privat = 'X'.
    ENDCASE.
    WRITE: / wa_depot-depotnr, 20 wa_depot-depottyp.
  ENDSELECT.
  IF sy-subrc NE 0.
    MESSAGE e012 WITH wa_kunden-kundennr.
```

```
ENDIF.
IF fl_geschaeft = 'X'.
  MESSAGE i010 WITH wa_kunden-kundennr.
ELSEIF fl_privat = 'X'.
  MESSAGE i011 WITH wa_kunden-kundennr.
ENDIF.
CLEAR: wa_kunden, wa_depot.
```

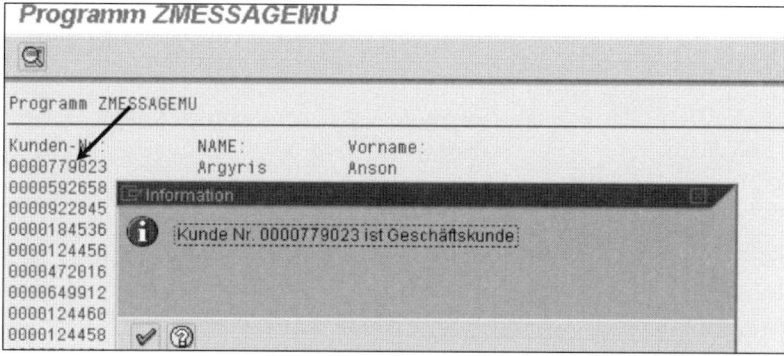

**Abbildung 5.36**
I-Message als Popup-
Fenster mit
Kundennummer und
Meldung für Depottyp
'G' (© SAP AG)

**Abbildung 5.37**
Nach dem Popup-Fenster
erscheint wie bisher die
Verzweigungsliste.
(© SAP AG)

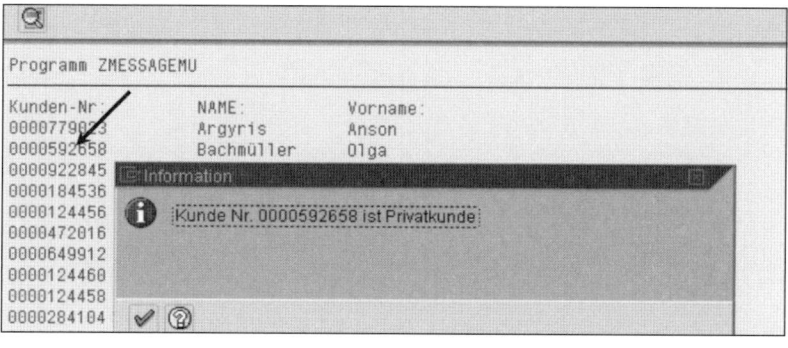

**Abbildung 5.38**
I-Message als Popup-
Fenster mit
Kundennummer und
Meldung für Depottyp
'P' (© SAP AG)

**Abbildung 5.39**
Nach dem Popup-Fenster
mit der I-Message
erscheint wiederum die
Verzweigungsliste.
(© SAP AG)

**Abbildung 5.40**
Da Herr Dirnhofer keine
Depots besitzt, erscheint
eine E-Message in der
Statuszeile. Es wird keine
Verzweigungsliste
aufgebaut. (© SAP AG)

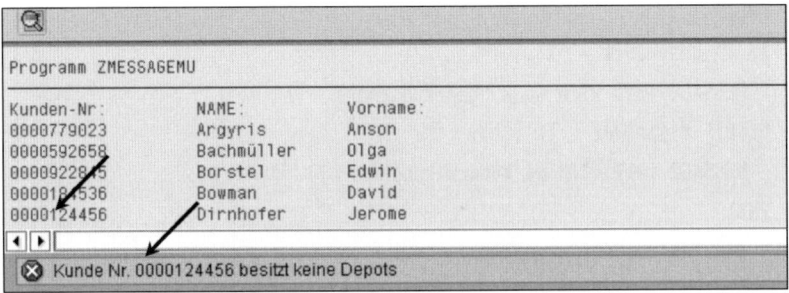

# Kapitel 6

# Dialogprogrammierung in ABAP

Alle bisher erstellten Programme waren Reports, so genannte **ausführbare Programme**. Kennzeichnend für sie ist, dass zunächst ein Selektionsbild erscheint, auf dem die zu verarbeitenden Parameter und Selektionsoptionen vom Anwender abgefragt werden. Anschließend erscheint die Ergebnisliste, von der aus der Anwender durch Doppelklick oder die »Lupe« zu einer Verzweigungsliste gelangen kann.

**Vorbemerkung**

In diesem letzten Kapitel lernen Sie nun einen anderen, wesentlich freieren Programmtyp kennen, der diesen Ablauf nicht mehr kennt: den **Modulpool**. Er besteht im Kern aus einer Sammlung von Bildschirmen, so genannten **Dynpros** (von »dynamischer Programmierung«), die mit vierstelligen Nummern bezeichnet werden. Das Dynpro besteht aus dem **Screen** (sichtbarer Bildschirm) und der **Ablauflogik**, dies ist der Programmcode vor und nach dem Erscheinen des Screens.

Der *Screen* kann u. a. folgende Bildschirmelemente enthalten:

• **Textfelder**, die in der Anmeldesprache erscheinen.

• **Ein-/Ausgabefelder**, in die der Anwender Daten eingeben und über die das Programm Daten ausgeben kann.

• **Drucktasten** zum Senden des Bildschirmes, wobei ein **Funktionscode**, auch **OK-Code** genannt, mitgegeben wird, den das Programm auswerten kann

- **OK-Feld** oder **Funktionscodefeld** zum Transport des Funktionscodes vom Screen an das ABAP-Programm. Es ist auf dem Screen nicht sichtbar, aber stets vorhanden.

- **Ankreuzfelder** zur Mehrfachauswahl von Optionen (**Multiple Choice**)

- **Auswahlknopfgruppen** zur Auswahl von je einer Option (**Single Choice**)

- **Table Controls** zum Aufbau komfortabler Tabellen zur Ein- und Ausgabe

Daneben gibt es noch einige speziellere Bildschirmelemente, auf die in dieser Einführung nicht eingegangen werden kann:

- **Rahmen** zur optischen Gliederung der Bildschirmelemente, ohne weitere Funktion für das Programm

- **Subscreen**-Bereiche, die zunächst frei sind und mit speziellen *Subscreen-Dynpros* gefüllt werden

- **Steploops** zum Aufbau einfacher Tabellen, ein Vorläufer des Table Controls

- **Tabstrip-Controls** mit Bereichen, welche über die Reiter von Registerblättern angewählt werden

- **Dropdown-Listboxen** mit einer festen Ein-/Ausgabeliste, aus der ein Eintrag ausgewählt, aber keine andere Eingabe gemacht werden kann

- **Custom Controls** mit Softwarekomponenten des Präsentationsservers, angezeigt in hierfür angelegten Bildschirmbereichen

- **Status-Ikonen** mit bildhaften Anzeigeelementen zur Visualisierung bestimmter Eigenschaften

Zum Anlegen des Screens steht ein spezielles Werkzeug, der **Screen Painter**, zur Verfügung.

Die **Ablauflogik** des Dynpros gliedert sich in zwei Ereignisse:

- **PBO (Process before output**, Verarbeitung vor der Ausgabe): Vor Ausgabe des Bildschirms werden die Bildschirmelemente aufbereitet, also mit Daten aus dem Programm gefüllt. Der Transport von Daten vom ABAP-Programm zum Screen erfolgt über namensgleiche Felder.

- **PAI (Process after input**, Verarbeitung nach der Eingabe): Nach der Eingabe in den Screen und dessen Senden mit einer Drucktaste (auch über die Tastatur oder das Menü) werden zunächst die Daten aus dem Dynpro in das Programm transportiert. Der Transport erfolgt über namensgleiche Felder. Anschließend werden die Benutzereingaben ausgewertet.

Die Ablauflogik besteht im Kern aus **Modulaufrufen**. Es handelt sich dabei um einen Codeabschnitt, der nicht in ABAP, sondern in so genanntem **Dynpro-ABAP** programmiert ist. Modulaufrufe ähneln in gewisser Weise den Aufrufen von FORM-Unterprogrammen, allerdings gibt es keine Schnittstelle zur Datenübergabe. Die Module selbst sind intern wiederum in herkömmlichem ABAP programmiert.

Der Name *Modulpool* rührt daher, dass sich nahezu das komplette ABAP-Programm in PAI- und PBO-Modulen und deren Modularisierungseinheiten befindet.

Es verbleibt die Frage, wie die verschiedenen Bildschirme beim Programmablauf zusammenhängen. Zunächst ist zu klären, welcher Bildschirm als erster erscheint. Ein Modulpool kann nicht direkt wie ein Report gestartet werden. Hierzu bedarf es einer **SAP-Transaktion**, die *Programm* und *Startdynpro* festlegt.

Die SAP-Transaktion kann direkt gestartet werden, im Allgemeinen geschieht dies über das Kommandofeld der SAPGUI – Sie erinnern sich vielleicht an den Start des Object Navigators durch Eingabe von /NSE80 oder an den Start der Benutzerliste über Eingabe von /NSM04 in das Kommandofeld. Auf ähnliche Weise können auch Kunden-SAP-Transaktionen – beginnend mit 'Z' - gestartet werden.

Wie geht es nun weiter, nachdem das erste Dynpro erschien und der Benutzer dessen Screen abgeschickt hat? Man unterscheidet zwischen zwei Dynprofolgen:

- **Statische Dynprofolge**: Beim Anlegen eines Dynpros muss in den *Dynproattributen* ein statisches Nachfolgedynpro eingepflegt werden, dessen PBO per *Default* (Standard, wenn nichts anderes gesetzt wird) nach dem PAI dieses Dynpros gestartet wird. Der Sonderfall 0 für das Nachfolgedynpro bedeutet »zurück zum Aufrufer«, also das Beenden der Transaktion nach dem Abschicken des Screens.

- **Dynamische Dynprofolge**: Zu PAI kann die statische Dynprofolge mit Anweisungen wie SET SCREEN oder LEAVE TO SCREEN überschrieben werden. Dies erfolgt meist abhängig von dem vom Benutzer gesandten Funktionscode. Nach PAI wird PBO des dynamisch gesetzten Dynpros gestartet.

Die Bildschirmfolge definiert einen betrieblichen Ablauf mit Verarbeitung ökonomischer Daten, einen so genannten **Prozess**.

Beim Ablauf einer Transaktion wechseln folgende Dialogschritte einander ab, weshalb man auch von **Dialogprogramm** spricht:

- **Benutzerdialogschritt**: Der Benutzer sieht den Screen, liest ihn und füllt die Felder aus. Dieser Schritt wird beendet durch den Klick auf eine Drucktaste, das Drücken einer Taste oder einer Tastenkombination oder durch Auswahl eines Menüs. Dabei wird ein Funktionscode (OK-Code) an das Programm übermittelt.

- **Systemdialogschritt**: Nach dem *Benutzerdialogschritt* beginnt der Zeitpunkt PAI des aktuellen Dynpros. Ab dann sieht der Benutzer die unbeliebte Sanduhr statt seines Mauszeigers, er muss auf das Ende des *Systemdialogschritts* warten. Der OK-Code wird ausgewertet; möglicherweise werden Daten aus der DB beschafft, und es wird eventuell der Nachfolgebildschirm gesetzt. Wird kein Nachfolgebildschirm gesetzt, greift die statische Bildschirmfolge aus den Dynpro-Attributen.

  Nach Ablauf des PAI-Ereignisblocks beginnt der Zeitpunkt PBO des Nachfolgebildschirms. Nun wird der Screen vorbereitet, eventuell werden weitere Daten aus der DB beschafft. Erst nach Ablauf des PBO-Ereignisblocks wird der Nachfolgescreen gesendet und der Benutzer aus seinem Wartezustand erlöst.

Man unterscheidet zwischen **Anzeige-**, **Anlege-** und **Änderungstransaktionen**. Oftmals handelt es sich um mehrere SAP-Transaktionen zum Anzeigen, Anlegen oder Ändern betriebswirtschaftlicher Objekte, die denselben Modulpool in unterschiedlichen Startdynpros aufrufen. Die beiden letzten Transaktionsarten führen zu Datenbankänderungen, welche die Beachtung des *SAP-LUW-Konzeptes* fordern, das in Abschnitt 6.4.1 »Verbuchungsfunktionsbaustein anlegen« erläutert wird.

**Vergleich Report vs. Modulpool** Im Unterschied zu einem Report wird beim Modulpool kein Selektionsbild und keine Ergebnisliste generiert. Folglich können Sie die zugehörigen Reportanweisungen PARAMETERS, SELECT-OPTIONS sowie WRITE, SKIP, ULINE usw. hier nicht sinnvoll einsetzen. Alle Datenein- und -ausgaben müssen als Bildschirmelemente definiert werden.

Technisch gesehen ist der Report ein Spezialfall des allgemeiner gefassten Modulpools. Aus den Definitionen PARAMETERS und SELECT-OPTIONS wird mit der Aktivierung des Programms automatisch das Dynpro 1000 mit entsprechenden Bildschirmelementen und zugehöriger Ablauflogik generiert; es ist in der Objektliste eines aktivierten Programms stets zu finden. Da die Dynpronummer 1000 reserviert ist, sollte man sie auch in Modulpools nicht verwenden.

Die Ergebnisliste wird ebenfalls auf Dynpro 1000 ausgegeben, dabei wird das vorhandene Selektionsbild mit der Liste überschrieben. Dieses Verfahren gibt es auch bei Modulpools: Ein Dynpro können Sie mit der Anweisung LEAVE TO LIST-PROCESSING mit einer Liste überlagern, wobei der *Listenprozessor* gestartet wird. Dann können auch die aus dem Report bekannten Ausgabeanweisungen WRITE, SKIP und ULINE sinnvoll eingesetzt werden.

Sie werden in diesem Kapitel den betriebswirtschaftlichen Prozess *Verbuchung eines Wertpapierhandels* als vollständige Änderungstransaktion programmieren. Sie besteht aus einem Modulpool mit drei Dynpros und einer SAP-Transaktion, die ihn startet.

**Übungsszenario**

- Dynpro 100 dient der Selektion des Kunden.

- Dynpro 200 listet die Positionen der Wertpapierdepots dieses Kunden in einer Tabelle auf.

- Dynpro 300 verbucht den Zu- oder Verkauf weiterer Wertpapiere für eine vorhandene Wertpapierposition. Im Sinne des SAP-LUW-Konzeptes wird hierfür ein Verbuchungsfunktionsbaustein angelegt.

## 6.1 Dynpro 100: Selektion des Kunden

**1.** Legen Sie einen Modulpool SAPMZDEPOTnn mit Top-Include MZDEPOTnn-TOP in der Entwicklungsklasse ZABAPnn an.

**A**ufgabe

Wenn Sie in den Programmattributen *Modulpool* statt *Ausführbares Programm* eintragen, kann das Programm nur noch über eine SAP-Transaktion gestartet werden. Es wird kein Selektionsbild als Dynpro 1000 generiert, und der Listenprozessor wird nicht automatisch gestartet.

**Erläuterung**

In diesem Zusammenhang lernen Sie nun auch die **Includetechnik** kennen, die in größeren Programmen für mehr Übersichtlichkeit sorgt. Der Programmtext befindet sich nicht mehr »flach« auf einer Seite, sondern wird auf mehrere Seiten aufgeteilt:

- Das **Rahmenprogramm** entspricht dem bisherigen Programmcode, enthält aber nur noch einige wenige Anweisungen der Form

  ```
  INCLUDE [Includename]
  ```

  mit denen jeweils ein *Include* in den Programmtext integriert wird. Das **Include** selbst ist schlichtweg ein Abschnitt mit Programmcode. Um welchen Programmcode es sich dabei handelt, ist – technisch gesehen – gleichgültig.

Das Inkludieren findet beim Kompilieren/Aktivieren des Programms zum frühestmöglichen Zeitpunkt statt. Noch lange vor dem Übersetzen des ABAP-Codes werden die Includes als Programmtexte ins Rahmenprogramm eingesetzt.

Bildlich können Sie es sich so vorstellen, dass ein Include einem Blatt Papier mit Programmcode entspricht: Vor dem Kompilieren werden die Blätter ins Rahmenprogramm »eingeklebt« und so aneinandergereiht. Auf den Programmablauf zur Laufzeit hat die INCLUDE-Anweisung keinen Einfluss, sie unterscheidet sich also deutlich von Modularisierungs-einheiten wie dem FORM-Unterprogramm oder dem Funktionsbaustein.

Obwohl die einzelnen Includes sich technisch gesehen nicht vonein-ander unterscheiden, ordnet man, zur besseren Übersichtlichkeit, in einem typischen Modulpool einzelnen Includes bestimmte semanti-sche Bedeutungen zu: *Top-Include, PAI-Include, PBO-Include* und *FORM-Include*. Der ABAP Editor unterstützt diese Unterscheidung.

- Das **Top-Include** wird als erstes vom Rahmenprogramm inkludiert. Es enthält zu Beginn die – der REPORT-Zeile analoge – PROGRAM-Zeile. Es folgen die aus dem Report bereits bekannten Definitionen globaler Daten mit DATA und TABLES sowie Typdeklarationen mit TYPES.

Man darf seinen Includes zwar beliebige Namen innerhalb des Kun-dennamensraumes 'MZ*' geben, wobei der * für beliebige Namen steht. Es sollte jedoch leicht lesbar sein, wenn es sich um das *Top-Include* eines bestimmten Programms handelt. Im Modulpool SAPMZ-DEPOTnn ist für das Top-Include der Name MZDEPOTnnTOP sinnvoll.

- Das **PAI-Include** ist für die PAI-Module der Dynpros vorgesehen. Es enthält die Modulimplementierungen:

```
MODULE [Modulname] INPUT.

...

ENDMODULE.
```

Im Modulpool SAPMZDEPOTnn wird für das PAI-Include der Name MZDEPOTnnI01 automatisch vorgeschlagen. Man kann mit Namen wie MZDEPOTnnI02 usw. weitere PAI-Includes anlegen.

- Das **PBO-Include** ist für die PBO-Module der Dynpros vorgesehen. Es enthält die Modulimplementierungen:

```
MODULE [Modulname] OUTPUT.

...

ENDMODULE.
```

Im Modulpool SAPMZDEPOTnn wird für das PBO-Include der Name MZDEPOTnnO01 automatisch vorgeschlagen. Man kann mit Namen wie MZDEPOTnnO02 usw. weitere PBO-Includes anlegen.

- Für FORM-Unterprogramme, die von den Modulimplementierungen aufgerufen werden, ist das **FORM-Include** vorgesehen. Es besteht aus FORM-Unterprogrammen

  FORM [FORM-Name]

    USING [Parameter] CHANGING [PARAMETER].

  ...

  ENDFORM.

  Im Modulpool SAPMZDEPOTnn ist für das FORM-Include der Name MZDEPOTnnF01 sinnvoll. Man kann mit Namen wie MZDEPOTnnF02 usw. weitere FORM-Includes anlegen.

Zur Strukturierung größerer Reports können Sie die Include-Technik ebenfalls einsetzen, allerdings benötigen Sie dann keine PBO- und PAI-Includes.

**Schritte**   Das Dialogprogramm legen Sie, wie bisher Ihre Reports, in Ihrer bereits vorhandenen Kundenentwicklungsklasse ZABAPnn an. Ferner ordnen Sie es Ihrem ebenfalls bereits vorhandenen Änderungsauftrag zu.

Legen Sie den Modulpool SAPMZDEPOTnn mit Top-Include an (s. Abbildung 6.1 bis Abbildung 6.5). Abschließend legen Sie den Objektkatalogeintrag an, weisen den Änderungsauftrag zu und speichern das Top-Include.

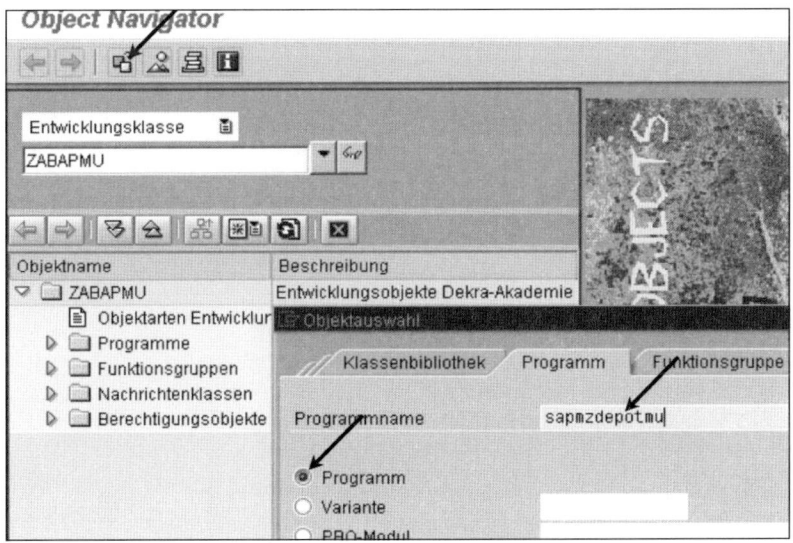

**Abbildung 6.1**
Anlegen eines Programms im Kundennamensraum »SAPMZ*« (© SAP AG)

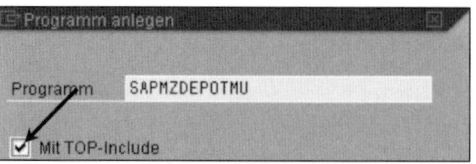

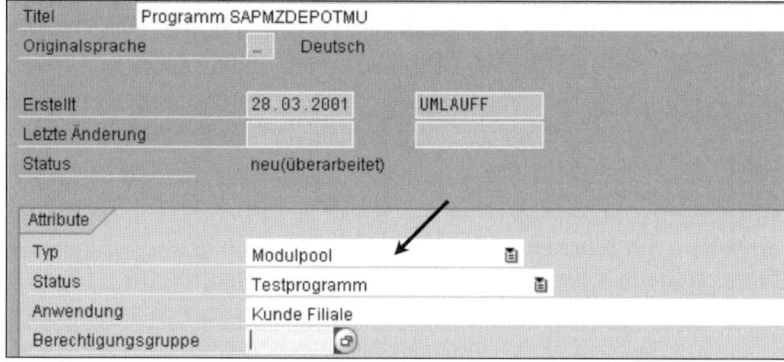

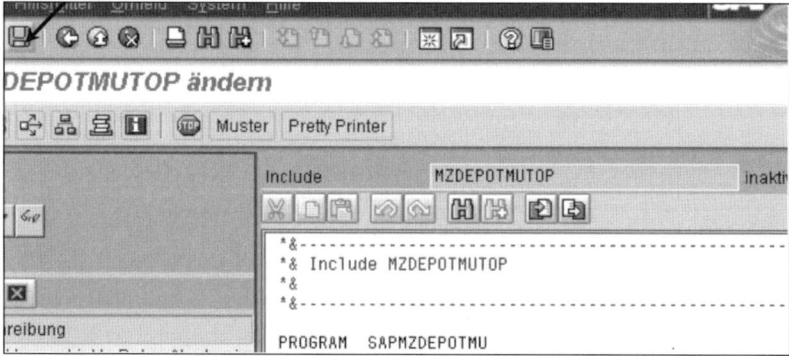

**2.** Legen Sie das Dynpro 100 mittels des *Screen Painters* an. Der Screen enthält folgende Bildschirm-Elemente (s. Abbildung 6.6):

- Drei Textfelder: Die Überschrift »Dekra Wertpapierdepotverwaltung« und die Aufforderung »Geben Sie bitte die Kundennummer ein«, ferner die Beschriftung des Eingabefeldes ZDEPOT-KUNDENNR aus dem Dictionary
- Ein Eingabefeld mit Dictionary-Bezug auf ZDEPOT-KUNDENNR
- Eine Drucktaste mit der Beschriftung SELEKTIEREN, die den Funktionscode SELECT auslöst. Mit diesem gelangt man zum Nachfolgedynpro 200.

**Aufgabe**

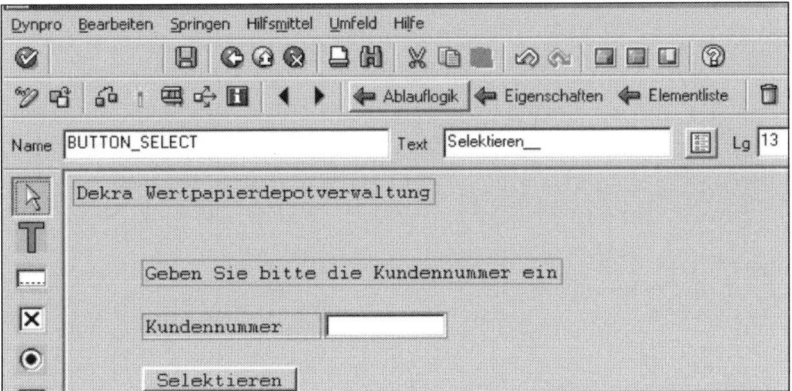

**Abbildung 6.6**
Screen Painter: Aufbau des Screens 100 nach dem Ende dieses Abschnitts (© SAP AG)

Das Dynpro 100 bildet den Startbildschirm, den die noch anzulegende *SAP-Transaktion* aufrufen wird. Am Ende dieses Abschnitts werden Sie die Transaktion bereits starten können und dieses Dynpro als Benutzer sehen.

**Erläuterung**

Das Nachfolgedynpro 200 können Sie wahlweise bereits in den Dynproattributen statisch festlegen. Hier wird gezeigt, wie man mit SET SCREEN dynamisch in die Dynprofolge eingreifen kann.

Navigieren Sie von der Entwicklungsklasse ZABAPnn zum Modulpool SAPMZDEPOTnn. Legen Sie Dynpro 100 an (s. Abbildung 6.7 bis Abbildung 6.13).

**Schritte**

**Abbildung 6.7**
Navigation von der
Entwicklungsklasse zum
neuen Programm. Rechts
ist das Top-Include zu
sehen.
(© SAP AG)

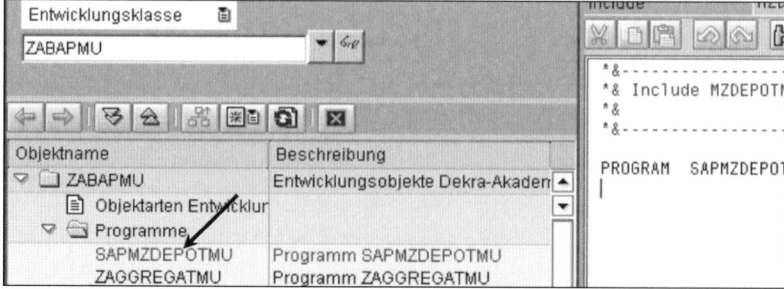

**Abbildung 6.8**
Anlegen eines Dynpros im
Modulpool
(© SAP AG)

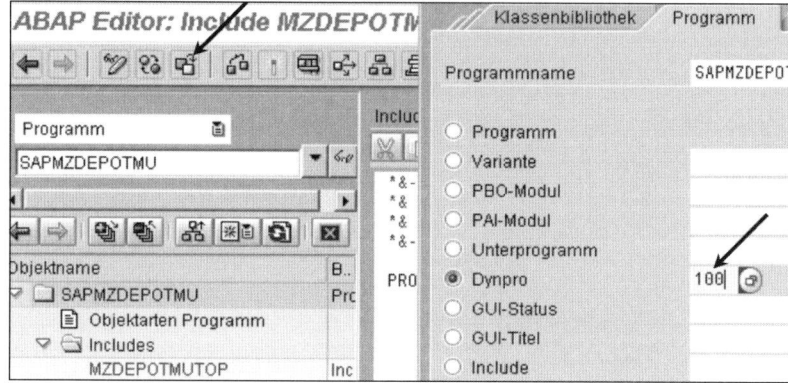

**Abbildung 6.9**
Pflege der Dynpro-
Eigenschaften
(© SAP AG)

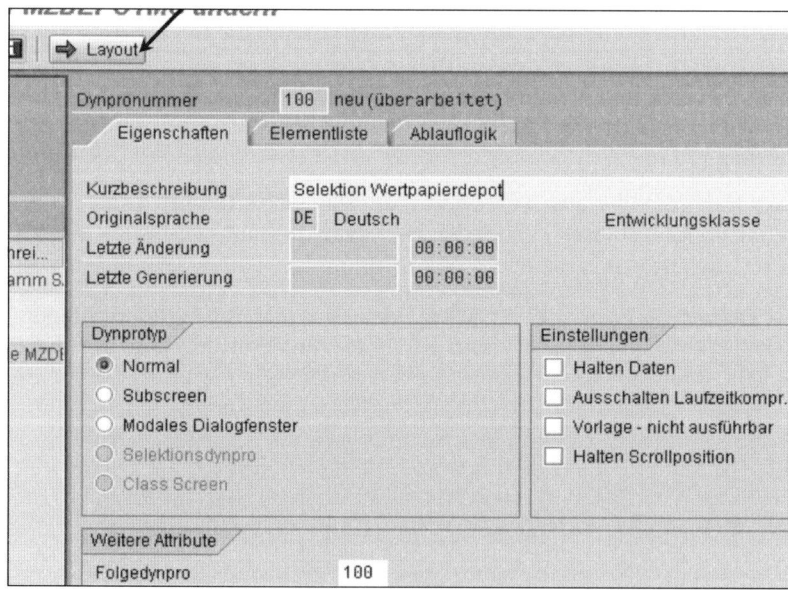

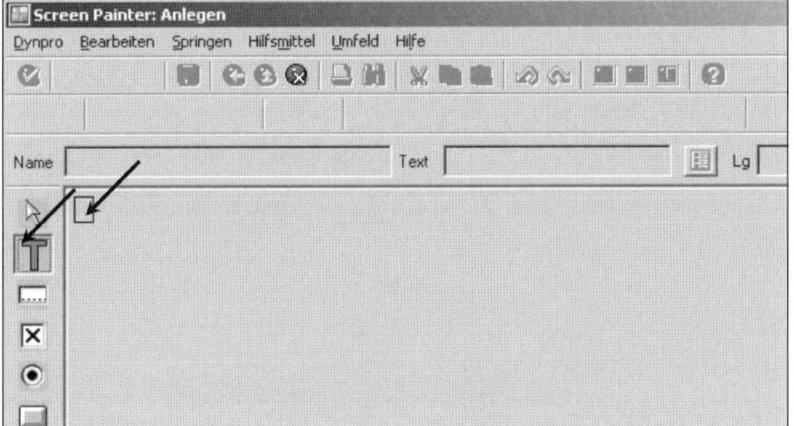

**Abbildung 6.10**
Graphischer Screen
Painter: Anlegen eines
Textfeldes. Klicken Sie in
der Werkzeugleiste auf
»T« und dann in die linke
obere Ecke. (© SAP AG)

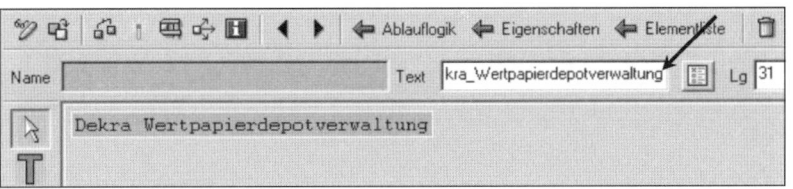

**Abbildung 6.11**
Geben Sie den Text in das
Textfeld ein. (© SAP AG)

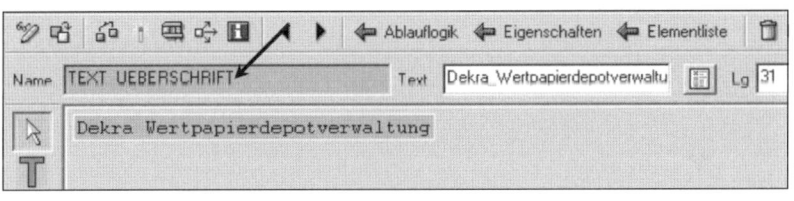

**Abbildung 6.12**
Jedes Feld des Screens
sollte einen Namen
erhalten, auch die
Textfelder. Dieser Name
kann vom Programm
angesprochen werden.
(© SAP AG)

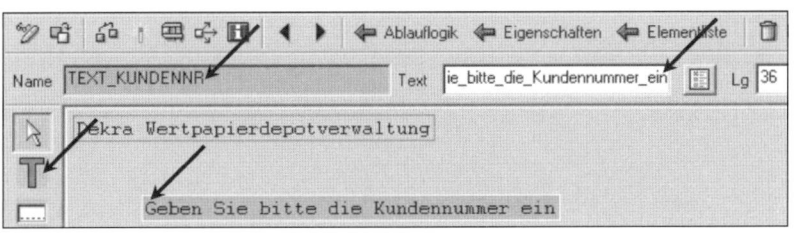

**Abbildung 6.13**
Anlegen eines zweiten
Textfeldes mit einer
Aufforderung zur Eingabe
der Kundennummer
(© SAP AG)

Eingabefelder werden meist mit Bezug zum Dictionary angelegt, so auch das Tabellenfeld KUNDENNR aus ZDEPOT. Dies wird unterstützt vom Fenster Dict/Programmfelder des Screen Painters (s. Abbildung 6.14 bis Abbildung 6.18).

**Abbildung 6.14**
Öffnen des Werkzeuges
DICT/PROGRAMMFELDER,
Holen der Felder einer
Datenbanktabelle,
Markieren eines Feldes
(© SAP AG)

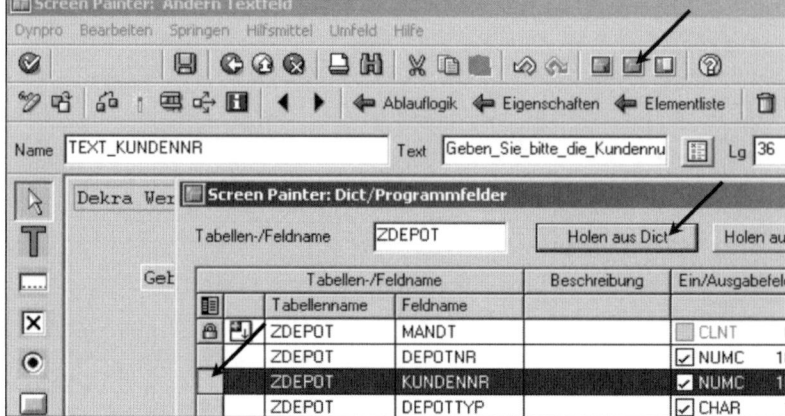

**Abbildung 6.15**
Einfügen eines markierten
Datenbanktabellenfeldes
in den Screen und...
(© SAP AG)

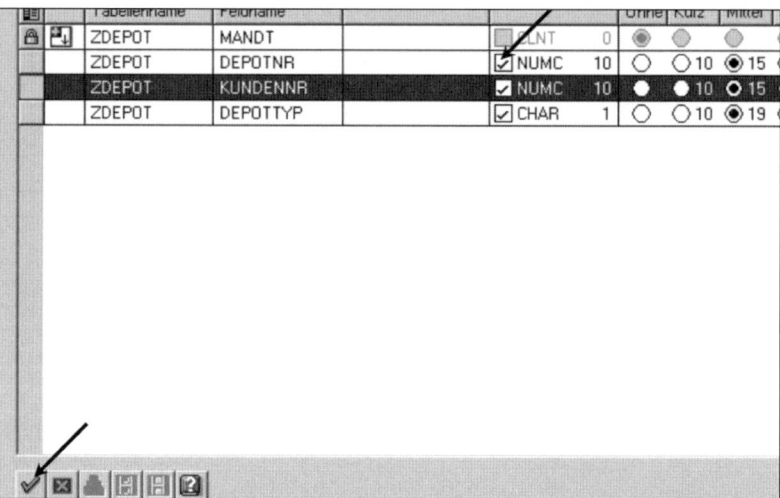

**Abbildung 6.16**
...Platzieren mit der
Maus. Es deuten sich zwei
Felder an: Textfeld und
Eingabefeld zum
ausgewählten DB-
Tabellenfeld. Mit
Klicken... (© SAP AG)

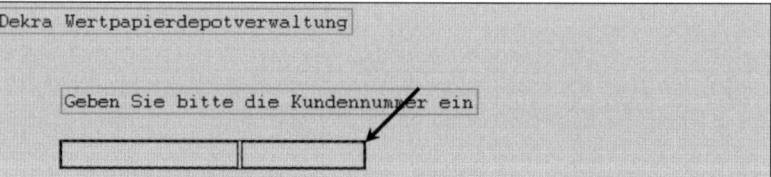

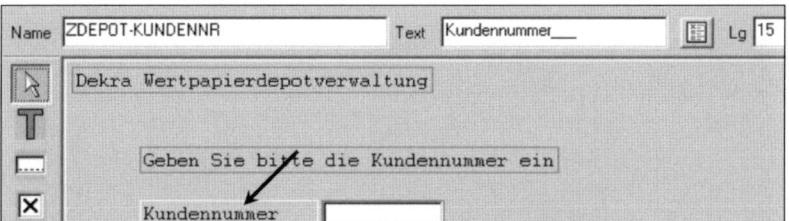

**Abbildung 6.17**
... wird die Position verankert. Es entstehen zwei Felder: Das Textfeld links bezieht seinen Text aus dem zugehörigen Dictionary-Datenelement.
(© SAP AG)

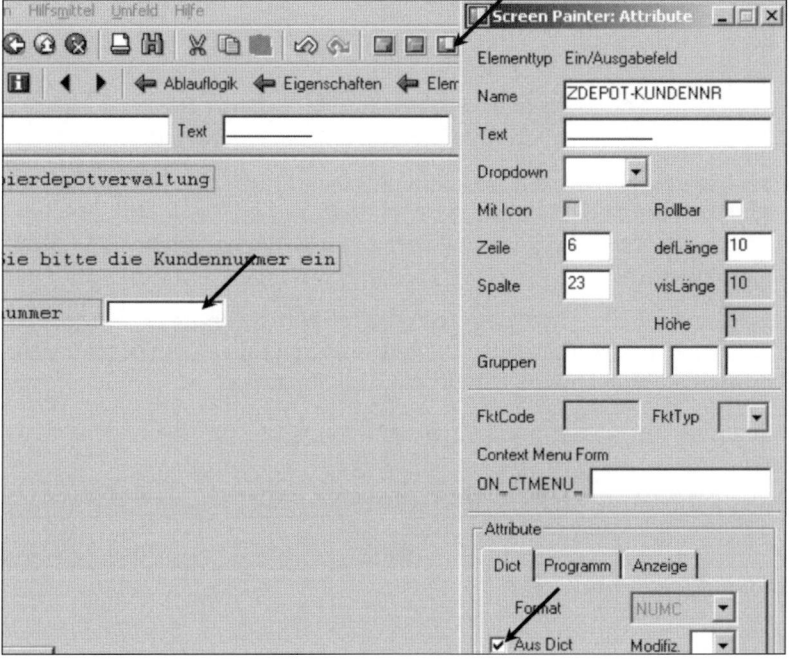

**Abbildung 6.18**
Rechts wurde ein Eingabefeld eingefügt. Name und Attribute des Feldes zeigen den Bezug zum Tabellenfeld aus dem ABAP-Dictionary an.
(© SAP AG)

Fügen Sie eine Drucktaste ein, und ordnen Sie den Funktionscode zu (s. Abbildung 6.19 und Abbildung 6.20).

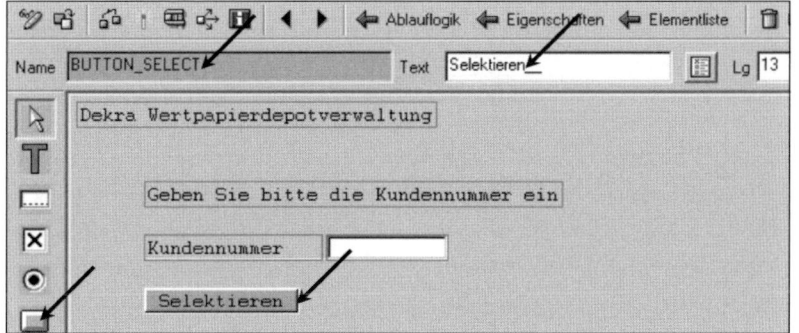

**Abbildung 6.19**
Anlegen eines Druckknopfes, Festlegen des angezeigten Textes und des Namens
(© SAP AG)

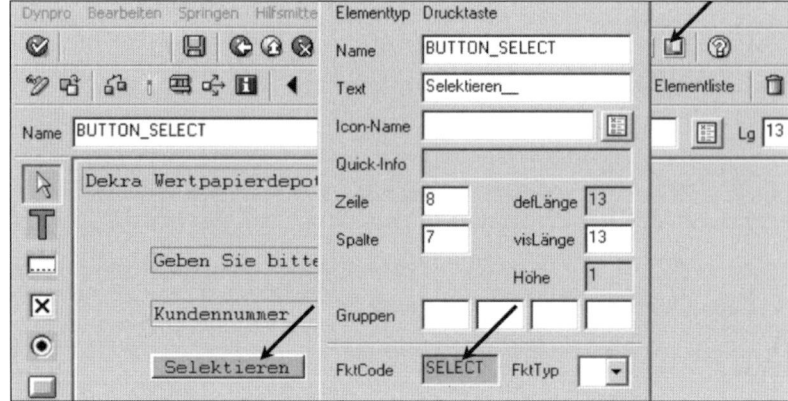

Schließlich müssen Sie das unsichtbare Screen-Element OK-Code mit einem Feldnamen belegen (s. Abbildung 6.21 bis 6.23). Im Top-Include des Programms muss ein gleichnamiges Feld mit Bezug auf das Systemfeld SY-UCOMM definiert werden.

Das Einstellen des OK-Code-Feldes wird gerne vergessen – und dies passiert nicht nur Anfängern. Die Folge ist, dass die Funktionscodeauswertung zu PAI nicht wie gewünscht funktioniert!

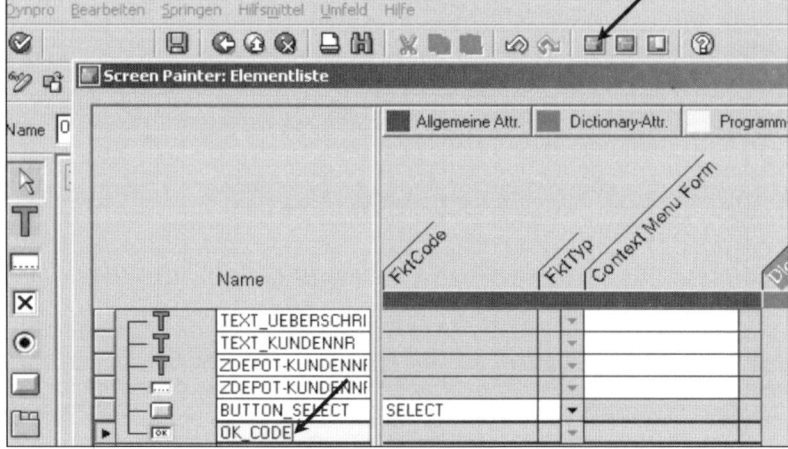

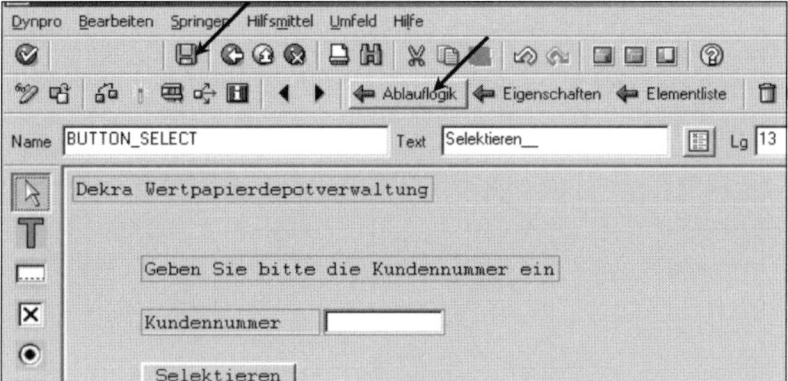

**Abbildung 6.22**
Speichern des fertigen
Screens, vorerst als
inaktives Objekt – zurück
zur Ablauflogik
(© SAP AG)

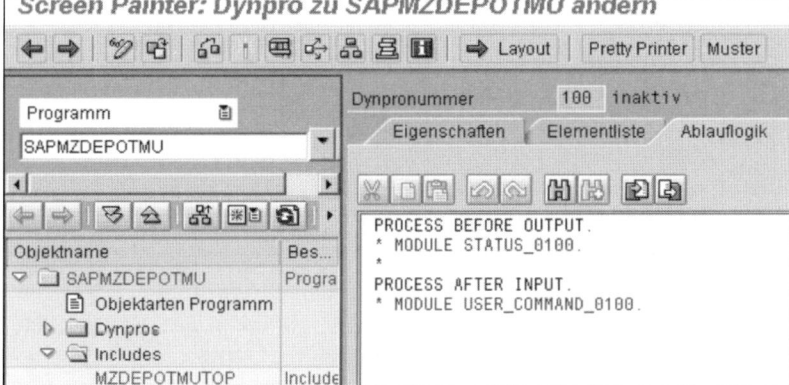

**Abbildung 6.23**
Dynpro 100, Ablauflogik.
Dieser Code ist kein ABAP,
sondern so genanntes
*Dynpro-ABAP* mit den
Zeitpunkten PBO und PAI!
(© SAP AG)

**3.** Nehmen Sie benötigte Deklarationen für die Tabellenarbeitsbereiche ZDEPOT und ZKUNDEN sowie die Deklaration der beiden OK-Code-Felder im Top-Include vor.

**A**ufgabe

Die beiden Tabellenarbeitsbereiche, die Sie mit TABLES definieren, werden als Transportmedium zwischen Dynpro und ABAP-Programm benötigt. Der Transport der Felder erfolgt zu PBO vom Programm zum Dynpro, zu PAI in der umgekehrten Richtung. Grundlage des Transports ist die Namensgleichheit von Feldern im Programm und im Dynpro.

**Erläuterung**

Neben dem OK-Code-Feld benötigt man ein zweites, ebenfalls mit SY_UCOMM typisiertes Feld zum Speichern des OK-Codes, damit dieser für den nächsten Dialogschritt initialisiert werden kann. Hier heißt es SAVE_OK.

Ergänzen Sie das Top-Include MZDEPOTnnTOP (s. Abbildung 6.24), und speichern Sie es.

**Schritte**

```
PROGRAM  sapmzdepotmu                    .
TABLES: zdepot, zkunden.
DATA: ok_code LIKE sy-ucomm,
      save_ok LIKE ok_code.
```

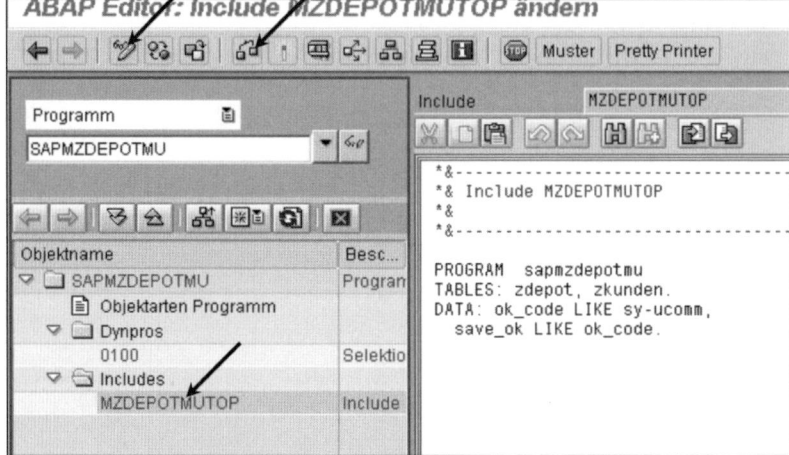

**Abbildung 6.24**
Ansteuern des Top-
Includes, Wechsel in den
Änderungsmodus,
Deklarationen anlegen,
Syntax prüfen.
(© SAP AG)

**Aufgabe**

**4.** Legen Sie einen *GUI-Status* an, der die ZURÜCK-Taste der SAPGUI aktiviert und dieser den Funktionscode BACK zuordnet. Legen Sie ebenso einen *GUI-Titel* mit dem Inhalt »Selektion Wertpapierkunde« an. Rufen Sie beide zu PBO auf.

**Erläuterung**   Wenn man, wie hier gezeigt wurde, im Feld NACHFOLGEDYNPRO in den Dynproattributen den Wert 100 nicht abändert, besteht die Gefahr, dass man beim Aufruf in einer »Sackgasse« endet. Anders als beim Report sind nämlich die Drucktasten der Symbolleiste nicht automatisch unterstützt, dies muss der Programmierer schon selbst erledigen!

Über das Feld *Nachfolgedynpro* könnten Sie das Dynpro 200 als Nachfolger statisch festlegen. Sie könnten auch mit dem Nachfolgedynpro 0 festlegen, dass das Programm gemäß der statischen Dynprofolge nach PAI von Dynpro 100 zum Aufrufer zurückkehrt. In diesem Falle würde also das Programm mit der Rückkehr zum Object Navigator beendet.

Diese Aufgabe hingegen macht von der statischen Dynprofolge keinen Gebrauch.

Die Tasten der Symbolleiste können über einen so genannten **GUI-Status** ins Dynpro eingebunden und mit Funktioncodes versehen werden. Der *GUI-Status* bindet über die fest definierte Symbolleiste hinaus auch eine frei programmierbare Drucktastenleiste, freie Funktionstasten und Einträge einer Menüleiste ans Dynpro an.

Den Tasten der Symbolleiste sind reservierte Funktionstasten zugeordnet. So ist beispielsweise der ZURÜCK-Taste (weißer Pfeil nach links auf grünem Grunde) die Funktionstaste F3 zugeordnet. Der ZURÜCK-Taste wird üblicherweise der Funktionscode BACK zugeordnet, dies ist Ihnen jedoch freigestellt.

Einem Dynpro kann zum Zeitpunkt PBO mit folgender Anweisung ein GUI-Status zugeordnet werden:

```
SET PF-STATUS [Name des GUI-Status].
```

Die Funktionscodes, die Sie den Elementen des GUI-Status zuordnen können, entsprechen, technisch gesehen, denen der Drucktasten auf dem Dynpro, die Sie bereits kennen gelernt haben. Sie stehen ebenfalls zum Zeitpunkt PAI im OK-Code-Feld zur Verfügung und müssen in einem PAI-Modul ausgewertet werden. Dort spielt es übrigens keine Rolle, ob ein Funktionscode von einer Dynpro-Drucktaste oder einer dem GUI-Status zugehörigen Funktionstaste, Drucktaste oder einem Menüeintrag ausgelöst wurde.

Der **GUI-Titel** erscheint im Dynpro in der Titelleiste. Die Zuordnung zu einem Dynpro erfolgt in einem PBO-Modul mit der Anweisung:

```
SET TITLEBAR [Name des GUI-Titels].
```

GUI-Status und GUI-Titel bilden zusammen die **Oberfläche** des Dynpros.

Beginnen Sie mit der Ablauflogik des Dynpros 100. Entkommentieren Sie die vorgegebene Zeile mit dem Aufruf des Moduls STATUS_0100 und speichern Sie. Per Doppelklick legen Sie das Modul an (s. Abbildung 6.25 bis Abbildung 6.26). Beim Anlegen habe Sie jeweils die Wahl, wo das entsprechende Modul angelegt werden soll. In aller Regel übernehmen Sie den Vorschlag des Systems. Ein *PBO-Modul* sollten Sie in das hierfür vorgesehene *PBO-Include* MZDEPOTnn001 einfügen. Beim ersten Male muss das Include zunächst angelegt werden, eine entsprechende INCLUDE-Anweisung wird automatisch in das Rahmenprogramm eingefügt.

**Schritte**

**Abbildung 6.25**
Ablauflogik des Dynpros,
Anlegen des PBO-Moduls
durch
Vorwärtsnavigation
(© SAP AG)

**Abbildung 6.26**
Der Name des neuen PBO-
Includes wird
automatisch
vorgeschlagen; die
nötige INCLUDE-
Anweisung im
Rahmenprogramm wird
ergänzt.
(© SAP AG)

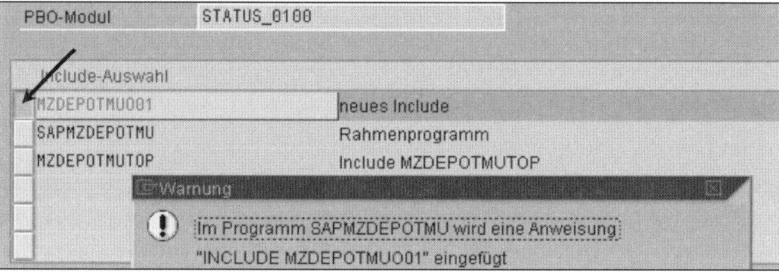

Das neu angelegte PBO-Modul STATUS_0100 enthält bereits einen vorde-finierten Aufruf für den GUI-Status (s. Abbildung 6.27). Entkommentie-ren Sie ihn, und legen Sie den Namen des GUI-Status auf 100 fest, an-schließend legen Sie den GUI-Status per Vorwärtsnavigation an (s. Abbildung 6.28 bis Abbildung 6.29).

**Abbildung 6.27**
Das neue PBO-Include mit
einem Vorschlag für das
Modul STATUS_0100
wurde eingefügt.
(© SAP AG)

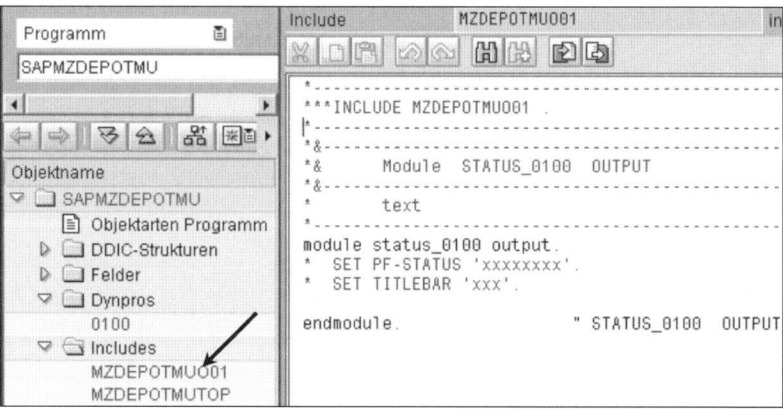

Ergänzen Sie das PBO-Modul status_0100.

```
MODULE status_0100 OUTPUT.
  SET PF-STATUS '100'.
  SET TITLEBAR '100'.


ENDMODULE.                      " STATUS_0100  OUTPUT
```

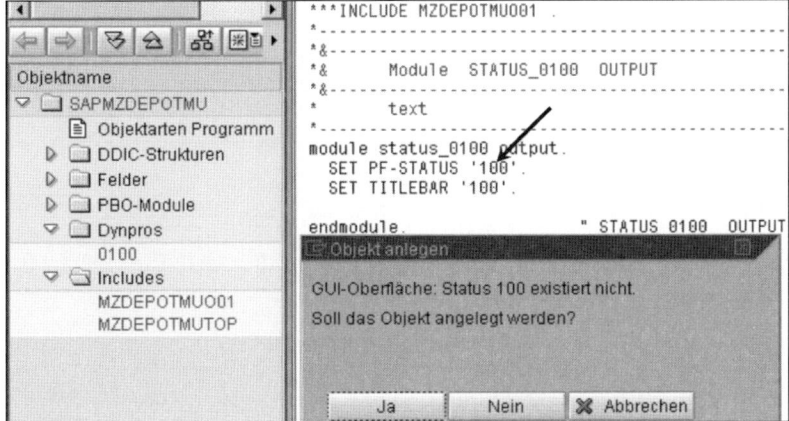

**Abbildung 6.28**
Anlegen des GUI-Status
per Vorwärtsnavigation
(© SAP AG)

Im GUI-Status ordnen Sie der ZURÜCK-Taste den Funktionscode BACK zu
(s. Abbildung 6.29 bis Abbildung 6.30).

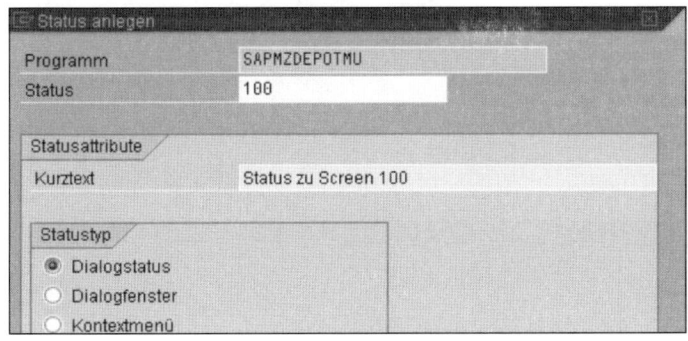

**Abbildung 6.29**
Anlegen GUI-Status
(© SAP AG)

**Abbildung 6.30**
Zuordnen Funktionscode
zur ZURÜCK-Taste im
GUI-Status
(© SAP AG)

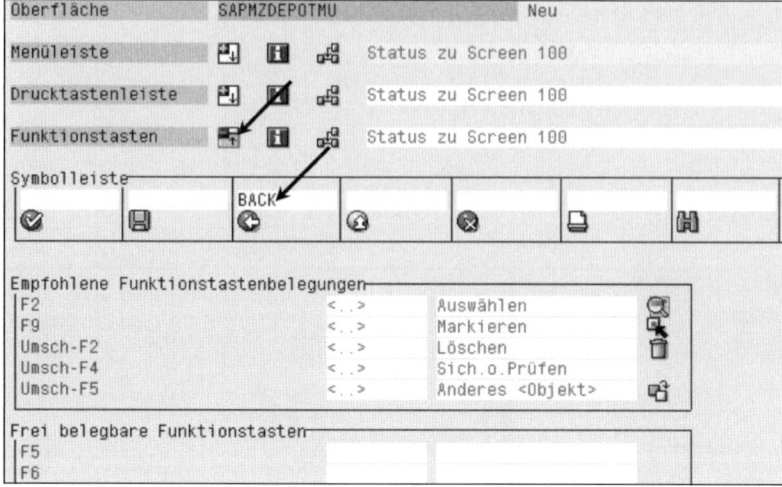

Legen Sie, wiederum per Vorwärtsnavigation, den GUI-Titel 100 an (s. Abbildung 6.31 bis Abbildung 6.32).

**Abbildung 6.31**
Anlegen des GUI-Titels
per Vorwärtsnavigation
(© SAP AG)

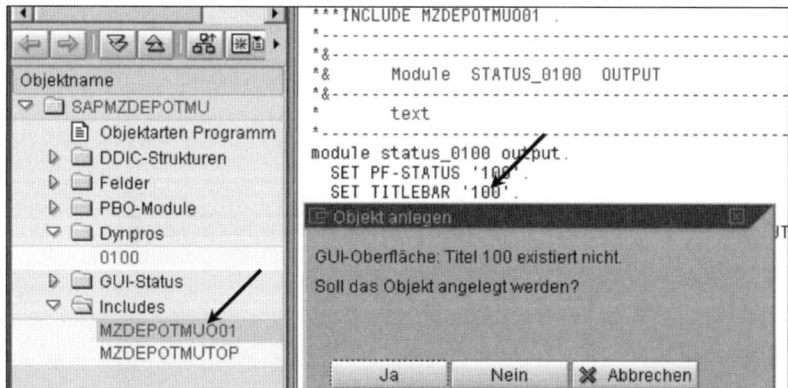

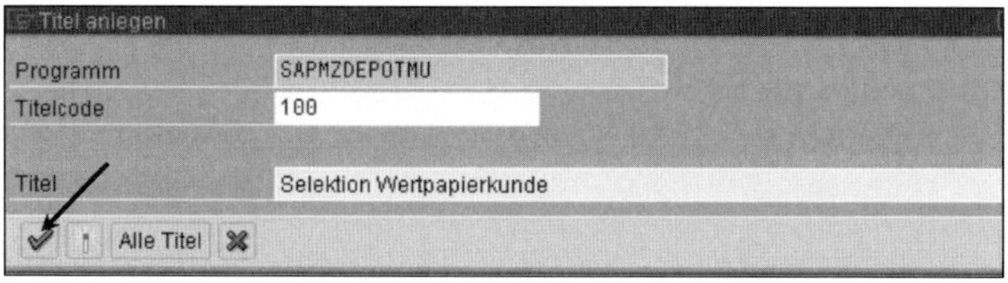

**Abbildung 6.32**
Festlegen eines GUI-Titels
in dessen Attributen
(© SAP AG)

**5.** Legen Sie per Vorwärtsnavigation das Modul USER_COMMAND_0100 im PAI-Include MZDEPOTnnI01 an. Speichern Sie zunächst den OK-Code im Feld SAVE_OK, und initialisieren Sie das OK-Code-Feld. Sehen Sie für den Fall, dass der Benutzer den Funktionscode BACK auslöst, das Verlassen des Programms vor. Den Funktionscode SELECT ergänzen Sie in der folgenden Aufgabe.

**Aufgabe**

Die Taste ⏎, ebenso die zugehörige *Enter-Taste* der Symbolleiste (»Enterhaken«), belegt keinen Funktionscode, führt jedoch zu PAI. Um in der darauffolgenden PAI-Verarbeitung gewährleisten zu können, dass die Taste ⏎ am Initialwert des OK-Code-Feldes erkannt wird, sollte es zu PAI initialisiert werden.

**Erläuterung**

Legen Sie das PAI-Modul USER_COMMAND_0100 zusammen mit dem PAI-Include MZDEPOTnnI01 an, worauf wiederum automatisch eine entsprechende INCLUDE-Anweisung ins Rahmenprogramm eingefügt wird (s. Abbildung 6.33 bis Abbildung 6.34).

**Schritte**

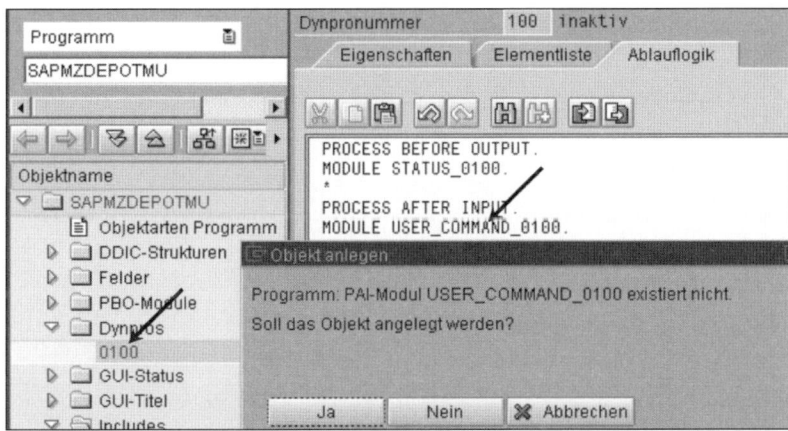

**Abbildung 6.33**
Anlegen eines PAI-Moduls per Vorwärtsnavigation (© SAP AG)

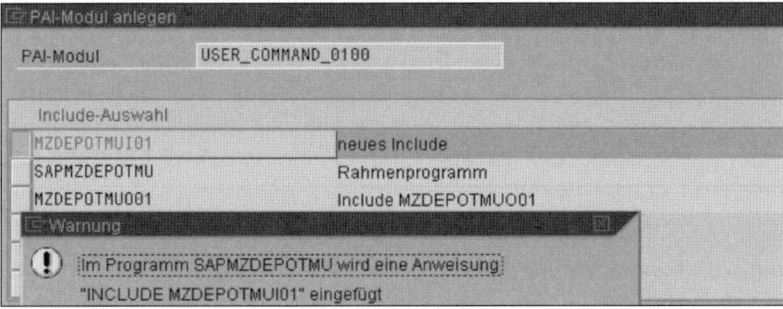

**Abbildung 6.34**
Der Name des neuen PAI-Includes wird automatisch vorgeschlagen; die nötige INCLUDE-Anweisung wird im Rahmenprogramm eingefügt. (© SAP AG)

Ergänzen Sie das Modul um folgenden Programmcode, der mit der ABAP-Anweisung

```
LEAVE PROGRAM.
```

dafür sorgt, dass mit der ZURÜCK-Taste über den Funktionscode BACK das Programm wieder verlassen werden kann.

```
MODULE user_command_0100 INPUT.
  save_ok = ok_code.
  CLEAR ok_code.
  CASE save_ok.
    WHEN 'BACK'.
      LEAVE PROGRAM.
    WHEN 'SELECT'.
*       noch zu ergänzen
  ENDCASE.
ENDMODULE.                    " USER_COMMAND_0100  INPUT
```

Der Vollständigkeit halber finden Sie hier noch die Ablauflogik von Dynpro 100:

```
PROCESS BEFORE OUTPUT.
  MODULE status_0100.
*

PROCESS AFTER INPUT.
  MODULE user_command_0100.
```

 **6.** Legen Sie eine SAP-Transaktion ZDEPOTnn zum Starten des Modulpools SAPMZDEPOTnn im Dynpro 100 an.

**Erläuterung**    Ohne **SAP-Transaktion** kann ein Programm vom Typ *Modulpool*, anders als ein Report, nicht gestartet werden. Das Programm startet mit der PBO-Verarbeitung des angegebenen Dynpros. Für einen Modulpool kann es mehrere Transaktionen mit unterschiedlichen Startdynpros geben, die verschiedene Variationen der Funktionalität des Modulpools realisieren, etwa *Anlegen*, *Ändern* oder *Anzeigen*.

**Schritte**    Legen Sie die Transaktion in der Entwicklungsklasse ZABAPnn an (s. Abbildung 6.35 bis Abbildung 6.37).

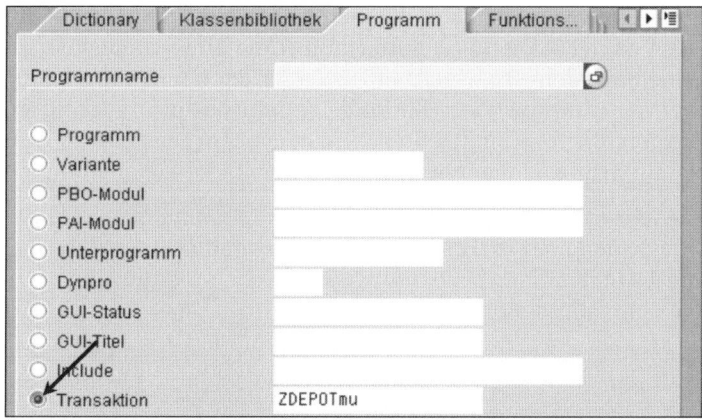

**Abbildung 6.35**
Anlegen einer SAP-
Transaktion
(© SAP AG)

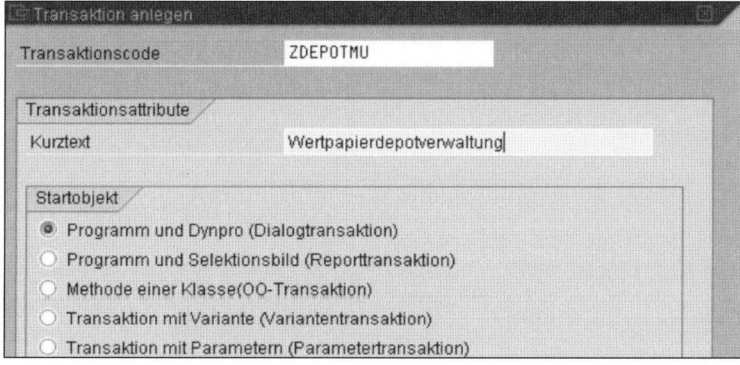

**Abbildung 6.36**
Pflege der Transaktions-
attribute
(© SAP AG)

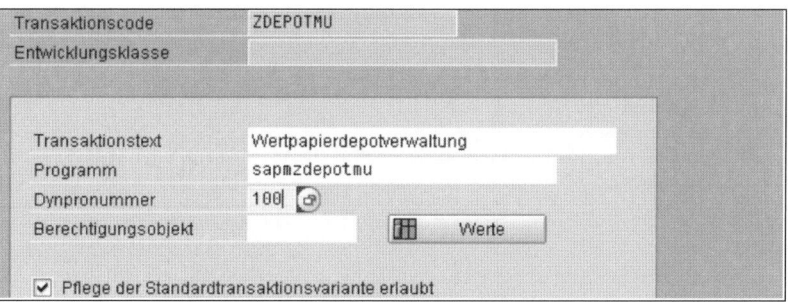

**Abbildung 6.37**
Festlegen des von der
Transaktion zu startenden
Programms und des
Startdynpros
(© SAP AG)

7. Aktivieren Sie alle bisher angelegten Objekte. Starten Sie die Transaktion ZDEPOTnn und verlassen Sie sie gleich wieder über die ZURÜCK-Taste.

**Erläuterung** Mittlerweile wurde eine Reihe von Objekten angelegt und gespeichert. Damit diese von der Transaktion gestartet werden können, müssen sie noch generiert werden. Das Speichern von Objekten hinterlässt diese nämlich nur in einem inaktiven Zustand, in dem sie nicht ausgeführt werden können.

Bislang wird nur die ZURÜCK-Taste des GUI-Status funktionieren, welche durch Auslösen des Funktionscodes BACK zum Programmende führt. Die Drucktaste SELEKTIEREN wird noch nicht unterstützt, da zuvor die PAI-Verarbeitung für ihren Funktionscode SELECT programmiert und Dynpro 200 angelegt werden muss.

In Abbildung 6.38 sehen Sie übrigens das – bisher völlig automatisch angelegte – Rahmenprogramm, das lediglich die Includes – Top-Include, PAI- und PBO-Include – zusammenhält.

**Schritte** Aktivieren Sie den kompletten Modulpool (s. Abbildung 6.38 bis Abbildung 6.39). Der Arbeitsvorrat wird die zu aktivierenden Objekte anzeigen, markieren Sie alle. Wenn Sie bisher stets Ihre Objekte geprüft haben, sollten nun keine Fehler mehr auftreten. Ansonsten müssen Sie die Fehler korrigieren.

**Abbildung 6.38**
Generieren aller Objekte
des Modulpools
(© SAP AG)

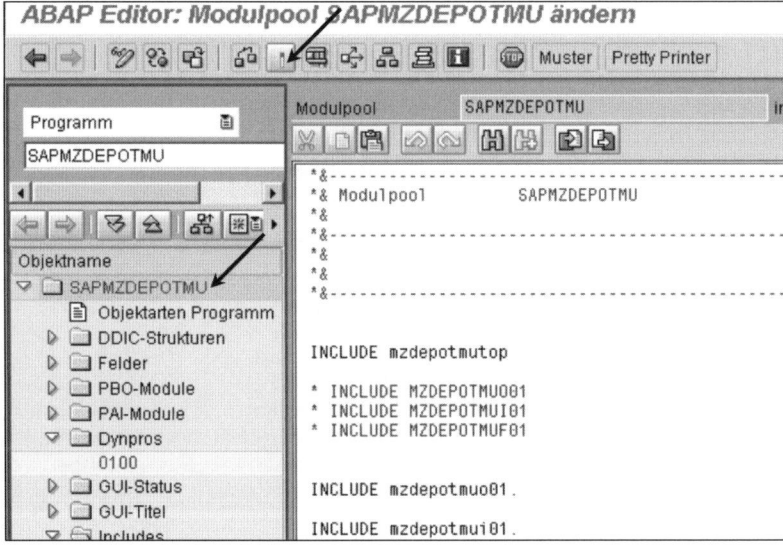

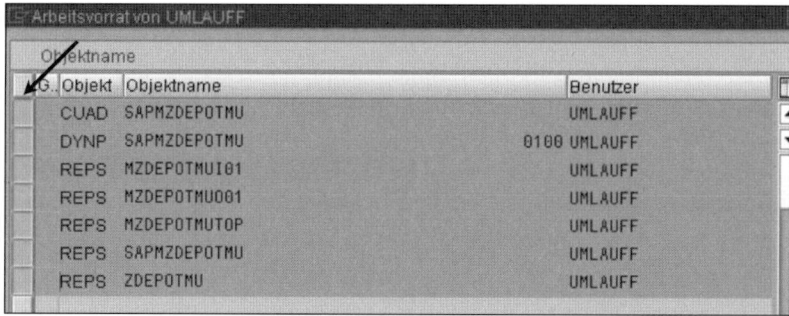

**Abbildung 6.39**
Arbeitsvorrat: Neu
angelegte, noch nicht
generierte Objekte
(© SAP AG)

Starten Sie nun die Transaktion (s. Abbildung 6.40 bis Abbildung 6.42).

Falls Sie beim Anlegen des GUI-Status oder beim Programmieren der PAI-Verarbeitung zum Funktionscode BACK einen Fehler eingebaut haben sollten, kann es passieren, dass die ZURÜCK-Taste nicht funktioniert und Sie im Dynpro 100 »feststecken«. Dies hat seinen Grund darin, dass dann die statische Dynprofolge greift, derzufolge der Nachfolger von Dynpro 100 das Dynpro 100 selbst ist. Mit der Eingabe von /NSE80 ins Kommandofeld entkommen Sie dieser »Falle« und starten den Object Navigator neu.

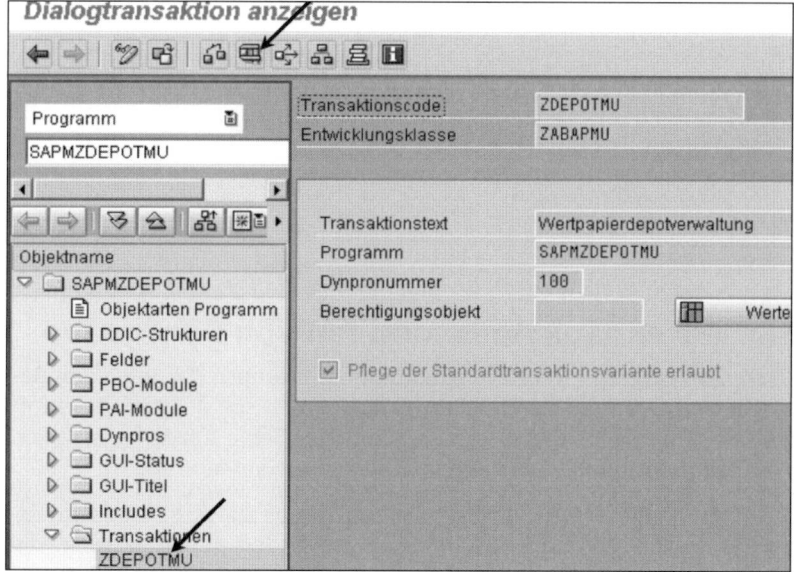

**Abbildung 6.40**
Start der Transaktion
ZDEPOTnn
(© SAP AG)

Sie werden später noch weitere Methoden kennen lernen, diese Transaktion zu starten.

Die [F4]-Hilfe des Feldes ZDEPOT-KUNDENNR funktioniert deshalb bereits, da für dieses Feld die Prüftabelle ZKUNDEN mit Prüffeld ZKUNDEN-KUNDENNR als Primär-/Fremdschlüsselbeziehung im Dictionary deklariert wurde. Hieraus wird automatisch eine Suchhilfe generiert.

**Abbildung 6.41**
Erfolgreicher
Transaktionsstart mit
Dynpro 100: Die [F4]-
Hilfe ist bereits verfügbar,
die Drucktaste
SELEKTIEREN funktioniert
noch nicht.
(© SAP AG)

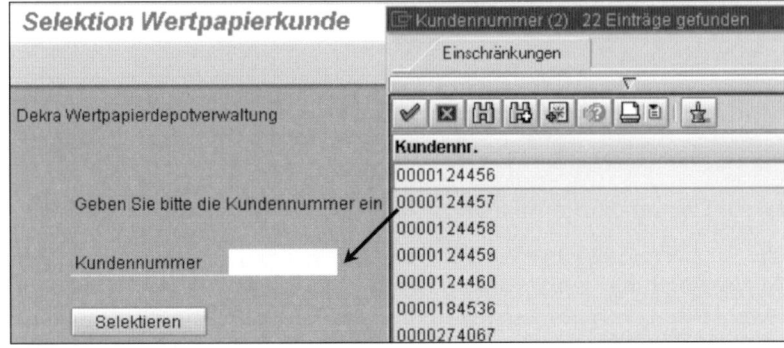

**Abbildung 6.42**
Der OK-Code BACK der
ZURÜCK-Taste des GUI-
Status sollte das
Programm beenden. Falls
nicht: /NSE80 ins
Kommandofeld »rettet«
Sie.
(© SAP AG)

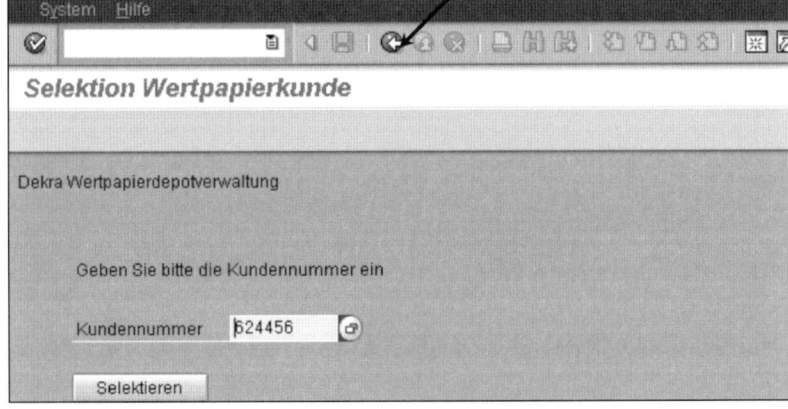

## 6.2 Datenbank-View und PAI von Dynpro 100

Nach dem Eingeben der Kundennummer auf Dynpro 100 durch den Benutzer und Drücken der Drucktaste SELEKTIEREN soll auf dem Nachfolgedynpro 200 eine Tabelle – ein so genannter *Table Control* – mit allen Wertpapierpositionen des Kunden ausgegeben werden.

Beim Klicken dieser Drucktaste in Dynpro 100 soll zu PAI eine interne Tabelle mit allen Wertpapierpositionen des Kunden gefüllt werden, die Dynpro 200 zu PBO dann als *Table Control* ausgegeben wird. Die interne Tabelle soll zu jeder Wertpapierposition folgende Angaben enthalten: Wertpapierkennnummer, Titel, Emittent, Depotnummer, Anzahl und Kundennummer.

**1.** Legen Sie zunächst im Dictionary einen *Datenbank-View* ZDEPOT_PAPIERnn in der Entwicklungsklasse ZABAPnn über die Tabellen ZDEPOTPSTN, ZWPAPIER und ZDEPOT an (s. Abbildung 6.43 bis Abbildung 6.44).

Die Join-Verknüpfungen ergeben sich aus den bereits festgelegten Primär-/Fremdschlüsselbeziehungen dieser Datenbanktabellen (s. Abschnitt 3.5 »Datenbanktabellen mit Beziehungen«).

Der View dient als Hilfsmittel zum Füllen der internen Tabelle mit den Wertpapierpositionen und enthält die Felder: MANDT, WKN, TITEL, EMITTENT, DEPOTNR, ANZAHL und die KUNDENNR.

Aktivieren Sie den View.

**Aufgabe**

Der **Datenbank-View** stellt eine »virtuelle Datenbanktabelle« dar, die selbst keine Datensätze enthält, sondern ihre Datensätze aus den zugrunde liegenden Datenbanktabellen bezieht.

**Erläuterung**

Die Felder dieser Datensätze können aus mehreren Tabellen stammen, wobei die Zuordnung der Datensätze durch die Primär-/Fremdschlüsselbeziehungen der beteiligten Datenbanktabellen festgelegt wird. Diese Zuordnung ist die gleiche, die Sie bereits in Abschnitt 4.9 »SELECT-OPTIONS, INNER JOIN, Alias« kennen gelernt haben. Gegebenenfalls lesen Sie sich die Erläuterungen dort nochmals durch.

Der Unterschied zum programminternen INNER JOIN der SELECT-Anweisung besteht darin, dass die Zuordnung der Datensätze und die Feldauswahl beim *Datenbank-View* als eigenständiges Dictionary-Objekt manifestiert wird und so allen Programmen Ihres R/3-Systems verfügbar ist. Anstelle eines SELECT mit INNER JOIN auf Datenbanktabellen kann man also auch ein SELECT ohne INNER JOIN auf dem betreffenden Datenbank-View ausführen.

**INNER JOIN vs. Datenbankview**

**Schritte**

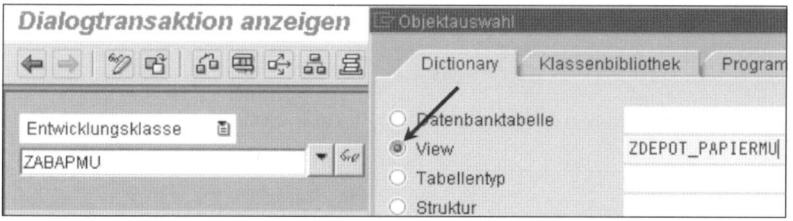

**Abbildung 6.43**
Anlegen eines Views
(© SAP AG)

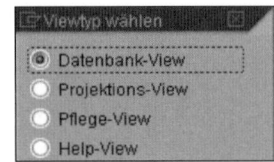

Tragen Sie die Tabellennamen ein (s. Abbildung 6.45). Anschließend legen Sie mit der Drucktaste BEZIEHUNGEN und durch Auswahl der angebotenen Beziehungen, die aus den Primär-/Fremdschlüsselbeziehungen des ABAP-Dictionaries herrühren, die **Joinbedingungen** an (s. Abbildung 6.46 bis Abbildung 6.47). Bestätigen Sie dies mit der Drucktaste ÜBERNEHMEN.

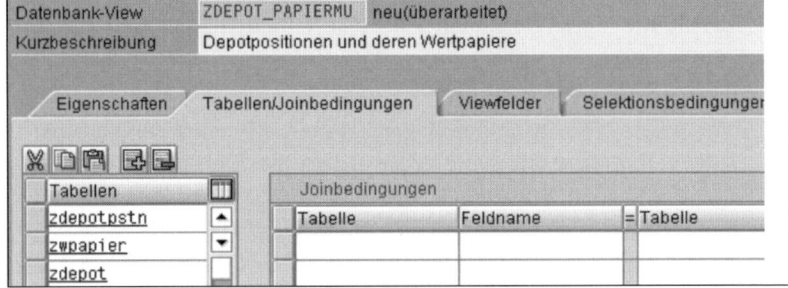

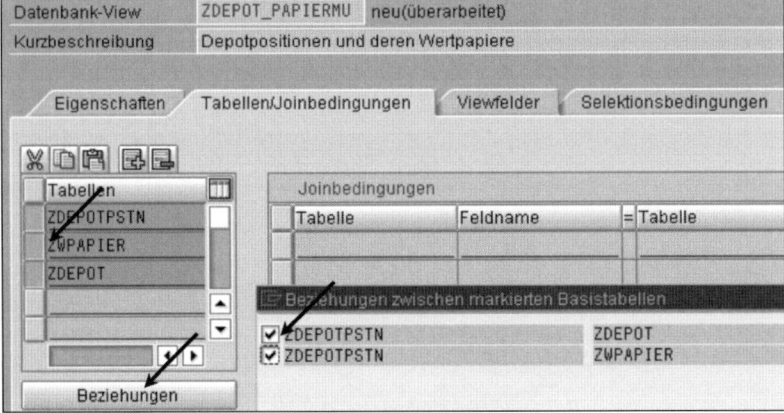

**Abbildung 6.47**
Die resultierenden
Joinbedingungen
(© SAP AG)

Wechseln Sie ins Registerblatt VIEWFELDER. Die Felder können Sie hier zwar von Hand eintragen, einfacher geht es jedoch folgendermaßen: Nach der Drucktaste TABELLENFELDER wählen Sie jeweils eine Basistabelle per Doppelklick aus, deren Felder Sie dann per Abhaken in den View aufnehmen können (s. Abbildung 6.48 bis Abbildung 6.53). Wählen Sie jeweils die in den Abbildungen gezeigten Felder aus. Diese Auswahl nennt man auch **Projektion**.

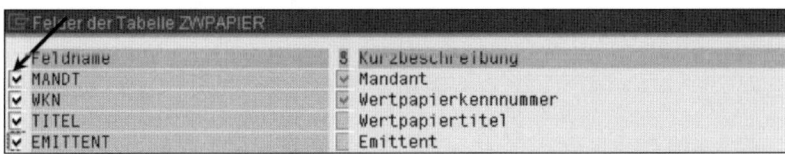

**Abbildung 6.48**
Anlegen der Viewfelder
für Tabelle ZWPAPIER
(© SAP AG)

**Abbildung 6.49**
Auswahl der Felder aus
Tabelle ZWPAPIER
(© SAP AG)

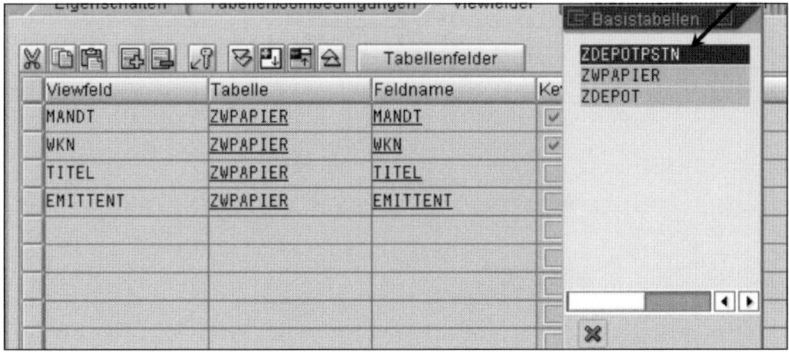

**Abbildung 6.50**
Auswahl der nächsten
Basistabelle für die
Viewfelderauswahl per
Doppelklick
(© SAP AG)

**Abbildung 6.51**
Auswahl der Felder aus
Tabelle ZDEPOTPSTN
(© SAP AG)

**Abbildung 6.51**
Auswahl der Felder aus
Tabelle ZDEPOTPSTN
(© SAP AG)

**Abbildung 6.52**
Auswahl der dritten
Basistabelle für die
Viewfelderauswahl
(© SAP AG)

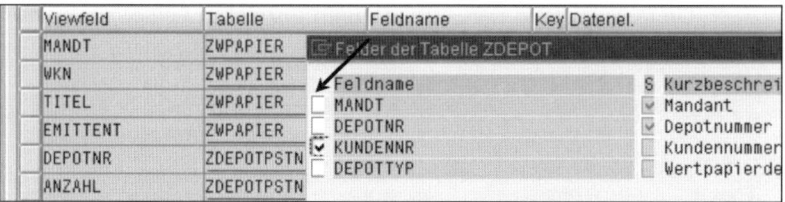

**Abbildung 6.53**
Auswahl eines Feldes aus
Tabelle ZDEPOT
(© SAP AG)

| Viewfeld | Tabelle | Feldname | Key | Datenel. |
|---|---|---|---|---|
| MANDT | ZWPAPIER | | | |
| WKN | ZWPAPIER | | | |
| TITEL | ZWPAPIER | | | |
| EMITTENT | ZWPAPIER | | | |
| DEPOTNR | ZDEPOTPSTN | | | |
| ANZAHL | ZDEPOTPSTN | | | |

Felder der Tabelle ZDEPOT

| Feldname | S | Kurzbeschrei |
|---|---|---|
| MANDT | ✓ | Mandant |
| DEPOTNR | ✓ | Depotnummer |
| KUNDENNR | ✓ | Kundennummer |
| DEPOTTYP | | Wertpapierde |

Alle Viewfelder und die Aktivierung des Views sehen Sie in Abbildung
6.54 bis Abbildung 6.55.

**Abbildung 6.54**
Alle Viewfelder des Views
ZDEPOT_PAPIERnn
(© SAP AG)

| Viewfeld | Tabelle | Feldname | Key | Datenel. |
|---|---|---|---|---|
| MANDT | ZWPAPIER | MANDT | ✓ | MANDT |
| WKN | ZWPAPIER | WKN | ✓ | Z_WKN |
| TITEL | ZWPAPIER | TITEL | | Z_WPTITEL |
| EMITTENT | ZWPAPIER | EMITTENT | | Z_EMITTENT |
| DEPOTNR | ZDEPOTPSTN | DEPOTNR | ✓ | Z_DEPOTNR |
| ANZAHL | ZDEPOTPSTN | ANZAHL | | Z_ANZAHL |
| KUNDENNR | ZDEPOT | KUNDENNR | | Z_KUNDENNR |

**Abbildung 6.55**
Aktivieren des Views
(© SAP AG)

**2.** Veranlassen Sie, dass der Funktionscode `SELECT` zu Dynpro 200 hinführt. Dynpro 200 wird eine Tabelle mit allen Wertpapierpositionen des Kunden als *Table Control* (s. Abbildung 6.56) ausgeben. Zu dessen Vorbereitung soll zu PAI von Dynpro 100 eine interne Tabelle, welche die Wertpapierpositionen des Kunden enthält, gefüllt werden. Sie enthält folgende Angaben: `WKN`, `TITEL`, `EMITTENT`, `DEPOTNR`, `ANZAHL` und die `KUNDENNR`. Verwenden Sie zur Datenbeschaffung den soeben angelegten View `ZDEPOT_PAPIERnn`.

Definieren Sie im Top-Include, neben der internen Tabelle, auch einen `TABLES`-Arbeitsbereich für den View `ZDEPOTPAPIERnn`, der als Transportmittel zwischen ABAP-Programm und Dynpro fungiert.

| Wertpapier... | Wertpapiertitel | Emittent | Depotnum... | Anzahl | |
|---|---|---|---|---|---|
| 707400 | KWS | Biotech Emiss. | 936224 | 300 | |
| 806600 | Oldenburg. Landesb. | Emission-GmbH | 936224 | 80 | |
| 865153 | Olivetti DTZ | CompEmm. | 936224 | 50 | |
| 873479 | Astra B | Biotech Emiss. | 936224 | 20 | |
| 879399 | Lauda Air PS | Special Share S | 936224 | 548 | |

**Abbildung 6.56**
Im Dynpro 200 werden Sie diesen *Table Control* anlegen, der auf der zu PAI von Dynpro 100 gefüllten internen Tabelle basiert. (© SAP AG)

Da es sich bei einem View gewissermaßen um eine »virtuelle Datenbanktabelle« handelt, können Sie ihn vom Programm aus weitgehend wie eine »echte« Datenbanktabelle behandeln. So können Sie ihn in der `FROM`-Klausel der `SELECT`-Anweisung als Datenherkunft nutzen. **Erläuterung**

Ergänzen Sie das Top-Include `MZDEPOTnnTOP` um die interne Tabelle und einen zugehörigen Arbeitsbereich, beide mit Bezug auf den Datenbank-View, sowie dessen `TABLES`-Arbeitsbereich (s Abbildung 6.57). **Schritte**

```
DATA: ok_code LIKE sy-ucomm,
    save_ok LIKE ok_code.
```

```
DATA: it_kp LIKE TABLE OF zdepot_papiermu,
   wa_kp LIKE zdepot_papiermu.
TABLES: zdepot_papiermu.
```

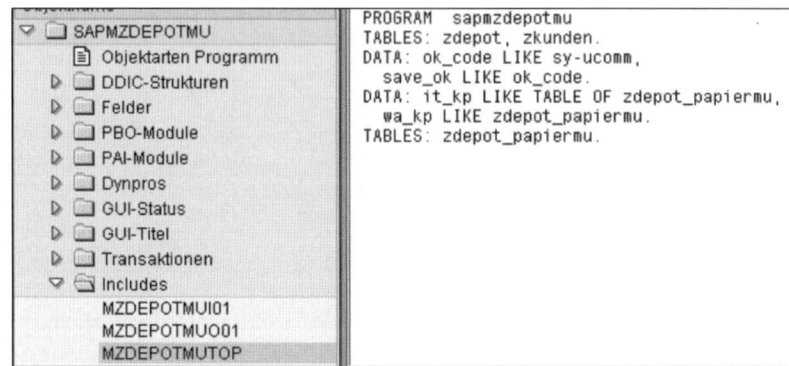

**Abbildung 6.57**
Ergänzen des Top-
Includes um benötigte
Definitionen
(© SAP AG)

Ergänzen Sie das PAI-Modul USER_COMMAND_0100 im PAI-Include MZDEPOTnnI01 in der CASE-Verzweigung zum Funktionscode SELECT (s. Abbildung 6.58).

```
MODULE user_command_0100 INPUT.
  save_ok = ok_code.
  CLEAR ok_code.
  CASE save_ok.
    WHEN 'BACK'.
      LEAVE TO SCREEN 100.
    WHEN 'SELECT'.
      SELECT * FROM zdepot_papiermu
      INTO CORRESPONDING FIELDS OF TABLE it_kp
      WHERE kundennr = zdepot-kundennr.
      LEAVE TO SCREEN 200.
  ENDCASE.
ENDMODULE.                    " USER_COMMAND_0100  INPUT
```

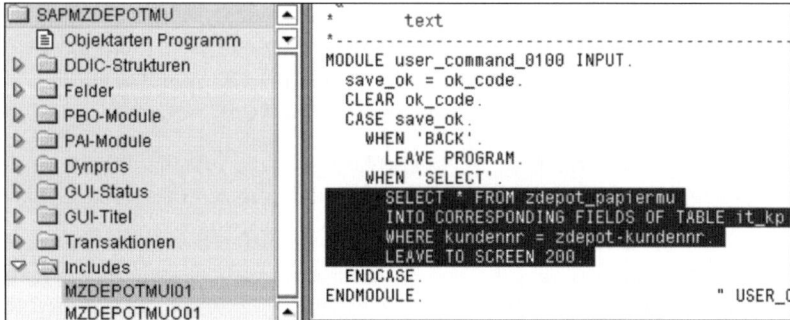

**Abbildung 6.58**
Ergänzen der PAI-
Verarbeitung: Drucktaste
SELEKTIEREN mit OK-Code
SELECT (© SAP AG)

Das Modul USER_COMMAND_0100 sorgt also dafür, dass: **Zusammenfassung**

- die ZURÜCK-Taste das Programm beendet und zum Aufrufer, hier dem Object Navigator, zurückkehrt

- die SELEKTIEREN-Taste eine interne Tabelle mit Daten aus dem View füllt und zum Screen 200 hin führt

Die soeben eingefügten Änderungen zu PAI sind, wenn Sie nun alle Objekte aktivieren und die Transaktion ZDEPOTnn starten, noch nicht sichtbar. Es erscheint wie bisher lediglich Dynpro 100 (s. Abbildung 6.42).

## 6.3 Dynpro 200: Table Control

Dynpro 200 hat einen komplexeren Aufbau als Dynpro 100. Es enthält einen *Table Control*, mit dem eine interne Tabelle dargestellt werden kann. Der Table Control muss zu PBO mit dem Inhalt der internen Tabelle gefüllt werden. Da der Table Control nur eine begrenzte Anzahl an Zeilen der internen Tabelle darstellen kann, ist für die Blättertasten der Symbolleiste mit Hilfe des GUI-Status zu PAI eine *Blätterlogik* zu implementieren. Des Weiteren muss zu PAI ausgewertet werden, ob der Benutzer eine Zeile mit einer Wertpapierposition markiert hat, die er zukaufen oder verkaufen will.

Das Layout des Dynpros 200 sehen Sie Abbildung 6.59.

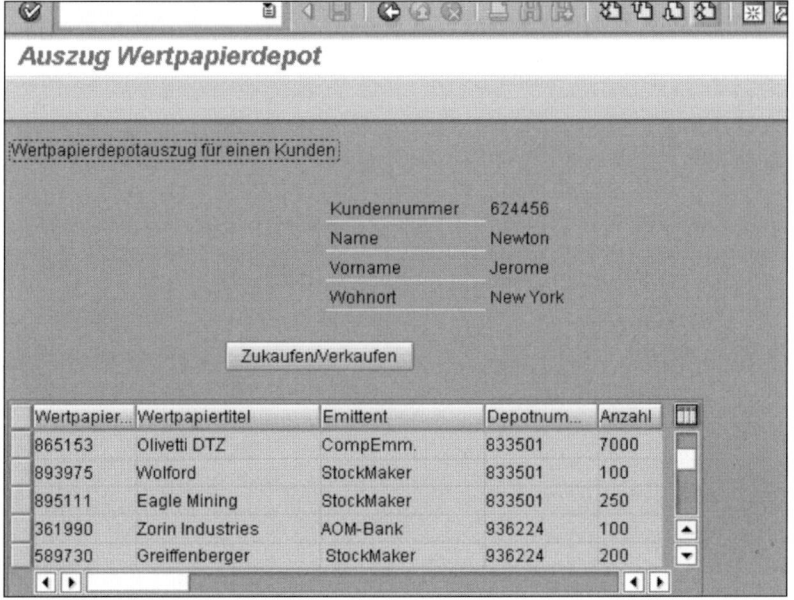

**Abbildung 6.59**
Das gestartete Dynpro 200 am Ende dieses Abschnitts
(© SAP AG)

### 6.3.1 Screen 200: Anlegen des Table Controls

**Aufgabe**

1. Legen Sie im Dynpro 200 die Überschrift »Wertpapierdepotauszug für einen Kunden« sowie für den in Dynpro 100 ausgewählten Kunden dessen Kundendaten als reine Ausgabefelder mit Dictionary-Bezug zur Tabelle ZKUNDEN an: KUNDENNR, NAME, VORNAME, WOHNORT (s. Abbildung 6.60 bis Abbildung 6.64).

**Schritte** Die ersten Schritte kennen Sie bereits von Dynpro 100. Die Felder fügen Sie wiederum aus dem Dictionary ein.

**Abbildung 6.60**
Anlegen Dynpro 200; den
Programmnamen müssen
Sie angeben!
(© SAP AG)

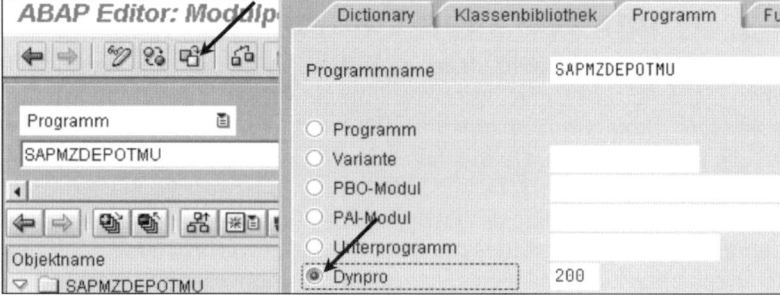

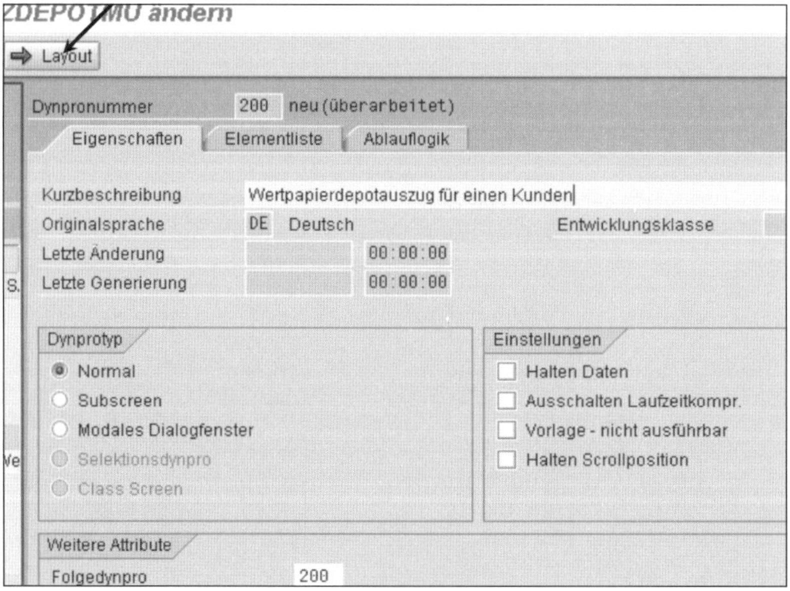

**Abbildung 6.61**
Pflege der Dynpro-
Eigenschaften
(© SAP AG)

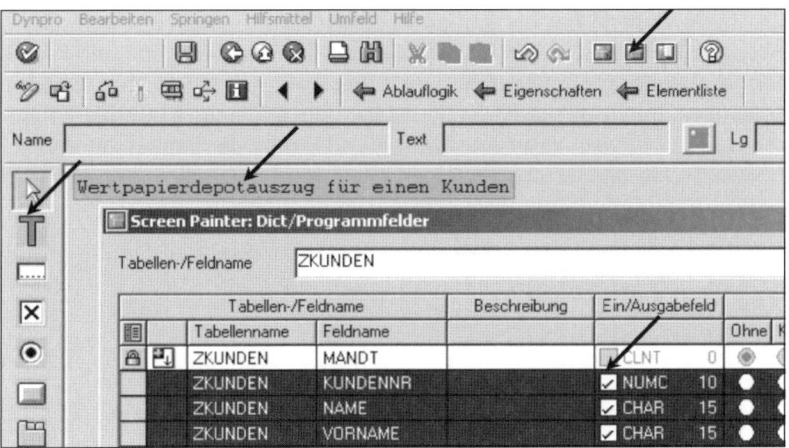

**Abbildung 6.62**
Textfeld als Überschrift,
Eingabefelder aus
Datenbanktabelle
ZKUNDEN
(© SAP AG)

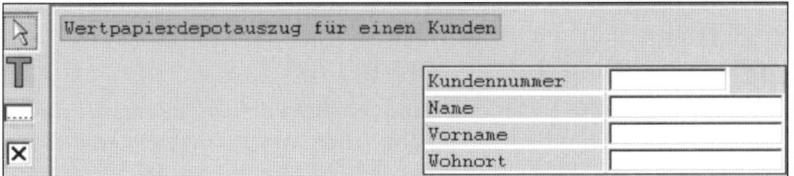

**Abbildung 6.63**
Platzieren der Felder aus
Datenbanktabelle
ZKUNDEN
(© SAP AG)

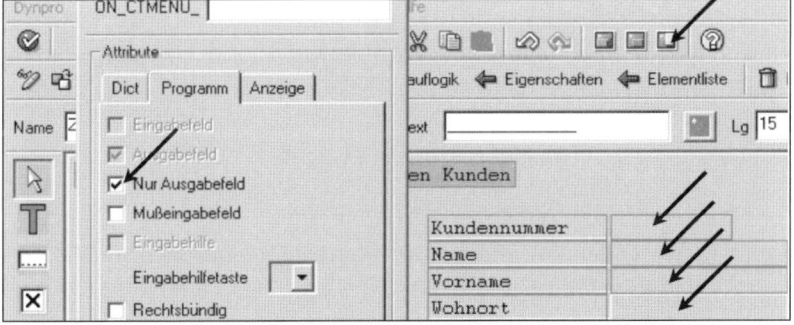

**Abbildung 6.64**
Kundendaten sind reine
Ausgabefelder: Das
Setzen des Attributs
erfolgt einzeln für jedes
Feld! (© SAP AG)

2. Fügen Sie einen *Table Control* von ausreichender Breite in den Screen ein (s. Abbildung 6.65 bis Abbildung 6.66). Hierfür definieren Sie ihn zunächst im Top-Include, zusammen mit einem Textfeld der Länge 1 für die *Markierspalte*. Definieren Sie ferner drei Integer-Felder, welche für die *Blätterlogik* gebraucht werden, sowie ein weiteres Integer-Feld für die Tabellenposition des vom Benutzer zum Kauf ausgewählten Wertpapiers.
Fügen Sie die Felder WKN, TITEL, EMITTENT, DEPOTNR und ANZAHL aus dem View ZDEPOT_PAPIERnn als reine Ausgabefelder ohne die zugehörigen Textfelder in den *Table Control* ein (s. Abbildung 6.67 bis Abbildung 6.69). Sie bilden die Spalten des *Table Controls*.

**Erläuterung**    Der **Table Control** hat die Aufgabe, eine interne Tabelle auf dem Dynpro darzustellen. Er ist der Nachfolger des älteren *Steploops* und bietet dem Anwender mehr Komfort. Der *Table Control* verfügt über seitliche Rollbalken und kann sich der Fenstergröße anpassen (»Resize-Fähigkeit«). Der Benutzer kann Anordnung und Größe der Spalten anpassen. Er kann – wie hier – zum Anzeigen der internen Tabelle, aber auch zu deren Änderung verwendet werden.

Zu PBO muss der Table Control mit den anzuzeigenden Daten gefüllt werden. Eventuelle Änderungen an Feldinhalten müssen zu PAI ausgewertet werden. Für beides gibt es eine spezielle LOOP-Schleife in der Dynpro-Ablauflogik.

Der Table Control muss wie folgt definiert werden:

```
CONTROLS [TC-Name] TYPE TABLEVIEW USING SCREEN '[Dynpro]'.
```

Auf dem Screen wird er zunächst in Form eines rechteckigen Bereiches angelegt, dem dann auf herkömmliche Weise Ein-/Ausgabefelder hinzugefügt werden, die dann die **Spalten** bilden.

Eine besondere Rolle bildet die **Markierspalte** am linken Rand des Table Controls. Durch Zuordnen eines im Programm definierten Textfeldes der Länge 1, hier das Feld MARK, in den Attributen des Table Controls kann zu PAI ausgewertet werden, welche Zeile(n) der Benutzer durch Anklicken markiert hat.

Für die *Blätterlogik*, welche für die Blättertasten der Symbolleiste zu programmieren ist, werden drei Integer-Felder benötigt und im Programm wie folgt benannt:

- ZEILEN_IT: Anzahl Zeilen der internen Tabelle

- ZEILEN_TC: Anzahl sichtbarer Zeilen des Table Controls

- ZEILEN_MAX: Index der obersten sichtbaren Zeile der internen Tabelle beim Blättern zum Tabellenende

**Schritte**    Ergänzen Sie das Top-Include MZDEPOTnnTOP um die Definition des Table Controls und die für das Blättern benötigten Felder:

```
DATA: it_kp LIKE TABLE OF zdepot_papiermu,
    wa_kp LIKE zdepot_papiermu.
TABLES: zdepot_papiermu.
DATA: kaufpos TYPE i.
CONTROLS tc_wertpapier TYPE TABLEVIEW USING SCREEN
'0200'.
DATA: mark TYPE c,
  zeilen_tc TYPE i,
```

```
zeilen_it TYPE i,
zeilen_max TYPE i.
```

Legen Sie den Table Control mit Feldern aus dem View ZDEPOT_PAPIERnn und einer Markierspalte im Screen 200 an (s. Abbildung 6.65 bis Abbildung 6.71).

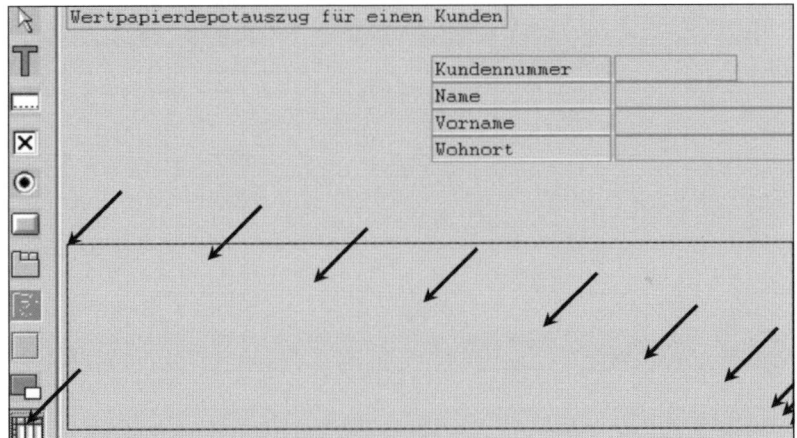

**Abbildung 6.65**
Anlegen eines Table Controls durch Ziehen der Maus von der linken oberen zur rechten unteren Ecke
(© SAP AG)

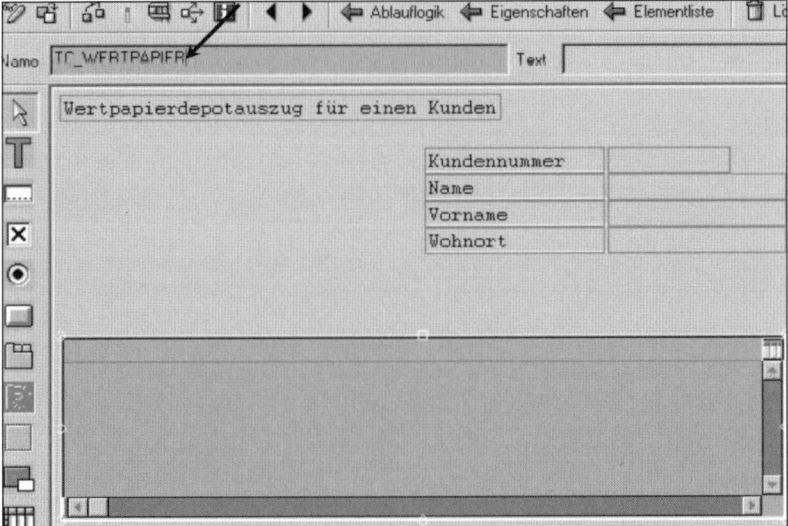

**Abbildung 6.66**
Benennen des frisch angelegten, aber leeren Table Controls mit dem im Top-Include definierten Namen (© SAP AG)

**Abbildung 6.67**
Aus dem Dictionary
heraus liefert der View
`ZDEPOT_PAPIERnn` die
Spalten... (© SAP AG)

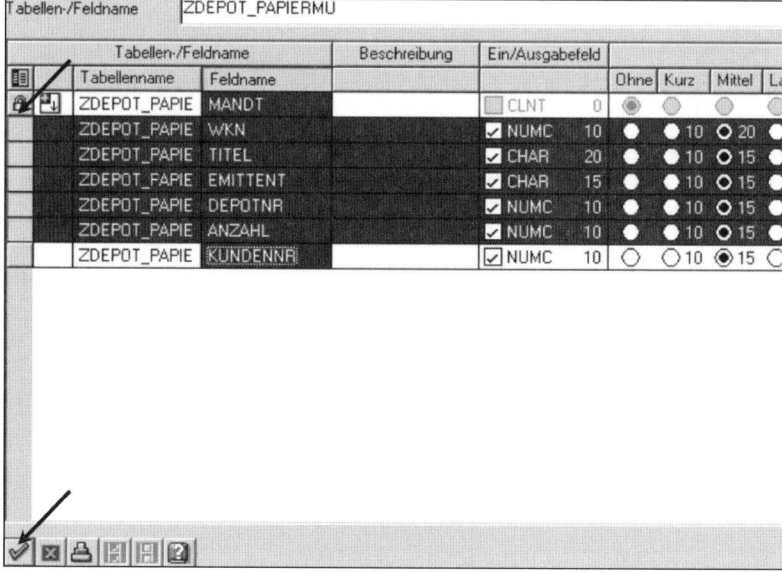

**Abbildung 6.68**
... des Table Controls. Die
Viewfelder müssen dazu
nur in den Table Control
gezogen werden.
(© SAP AG)

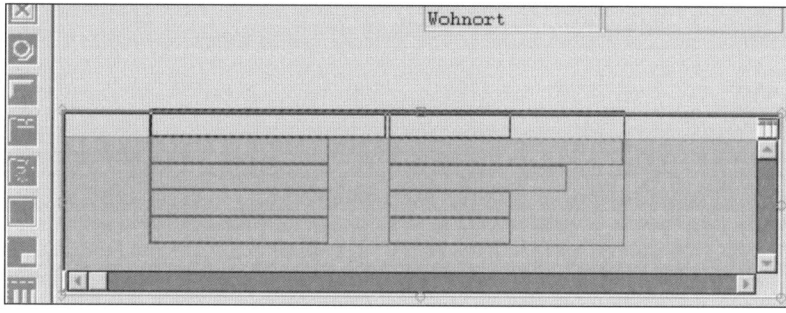

**Abbildung 6.69**
Neu angelegter Table
Control, Nachträgliches
Anpassen von Breite und
Höhe über die *Anfasser*
am Rande
(© SAP AG)

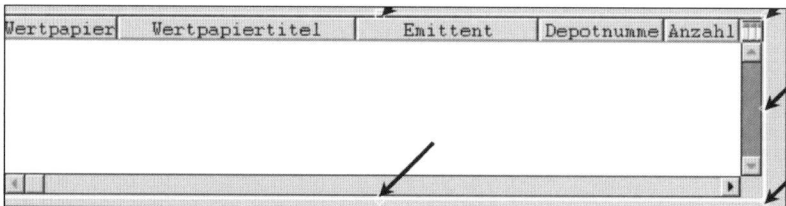

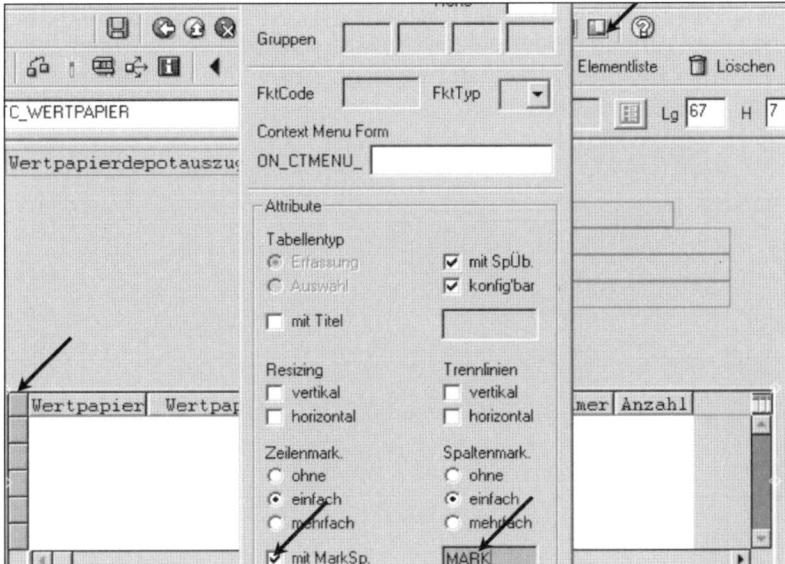

**Abbildung 6.70**
Einfügen einer
Markierspalte in den
Attributen des Table
Controls und ihre
Zuordnung zu einem im
Top-Include definierten
ABAP-Feld (© SAP AG)

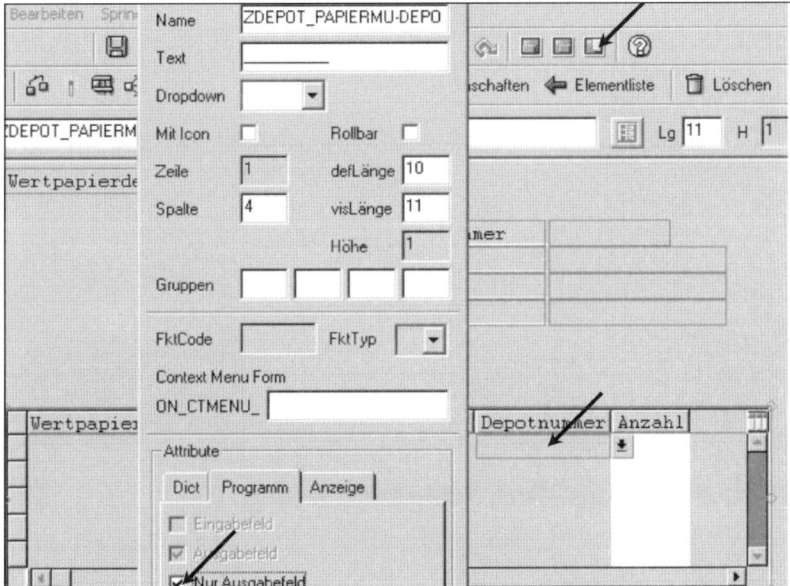

**Abbildung 6.71**
Alle Felder des Table
Controls sind reine
Ausgabefelder.
(© SAP AG)

3. Setzen Sie über dem Table Control eine Drucktaste ZUKAUFEN/VER-
   KAUFEN mit dem Funktionscode KAUFEN ein.
   Pflegen Sie das OK-CODE-Feld (s. Abbildung 6.72 bis Abbildung
   6.73).

**Erläuterung** Mit diesen Feldern und der Drucktaste kann der Anwender der Transaktion eine Wertpapierposition zum Zukaufen respektive Verkaufen auswählen. In Dynpro 300 wird der Wertpapierhandel in der betreffenden Datenbanktabelle verbucht.

**Schritte**

**Abbildung 6.72**
Anlegen einer Drucktaste zum Verzweigen zu Dynpro 300, wo das im Table Control markierte Wertpapier zugekauft oder verkauft wird.
(© SAP AG)

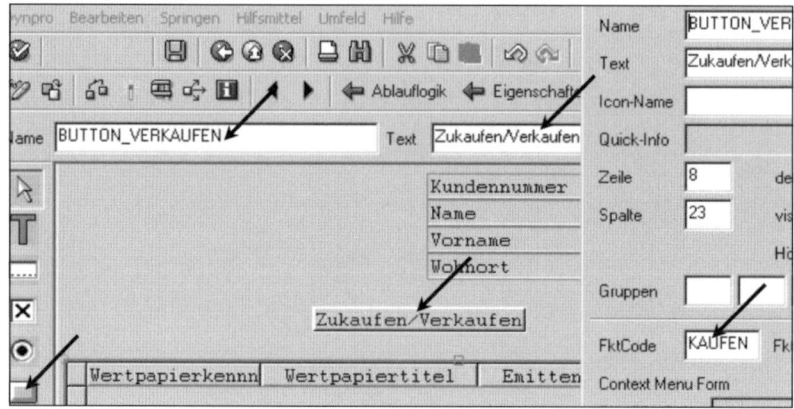

**Abbildung 6.73**
Pflege des OK-CODE-Feldes nicht vergessen!
(© SAP AG)

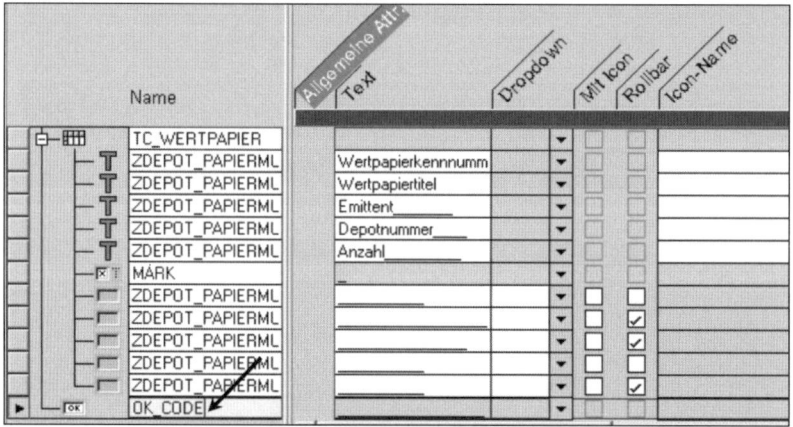

### 6.3.2 PBO: Status, Titel, Table Control füllen

**Aufgabenübersicht** In den folgenden Aufgaben programmieren Sie die Ablauflogik zu PBO des Dynpros 200:

- Das PBO-Modul STATUS_0200 legt GUI-Status und GUI-Titel fest, die Sie von hier aus per Vorwärtsnavigation anlegen.

- Das PBO-Modul TC_FUELLEN füllt jeweils eine Zeile des Steploops.

- Das PBO-Modul TRANSPORT_TO_0200 ermittelt und transportiert die Kundendaten zum Dynpro.

**1.** Das PBO-Modul STATUS_0200 legt GUI-Status und GUI-Titel fest. Der GUI-Status 200 enthält, neben BACK für die ZURÜCK-Taste, Funktionscodes mit folgenden Tastenbelegungen für die Symbolleiste:

**Aufgabe**

- FIRST zum Blättern zur ersten Seite des Steploops
- PREV zum Blättern zur vorherigen Seite des Steploops
- NEXT zum Blättern zur nächsten Seite des Steploops
- LAST zum Blättern zur letzten Seite des Steploops

Der GUI-Titel zeigt den Text »Auszug Wertpapierdepot« an.

Da das Table Control nur eine begrenzte Anzahl Zeilen darstellen kann, muss für den Fall, dass ein Kunde viele verschiedene Wertpapiere besitzt, die Möglichkeit zum Blättern im Table Control angeboten werden. Das Table Control verfügt zwar über eine integrierte **Blätterlogik** für den Rollbalken, die *Blättertasten* der Symbolleiste können jedoch nur durch Zuordnung von Funktionscodes und Implementierung einer *Blätterlogik* zu PAI zum Funktionieren gebracht werden.

**Erläuterung**

Legen Sie das Modul STATUS_0200 im PBO-Include an (s. Abbildung 6.74 bis Abbildung 6.79).

**Schritte**

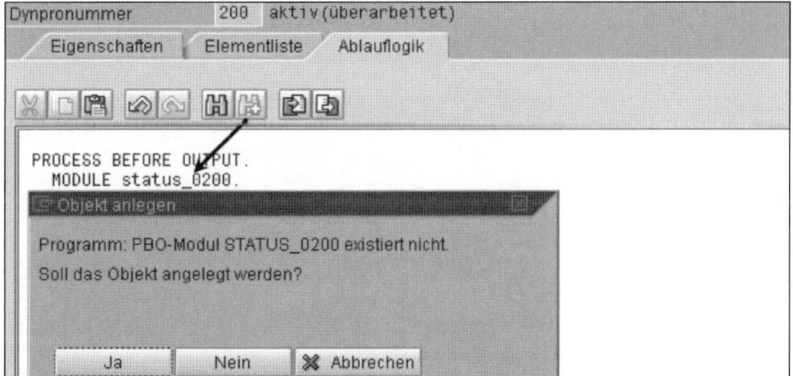

**Abbildung 6.74**
Anlegen des PBO-Moduls zum Setzen des Status (© SAP AG)

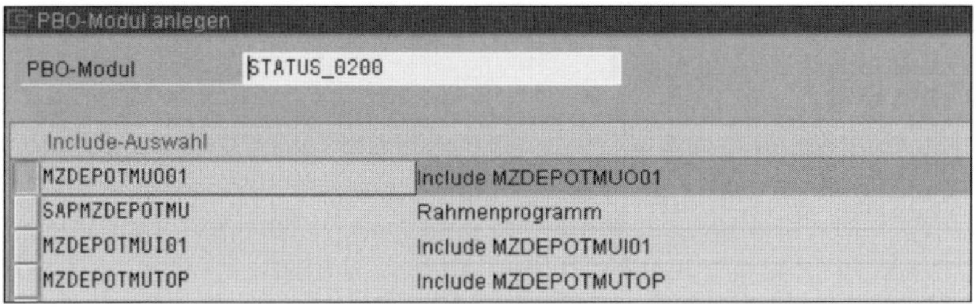

**Abbildung 6.75**
Zuordnung des Moduls zum PBO-Include (© SAP AG)

**Abbildung 6.76**
Anlegen des GUI-Status
200 (© SAP AG)

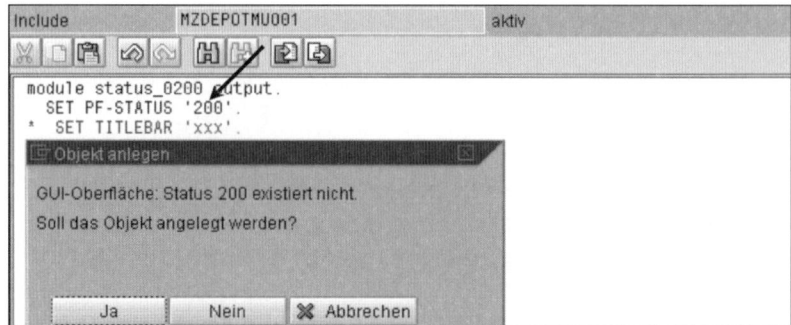

**Abbildung 6.77**
Attributpflege des
GUI-Status (© SAP AG)

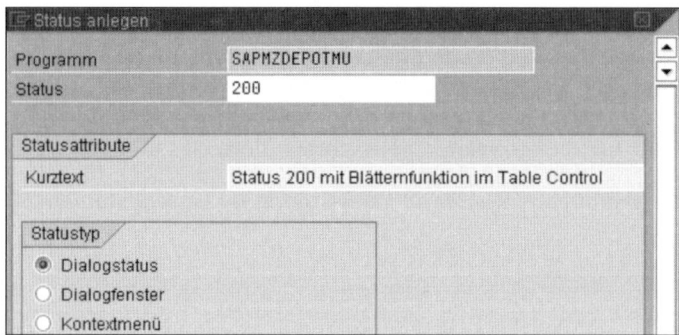

**Abbildung 6.78**
Funktionscode
BACK eintragen,
weiter rechts ...
(© SAP AG)

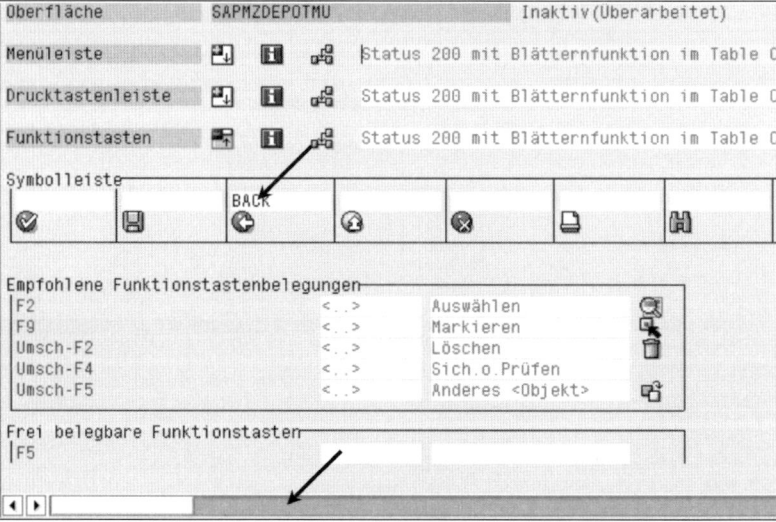

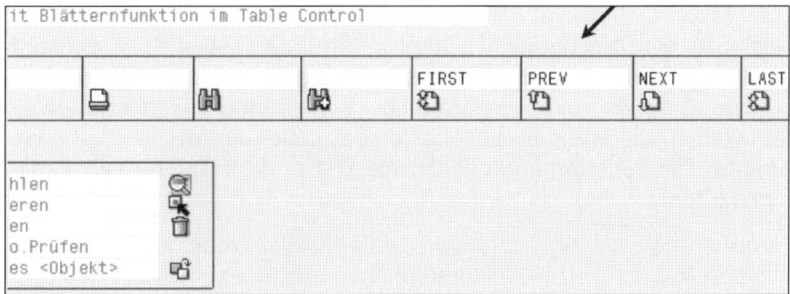

**Abbildung 6.79**
... werden die
Funktionscodes zum
Blättern eingetragen
(© SAP AG)

Das Modul STATUS_0200 ruft, neben dem GUI-Status, auch den GUI-Titel. Legen Sie ihn per Vorwärtsnagivation an (s. Abbildung 6.80).

```
MODULE status_0200 OUTPUT.
  SET PF-STATUS '200'.
  SET TITLEBAR '200'.
ENDMODULE.                " STATUS_0200  OUTPUT
```

**Abbildung 6.80**
GUI-Titel 200
(© SAP AG)

**2.** Das PBO-Modul TRANSPORT_TO_0200 ermittelt und transportiert die Kundendaten aus der Datenbanktabelle ZKUNDEN anhand des in Dynpro 100 erfassten Feldes ZDEPOT-KUNDENNR.

Das Feld MARK, das zu PAI die Markierung einer Zeile trägt, und das Feld KAUFPOS, das zu PAI den Zeilenindex der internen Tabelle IT_KP zur markierten Zeile erhält, müssen vor dem Erscheinen des Table Controls initialisiert werden.

Außerdem ist zu PBO dem Table Control TC_WERTPAPIER in seinem Feld LINES die Anzahl der Zeilen der zugehörigen internen Tabelle IT_KP mitzuteilen.

**A**ufgabe

Die Anzahl der Zeilen einer internen Tabelle können Sie recht einfach **Erläuterung** mit folgender Anweisung ermitteln:

DESCRIBE TABLE [interne Tabelle] LINES [Zielfeld].

Das [Zielfeld], hier ZEILEN_IT, vereinbaren Sie als Integer-Feld.

Das Table Control ist, vom ABAP-Programm aus gesehen, eine Feldleiste, die über die recht komplexe Struktur CXTAB_CONTROL definiert ist. Auf sie kann hier nur ansatzweise eingegangen werden. Ihrem Feld LINES muss zu PBO die Zeilenanzahl der zugeordneten Tabelle zugewiesen werden. Der integrierte Rollbalken des Table Controls benötigt diese Angabe. Die Bedeutung der Felder TOP_LINE und CURRENT_LINE wird später erläutert.

Ferner enthält das Feld COLS eine Steuertabelle, wobei jede Zeile eine sichtbare *Table Control-Zeile* mit Inhalten und Screen-Attributen repräsentiert.

**Schritte**  Die Kundendaten ermitteln Sie aus ZKUNDEN über ein SELECT anhand von ZDEPOT-KUNDENNR. Die Initialisierung der beiden Felder MARK und KAUFPOS führen Sie mit der Anweisung CLEAR durch.

Legen Sie das Modul TRANSPORT_TO_0200 im PBO-Include an.

**Abbildung 6.81**
Anlegen des PBO-Moduls
TRANSPORT_TO_0200.
Setzen Sie das Modul in
das PBO-Include
MZDEPOTnnOo1.
(© SAP AG)

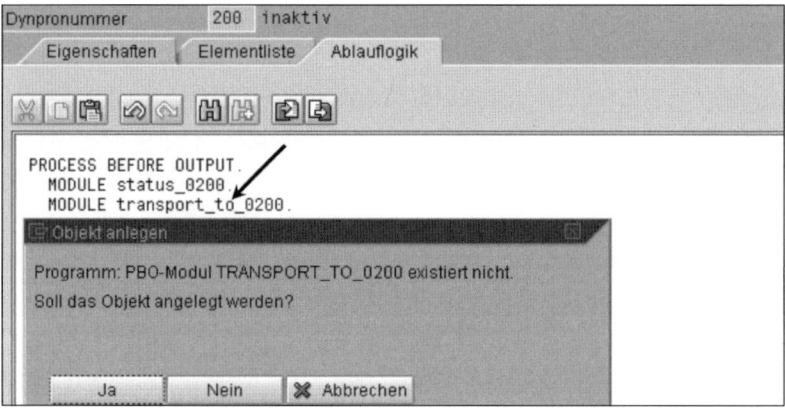

Mit dem PBO-Modul TRANSPORT_TO_0200 senden Sie die benötigten Daten ans Dynpro:

```
MODULE transport_to_0200 OUTPUT.

   SELECT SINGLE * FROM zkunden
    WHERE kundennr = zdepot-kundennr.

   CLEAR: mark, kaufpos.

   DESCRIBE TABLE it_kp LINES zeilen_it.

   tc_wertpapier-lines = zeilen_it.
ENDMODULE.                    " TRANSPORT_TO_0200  OUTPUT
```

**3.** Programmieren Sie in der Dynpro-Ablauflogik eine LOOP-Schleife, die den Table Control mit jeweils einer Zeile aus dem View ZDEPOT_PAPIERnn füllt.

**A**ufgabe

In der Ablauflogik muss jeweils zu PBO und PAI eine Schleife

**Erläuterung**

```
LOOP WITH CONTROL [Table Control].
...
ENDLOOP.
```

eingefügt werden. Diese Dynpro-ABAP-Schleife darf nicht mit der ABAP-Schleife `LOOP AT [Interne Tabelle]` verwechselt werden. In jedem Schleifendurchlauf wird eine Zeile des Table Controls zwischen ABAP-Programm und Dynpro transportiert. Zwischen `LOOP` und `ENDLOOP` kann daher mittels eines `MODULE`-Aufrufes jeweils eine Table Control-Zeile bearbeitet werden. Zu PBO wird so der Table Control mit dem sichtbaren Ausschnitt der internen Tabelle gefüllt. Zu PAI können Änderungen an der betreffenden Zeile verarbeitet werden, und es kann – wie hier – geprüft werden, ob diese Zeile vom Benutzer markiert wurde.

Das Table Control-Feld `CURRENT_LINE` enthält zwischen `LOOP` und `ENDLOOP` den Index der zugeordneten Zeile der internen Tabelle.

Legen Sie das PBO-Modul `TC_FUELLEN` per Vorwärtsnavigation im PBO-Include an. Lesen Sie die zugeordnete Zeile der internen Tabelle in die Feldleiste des Table Controls.

**Schritte**

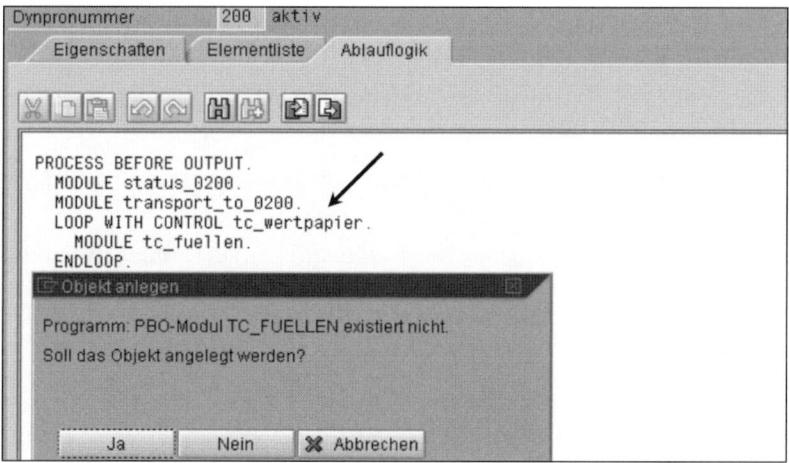

**Abbildung 6.82**
LOOP-Schleife für den
Table Control
(© SAP AG)

```
MODULE tc_fuellen OUTPUT.
   READ TABLE it_kp INTO zdepot_papiermu
      INDEX tc_wertpapier-current_line.
ENDMODULE.                 " TC_FUELLEN  OUTPUT
```

### 6.3.3 PAI: Blättern, Table Control lesen, Nachfolger

**Aufgaben-übersicht**  In den folgenden Aufgaben programmieren Sie die Ablauflogik zu PAI des Dynpros 200:

- Das PAI-Modul TC_AUSWERTEN prüft, welche Zeile des Table Controls markiert wurde, und berechnet die zugehörige Zeile der internen Tabelle.

- Das PAI-Modul USER_COMMAND_0200 wertet den OK-Code aus.

**Aufgabe**  **1.** Programmieren Sie in der Ablauflogik zu PAI ebenfalls eine LOOP-Schleife, die ein Modul TC_AUSWERTEN zum **Ermitteln der markierten Zeile** des Table Controls aufruft.

**Erläuterung**  Zwischen LOOP und ENDLOOP stehen Ihnen in einem dort aufgerufenen Modul folgende aktuelle Angaben zum Table Control zur Verfügung:

- Das Feld TOP_LINE des Table Controls enthält zur obersten sichtbaren Zeile den Index der betreffenden Zeile der internen Tabelle.

- Das Feld SY-LOOPC enthält die Anzahl sichtbarer Zeilen des Table Controls. Diese Anzahl ist aufgrund der Resize-Fähigkeit des Table Controls nicht konstant: Die Anzahl der Zeilen des Table Controls ändert sich mit der Fenstergröße des SAPGUI-Modus.

- Das Feld SY-STEPL zählt die Schleifendurchläufe, bei der obersten sichtbaren Zeile beginnend mit 1.

**Schritte**  Ergänzen Sie die LOOP-Schleife und den Aufruf des Moduls TC_AUSWERTEN in der Ablauflogik zu PAI (s. Abbildung 6.83).

Dieses PAI-Modul, das Sie im PAI-Include MZDEPOTnnI01 anlegen, merkt sich den zur markierten Zeile gehörenden Index der internen Tabelle IT_KP im Feld KAUFPOS. Des Weiteren merkt es sich im Feld ZEILEN_TC die Anzahl sichtbarer Zeilen des Table Controls.

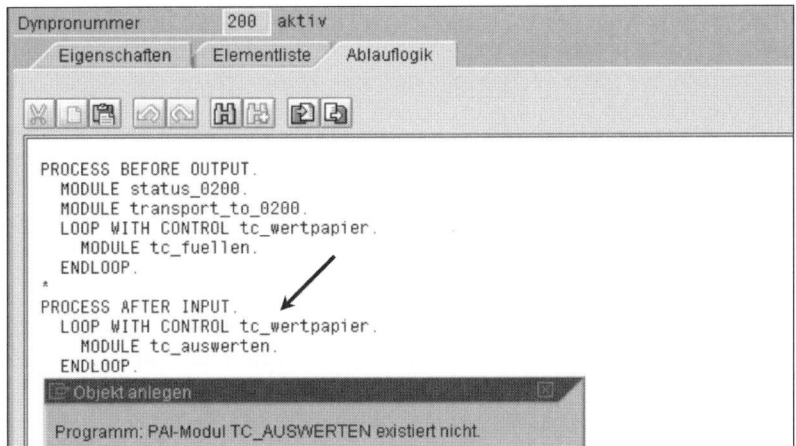

**Abbildung 6.83**
LOOP-Schleife zu PAI mit
Aufruf eines Moduls zum
Lesen der Markierungs-
spalte (© SAP AG)

```
MODULE tc_auswerten INPUT.
  zeilen_tc = sy-loopc.
  IF mark = 'X'.
    kaufpos = tc_wertpapier-top_line + sy-stepl - 1.
  ENDIF.
ENDMODULE.                    " TC_AUSWERTEN  INPUT
```

Sie hätten in diesem Modul die ausgewählte Zeile der internen Tabelle **Anmerkung**
auch mit

```
    kaufpos = tc_wertpapier-current_line.
```

ermitteln können. Der gewählte Ausdruck wurde zur Demonstration
der Felder TOP_LINE und SY-STEPL verwendet.

2. Werten Sie im PAI-Modul USER_COMMAND_0200 den Funktionscode aus
   und programmieren Sie die Folgeoperationen:
   * BACK: Wechseln Sie zurück zu Dynpro 100.
   * NEXT: Blättern Sie den Table Control um eine Seite nach unten,
     und verbleiben Sie auf Dynpro 200.
   * PREV: Blättern Sie den Table Control um eine Seite nach oben, und
     verbleiben Sie auf Dynpro 200.
   * LAST: Blättern Sie den Table Control zur letzten Seite, und verblei-
     ben Sie auf Dynpro 200.
   * FIRST: Blättern Sie den Table Control zur ersten Seite, und verblei-
     ben Sie auf Dynpro 200.

   Den Funktionscode KAUFEN ergänzen Sie in der nächsten Aufgabe.

**Erläuterung** Die Wechsel zu den Dynpros 100 und 200 können Sie mit SET SCREEN oder LEAVE TO SCREEN programmieren. Wenn Sie in Dynpro 200 verbleiben wollen, nutzen Sie ganz einfach die *statische Dynprofolge*: Sie setzen im Programm keinen Nachfolgebildschirm fest.

Der Rollbalken des Table Controls wird automatisch unterstützt, wenn Sie dessen Feld LINES korrekt vorbelegen. Dies haben Sie bereits zu PBO getan. Die Blättertasten der Symbolleiste hingegen müssen von Ihnen mit Funktionscodes versehen und eine entsprechende **Blätterlogik** programmiert werden.

Wenn der Benutzer einen Blätterfunktionscode aufruft, weisen Sie dem Table Control-Feld TOP_LINE den Index der betreffenden Zeile der internen Tabelle zu:

- *Blättern zum Anfang*: Weisen Sie TOP_LINE den Wert 0 zu.

- *Blättern zum Ende*: Berechnen Sie TOP_LINE aus der Anzahl der Zeilen der internen Tabelle, vermindert um die Anzahl sichtbarer Zeilen des Table Controls, plus 1.

- *Blättern zur nächsten Seite*: Addieren Sie zu TOP_LINE die Anzahl sichtbarer Zeilen des Table Controls. Um nicht hinter das Ende der internen Tabelle zu gelangen, darf TOP_LINE die Anzahl der Zeilen der internen Tabelle, vermindert um die Anzahl der Zeilen des Table Controls, plus 1, nicht überschreiten.

- *Blättern zur vorherigen Seite*: Subtrahieren Sie von TOP_LINE die Anzahl sichtbarer Zeilen des Table Controls. Um nicht vor den Beginn der internen Tabelle zu gelangen, darf TOP_LINE den Wert 0 nicht unterschreiten.

**Schritte** Rufen Sie nach ENDLOOP das Modul USER_COMMAND_0200 (s. Abbildung 6.84). Prüfen Sie die verschiedenen Funktionscodes in einer CASE-Verzweigung, und programmieren Sie jeweils die benötigten Funktionalitäten.

Für die Blätterfunktionscodes berechnen Sie jeweils TOP_LINE, wie soeben erläutert.

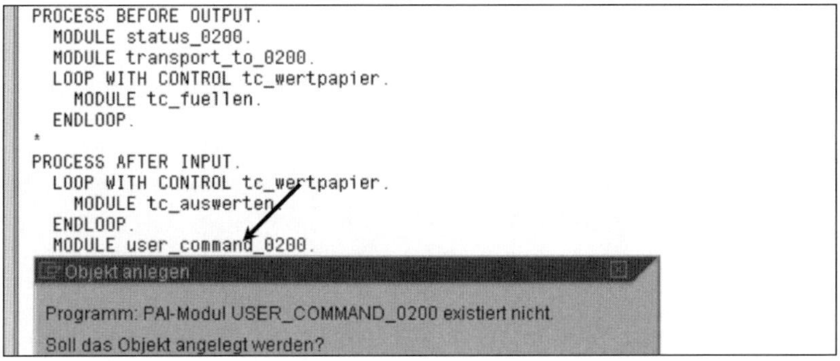

```
PROCESS BEFORE OUTPUT.
  MODULE status_0200.
  MODULE transport_to_0200.
  LOOP WITH CONTROL tc_wertpapier.
    MODULE tc_fuellen.
  ENDLOOP.
*
PROCESS AFTER INPUT.
  LOOP WITH CONTROL tc_wertpapier.
    MODULE tc_auswerten.
  ENDLOOP.
  MODULE user_command_0200.
```
```
Objekt anlegen                                    ⊠

Programm: PAI-Modul USER_COMMAND_0200 existiert nicht.

Soll das Objekt angelegt werden?
```

**Abbildung 6.84**
Anlegen des PAI-Moduls
zum Auswerten des
Funktionscodes im PAI-
Include MZDEPOTnnI01
(© SAP AG)

```
MODULE user_command_0200 INPUT.

  save_ok = ok_code.

  CLEAR ok_code.

  CASE save_ok.

    WHEN 'BACK'.

      SET SCREEN '0100'.

    WHEN 'NEXT'.

      tc_wertpapier-top_line =

        tc_wertpapier-top_line + zeilen_tc.

      zeilen_max = zeilen_it - zeilen_tc + 1.

      IF tc_wertpapier-top_line > zeilen_max.

        tc_wertpapier-top_line = zeilen_max.

      ENDIF.

    WHEN 'PREV'.

      tc_wertpapier-top_line =

        tc_wertpapier-top_line - zeilen_tc.

      IF tc_wertpapier-top_line < 0.

        tc_wertpapier-top_line = 0.

      ENDIF.

    WHEN 'LAST'.

      tc_wertpapier-top_line =  zeilen_it - zeilen_tc + 1.

    WHEN 'FIRST'.

      tc_wertpapier-top_line = 0.
```

Das Modul ist noch nicht vollständig!

**Aufgabe**

3. Ergänzen Sie in der CASE-Verzweigung den Funktionscode KAUFEN: Prüfen Sie zunächst, ob der Benutzer das Recht zum Ändern der Depotdaten hat. Verwenden Sie hierzu das Berechtigungsobjekt Z_DEPOTPST aus Abschnitt 4.15 »Berechtigungsobjekt anlegen und prüfen«. Falls dem Benutzer die Berechtigung fehlt, geben Sie eine entsprechende Fehlermeldung aus. Andernfalls lesen Sie aus der Tabelle IT_KP den zur KAUFPOS gehörigen Datensatz.

Beim Lesen aus der Tabelle können zwei Fehlerfälle auftreten: Der Benutzer hat entweder gar keine Zeile oder aber eine Leerzeile am Ende des Table Controls markiert. Rufen Sie in diesen Fällen ein Popup mit einer entsprechenden Meldung auf.

Andernfalls lesen Sie die ausgewählte Wertpapierposition neu aus dem View ZDEPOT_PAPIERnn ein. Falls sie nicht mehr gefunden wird, geben Sie eine entsprechende Meldung aus. Ansonsten wechseln Sie zu Dynpro 300.

**Erläuterung**   Wenn der Benutzer den Funktionscode KAUFEN ausgelöst hat, prüfen Sie zunächst, ob er über eine entsprechende Berechtigung verfügt. Zum Ändern einer Depotposition benötigt der Benutzer die Berechtigung 02 des Feldes ACTVT des Berechtigungsobjektes Z_DEPOTPST. Da er die Anzahl frei wählen kann, weisen Sie dem Feld ANZAHL den Wert DUMMY zu. Wenn der Benutzer hierfür eine Berechtigung besitzt, lesen Sie die zur KAUFPOS gehörende Zeile der internen Tabelle. Falls kein Datensatz gefunden wird, hat der Benutzer eine ungültige Zeile am Ende des Table Controls ausgewählt.

Die Wertpapierposition sollte nochmals aus dem View ZDEPOT_PAPIERnn anhand der Schlüsselfelder WKN und DEPOTNR in den Arbeitsbereich WA_KP eingelesen werden. Eventuell hat nämlich ein anderer Benutzer sie während der Anzeige von Dynpro 200 geändert – es wurde nämlich keine Lesesperre gesetzt (s. auch Abschnitt 6.3.4 »Sperrobjekt anlegen, Sperre anfordern«). Falls die Wertpapierposition nicht mehr gefunden wird, wurde sie von einem anderen Benutzer unterdessen gelöscht, geben Sie dann eine entsprechende Popup-Meldung aus.

Das folgende Programmstück zum Funktionscode KAUFEN ist noch nicht vollständig. Es muss noch eine Schreibsperre gesetzt werden, damit kein anderer Benutzer zufälligerweise gleichzeitig auf dieselbe Wertpapierposition zugreift.

Geben Sie in allen Fehlerfällen passende I-Messages aus, ansonsten wechseln Sie zu Dynpro 300. Verwenden Sie für die I-Message die Nachricht 000 der Nachrichtenklasse ZDEKRAnn, die Sie in Abschnitt 5.6 »Nachrichtenklasse und MESSAGE« angelegt haben.

```
  WHEN 'LAST'.
    tc_wertpapier-top_line =  zeilen_it - zeilen_tc + 1.
  WHEN 'FIRST'.
    tc_wertpapier-top_line = 0.
  WHEN 'KAUFEN'.
    AUTHORITY-CHECK OBJECT 'Z_DEPOTPST'
        ID 'ACTVT' FIELD '02'
        ID 'ANZAHL' DUMMY.
    IF sy-subrc NE 0.
      MESSAGE e000(zdekramu) WITH
        'Keine Berechtigung zum Ändern
        von Depotpositionen'.
    ELSE.
      READ TABLE it_kp INTO wa_kp INDEX kaufpos.
      IF sy-subrc NE 0.
        MESSAGE i000(zdekramu) WITH
          'Bitte gültige Tabellenzeile auswählen!'.
      ELSE.
        SELECT SINGLE * FROM ZDEPOT_PAPIERMU
          INTO wa_kp
          WHERE wkn = wa_kp-wkn
           AND depotnr = wa_kp-depotnr.
        IF sy-subrc NE 0.
          MESSAGE i000(zdekramu) WITH
            'Wertpapierposition wurde gelöscht!'.
        ELSE.
          LEAVE TO SCREEN 300.
        ENDIF.
      ENDIF.
    ENDIF.
  ENDCASE.
ENDMODULE.                " USER_COMMAND_0200  INPUT
```

Aktivieren Sie alle Objekte, insbesondere auch den GUI-Status 0200 (s. Abbildung 6.85), und starten Sie die Transaktion ZDEPOTnn (s. Abbildung 6.86 bis Abbildung 6.88). Füllen Sie Dynpro 100 wie gezeigt aus und betätigen Sie die Drucktaste SELEKTIEREN.

**Abbildung 6.85**
Prüfen Sie sicherheitshalber vor dem Aktivieren die Syntax.
(© SAP AG)

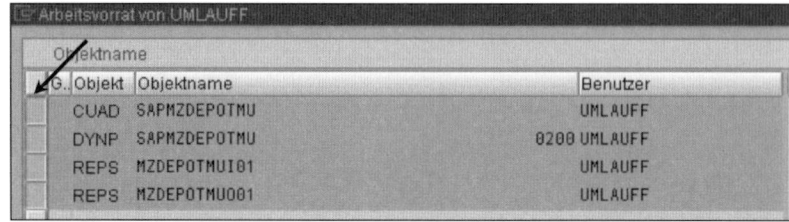

**Abbildung 6.86**
Transaktionsstart über das Kontextmenü
(© SAP AG)

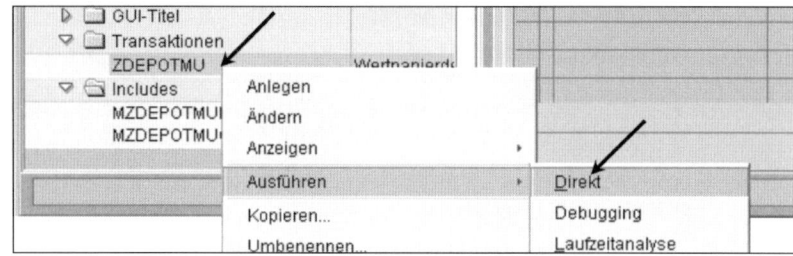

**Abbildung 6.87**
Transaktionsstart, Dynpro 100: Kunde 624456, Jerome Newton, hält die meisten Wertpapiere...
(© SAP AG)

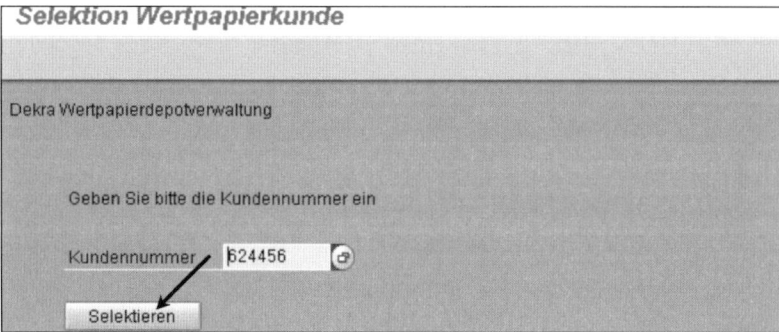

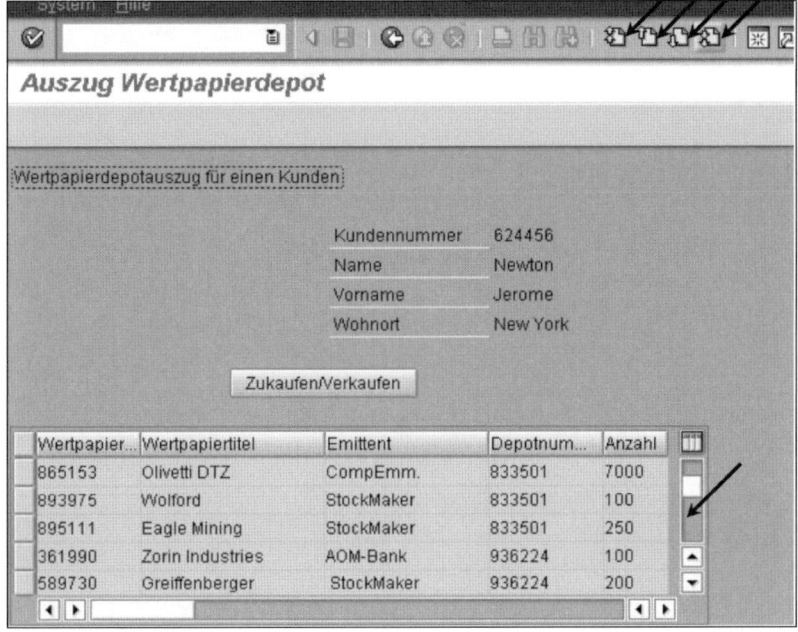

**Abbildung 6.88**
... nämlich 21 Stück, wie man durch Blättern herausfinden kann. Probieren Sie alle Blättertasten und den Rollbalken aus.
(© SAP AG)

Wenn Sie versuchen, zu Dynpro 300 zu wechseln, erfolgt ein »harter« Abbruch, da es noch nicht existiert.

Folgende »Fehlbedienungen« können Sie jedoch ausprobieren, sie führen jeweils zu einem Popup-Fenster (s. Abbildung 6.89 und Abbildung 6.90).

- Klicken auf ZUKAUFEN/VERKAUFEN, ohne dass eine Zeile des Table Controls markiert ist
- Klicken auf ZUKAUFEN/VERKAUFEN, wenn eine leere Zeile am Ende markiert ist

Ferner führt eine fehlende Berechtigung zu einer E-Message (Fehlermessage, Abbildung 6.91). Hierzu müssen Sie Ihren Systemadministrator bitten, die betreffende Berechtigung Ihnen vorübergehend zu entziehen, indem er das betreffende Profil aus Ihrem Benutzerstammsatz entfernt.

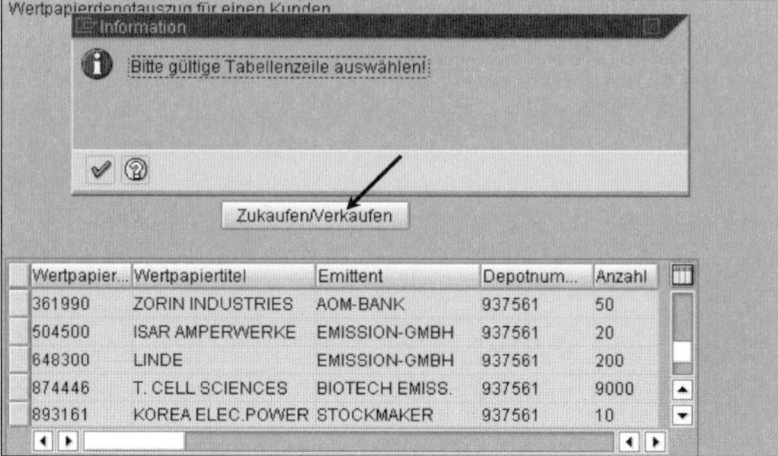

**Abbildung 6.89**
Fehlbedienung: keine
Zeile ausgewählt
(© SAP AG)

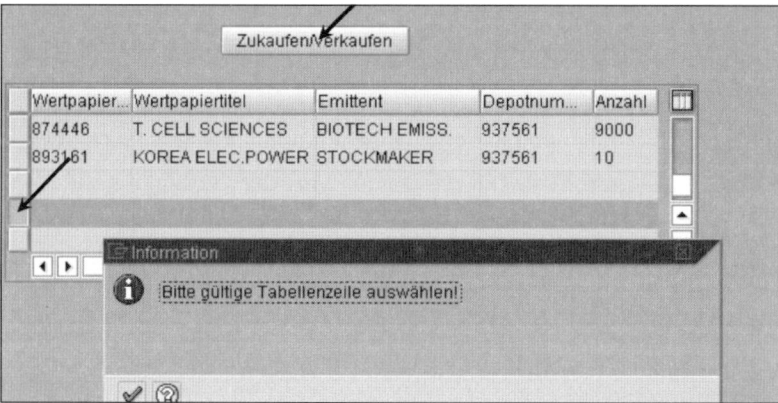

**Abbildung 6.90**
Fehlbedienung: falsche
Zeile ausgewählt
(© SAP AG)

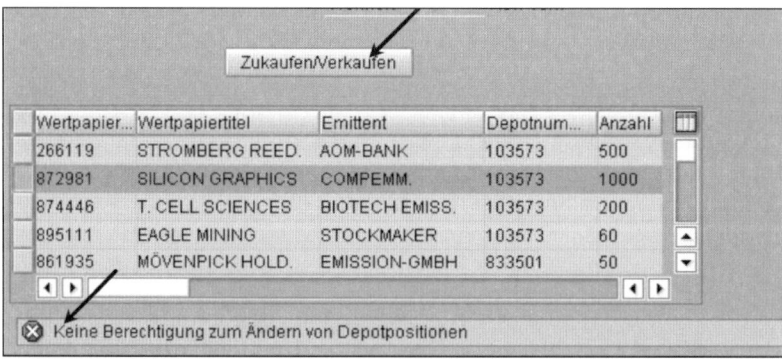

**Abbildung 6.91**
Eine fehlende
Berechtigung zum
Berechtigungsobjekt
Z_DEPOTPST führt zu dieser
E-Message
(Fehlermessage).
(© SAP AG)

### 6.3.4 Sperrobjekt anlegen, Sperre anfordern

Mit dem Wechsel zu Dynpro 300 – der Verbuchung eines Wertpapier-handels – wird Ihre Transaktion zu einer Änderungstransaktion. Vor dem Ändern eines Datensatzes muss dieser gesperrt werden, damit nicht zufälligerweise ein anderer Benutzer gleichzeitig darauf zugreift.

Eine **Sperre** erstreckt sich im kleinsten Falle auf einen Datensatz einer Datenbanktabelle. Darüber hinaus können sich Sperren auch auf meh-rere Datensätze, die ganze Datenbanktabelle oder auch auf abhängige Fremdschlüsseltabellen erstrecken. Wenn eine Sperre beantragt wird, prüft die Sperrverwaltung, ob eine konkurrierende Sperre bereits einge-tragen ist. Ist dies nicht der Fall, wird die Sperre gewährt und in die Sperrtabelle eingetragen. Ansonsten wird die Sperre verweigert, was üblicherweise dazu führt, dass das beantragende Programm eine Mel-dung der Art »Benutzer XY bearbeitet bereits den Datensatz« ausgibt.

**Sperrkonzept**

Sperren müssen vom Programm, dem sie gewährt wurden, wieder frei-gegeben werden. Wenn dies unterbleibt, etwa durch einen Programm-fehler oder einen Programmabbruch, verbleibt eine dauerhafte Sperre im System, die fürderhin den Zugriff auf die gesperrten Datensätze ver-hindert. Diese so genannten **persistenten Sperren** müssen dann mit einem Administrationswerkzeug manuell entfernt werden.

Die zu sperrenden Objekte werden anhand des Primärschlüssels oder Teilen davon identifiziert.

Man unterscheidet zwischen Lese- und Schreibsperren:

- *Schreibsperren* (Sperre vom *Typ E, Exclusive* = auschließend) werden dann verwendet, wenn gewährleistet werden muss, das nur eine Transaktion Objekte anlegt, ändert oder löscht. Wenn eine Schreib-sperre auf ein Objekt gewährt wurde, kann kein anderer Benutzer hierauf eine weitere Sperre erwerben, weder eine Lese- noch eine Schreibsperre. Er muss warten, bis die eingetragene Sperre wieder freigegeben wurde.

- *Lesesperren* (Sperre vom *Typ S, Shared* = gemeinsam) werden dann verwendet, wenn gewährleistet werden muss, dass während des Lesens keine ändernde Transaktion auf die Objekte zugreift. Eine Transaktion, die beabsichtigt, lediglich zu lesen, erwirbt eine Lese-sperre auf die zu lesenden Objekte. Andere Benutzer können dann keine Schreibsperren hierauf mehr erwerben. Allerdings können andere Benutzer auf die gleichen Objekte weitere Lesesperren er-werben, da sie sich nicht gegenseitig stören.

Der Sinn einer Lesesperre ist es oft, sich die Option auf eine spätere Schreibsperre offenzuhalten. Da dann gewährleistet ist, dass die ge-lesenen Daten seither unverändert blieben, kann die Lesesperre freigegeben und unmittelbar darauf eine äquivalente Schreibsperre erworben werden.

Sie sollten Lesesperren nicht allzu großzügig einsetzen, um den Mehrbenutzerbetrieb nicht unnötig zu behindern. Wenn Sie, wie im gezeigten Beispiel, Daten bereits angezeigt haben und keine Lesesperren erworben wurden, müssen Sie unmittelbar vor dem Erwerb der Schreibsperre die Daten erneut aus der Datenbank lesen – ein anderer Benutzer könnte sie ja mittlerweile verändert haben.

Beachten Sie bitte, dass eine eingetragene Sperre auch deren Inhaber selbst treffen kann, wenn er etwa in einem zweiten Modus versucht, mit derselben Transaktion erneut auf dasselbe Objekt zuzugreifen.

Ihre Transaktion verwendet nur eine Schreib-, jedoch keine Lesesperre. Dies ist auch nicht notwendig, da Sie zu PAI von Dynpro 200 die zu ändernde Wertpapierposition neu aus den Datenbanktabellen einlesen.

**Aufgabe**

**1.** Legen Sie im Dictionary das Sperrobjekt EZDEPOTPSTN für die Tabelle ZDEPOTPSTN in Ihrer Entwicklungsklasse ZABAPnn an. Speichern und aktivieren Sie das Sperrobjekt.

**Übungsgruppen**

Wenn Sie diese Aufgabe in einer Übungsgruppe bearbeiten, wird Ihr Dozent Ihnen das Anlegen des Sperrobjekts öffentlich vorführen. Zu einer Datenbanktabelle darf nämlich nur ein Sperrobjekt angelegt werden.

Rufen Sie anschließend zu PAI von Dynpro 200 im Falle des Funktionscodes KAUFEN nach erfolgreicher Berechtigungsprüfung, aber noch vor dem Aufruf von Dynpro 300, den Funktionsbaustein ENQUEUE_EZDEPOTPSTN zum Setzen einer Schreibsperre auf den ausgewählten Depotposten auf.

Falls die Sperre nicht gesetzt werden kann, informieren Sie den Benutzer entsprechend und verbleiben auf Dynpro 200.

**Erläuterung**

SAP R/3 nutzt nicht die in den verschiedenen DBMS (Datenbankmanagementsystemen) verfügbaren DB-Sperren, sondern hat sein eigenes Sperrkonzept implementiert, das auf **Sperrobjekten** basiert. Sperrobjekte werden vom Data Dictionary verwaltet.

Mit dem Aktivieren werden die Funktionsbausteine ENQUEUE_EZDEPOTPSTN zum Setzen und DEQUEUE_EZDEPOTPSTN zum Freigeben der Sperre angelegt. Mit dem Funktionsbaustein DEQUEUE_ALL können alle von der Transaktion bislang erworbenen Sperren freigegeben werden.

**Schritte**

Legen Sie das Sperrobjekt im Data Dictionary zur Tabelle ZDEPOTPSTN an (s. Abbildung 6.92 bis Abbildung 6.94). Als Standardsperrmodus schlagen Sie SCHREIBSPERRE vor.

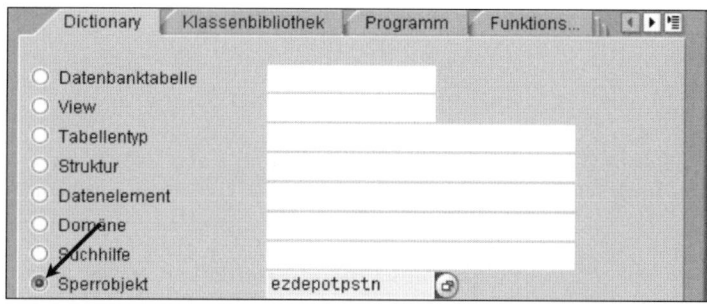

**Abbildung 6.92**
Anlegen eines
Sperrobjekts mit dem
Object Navigator
(© SAP AG)

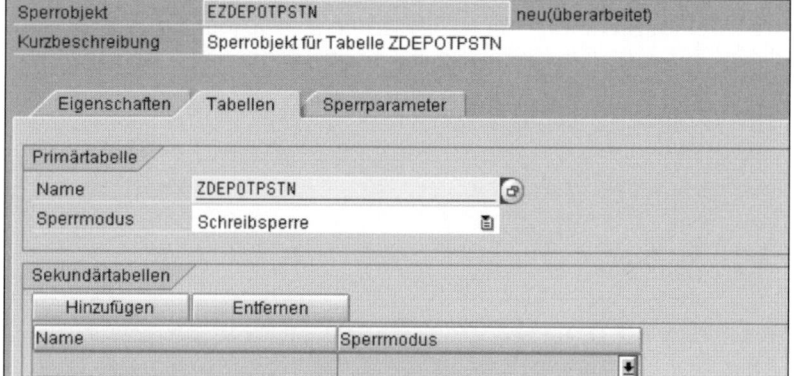

**Abbildung 6.93**
Zuordnen der
Datenbanktabelle zum
Sperrobjekt. Die
Transaktion verwendet
Schreibsperren.
(© SAP AG)

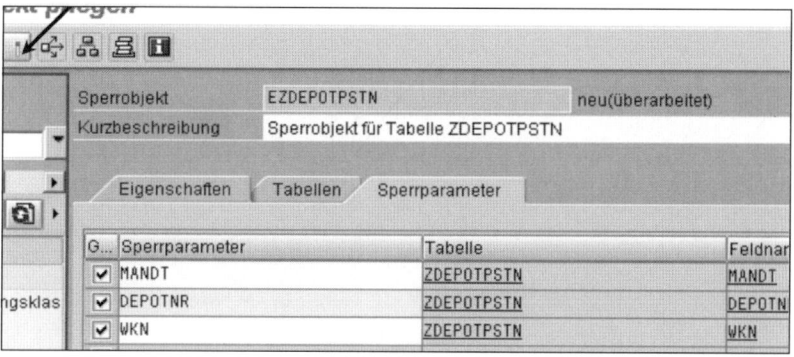

**Abbildung 6.94**
Die Sperrparameter
ergeben sich automatisch
aus dem Primärschlüssel
der Datenbanktabelle.
Aktivieren Sie das
Sperrobjekt!
(© SAP AG)

2. Fordern Sie, falls der Benutzer eine Depotposition zum Zukaufen/Verkaufen auswählt, an entsprechender Stelle eine geeignete Schreibsperre an. Geben Sie, wenn sie nicht gewährt werden kann, ein entsprechendes Informationspopup aus.

**ACHTUNG**

> Testen Sie diese Funktionalität bitte noch nicht aus. Da Dynpro 300 noch nicht existiert, erfolgt nach dem Setzen der Sperre ein »harter« Abbruch. Dieser hat nun die Konsequenz, dass die gesetzte Sperre persistent wird (»hängenbleibt«), da kein Aufruf des Funktionsbausteines DEQUEUE_EZDEPOTPSTN oder DEQUEUE_ALL mehr erfolgt.

Wenn es Ihnen, etwa infolge eines Programmierfehlers, widerfahren sollte, dass eine Sperre im System persistent wird, können Sie diese mit der Transaktion SM12 (SAP-Menü: WERKZEUGE / ADMINISTRATION / MONITOR / SPERREINTRÄGE) von Hand löschen (s. Abbildung 6.95). Im Notfall hilft Ihnen auch Ihr freundlicher Administrator.

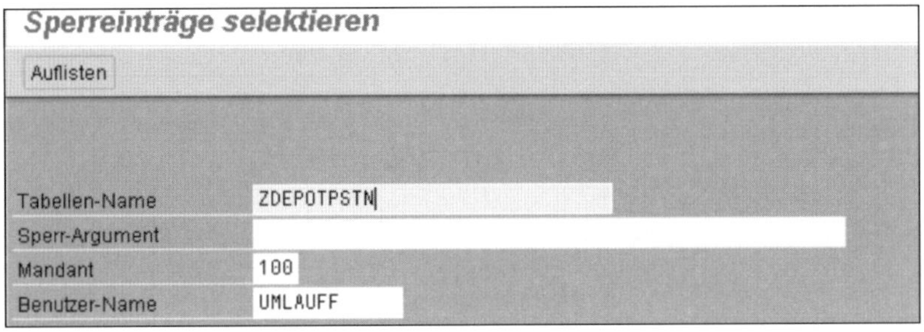
Sperreinträge selektieren
Auflisten
Tabellen-Name
ZDEPOTPSTN
Sperr-Argument
Mandant
100
Benutzer-Name
UMLAUFF

**Abbildung 6.95** Nur im Notfall: Transaktion SM12 dient dazu, »hängengebliebene« Sperren manuell zu löschen. (© SAP AG)

**Schritte** Ergänzen Sie das Modul USER_COMMAND_0200 für den Funktionscode KAUFEN vor dem Verzweigen zu Dynpro 300 um den Aufruf des Funktionsbausteines ENQUEUE_EZDEPOTPSTN. Nutzen Sie die Musterfunktion des ABAP Editors (s. Abbildung 6.96 bis Abbildung 6.97).

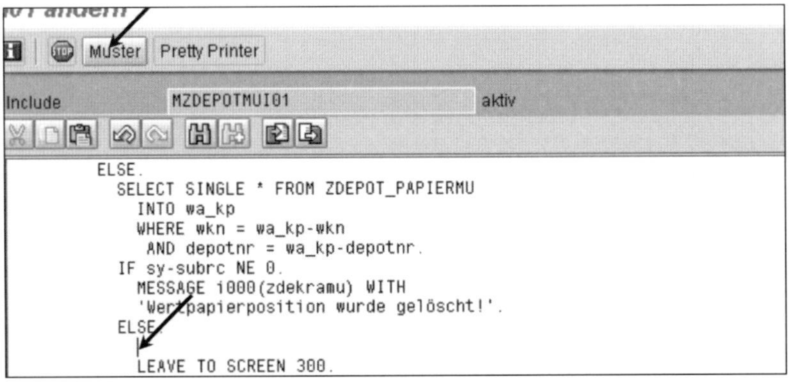
Muster
Pretty Printer
Include
MZDEPOTMUI01
aktiv
ELSE.
SELECT SINGLE * FROM ZDEPOT_PAPIERMU
INTO wa_kp
WHERE wkn = wa_kp-wkn
AND depotnr = wa_kp-depotnr.
IF sy-subrc NE 0.
MESSAGE i000(zdekramu) WITH
'Wertpapierposition wurde gelöscht!'.
ELSE.
LEAVE TO SCREEN 300.

**Abbildung 6.96** Musterfunktion zum Einsetzen eines Funktionsbausteinaufrufes (© SAP AG)

**Abbildung 6.97**
Musteraufruf eines
Funktionsbausteines zum
Setzen einer Sperre auf
das soeben angelegte
Sperrobjekt
(© SAP AG)

Die Sperrparameter entnehmen Sie der Feldliste WA_KP, die kurz zuvor aus der internen Tabelle IT_KP gemäß der markierten Zeile des *Table Controls* ausgelesen wurde.

```
WHEN 'KAUFEN'.
  AUTHORITY-CHECK OBJECT 'Z_DEPOTPST'
      ID 'ACTVT' FIELD '02'
      ID 'ANZAHL' DUMMY.
  IF sy-subrc NE 0.
    MESSAGE e000(zdekramu) WITH
      'Keine Berechtigung zum Ändern von Depotpositionen'.
  ELSE.
    READ TABLE it_kp INTO wa_kp INDEX kaufpos.
    IF sy-subrc NE 0.
      MESSAGE i000(zdekramu) WITH
        'Bitte gültige Tabellenzeile auswählen!'.
    ELSE.
      SELECT SINGLE * FROM zdepot_papiermu
        INTO wa_kp
        WHERE wkn = wa_kp-wkn
         AND depotnr = wa_kp-depotnr.
      IF sy-subrc NE 0.
        MESSAGE i000(zdekramu) WITH
        'Wertpapierposition wurde gelöscht!'.
      ELSE.
        CALL FUNCTION 'ENQUEUE_EZDEPOTPSTN'
          EXPORTING
              mode_zdepotpstn = 'E'
              mandt       = sy-mandt
              depotnr     = wa_kp-depotnr
              wkn         = wa_kp-wkn
*             X_DEPOTNR   = ' '
*             X_WKN       = ' '
```

```
*                _SCOPE        = '2'
*                _WAIT         = ' '
*                _COLLECT      = ' '
          EXCEPTIONS
                foreign_lock  = 1
                system_failure = 2
                OTHERS        = 3.
      IF sy-subrc <> 0.
        MESSAGE i000(zdekramu) WITH
          'Depotposition von anderem Benutzer
gesperrt!'
          'Versuchen Sie es später nochmals.'.
        EXIT.
      ENDIF.
      LEAVE TO SCREEN 300.
    ENDIF.
   ENDIF.
  ENDIF.
 ENDCASE.
ENDMODULE.              " USER_COMMAND_0200  INPUT
```

## 6.4 Dynpro 300: Kaufen und Verbuchen

Das Dynpro 300 zeigt den im Dynpro 100 ausgewählten Kunden mit der im Dynpro 200 gewählten Wertpapierposition an.

Über ⊙ *Auswahlknöpfe (Radiobuttons)* kann der Anwender verschiedene Anzahlen der zu kaufenden/verkaufenden Stücke auswählen (s. Abbildung 6.98). In einem *Ankreuzfeld (Checkbox)* wird zwischen ☑ Zukauf und ☐ Verkauf unterschieden. Mit der Drucktaste VERBUCHEN wird der Zu- oder Verkauf in der Datenbank gespeichert.

Ändernde DB-Zugriffe sollte man in ABAP stets in Verbuchungsfunktionsbausteine kapseln. Einen solchen legen Sie zuerst an.

Nach erfolgreichem Verbuchen oder mit der ZURÜCK-Taste gelangt der Anwender wieder zurück zu Dynpro 200.

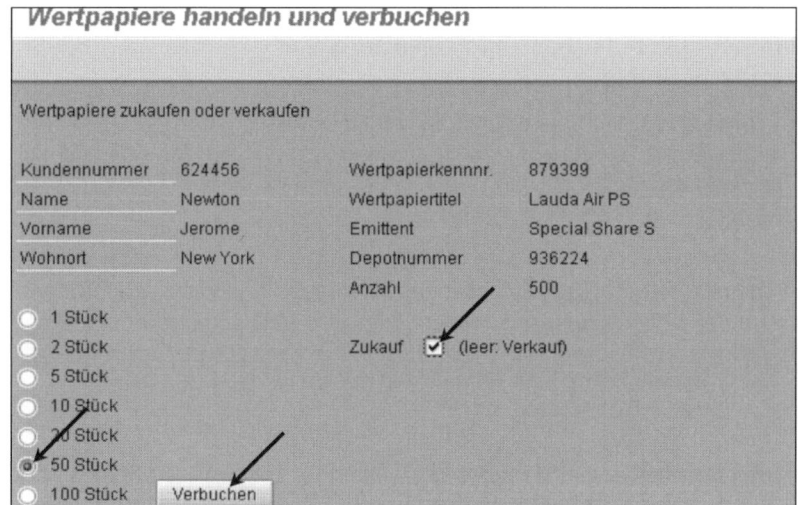

## 6.4.1 Verbuchungsfunktionsbaustein anlegen

**1.** Legen Sie einen Verbuchungsfunktionsbaustein Z_DEPOTPSTNnn_AN-ZAHL in der Funktionsgruppe ZWPDVnn innerhalb Ihrer Entwicklungsklasse ZABAPnn an. Er soll für eine Wertpapierposition mit den Schlüsseln DEPOTNR und WKN eine gegebene ANZAHL in der Tabelle ZDEPOTPSTN verbuchen.

**Aufgabe**

Den bisherigen Ausführungen konnten Sie bereits entnehmen, dass sich die Datensätze von (Dictionary-)Datenbanktabellen in der gleichnamigen Tabelle auf der dem R/3-System zugrunde liegenden Datenbank befinden. Alle ändernden Zugriffe darauf sind generell als kritisch für die Integrität der Datenbank (DB) anzusehen. Bisher haben Sie bereits folgende Maßnahmen zur Sicherung der Datenintegrität eingeleitet:

**SAP-LUW vs.
DB-LUW**

- Sie prüfen, ob der Anwender über eine Berechtigung zum Ändern der DB-Tabelle verfügt.

- Sie sperren den betreffenden Datensatz exklusiv, um zu vermeiden, dass andere Benutzer gleichzeitig schreibend zugreifen.

Nun sind Maßnahmen zu ergreifen, um eine weitere Gefahr für die Integrität der DB abzuwenden:

- Unvollständige Verbuchung betriebswirtschaftlich zusammengehöriger DB-Änderungen, wie sie bereits in Abschnitt 4.12 »Datensätze in Datenbanktabelle einfügen« skizziert wurde.

Betrachten Sie nochmals das dort bereits erwähnte Fehlerszenario aus der *Finanzbuchhaltung*. Dort gilt die Regel, dass die Summe aller *Soll-buchungen* eines Buchungssatzes *Habenbuchungen* in gleicher Höhe entgegenstehen müssen. Der Benutzer starte eine SAP-Transaktion zum Erfassen und Verbuchen eines kompletten Buchungssatzes aus der Finanzbuchhaltung.

- Auf Dynpro 600 (fiktives Dynpro der Finanzbuchhaltungstransaktion) erfasste der Benutzer die Sollbuchungen. Zu PAI werden sie in die DB geschrieben.

- Auf dem Nachfolgedynpro 700 (der Finanzbuchhaltungstransaktion) erfasste der Benutzer die Habenbuchungen. Zu PAI des Nachfolgedynpro sollten auch die Habenbuchungen in die DB geschrieben werden. Aufgrund eines Fehlers wird ihre Verbuchung jedoch nicht mehr erreicht. Damit verbleibt die DB in einem betriebswirtschaftlich inkonsistenten Zustand, da dort nur die Sollbuchung verbleibt!

Fehler, die zu dieser Situation führen, können beispielsweise sein:

- Benutzerfehler: Die Summe der Habenbuchungen ist ungleich der Summe der Sollbuchungen, es wurden fehlerhafte Kontonummern eingegeben, der Benutzer schließt seinen SAPGUI-Modus etc.

- Netzwerkfehler: Der Abbruch der Netzwerkverbindung der SAPGUI während des Eintragens der Habenbuchungssätze verhindert die PAI-Verarbeitung von Dynpro 700.

- DB-Fehler: Das DBMS meldet, dass aus technischen Gründen die Habenbuchungen nicht erfolgreich geschrieben werden konnten.

Mit den Mitteln eines DBMS könnte man mittels eines **DB-Rollbacks** – eines DB-seitigen ROLLBACK WORK – wieder den konsistenten Ausgangszustand herstellen. Dem steht allerdings eine Maßnahme entgegen, zu der sich SAP angesichts der potenziell unzuverlässigen Fernverbindung zwischen Präsentationsserver (SAPGUI) und Anwendungsserver entschlossen hat:

**HINWEIS**

*Mit jedem Senden eines Screens an den Präsentationsserver, also zum Ende von PBO, sendet der Anwendungsserver automatisch ein so genanntes **DB-Commit** – ein COMMIT WORK an den DB-Server. Mit jedem Senden eines Screens ist daher eine **DB-LUW (LUW = Logical Unit of Work**, logisch zusammenhängendes Stück Arbeit) beendet.*
*Damit sind alle Daten in die DB festgeschrieben, ein DB-Rollback wäre unwirksam! Im gezeigten Fehlerszenario wäre also die Sollbuchung bereits unwiderruflich in die DB festgeschrieben, noch bevor die Habenbuchung scheitert.*

Mit dem *DB-Commit* zum Ende des *Systemdialogschritts* wird gewährleistet, dass sich die DB in einem konsistenten Zustand befindet, wenn der Benutzer einen Screen bearbeitet. Der *Benutzerdialogschritt* kann nämlich u. U. lange dauern, etwa über die Mittagspause, oder gar nicht mehr beendet werden, etwa wenn der Benutzer sein Modusfenster schließt.

Zur Sicherstellung der Datenintegrität benötigt man deshalb ein Konzept, das mehrere Screens überdauert: Im Unterschied zur *DB-LUW* überdauert die **SAP-LUW** mehrere Screens. Die *SAP-LUW* beginnt mit Transaktionsstart und wird mit der ABAP-Anweisung COMMIT WORK abgeschlossen. Sie realisiert das **Alles-oder-Nichts-Prinzip**: Es wird entweder alles oder nichts verbucht.

Zum korrekten Verlauf einer SAP-LUW müssen vom Programmierer folgende Regeln eingehalten werden:

- Wenn bis zum nächsten Screen kein COMMIT WORK erfolgt, dürfen keinerlei Änderungen in die DB geschrieben werden, da diese vom impliziten *DB-Commit* unwiderruflich in der DB festgeschrieben würden.

- Wenn auf einem Dynpro Daten erhoben werden, die in der DB gespeichert werden sollen, müssen die DB-Änderungen zunächst vorgemerkt werden. Hierzu bietet ABAP verschiedene *Bündelungstechniken* an.

- Alle DB-Änderungen sind im letzten Verarbeitungsschritt zu bündeln. Erst wenn der Benutzer den Befehl zum Verbuchen oder Speichern gegeben hat, sind alle vorgemerkten Änderungen **in einem Schritt** mit COMMIT WORK in die DB einzubringen.

Im dargestellten Beispiel darf also zu PAI von Dynpro 600 keine Speicherung der Sollbuchungen stattfinden, sie sind lediglich **vorzumerken**. Erst zu PAI von Dynpro 700 dürfen, nachdem sichergestellt ist, dass die Summen der Sollbuchungen und Habenbuchungen gleich sind, die DB-Änderungen und das *DB-Commit* erfolgen. Wenn vor PAI von Dynpro 700 ein Abbruch erfolgt, sind die Sollbuchungen noch nicht in die DB geschrieben worden, es verbleiben nur – von ROLLBACK WORK leicht zu bereinigende – unvollständige Vormerkungen zurück.

Von den verschiedenen **Bündelungstechniken**, die ABAP zur Bündelung von DB-Änderungen anbietet, ist die hier vorgestellte **Verbuchungstechnik** die technisch aufwändigste. Sie basiert darauf, dass alle DB-Änderungen in spezielle Funktionsbausteine, so genannte **Verbuchungsfunktionsbausteine**, gekapselt werden. Der Aufruf dieser Verbuchungsfunktionsbausteine erfolgt mit der Anweisung:

**Verbuchungstechnik**

```
CALL FUNCTION [Name Funktionsbaustein] IN UPDATE TASK [...]
```

Sie bewirkt, anders als üblich, keine direkte Ausführung, sondern lediglich eine **Vormerkung** zur späteren Ausführung des Verbuchungsfunktionsbausteines. Die *Vormerkung* erfolgt in einer Systemtabelle namens VBLOG, welche den Namen des Funktionsbausteines und die Aktualparameter für seine Schnittstelle aufnimmt. Üblicherweise erfolgen längs des Ablaufes einer SAP-Transaktion über mehrere Screens hinweg eine Reihe von derartigen Vormerkungen für verschiedene Verbuchungsfunktionsbausteine.

Mit COMMIT WORK wird die SAP-LUW geschlossen und festgelegt, dass die bisherigen Vormerkungen einen konsistenten Verbuchungssatz bilden, der die DB von einem betriebswirtschaftlich konsistenten Zustand in einen anderen betriebswirtschaftlich konsistenten Zustand überführt.

COMMIT WORK stößt einen **Verbucherworkprozess** an, der die Einträge der VBLOG ausliest und die vorgemerkten Funktionsbausteine mit den ebenfalls vorgemerkten Aktualparametern aufruft. Hierzu vererbt der Dialogworkprozess seine Sperren an den Verbucherworkprozess. Nach erfolgreicher Abarbeitung aller Verbuchungen erfolgt ein *DB-Commit*, das die Änderungen in der DB festschreibt, anschließend hebt der Verbucherworkprozess alle geerbten Sperren auf. Falls ein Fehler in einem Verbuchungsfunktionsbaustein auftritt, erfolgt ein *DB-Rollback*, bei dem alle bisherigen Änderungen wieder aus der DB »herausgerollt« werden und die DB den konsistenten Ausgangszustand einnimmt. Der Benutzer wird durch eine Mail über den Verbuchungsabbruch informiert.

Dieses Verfahren hat den Vorteil, dass der Benutzer während des eventuell länger andauernden Verbuchungsvorganges bereits weiterarbeiten kann, deshalb nennt es man auch **asynchrone Verbuchung**.

Verbuchungsfunktionsbausteine, die mit CALL FUNCTION [...] IN UPDATE TASK gerufen werden, können wegen der verzögerten Bearbeitung nichts an den Aufrufer zurückliefern. Deshalb dürfen sie an der Schnittstelle auch keine Exportparameter und keine Ausnahmen aufweisen.

In den Funktionsbausteinattributen können Sie ferner zwischen durch Sperren geschützter **V1-Verbuchung** – für kritische DB-Änderungen – und sperrenloser **V2-Verbuchungen** – für unkritische DB-Änderungen wie Statistikfortschreibungen – wählen. Die V1-Verbuchungen erfolgen stets vor den V2-Verbuchungen, die – im Unterschied zu V1-Verbuchungen – im Abbruchfalle nachverbucht werden dürfen.

**Schritte**    Die Funktionsgruppe ZWPDVnn wurde bereits in Abschnitt 5.2 »Modularisierung: Funktionsbausteine« angelegt.

Den Funktionsbaustein Z_DEPOTPSTNnn_ANZAHL legen Sie in der Funktionsgruppe ZWPDVnn an (s. Abbildung 6.99 bis Abbildung 6.101). Stellen Sie
synchrone V1-Verbuchung ein, und ordnen Sie die Anwendungsklasse
KUNDE FILIALE zu.

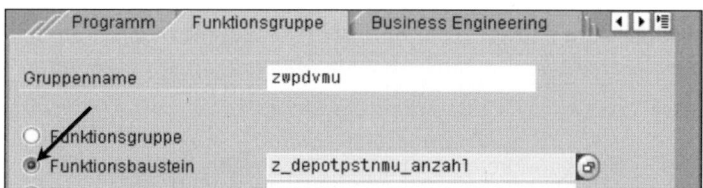

**Abbildung 6.99**
Anlegen
Funktionsbaustein
(© SAP AG)

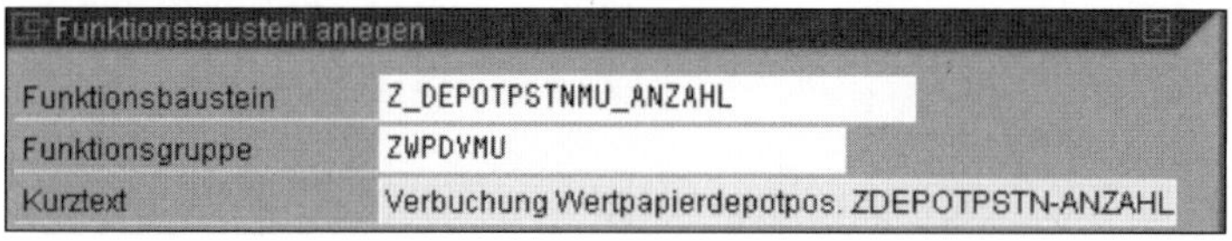

**Abbildung 6.100**
Eigenschaftspflege
Funktionsbaustein
(© SAP AG)

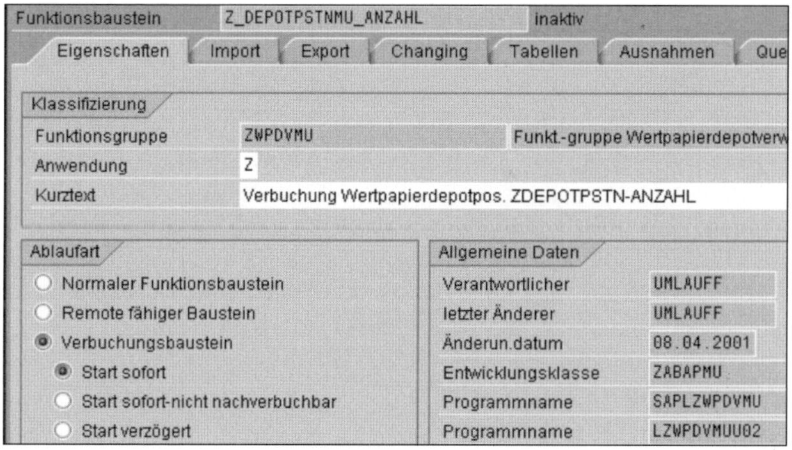

**Abbildung 6.101**
Verbuchungsart V1
synchron, Zuordnen der
Anwendungsklasse
(© SAP AG)

Legen Sie die Importparameter fest (s. Abbildung 6.102). Für Verbuchungsfunktionsbausteine sind keine Referenzparameter zugelassen,
stellen Sie daher *Wertübergabe* ein.

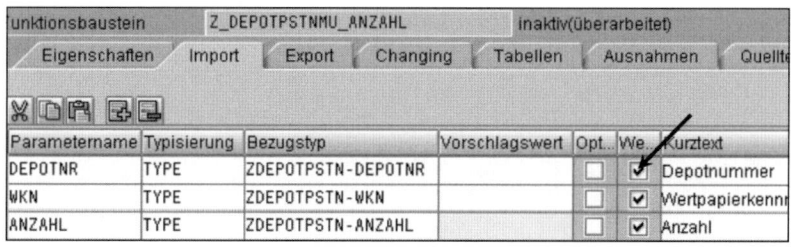

**Abbildung 6.102**
Importparameter des
Funktionsbausteines
(© SAP AG)

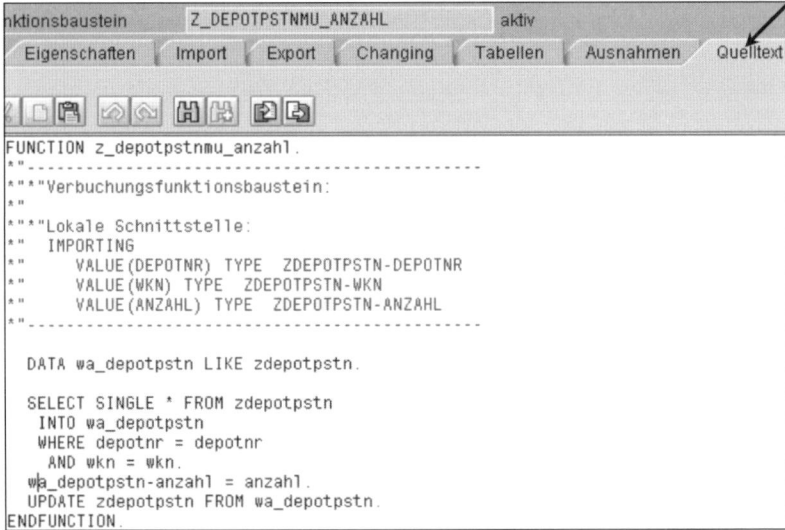

**Aufgabe**

**2.** Programmieren Sie nun den Quelltext des Funktionsbausteines. Lesen Sie die Wertpapierposition aus der Tabelle ZDEPOTPSTN in eine Feldleiste. Ändern Sie das ANZAHL-Feld der Feldleiste, und speichern Sie die Feldleiste in der DB.

**Erläuterung** Die Open-SQL-Anweisung zum Ändern eines bereits vorhandenen Datensatzes

UPDATE [Datenbanktabelle] FROM [Arbeitsbereich].

haben Sie bereits kennen gelernt. Der Arbeitsbereich sollte den gleichen Aufbau wie die Datenbanktabelle haben. Wichtig ist, dass die Primärschlüsselfelder des Arbeitsbereiches korrekt belegt sind. Die Nichtschlüsselfelder enthalten die gewünschten Änderungen an dem Datensatz.

**Schritte** Ergänzen Sie den Quelltext des Funktionsbausteines (s. Abbildung 6.103).

**Abbildung 6.103**
Quelltext des
Funktionsbausteines
anlegen (© SAP AG)

| nktionsbaustein | Z_DEPOTPSTNMU_ANZAHL | | aktiv | |
|---|---|---|---|---|
| Eigenschaften | Import | Export | Changing | Tabellen | Ausnahmen | Quelltext |

```
FUNCTION z_depotpstnmu_anzahl.
*"----------------------------------------------
*"*"Verbuchungsfunktionsbaustein:
*"
*"*"Lokale Schnittstelle:
*"  IMPORTING
*"     VALUE(DEPOTNR) TYPE  ZDEPOTPSTN-DEPOTNR
*"     VALUE(WKN) TYPE  ZDEPOTPSTN-WKN
*"     VALUE(ANZAHL) TYPE  ZDEPOTPSTN-ANZAHL
*"----------------------------------------------

  DATA wa_depotpstn LIKE zdepotpstn.

  SELECT SINGLE * FROM zdepotpstn
   INTO wa_depotpstn
   WHERE depotnr = depotnr
     AND wkn = wkn.
  wa_depotpstn-anzahl = anzahl.
  UPDATE zdepotpstn FROM wa_depotpstn.
ENDFUNCTION.
```

FUNCTION z_depotpstnmu_anzahl.

*"----------------------------------------------

*"*"Verbuchungsfunktionsbaustein:

*"

*"*"Lokale Schnittstelle:

*"  IMPORTING

*"     VALUE(DEPOTNR) TYPE  ZDEPOTPSTN-DEPOTNR

```
*"      VALUE(WKN) TYPE  ZDEPOTPSTN-WKN
*"      VALUE(ANZAHL) TYPE  ZDEPOTPSTN-ANZAHL
*"----------------------------------------------


    DATA wa_depotpstn LIKE zdepotpstn.


    SELECT SINGLE * FROM zdepotpstn
     INTO wa_depotpstn
     WHERE depotnr = depotnr
      AND wkn = wkn.
    wa_depotpstn-anzahl = anzahl.
    UPDATE zdepotpstn FROM wa_depotpstn.
ENDFUNCTION.
```

Prüfen Sie die Syntax, und Aktivieren Sie den Funktionsbaustein.

### 6.4.2 Dynpro 300 anlegen

Das Dynpro 300 soll den ausgewählten Kunden mit den Feldern KUN-  **Schritte**
DENNR, NAME, VORNAME und WOHNORT aus ZKUNDEN anzeigen. Des Weiteren soll
die gewählte Wertpapierposition mit WKN, TITEL, EMITTENT, DEPOTNR und AN-
ZAHL zu sehen sein; sie wurde zu PAI von Dynpro 200 in die Feldleiste
WA_KP eingelesen.

**1.** Legen Sie Dynpro 300 an (s. Abbildung 6.104 bis Abbildung 6.105).

**Abbildung 6.104**
Anlegen Dynpro 300
(© SAP AG)

**Abbildung 6.104**
Anlegen Dynpro 300
(© SAP AG)

**Abbildung 6.105**
Eigenschaftspflege des
Dynpros (© SAP AG)

| Dynpronummer | 300 | neu(überarbeitet) |
| --- | --- | --- |

Eigenschaften    Elementliste    Ablauflogik

| | | |
| --- | --- | --- |
| Kurzbeschreibung | Wertpapiere zukaufen oder verkaufen | |
| Originalsprache | DE Deutsch | Entwicklungsklasse |
| Letzte Änderung | | 00:00:00 |
| Letzte Generierung | | 00:00:00 |

**Dynprotyp**
- ⦿ Normal
- ○ Subscreen
- ○ Modales Dialogfenster
- ○ Selektionsdynpro
- ○ Class Screen

**Einstellungen**
- ☐ Halten Daten
- ☐ Ausschalten Laufzeitkompr.
- ☐ Vorlage - nicht ausführbar
- ☐ Halten Scrollposition

**Weitere Attribute**

| Folgedynpro | 300 |
| --- | --- |

**A**ufgabe

2. Setzen Sie die Überschrift »Wertpapiere zukaufen oder verkaufen« als Textfeld ein. Fügen die Felder KUNDENNR, NAME, VORNAME und WOHNORT aus der Datenbanktabelle ZKUNDEN als reine Ausgabefelder dem Screen hinzu (s. Abbildung 6.106 bis Abbildung 6.116).

Fügen Sie des Weiteren aus dem Programm heraus die Felder WKN, TITEL, EMITTENT, DEPOTNR und ANZAHL der Feldleiste WA_KP als reine Ausgabefelder mit entsprechenden Textfeldern hinzu.

**Schritte**    Ähnliche Schritte sind Ihnen aus den zurückliegenden Aufgaben bekannt.

**Abbildung 6.106**
Screen 300: Anlegen der
Überschrift als Textfeld
(© SAP AG)

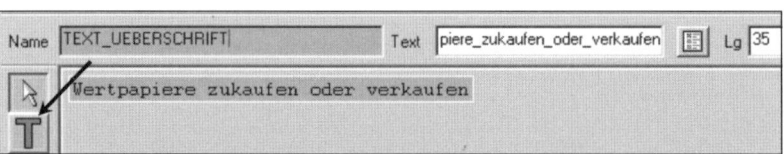

| Name | TEXT_UEBERSCHRIFT | Text | piere_zukaufen_oder_verkaufen | ▦ Lg 35 |
| --- | --- | --- | --- | --- |

Wertpapiere zukaufen oder verkaufen

**Abbildung 6.107**
Einfügen der Felder aus
dem Dictionary
(© SAP AG)

**Screen Painter: Dict/Programmfelder**

Tabellen-/Feldname    ZKUNDEN

| | Tabellen-/Feldname | | Beschreibung | Ein/Ausgabefeld | | Ohne | Kurz | Mittel |
| --- | --- | --- | --- | --- | --- | --- | --- | --- |
| | Tabellenname | Feldname | | | | | | |
| | ZKUNDEN | MANDT | | ☐ CLNT | 0 | ⦿ | ○ | |
| | ZKUNDEN | KUNDENNR | | ☑ NUMC | 10 | ● | ● 10 | ○ 15 |
| | ZKUNDEN | NAME | | ☑ CHAR | 15 | ● | ● 10 | ○ 15 |
| | ZKUNDEN | VORNAME | | ☑ CHAR | 15 | ● | ● 10 | ○ 15 |
| | ZKUNDEN | WOHNORT | | ☑ CHAR | 15 | ● | ● 10 | ○ 15 |

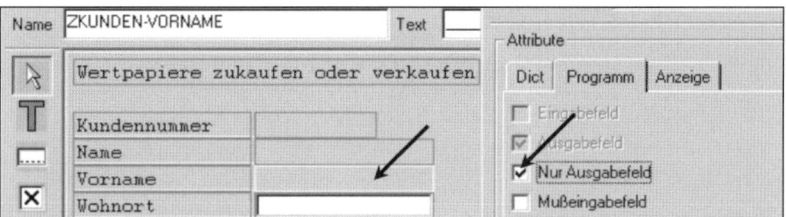

**Abbildung 6.108**
Platzieren der Felder,
Attribut ☑ NUR
AUSGABEFELD setzen
(© SAP AG)

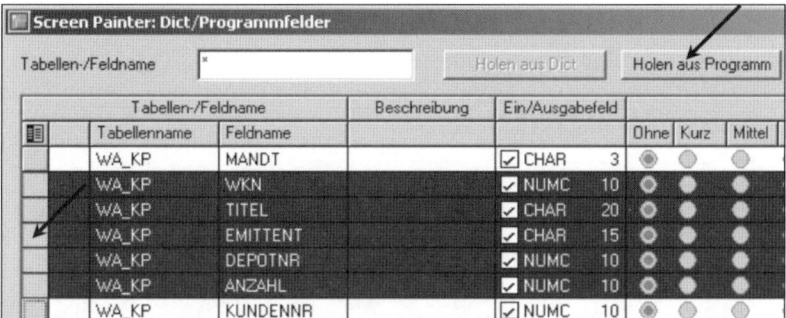

**Abbildung 6.109**
Einfügen der Felder einer
Feldleiste aus dem
Programm (© SAP AG)

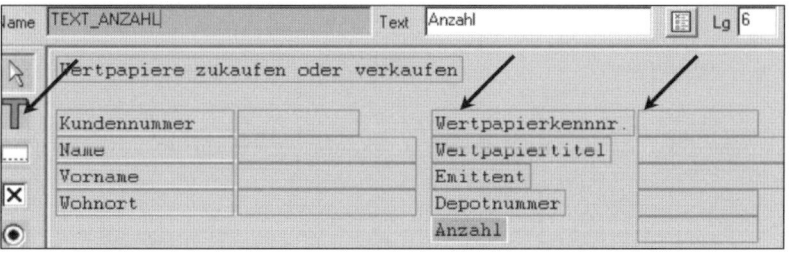

**Abbildung 6.110**
Platzieren der Programm-
felder, ebenfalls mit
Attribut NUR
AUSGABEFELD, und
Ergänzen beschreiben
der Textfelder (© SAP AG)

### 6.4.3 Screen: Ankreuzfeld und Auswahlknopfgruppe

Mit *Ankreuzfeldern* und *Auswahlknopfgruppen* gestatten Sie dem Benutzer einfache Dateneingabe per Mausklick. Während mehrere *Ankreuzfelder* eine Mehrfachauswahl erlauben (**Multiple Choice**), kann aus einer *Auswahlknopfgruppe* stets nur ein *Auswahlknopf* ausgewählt werden (**Single Choice**).

**1.** Über ein *Ankreuzfeld* soll der Benutzer über ☑ Zukauf (Haken) oder ☐ Verkauf (kein Haken) auswählen. Definieren Sie zunächst im Top-Include ein Feld ZUKAUF, und fügen Sie es, mit passenden Textfeldern versehen, in den Screen ein.

 **Aufgabe**

Für das **Ankreuzfeld (Checkbox)** benötigen Sie im Programm ein gleichnamiges Feld vom Typ Text der Länge 1. Es erhält den Wert 'X' für den gesetzten Haken und den Wert SPACE (Leerzeichen) für den nicht gesetzten Haken.

**Erläuterung**

**Schritte**  Ergänzen Sie das Top-Include um folgende Definition:

```
CONTROLS tc_wertpapier TYPE TABLEVIEW USING SCREEN '0200'.
DATA: mark,
  zeilen_tc TYPE i,
  zeilen_it TYPE i,
  zeilen_max TYPE i.
DATA: zukauf TYPE c.
```

Aktivieren Sie das Top-Include. Fügen Sie das Feld ZUKAUF über die DICT/PROGRAMMFELDER als Ankreuzfeld in den Screen ein (s. Abbildung 6.111 bis Abbildung 6.113).

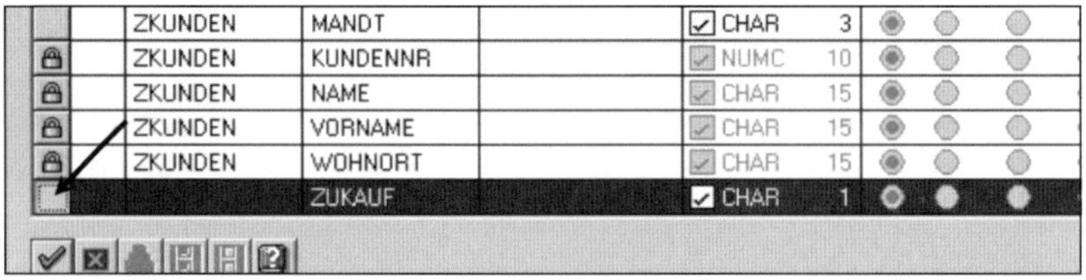

**Abbildung 6.111**
*Einfügen eines*
*Ankreuzfeldes:* Weiter
rechts...
(© SAP AG)

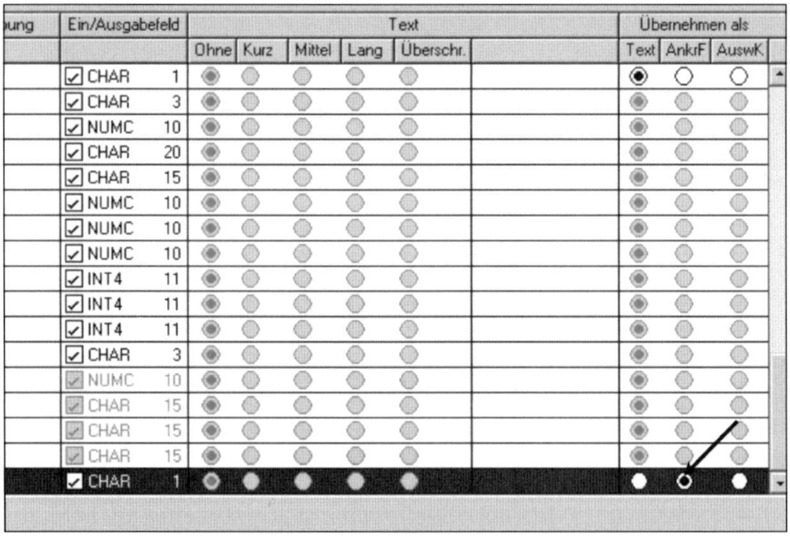

**Abbildung 6.112**
... wird die Übernahme
als *Ankreuzfeld*
festgelegt.
(© SAP AG)

| dennummer | | Wertpapierkennnr. | |
| le | | Wertpapiertitel | |
| rname | | Emittent | |
| nort | | Depotnummer | |
| | | Anzahl | |

Zukauf ☐ (leer: Verkauf)

2.  Die Anzahl der zu handelnden Stücke darf der Benutzer über eine *Auswahlknopfgruppe*, bestehend aus sieben ⊙ Auswahlknöpfen, bestimmen. Er soll dabei die Wahl zwischen 1, 2, 5, 10, 20, 50 und 100 Stücken haben.

    Definieren Sie im Top-Include ein Feld KAUFANZAHL für die Anzahl der Stücke sowie jeweils ein Feld für jeden Auswahlknopf. Fügen Sie die Auswahlknöpfe in den Screen ein, und fassen Sie sie zu einer *Auswahlknopfgruppe* zusammen.

**A**ufgabe

Für jeden Auswahlknopf benötigen Sie im Programm ein gleichnamiges Feld der Länge 1. Der ausgewählte Knopf erhält den Wert 'X', alle anderen erhalten den Wert SPACE (Leerzeichen). Im Screen muss definiert werden, welcher **Auswahlknopfgruppe (Radiobuttons)** ein **Auswahlknopf** angehört; schließlich kann es auf einem Screen mehrere *Auswahlknopfgruppen* geben.

**Erläuterung**

Ergänzen Sie das Top-Include um die benötigten Felder.

**Schritte**

```
DATA: zukauf TYPE c.
DATA: kaufanzahl LIKE zdepotpstn-anzahl,
  knopf1 TYPE c,
  knopf2 TYPE c,
  knopf5 TYPE c,
  knopf10 TYPE c,
  knopf20 TYPE c,
  knopf50 TYPE c,
  knopf100 TYPE c.
```

Aktivieren Sie das Top-Include. Fügen Sie die Felder als Auswahlknöpfe in den Screen ein, und ergänzen Sie passende Textfelder. Markieren Sie die eingefügten *Auswahlknöpfe*, und definieren Sie die Markierung als *Auswahlknopfgruppe* mit dem Menüpfad BEARBEITEN / GRUPPIERUNG / AUSWAHLKNOPFGRUPPE / DEFINIEREN (s. Abbildung 6.114 bis Abbildung 6.116).

**Abbildung 6.114**
Einfügen der
*Auswahlknöpfe* aus dem
Programm. Weiter
rechts... (© SAP AG)

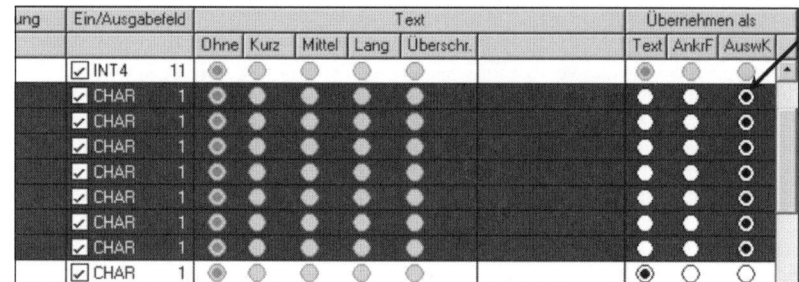

| Tabellen-/Feldname | | Beschreibung | Ein/Ausgabefeld | | Ohne | Kurz | Mittel | La |
|---|---|---|---|---|---|---|---|---|
| Tabellenname | Feldname | | | | | | | |
| | KAUFPOS | | ☑ INT4 | 11 | ◉ | ○ | ○ | ○ |
| | KNOPF001 | | ☑ CHAR | 1 | ○ | ● | ● | ● |
| | KNOPF002 | | ☑ CHAR | 1 | ○ | ● | ● | ● |
| | KNOPF005 | | ☑ CHAR | 1 | ○ | ● | ● | ● |
| | KNOPF010 | | ☑ CHAR | 1 | ○ | ● | ● | ● |
| | KNOPF020 | | ☑ CHAR | 1 | ○ | ● | ● | ● |
| | KNOPF050 | | ☑ CHAR | 1 | ○ | ● | ● | ● |
| | KNOPF100 | | ☑ CHAR | 1 | ○ | ● | ● | ● |
| | MARK | | ☑ CHAR | 1 | ◉ | ○ | ○ | ○ |

**Abbildung 6.115**
... legen Sie die
Übernahme als
*Auswahlknopf* fest.
(© SAP AG)

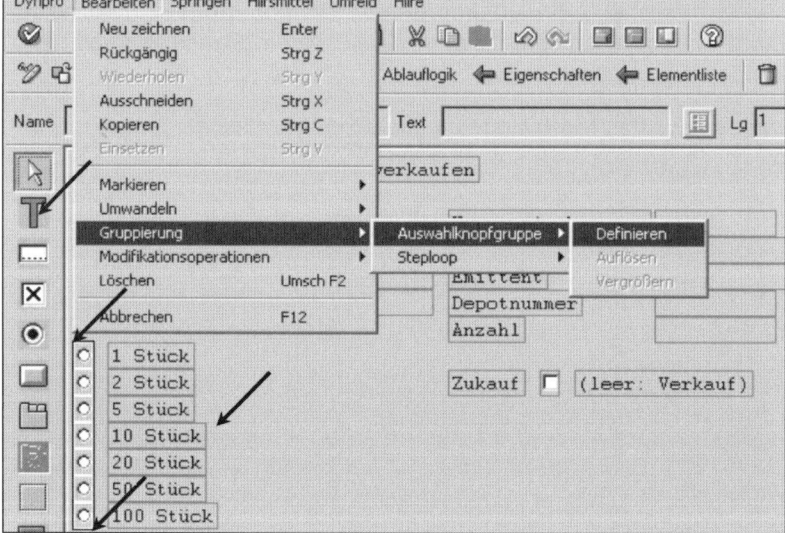

| ...ung | Ein/Ausgabefeld | | Text | | | | | Übernehmen als | | |
|---|---|---|---|---|---|---|---|---|---|---|
| | | | Ohne | Kurz | Mittel | Lang | Überschr. | Text | AnkrF | AuswK |
| | ☑ INT4 | 11 | ◉ | ○ | ○ | ○ | ○ | ◉ | ○ | ○ |
| | ☑ CHAR | 1 | ○ | ● | ● | ● | ● | ● | ● | ○ |
| | ☑ CHAR | 1 | ○ | ● | ● | ● | ● | ● | ● | ○ |
| | ☑ CHAR | 1 | ○ | ● | ● | ● | ● | ● | ● | ○ |
| | ☑ CHAR | 1 | ○ | ● | ● | ● | ● | ● | ● | ○ |
| | ☑ CHAR | 1 | ○ | ● | ● | ● | ● | ● | ● | ○ |
| | ☑ CHAR | 1 | ○ | ● | ● | ● | ● | ● | ● | ○ |
| | ☑ CHAR | 1 | ○ | ● | ● | ● | ● | ● | ● | ○ |
| | ☑ CHAR | 1 | ◉ | ○ | ○ | ○ | ○ | ◉ | ○ | ○ |

**Abbildung 6.116**
Markieren aller
*Auswahlknöpfe* und
Definition als
*Auswahlknopfgruppe*,
rechts davon: manuelles
Ergänzen der Textfelder
(© SAP AG)

Dynpro   Bearbeiten   Springen   Hilfsmittel   Umfeld   Hilfe

| Neu zeichnen | Enter |
| Rückgängig | Strg Z |
| Wiederholen | Strg Y |
| Ausschneiden | Strg X |
| Kopieren | Strg C |
| Einsetzen | Strg V |
| Markieren | ▶ |
| Umwandeln | ▶ |
| Gruppierung | ▶ |
| Modifikationsoperationen | ▶ |
| Löschen | Umsch F2 |
| Abbrechen | F12 |

Ablauflogik  ⬅ Eigenschaften  ⬅ Elementliste

Name

Text                                    Lg 1

Auswahlknopfgruppe ▶   Definieren
Steploop ▶             Auflösen
                       Vergrößern

...erkaufen

Emittent
Depotnummer
Anzahl

○ 1 Stück
○ 2 Stück
○ 5 Stück
○ 10 Stück
○ 20 Stück
○ 50 Stück
○ 100 Stück

Zukauf ☐ (leer: Verkauf)

### 6.4.4 Drucktaste, Oberfläche, Ablauflogik zu PBO

**1.** Mit der *Drucktaste* VERBUCHEN – Funktionscode VERBUCH – wird der Zukauf oder Verkauf in der Datenbank gespeichert. Pflegen Sie das OK-CODE-Feld (s. Abbildung 6.117 bis 6.118).

**Schritte**

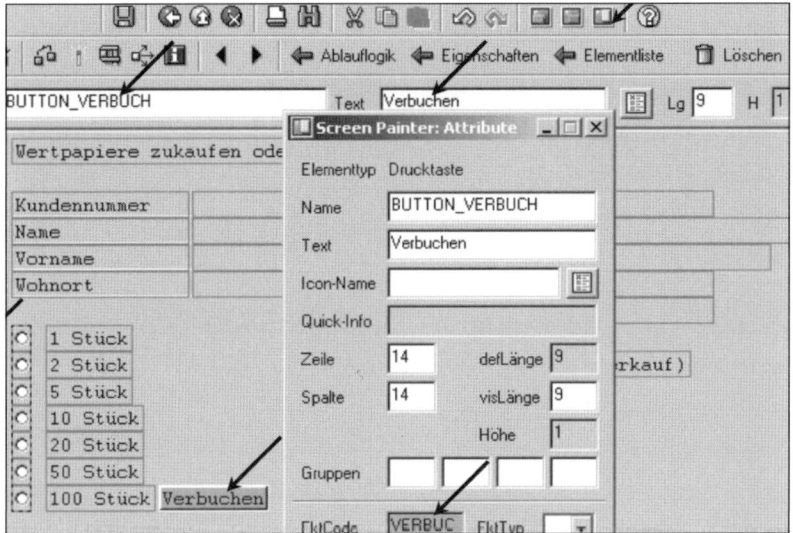

**Abbildung 6.117** Anlegen *Drucktaste*, Zuordnen Funktionscode VERBUCH

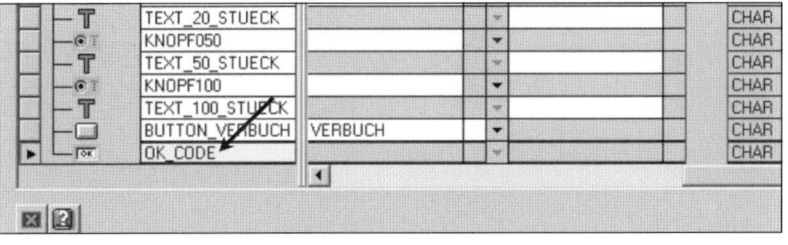

**Abbildung 6.118** Pflege des *OK-Code-Feldes* nicht vergessen! (© SAP AG)

**2.** Wenden Sie sich der *Ablauflogik* des Dynpros zu. Setzen Sie zu PBO einen GUI-Status, der die ZURÜCK-Taste mit dem Funktionscode BACK enthält. Der GUI-Titel lautet: »Wertpapiere handeln und verbuchen« (s. Abbildung 6.119 bis Abbildung 6.120).

Sorgen Sie dafür, dass der Kauf von zehn Stück vorgeschlagen wird, indem der betreffende Auswahlknopf die Markierung trägt.

**Schritte**    Programmieren Sie die Ablauflogik von Dynpro 300.

```
PROCESS BEFORE OUTPUT.
  MODULE status_0300.
  MODULE trans_to_0300.


PROCESS AFTER INPUT.
  MODULE user_command_0300.
```

Legen Sie das Modul STATUS_0300 im PBO-Include an:

```
MODULE status_0300 OUTPUT.
  SET PF-STATUS '300'.
  SET TITLEBAR '300'.
ENDMODULE.              " STATUS_0300  OUTPUT
```

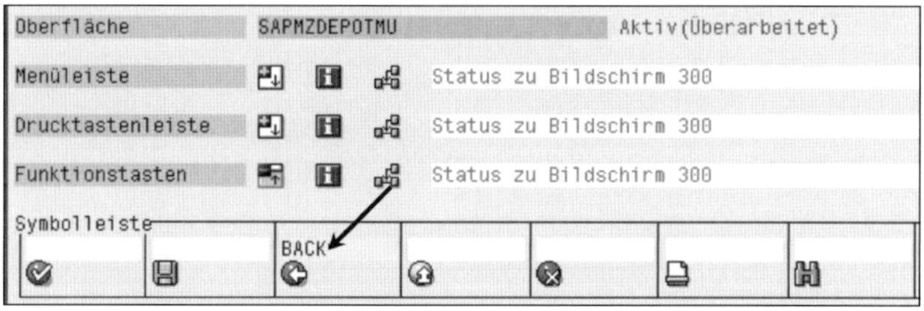

**Abbildung 6.119**
Zuordnen eines
Funktionscodes zur
ZURÜCK-Taste im GUI-
Status (© SAP AG)

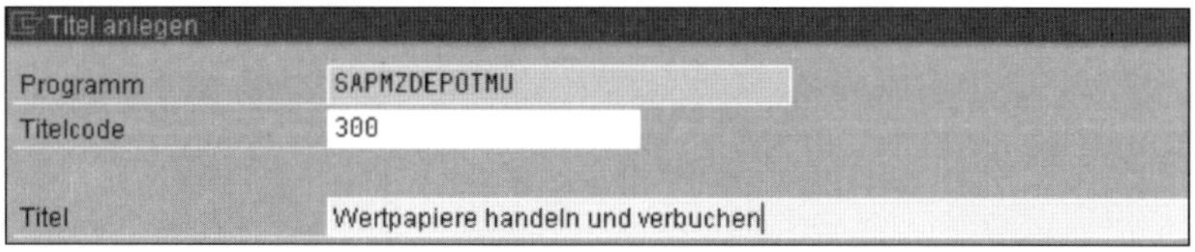

**Abbildung 6.120**
Anlegen GUI-Titel
(© SAP AG)

Durch Zuweisung von 'X' zu einem der Auswahlknopffelder erreicht man die Vorbelegung dieses Auswahlknopfes. Alle anderen Auswahlknöpfe werden zurückgesetzt.

```
MODULE trans_to_0300 OUTPUT.
  knopf010 = 'X'.
  CLEAR: knopf001, knopf002, knopf005, knopf020,
knopf050,
    knopf100.
ENDMODULE.              " TRANS_TO_0300  OUTPUT
```

### 6.4.5 Ablauflogik zu PAI

**1.** Die PAI-Verarbeitung soll im Falle des Funktionscodes BACK zu Dynpro 200 verzweigen.

**Aufgabe**

Wenn der Benutzer die ZURÜCK-Taste drückt, erfolgt keine Verbuchung. Deshalb müssen die gesetzten Sperren aufgehoben werden. Dies erledigen Sie am einfachsten mit dem Funktionsbaustein DEQUEUE_ALL, der alle im Verlauf der SAP-LUW gesetzten Sperren zurücksetzt. Sie könnten stattdessen die Sperre auch gezielt mit dem vorhin generierten Funktionsbaustein DEQUEUE_EZDEPOTPSTN freigeben.

**Erläuterung**

Legen Sie das Modul USER_COMMAND_0300 im PAI-Include an. Den Funktionscode werten Sie wie üblich in einer CASE-Verzweigung aus.

**Schritte**

```
MODULE user_command_0300 INPUT.
   save_ok = ok_code.
   CLEAR ok_code.
   CASE save_ok.
     WHEN 'BACK'.
       CALL FUNCTION 'DEQUEUE_ALL'
            EXPORTING
                _synchron = ' '.
       LEAVE TO SCREEN 200.
```

Das Modul ist noch nicht vollständig, aktivieren Sie es nicht!

**2.** Zu PAI muss beim Funktionscode VERBUCH zunächst die gewünschte Anzahl der zu kaufenden Stücke aus der Auswahlknopfgruppe ermittelt werden. Informieren Sie den Anwender in einem Popup, wenn nicht genügend Stücke vorhanden sind.

Ansonsten berechnen Sie den neuen Bestand an Stücken als Vorbereitung für die Verbuchung: Addieren oder subtrahieren Sie, abhängig vom Inhalt des Ankreuzfeldes ZUKAUF, das Feld KAUFANZAHL auf oder von WA_KP-ANZAHL.

**Aufgabe**

Den gedrückten Auswahlknopf ermitteln Sie über eine weitere CASE-Verzweigung, entsprechend belegen Sie das Feld KAUFANZAHL.

**Erläuterung**

Anhand des Ankreuzfeldes ZUKAUF erkennen Sie, ob der Benutzer Stücke zukaufen oder verkaufen will.

Ergänzen Sie das Modul USER_COMMAND_0300.

**Schritte**

```
CASE save_ok.
  WHEN 'BACK'.
    CALL FUNCTION 'DEQUEUE_ALL'
        EXPORTING
                _synchron = ' '.
    LEAVE TO SCREEN 200.
  WHEN 'VERBUCH'.
    CASE 'X'.
      WHEN knopf001.
        kaufanzahl = 1.
      WHEN knopf002.
        kaufanzahl = 2.
      WHEN knopf005.
        kaufanzahl = 5.
      WHEN knopf010.
        kaufanzahl = 10.
      WHEN knopf020.
        kaufanzahl = 20.
      WHEN knopf050.
        kaufanzahl = 50.
      WHEN knopf100.
        kaufanzahl = 100.
      WHEN OTHERS.
        MESSAGE e000(zdekramu) WITH
          'Anzahl Stücke auswählen!'.
    ENDCASE.
    IF zukauf = space AND wa_kp-anzahl LT kaufanzahl.
      MESSAGE i000(zdekramu) WITH
        'Nicht genügend Stücke vorhanden!'.
    ELSE.
      IF zukauf = space.
        wa_kp-anzahl = wa_kp-anzahl - kaufanzahl.
      ELSE.
        wa_kp-anzahl = wa_kp-anzahl + kaufanzahl.
      ENDIF.
```

Der Fall OTHERS der CASE-Verzweigung sollte eigentlich nicht auftreten dürfen, wenn die Auswahlknopfgruppe korrekt angelegt und programmiert wurde. Die Fehlermessage wurde nur für unvorhergesehene Fälle eingefügt.

Das Modul ist noch nicht vollständig, aktivieren Sie es nicht!

**3.** Programmieren Sie schließlich die Verbuchung des neuen Bestandes an Stücken. Rufen Sie den vorhin angelegten Verbuchungsfunktionsbaustein Z_DEPOTPSTNnn_ANZAHL auf, wobei Sie die Verbuchungstechnik *Asynchrone Verbuchung* einsetzen.

Nach der Verbuchung wird ebenfalls zurück zu Dynpro 200 verzweigt. Deshalb muss zu PAI von Dynpro 300 die interne Tabelle IT_KP durch erneutes Lesen des Views ZDEPOT_PAPIERnn aktualisiert werden.

Beenden Sie die PAI-Verarbeitung mit dem Beenden der SAP-LUW, und setzen Sie alle Sperren zurück.

Eine *Asynchrone Verbuchung* erreichen Sie für den Aufruf **Erläuterung**

```
CALL FUNCTION [Name Funktionsbaustein] IN UPDATE TASK [...]
```

wenn Sie später die SAP-LUW mit

```
COMMIT WORK.
```

beenden. Geben Sie Ihre gesetzten Sperren frei.

Neben der *asynchronen Verbuchung* gibt es noch die *synchrone Verbuchung* und die *lokale Verbuchung*. Weitere Informationen hierüber finden Sie in der *Online-Documentation 4.6B* SAP-BIBLIOTHEK / BASIS / ABAP-PROGRAMMIERUNG UND LAUFZEITUMGEBUNG / ABAP-PROGRAMMIERUNG / ABAP DATENBANKZUGRIFFE / SAP TRANSAKTIONSKONZEPT / TECHNIKEN DER VERBUCHUNG.

Rufen Sie den Funktionsbaustein Z_DEPOTPSTNnn_ANZAHL mit den in der **Schritte** Feldleiste WA_KP ermittelten Parametern zur Verbuchung. Da keine weiteren DB-Änderungen folgen, können Sie direkt anschließend mit COMMIT WORK die SAP-LUW schließen und die Verbuchung starten. Rufen Sie den Funktionsbaustein DEQUEUE_ALL zum Freigeben der Sperren. Verwenden Sie für die Funktionsbausteinaufrufe die Musterfunktion des ABAP Editors.

Geben Sie danach eine Erfolgs-Message aus. Nach Lesen der internen Tabelle IT_KP aus dem View wechseln Sie zu Dynpro 200.

Ergänzen Sie das Modul USER_COMMAND_0300.

```
        ELSE.
          IF zukauf = space.
            wa_kp-anzahl = wa_kp-anzahl - kaufanzahl.
          ELSE.
            wa_kp-anzahl = wa_kp-anzahl + kaufanzahl.
          ENDIF.
          CALL FUNCTION 'Z_DEPOTPSTNMU_ANZAHL'
              EXPORTING
                  depotnr = wa_kp-depotnr
                  wkn     = wa_kp-wkn
                  anzahl  = wa_kp-anzahl.
          COMMIT WORK.
          CALL FUNCTION 'DEQUEUE_ALL'
              EXPORTING
                  _synchron = ' '.
          MESSAGE s000(zdekramu) WITH
           'Wertpapierhandel wurde verbucht'.
          SELECT * FROM zdepot_papiermu
            INTO CORRESPONDING FIELDS OF TABLE it_kp
            WHERE kundennr = zkunden-kundennr.
          LEAVE TO SCREEN 200.
        ENDIF.
      ENDCASE.
    ENDMODULE.                  " USER_COMMAND_0300  INPUT
```

 Aufgrund der *asynchronen Verbuchung* durch einen parallel laufen-den Verbucherworkprozess kann es in Ausnahmefällen vorkommen, dass der Datensatz beim Lesen des Views noch nicht aktualisiert wurde und eine noch nicht aktualisierte Anzahl Stücke in Dynpro 200 angezeigt wird.

### 6.4.6 Fertige Transaktion testen

1. Aktivieren Sie alle neu angelegten Objekte (s. Abbildung 6.121). Starten Sie die Transaktion und kaufen Sie 50 Stücke *Lauda Air PS* von *Special Share S* (Wertpapierkennnummer 879399, Depotnummer 936224) für den Kunden *Jerome Newton* hinzu. Verkaufen Sie davon wieder 2 Stücke.

Versuchen Sie anschließend, 100 Stücke *Astra B* von *Biotech Emiss.* (Wertpapierkennnnummer 873479, Depotnummer 936224) zu verkaufen.

**Abbildung 6.121**
Neben Dynpro 300 müssen Sie alle neu angelegten oder geänderten Objekte aktivieren.
(© SAP AG)

Starten Sie die Transaktion ZDEPOTnn, und wählen Sie in Dynpro 100 den Kunden 624456 (s. Abbildung 6.122 bis Abbildung 6.123). In Dynpro 200 entscheiden Sie sich für den Kauf der Position *Lauda Air PS* vom Emittenten *Special Share S* (s. Abbildung 6.124 bis Abbildung 6.128).

**Abbildung 6.122**
Der Transaktionsstart erfolgt zur Abwechslung mal über das Kommandofeld.
(© SAP AG)

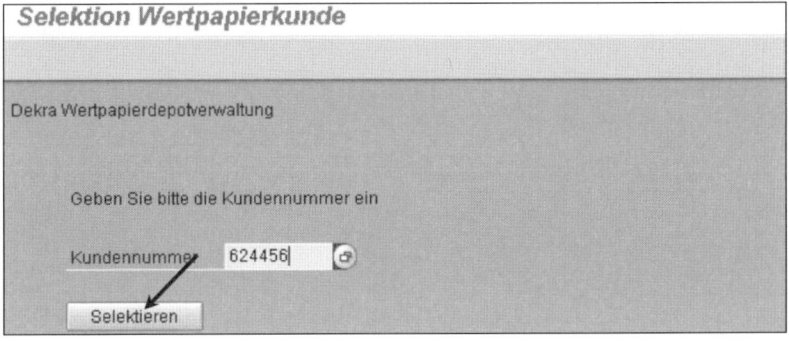

**Abbildung 6.123**
Dynpro 100: Auswahl des Kunden 624456 Jerome Newton (© SAP AG)

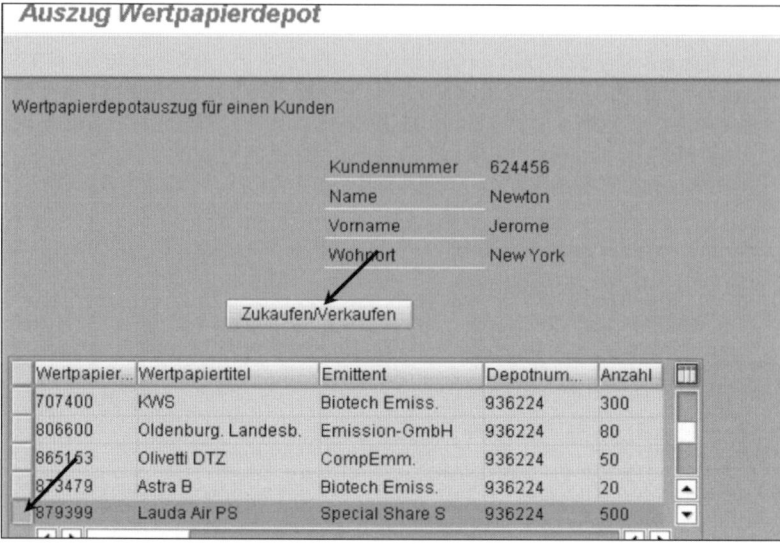

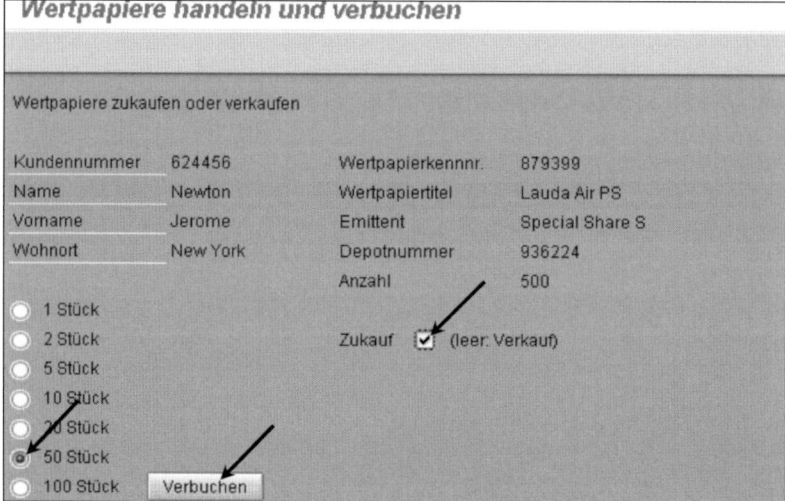

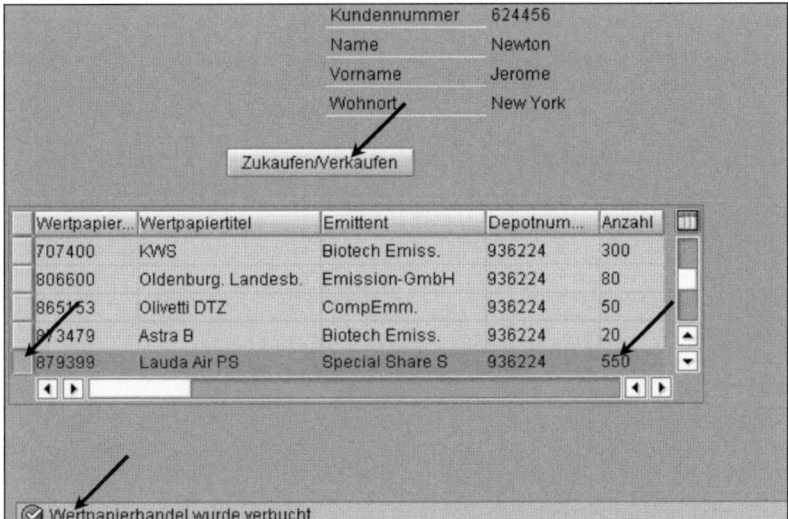

**Abbildung 6.126**
Die Anzahl dieser
Wertpapiere hat sich um
50 Stück auf 550 erhöht;
die Statuszeile zeigt die
S-Message. Nun geht es
zum Wertpapierverkauf.
(© SAP AG)

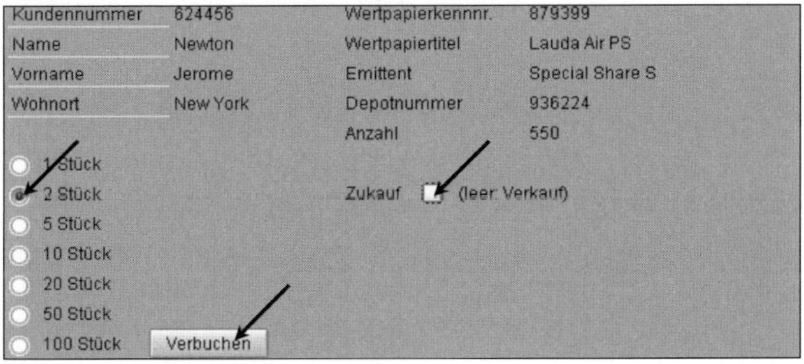

**Abbildung 6.127**
Verkauf von
Wertpapieren
(© SAP AG)

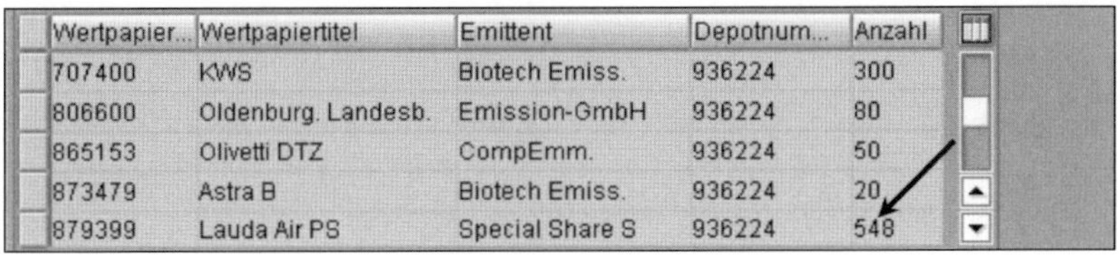

**Abbildung 6.128**
Nun enthält das Depot
zwei Stücke weniger von
Lauda Air PS.
(© SAP AG)

Nun testen Sie, was passiert, wenn Sie mehr Wertpapiere verkaufen wollen, als Sie besitzen (s. Abbildung 6.129 bis Abbildung 6.130).

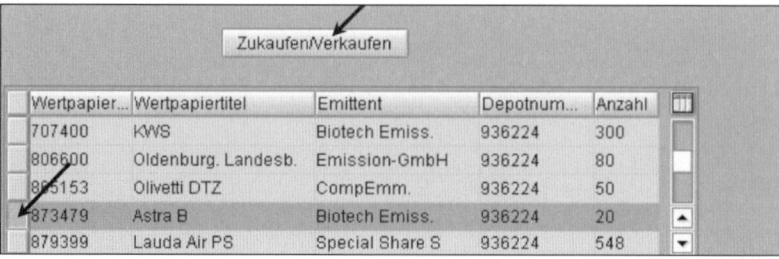

**Abbildung 6.129**
Auswahl eines zweiten
Papiers, es sind nur 20
Stück verfügbar!
(© SAP AG)

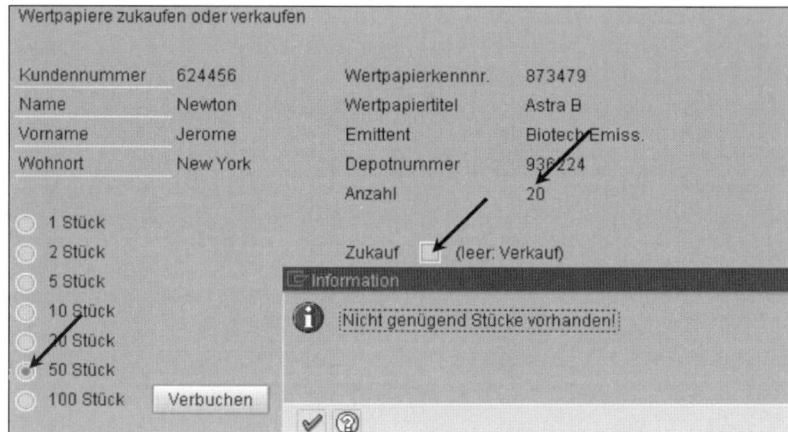

**Abbildung 6.130**
Der Versuch, mehr Stücke
zu verkaufen, als im
Depot verfügbar sind,
scheitert – mit Recht!
(© SAP AG)

Verweilen Sie im Dynpro 300 – für die letzte Aufgabe.

**Aufgabe**

2. Testen Sie die Wirksamkeit der *Sperrfunktionalität*. Während Sie im Dynpro 300 Ihres SAPGUI-Modus eine Wertpapierposition eines Kunden gesperrt halten, öffnen Sie in einem zweiten Modus dieselbe Transaktion mit demselben Kunden. In Dynpro 200 wählen Sie dieselbe Wertpapierposition an, Sie müssten dann die Sperrmeldung erhalten.

   Starten Sie dann in einem dritten Modus die Transaktion SM12 oder das Menü WERKZEUGE / ADMINISTRATION / MONITOR / SPERREINTRÄGE. Prüfen Sie alle Sperreinträge zur Tabelle ZDEPOTPSTN.

**Schritte** Starten Sie Ihre Transaktion in einem zweiten Modus und die Sperrverwaltung in einem dritten Modus (s. Abbildung 6.131 bis Abbildung 6.134).

**Abbildung 6.131**
Transaktionsstart in
einem neuen Modus
(© SAP AG)

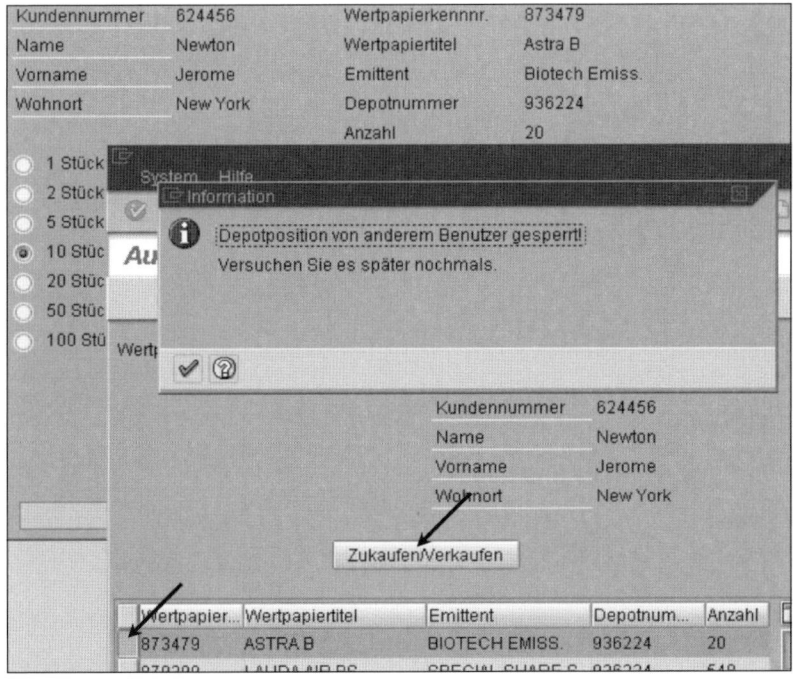

**Abbildung 6.132**
Die vom ersten Modus
gehaltene Sperre auf
dieselbe Depotposition
verhindert wirksam den
Zugriff durch den zweiten
Modus. (© SAP AG)

---

**Sperreinträge selektieren**

| Auflisten |

| | |
|---|---|
| Tabellen-Name | ZDEPOTPSTN |
| Sperr-Argument | |
| Mandant | 100 |
| Benutzer-Name | |

**Abbildung 6.133**
Transaktion SM12 zum
Verwalten der
Sperreinträge
(© SAP AG)

---

**Liste der Sperreinträge**

| Auffrischen | Details | 🗑 |

| Man Benutzer | Zeitpunkt | Shared Tabelle | Sperrargument |
|---|---|---|---|
| 100 UMLAUFF | :53:30 | ZDEPOTPSTN | 100000009362240000873479 |

Selektierte Sperreinträge: 1

**Abbildung 6.134**
Die aktuelle Sperre ist
sichtbar. Persistente
Sperren können Sie hier —
auf eigene Gefahr —
löschen. (© SAP AG)

## 6.5  Ausblick: Weiterführende ABAP-Themen

Zum Abschluss möchte der Autor noch einige Themen nennen, die leider nicht mehr in dieses einführende Übungsbuch aufgenommen werden konnten. Als angehender ABAP-Profi sollten Sie sich gelegentlich folgenden weiterführenden Themen zuwenden:

- Aufteilung des Screens in *Subscreen-Bereiche*, Programmierung von *Subscreen-Dynpros*

- Anlegen von Registerblättern, so genannten *Tabstrip-Controls*, auf dem Screen

- Parametrisierung von Feldnamen durch *Feldsymbole*

- *Gruppenstufenverarbeitung* bei Reports mit *Extraktdatenbeständen* und internen Tabellen

- Datenbeschaffung über *logische Datenbanken*

- *Ereignissteuerung* von Reports

- Öffnen und Bearbeiten von Dateien auf dem Anwendungs- und auf dem Präsentationsserver

- Aufrufen anderer ABAP-Programme

- Datenübergabe mittels *ABAP-Memory* und *SAP-Memory*

- objektorientierte Programmierung mit *ABAP-Objects*: *Klassen, Methoden, Vererbung, Interfaces, Ereignisse*

Es wird Ihnen, auch wenn Sie ein ABAP-Experte werden sollten, nicht gelingen, wirklich auf allen Gebieten fachkundig zu sein. Dazu ist SAP R/3 mit seiner Programmiersprache ABAP viel zu umfangreich, und täglich kommen aus Walldorf neue Wissensgebiete hinzu. Dennoch sollten Sie bestrebt sein, Ihr Können und Wissen stets auszubauen – Themen gibt es mehr als genug.

Viel Erfolg und auch viel Spaß als guter ABAP-Programmierer wünscht Ihnen

Ihr Autorenteam von der DEKRA-Akademie

*Michael S. Umlauff, Kaiserslautern*

und

*Walter Dirnhofer, Regensburg*

# Anhang A

# Programmlistings

Die folgenden Listings zeigen den ABAP-Programmcode nach Bearbeiten der jeweiligen Aufgabe.

Den kompletten »Anhang A: Programmlistings« finden Sie auch in der Datei *ABAP-Muster.rtf* im Archiv *abap.zip*, das Sie auf der Homepage der DEKRA-Akademie *http://www.dekra-akademie.de/download* finden. Sie können sich damit das Eintippen der Programmtexte, durch Kopieren über die Windows-Zwischenablage, ersparen.

In den Programmtexten wurde der Übungsgruppenplatzhalter *nn* durch mu ersetzt. **Übungsgruppen**

## A.1 Programmlistings der Übungsaufgaben

### A.1.1 Kapitel 2 »Einfache ABAP-Programme«

*Report ZHELLOWORLDnn* **Abschnitt 2.1**

```
REPORT  zhelloworldmu           .

***********************************************
* Erster Report zum Ausgeben von "Hallo Welt" *
***********************************************


WRITE 'Hallo Welt'.
```

*Report ZSYFELDERnn* **Abschnitt 2.4**

```
REPORT  zsyfeldermu           .

**************************
* Systemfelder verwenden *
**************************


WRITE: 'Guten Tag',
       / 'Report ausgeführt am: ', sy-datum,
       / 'Report ausgeführt um: ', sy-uzeit,
       / 'Erstellt von: ', sy-uname.
```

**Abschnitt 2.6**  *Report ZFORMATnn*

```
REPORT  zformatmu                    .
***************************
* Ausgabe formatieren    *
***************************

SKIP 3.
WRITE:  5 'Guten Tag',
       /5 'Report ausgeführt am: ', 30 sy-datum,
       /5 'Report ausgeführt um: ', 30 sy-uzeit.
SKIP 3.
ULINE.
WRITE: /5 'Erstellt von: ', 30 sy-uname.
```

**Abschnitt 2.7**  *Report ZOELPUMPEnn*

```
REPORT  zoelpumpemu                  .

DATA: bezeichnung(30),
      anzahl TYPE i,
      einzel TYPE p DECIMALS 2,
      gesamtn TYPE p DECIMALS 2,
      gesamtb TYPE p DECIMALS 2,
      mwstbetrag TYPE p DECIMALS 2,
      mwstganz TYPE i.
CONSTANTS: mwstsatz TYPE p DECIMALS 2 VALUE '0.16'.

bezeichnung = 'Oelpumpe 220 V'.
einzel = '200.00'.
anzahl = 5.
gesamtn = anzahl * einzel.
mwstbetrag = gesamtn * mwstsatz.
gesamtb = gesamtn + mwstbetrag.
mwstganz = mwstsatz * 100.

WRITE:
```

```
  /  'Rechnung für' ,bezeichnung,
  /  'Einzelpreis (netto):', 22 einzel, 'DM',
  /  'Anzahl:',  25 anzahl, 'Stück',
  /  'Gesamtpreis (netto):', 22 gesamtn ,'DM',
  /  'Mehrwertsteuer (', 17(2) mwstganz , 19 '%):',
     22 mwstbetrag, 'DM',
  /  'Gesamtpreis (brutto):', 22 gesamtb ,'DM'.
```

*Report ZKASSENTERMINALnn* **Abschnitt 2.8**

```
REPORT  zkassenterminalmu         .


PARAMETERS: betrag TYPE p DECIMALS 2,
            zahlung LIKE betrag,
            mwstsatz LIKE betrag DEFAULT 16.
DATA:       zurueck LIKE betrag,
            mwstbetrag LIKE betrag.


zurueck = zahlung - betrag.
mwstbetrag = ( betrag * mwstsatz ) / ( mwstsatz + 100 ).
WRITE: / 'Detrag:', 25 betrag,
       / 'Kundenzahlung:', zahlung UNDER betrag,
       / 'Rückzahlung:', zurueck UNDER betrag.
SKIP.
ULINE.
WRITE: / 'Enthaltene MWSt:', mwstbetrag UNDER betrag,
       / 'Mehrwertsteuersatz in %', mwstsatz UNDER betrag.
ULINE.
WRITE    / 'Vielen Dank für Ihren Besuch'.
```

*Report ZLEIHGEBUEHRnn* **Abschnitt 2.9**

```
REPORT  zleihgebuehrmu         .


TYPES: money TYPE p DECIMALS 2.
PARAMETERS: maschid(12),
            anlief LIKE sy-datum,
            abhol LIKE sy-datum DEFAULT sy-datum,
```

```
                        tagsatz TYPE money.

DATA:       tage TYPE i,
            taggebuehr TYPE money.


tage = abhol - anlief.
taggebuehr = tage * tagsatz.


WRITE: / 'KOSTENAUFSTELLUNG FÜR BAUMASCHINE',maschid.
ULINE.
WRITE: / 'Anlieferungsdatum', 25 anlief,
       / 'Abholungsdatum', 25 abhol,
       / 'Leihtage', 25 tage LEFT-JUSTIFIED,
       / 'Tagessatz',  25 tagsatz LEFT-JUSTIFIED,
       / 'Leihgebühr',  25 taggebuehr LEFT-JUSTIFIED.
```

**Abschnitt 2.10**  *Report ZZINSTAGEnn*

```
REPORT   zzinstagemu                    .


PARAMETERS: beginn LIKE sy-datum,
            ende   LIKE sy-datum.
DATA: tein(2),
      taus(2),
      mein(2),
      maus(2),
      jein(4),
      jaus(4),
      zinstage TYPE i.


jein = beginn(4).
mein = beginn+4(2).
tein = beginn+6(2).
jaus = ende(4).
maus = ende+4(2).
taus = ende+6(2).
IF taus > 30.
```

```
  taus = 30.
ENDIF.
IF tein > 30.
  tein = 30.
ENDIF.
zinstage = ( 30 - tein ) + ( ( maus - mein ) * 30 ) +
( ( jaus - jein ) * 360 ) + ( taus - 30 ).
WRITE: / 'Ihre Zinstage vom ', beginn, ' bis ', ende, ':',
 zinstage , 'Tage '.
```

*Report ZFREIBETRAGnn*                                    **Abschnitt 2.11**

```
REPORT  zfreibetragmu              .


PARAMETERS: zinsert TYPE p DECIMALS 2.
DATA: freisingle TYPE p DECIMALS 2, freiehe LIKE freisingle.
freisingle = 3000.
freiehe = freisingle * 2.
IF zinsert < freisingle.
  WRITE: /
   'Der Zinsertrag liegt unter dem einfachen Freibetrag.'.
ELSEIF zinsert > freiehe.
  WRITE: /
   'Der Zinsertrag liegt über dem  doppelten Freibetrag.'.
ELSE.
  WRITE: / 'Der Zinsertrag liegt zwischen einfachem und',
   'doppeltem Freibetrag'.
ENDIF.
```

*Report ZKAPITENTWICKLUNGnn*                             **Abschnitt 2.12**

```
REPORT  zkapitalentwicklungmu           .


PARAMETERS: anfkap      TYPE p DECIMALS 2,
            zinssatz    TYPE p DECIMALS 4,
            jahre       TYPE i.
DATA:       geskap      LIKE anfkap,
            zinsertrag  LIKE anfkap.
```

```
CONSTANTS:  freibetrag TYPE p DECIMALS 2 VALUE '3000.00'.


geskap = anfkap.
zinssatz = zinssatz * '0.01'.
IF jahre > 100.
  WRITE / 'Zeitraum zu groß'.
  EXIT.
ENDIF.
WRITE: /7 'Jahr', 25 'Zinsertrag', 42 'Gesamtkapital',
 / sy-index, 35 geskap , 'DM'.
DO jahre TIMES.
  zinsertrag = geskap * zinssatz.
  geskap = geskap + zinsertrag.
  WRITE: / sy-index, 15 zinsertrag, 'DM', 35 geskap , 'DM'.
  IF zinsertrag > freibetrag.
    WRITE: 'steuerpflichtig!'.
  ENDIF.
ENDDO.
```

**Abschnitt 2.13**  *Report ZKAPITAL_FREIBETRAGnn*

```
REPORT  zkapital_freibetragmu        .


PARAMETERS: anfkap       TYPE p DECIMALS 2,
            zinssatz     TYPE p DECIMALS 4,
            jahre        TYPE i.
DATA:       geskap       LIKE anfkap,
            zinsertrag   LIKE anfkap,
            jahre_bisher TYPE i.
CONSTANTS:  freibetrag TYPE p DECIMALS 2 VALUE '3000.00'.


IF jahre > 100.
  WRITE / 'Zeitraum zu groß'.
  EXIT.
ENDIF.
geskap = anfkap.
zinssatz = zinssatz * '0.01'.
```

```
WRITE: /7 'Jahr', 25 'Zinsertrag', 42 'Gesamtkapital',
 / sy-index, 35 geskap , 'DM'.
WHILE zinsertrag < freibetrag.
  zinsertrag = geskap * zinssatz.
  geskap = geskap + zinsertrag.
  WRITE: / sy-index, 15 zinsertrag, 'DM', 35 geskap , 'DM'.
  jahre_bisher = sy-index.
  CHECK sy-index = jahre.
  EXIT.
ENDWHILE.
IF jahre_bisher = jahre.
  WRITE: /15 'Volle Laufzeit!'.
ELSE.
  WRITE: /15 'Vorzeitig aufgelöst!'.
ENDIF.
```

*Report ZSPARPLANnn*                                    **Abschnitt 2.14**

```
REPORT  zsparplanmu LINE-COUNT 10.


DATA: einzahl_datum LIKE sy-datum,
      sparsumme TYPE p DECIMALS 2 VALUE '0.00'.
CONSTANTS: rate TYPE p DECIMALS 2 VALUE '100.00',
           zinssatz TYPE p DECIMALS 4 VALUE '0.0050'.


START-OF-SELECTION.
  einzahl_datum = sy-datum.
  DO.
    sparsumme = sparsumme * ( '1.00' + zinssatz ).
    sparsumme = sparsumme + rate.
    WRITE: / einzahl_datum, sparsumme.
    einzahl_datum = einzahl_datum + 28.
    CHECK sparsumme >= '20000.00'.
    EXIT.
  ENDDO.


TOP-OF-PAGE.
```

```
        WRITE: / 'Sonderaktion: Sparplan Dekra 100 PLUS',
        '- der Weg zum Vermögen.'.
        SKIP.
```

**Abschnitt 2.15**   *Report ZFORMnn*

```
REPORT   zformaufrufmu              .


***Unterprogrammaufruf***
START-OF-SELECTION.
PERFORM erstesunterprogramm.
WRITE: /'Zurück aus dem ersten Unterprogramm!'.
PERFORM zweitesunterprogramm.
WRITE: /'Zurück aus dem zweiten Unterprogramm!'.


*------------------------------------------------------------*
*         FORM erstesunterprogramm                           *
*------------------------------------------------------------*
*         ........                                           *
*------------------------------------------------------------*
FORM erstesunterprogramm.
   WRITE: / 'Ich bin jetzt im ersten Umterprogramm!'.
   PERFORM zweitesunterprogramm.
ENDFORM.


*------------------------------------------------------------*
*         FORM ZWEITESUNTERPROGRAMM                          *
*------------------------------------------------------------*
*         ........                                           *
*------------------------------------------------------------*
FORM zweitesunterprogramm.
   WRITE: / 'Ich bin jetzt im zweiten Unterprogramm!'.
ENDFORM.
```

*Report ZFORMPARAMETERnn* **Abschnitt 2.16**

```
REPORT  zformparametermu            .
DATA: zahl TYPE i VALUE 100.
WRITE: / 'Zahl vor dem FORM-Aufruf: ', zahl.


START-OF-SELECTION.
PERFORM callbyvalue USING zahl.
WRITE: / 'Zahl nach callbyvalue: ', zahl UNDER zahl.


PERFORM callbyreference USING zahl.
WRITE: / 'Zahl nach callbyreference: ', zahl UNDER zahl.


*------------------------------------------------------------*
*       FORM callbyvalue                                     *
*------------------------------------------------------------*
*       ........                                             *
*------------------------------------------------------------*
*  -->  value(ganze_zahl)                                    *
*------------------------------------------------------------*
FORM callbyvalue USING value(ganze_zahl).
  ganze_zahl = ganze_zahl * 2.
  WRITE: / 'FORM callbyvalue: ', ganze_zahl UNDER zahl.
ENDFORM.


*------------------------------------------------------------*
*       FORM CALLBYREFERENCE                                 *
*------------------------------------------------------------*
*       ........                                             *
*------------------------------------------------------------*
*  -->  GANZE_ZAHL                                           *
*------------------------------------------------------------*
FORM callbyreference USING ganze_zahl.
  ganze_zahl = ganze_zahl * 2.
  WRITE: / 'FORM callbyreference: ', ganze_zahl UNDER zahl.
ENDFORM.
```

### A.1.2 Kapitel 4 »Reports mit Datenbankzugriff«

**Abschnitt 4.1** *Report ZKUNDEN_REGENSBURGnn*

```
REPORT  zkunden_regensburgmu          .


DATA wa_kunden LIKE zkunden.


START-OF-SELECTION.
  WRITE text-001.
  SKIP.
  SELECT * FROM zkunden INTO wa_kunden
   WHERE wohnort = 'Regensburg' ORDER BY
   kundennr.
    WRITE: / wa_kunden-kundennr, 15 wa_kunden-name,
      wa_kunden-vorname.
  ENDSELECT.
  IF sy-subrc NE 0.
    WRITE / text-002.
  ENDIF.
  ULINE.
  SKIP 2.
  WRITE: /15 'Angaben zur Liste'(003).
  WRITE: /15 'am:', sy-datum.
  WRITE: /15 'um:', sy-uzeit.
  WRITE: /15 'von:', sy-uname.
```

**Abschnitt 4.2** *Report ZKURSENTWnn*

```
REPORT  zkursentwmu                    .


PARAMETERS: wp_titel(20) LOWER CASE.
DATA: nummer TYPE i,
      dkurs TYPE p DECIMALS 2 VALUE 0,
      zaehler TYPE i VALUE 0,
      adatum LIKE sy-datum,
      wa_wpapier LIKE zwpapier,
      wa_kurse LIKE zkurse.
```

```
START-OF-SELECTION.
  SELECT SINGLE * FROM zwpapier INTO wa_wpapier
    WHERE titel = wp_titel.
  IF sy-subrc NE 0.
    WRITE 'Kein Wertpapier gefunden'(001).
    EXIT.
  ENDIF.
  nummer = wa_wpapier-wkn.
  WRITE: / 'Titel/NR des Wertpapiers :', wp_titel, nummer.
  SELECT * FROM zkurse INTO wa_kurse WHERE wkn = nummer.
    dkurs = dkurs + wa_kurse-kurs.
    zaehler = zaehler + 1.
    IF zaehler EQ 1.
      adatum = wa_kurse-datum.
    ENDIF.
    WRITE: / wa_kurse-datum, wa_kurse-kurs.
  ENDSELECT.
  ULINE.
  IF sy-subrc NE 0.
    WRITE 'Keine Kurse zu diesem Wertpapier gefunden'(002).
    EXIT.
  ENDIF.
  dkurs = dkurs / zaehler.
  WRITE: / 'Der Durchschnittskurs von', adatum, 'bis',
    wa_kurse-datum, 'beträgt', dkurs LEFT-JUSTIFIED.
```

*Report ZGEBUEHRnn*                                      **Abschnitt 4.3**

```
REPORT   zgebuehrmu                    .


PARAMETERS: depot_nr LIKE zdepotpstn-depotnr DEFAULT 296001,
            wkn_nr LIKE zdepotpstn-wkn DEFAULT 851908,
            kurswert   TYPE p DECIMALS 2 DEFAULT '20'.
DATA: dpstn_wert  TYPE p DECIMALS 2,
      ta_gebuehr  TYPE p DECIMALS 2,
      wa_zdepotpstn LIKE zdepotpstn.
```

```
START-OF-SELECTION.
  SELECT * FROM zdepotpstn INTO wa_zdepotpstn
    WHERE depotnr = depot_nr AND wkn = wkn_nr.
  ENDSELECT.
  dpstn_wert = kurswert * wa_zdepotpstn-anzahl.
  IF dpstn_wert < '20000.00'.
    ta_gebuehr = dpstn_wert * '0.01'.
    IF ta_gebuehr < '30.00'.
      ta_gebuehr = '30.00'.
    ENDIF.
  ELSE.
    ta_gebuehr = '0.0075' * dpstn_wert.
  ENDIF.
  WRITE: /'DepotNr:', 25 depot_nr,
   /'WKN:', 25 wkn_nr,
   /'Anzahl:', 25 wa_zdepotpstn-anzahl,
   /'Kurs:', 20 kurswert, 'DM',
   /'Gesamtwert:', dpstn_wert UNDER kurswert, 'DM',
   /'Transaktionsgebühr:',   ta_gebuehr UNDER kurswert, 'DM'.
```

**Abschnitt 4.3**   *Report ZGEBUEHRKUNDEnn*

```
REPORT   zgebuehrkundemu               .


PARAMETERS: depot_nr LIKE zdepotpstn-depotnr DEFAULT 296001,
            wkn_nr LIKE zdepotpstn-wkn DEFAULT 851908,
            kurswert   TYPE p DECIMALS 2 DEFAULT '20'.
DATA: dpstn_wert  TYPE p DECIMALS 2,
      ta_gebuehr   TYPE p DECIMALS 2,
      wa_zdepotpstn LIKE zdepotpstn,
      wa_zdepot LIKE zdepot.
START-OF-SELECTION.
  SELECT * FROM zdepotpstn INTO wa_zdepotpstn
    WHERE depotnr = depot_nr AND wkn = wkn_nr.
  ENDSELECT.
  IF sy-subrc = 4.
    WRITE:
```

```
       /'Es wurde kein entsprechender Datensatz gefunden!'.
    EXIT.
ENDIF.
dpstn_wert = kurswert * wa_zdepotpstn-anzahl.
SELECT SINGLE * FROM zdepot INTO wa_zdepot
   WHERE depotnr = depot_nr.
CASE wa_zdepot-depottyp.
   WHEN 'P' OR 'V'.
      IF dpstn_wert < '20000.00'.
        ta_gebuehr = dpstn_wert * '0.01'.
        IF ta_gebuehr < '30.00'.
          ta_gebuehr = '30.00'.
        ENDIF.
      ELSE.
        ta_gebuehr = '0.0075' * dpstn_wert.
      ENDIF.
   WHEN 'G'.
      IF dpstn_wert < '20000.00'.
        ta_gebuehr = dpstn_wert * '0.008'.
        IF ta_gebuehr < '100.00'.
          ta_gebuehr = '100.00'.
        ENDIF.
      ELSE.
        ta_gebuehr = '0.005' * dpstn_wert.
      ENDIF.
   WHEN OTHERS.
      WRITE: /'Ungültiger Depottyp'.
      EXIT.
ENDCASE.
WRITE: /'DepotNr:', 25 depot_nr,
 /'WKN:', 25 wkn_nr,
 /'Anzahl:', 25 wa_zdepotpstn-anzahl,
 /'Kurs:', 20 kurswert, 'DM',
 /'Gesamtwert:', dpstn_wert UNDER kurswert, 'DM',
 /'Transaktionsgebühr:', ta_gebuehr UNDER kurswert, 'DM'.
```

**Abschnitt 4.4** *Report ZDEPOTPOSTENnn*

```
REPORT   zdepotpostenmu               .


DATA: it_depotposten LIKE TABLE OF zdepotpstn,
      wa_depotposten LIKE zdepotpstn.


START-OF-SELECTION.
CLEAR wa_depotposten.
REFRESH it_depotposten.
SELECT * FROM zdepotpstn INTO wa_depotposten.
  APPEND wa_depotposten TO it_depotposten.
ENDSELECT.
SORT it_depotposten BY  wkn anzahl DESCENDING.
WRITE: /10 'WKN',
        30 'Anzahl',
        50 'Depotnr'.
LOOP AT it_depotposten INTO wa_depotposten.
  WRITE: /10 wa_depotposten-wkn,
          30 wa_depotposten-anzahl,
          50 wa_depotposten-depotnr.
ENDLOOP.
```

*Report ZKOPFZEILEnn*

```
REPORT   zkopfzeilemu                 .


DATA: it_depotposten LIKE TABLE OF zdepotpstn
        WITH HEADER LINE.
TABLES zdepotpstn.


START-OF-SELECTION.
CLEAR it_depotposten.
REFRESH it_depotposten.
SELECT * FROM zdepotpstn.
  APPEND ZDEPOTPSTN TO it_depotposten.
ENDSELECT.
```

```
SORT it_depotposten BY wkn anzahl DESCENDING.
WRITE: /10 'WKN',
        30 'Anzahl',
        50 'Depotnr'.
LOOP AT it_depotposten.
  WRITE: /10 it_depotposten-wkn,
          30 it_depotposten-anzahl,
          50 it_depotposten-depotnr.
ENDLOOP.
```

*Report ZDEPOTWKNMAXnn*                                   **Abschnitt 4.5**

```
REPORT zdepotwknmaxmu                    .


DATA: it_depotposten LIKE TABLE OF zdepotpstn,
      wa_depotposten LIKE zdepotpstn,
      tmpwkn         LIKE zdepotpstn-wkn.


START-OF-SELECTION.
CLEAR wa_depotposten.
REFRESH it_depotposten.
SELECT * FROM zdepotpstn INTO wa_depotposten.
  APPEND wa_depotposten TO it_depotposten.
ENDSELECT.
SORT it_depotposten BY wkn anzahl DESCENDING.
WRITE: /1 'WKN',
        12 'Maximale Anzahl',
        28 'Depotnr'.
CLEAR tmpwkn.
LOOP AT it_depotposten INTO wa_depotposten.
  IF wa_depotposten-wkn <> tmpwkn.
    WRITE: / wa_depotposten-wkn,
            (15) wa_depotposten-anzahl,
            wa_depotposten-depotnr.
  ENDIF.
  tmpwkn = wa_depotposten-wkn.
ENDLOOP.
```

**Abschnitt 4.6** *Report ZDEPOTTYPnn*

```
REPORT zdepottypmu              .

TYPES: BEGIN OF ty_depotdaten,
         depotnr LIKE zdepot-depotnr,
         depottyp LIKE zdepot-depottyp,
       END OF ty_depotdaten.
DATA: it_depotdaten TYPE TABLE OF ty_depotdaten,
      wa_depotdaten TYPE ty_depotdaten.
DATA: it_depotposten LIKE TABLE OF zdepotpstn,
      wa_depotposten LIKE zdepotpstn,
      tmpwkn         LIKE zdepotpstn-wkn.


START-OF-SELECTION.
CLEAR wa_depotposten.
REFRESH it_depotposten.
SELECT * FROM zdepotpstn INTO wa_depotposten.
  APPEND wa_depotposten TO it_depotposten.
ENDSELECT.
SORT it_depotposten BY wkn anzahl DESCENDING.
SELECT * FROM zdepot
 INTO CORRESPONDING FIELDS OF TABLE it_depotdaten.
WRITE: /1 'WKN',
        12 'Maximale Anzahl',
        28 'Depotnr',
        39 'Depottyp'.
CLEAR tmpwkn.
LOOP AT it_depotposten INTO wa_depotposten.
  IF wa_depotposten-wkn <> tmpwkn.
    READ TABLE it_depotdaten INTO wa_depotdaten
    WITH KEY depotnr = wa_depotposten-depotnr.
    WRITE: / wa_depotposten-wkn,
            (15) wa_depotposten-anzahl,
            wa_depotposten-depotnr,
            wa_depotdaten-depottyp.
```

```
  ENDIF.
  tmpwkn = wa_depotposten-wkn.
ENDLOOP.
```

*Report ZDEPOTDELETEnn*                                    **Abschnitt 4.7**

```
REPORT zdepotdeletemu            .


DATA: it_depotposten LIKE TABLE OF zdepotpstn,
      wa_depotposten LIKE zdepotpstn,
      tmpwkn         LIKE zdepotpstn-wkn.


START-OF-SELECTION.
CLEAR wa_depotposten.
REFRESH it_depotposten.
SELECT * FROM zdepotpstn INTO wa_depotposten.
  APPEND wa_depotposten TO it_depotposten.
ENDSELECT.
SORT it_depotposten BY  wkn anzahl DESCENDING.
WRITE: /1 'WKN',
       12 'Maximale Anzahl',
       28 'Depotnr'.
CLEAR tmpwkn.
LOOP AT it_depotposten INTO wa_depotposten.
  IF wa_depotposten-wkn = tmpwkn.
    DELETE it_depotposten INDEX sy-tabix.
  ENDIF.
  tmpwkn = wa_depotposten-wkn.
ENDLOOP.
LOOP AT it_depotposten INTO wa_depotposten.
  WRITE: / wa_depotposten-wkn,
         (15) wa_depotposten-anzahl,
         wa_depotposten-depotnr.
ENDLOOP.
```

**Abschnitt 4.8** *Report ZDEPOTKUNDEnn*

```
REPORT  zdepotkundenmu                    .


TYPES: BEGIN OF ty_depot,
            depotnr LIKE zdepot-depotnr,
            depottyp LIKE zdepot-depottyp,
         END OF ty_depot.
DATA: wa_depot TYPE ty_depot.
DATA: BEGIN OF wa_kunde,
            kundennr LIKE zkunden-kundennr,
            name LIKE zkunden-name,
            it_depot TYPE TABLE OF ty_depot,
         END OF wa_kunde.
DATA: it_kunde LIKE TABLE OF wa_kunde.
DATA: wa_zdepot LIKE zdepot,
      wa_zkunden LIKE zkunden,


START-OF-SELECTION.
SELECT * FROM zkunden INTO wa_zkunden.
  CLEAR wa_kunde.
  MOVE-CORRESPONDING wa_zkunden TO wa_kunde.
  SELECT * FROM zdepot INTO wa_zdepot
   WHERE kundennr = wa_kunde-kundennr.
    MOVE-CORRESPONDING wa_zdepot TO wa_depot.
    APPEND wa_depot TO wa_kunde-it_depot.
  ENDSELECT.
  APPEND wa_kunde TO it_kunde.
ENDSELECT.
LOOP AT it_kunde INTO wa_kunde.
  WRITE: / 'K-Nr.', wa_kunde-kundennr, wa_kunde-name.
  LOOP AT wa_kunde-it_depot INTO wa_depot.
    WRITE: /7 wa_depot-depotnr, 20 wa_depot-depottyp.
  ENDLOOP.
  ULINE.
ENDLOOP.
```

```
REPORT  zkundenwertpapieremu            .


DATA: wa_zdepot LIKE zdepot,
  wa_zdepotpstn LIKE zdepotpstn,
  kundennr LIKE wa_zdepot-kundennr.
SELECT-OPTIONS: so_knr FOR wa_zdepot-kundennr.
START-OF-SELECTION.
WRITE: /'KundenNr:', 12 'DepotNr:', 23 'WKN:', 34 'Anzahl:'.
CLEAR kundennr.
SELECT dt~kundennr dt~depotnr dtp~wkn dtp~anzahl
 INTO (wa_zdepot-kundennr, wa_zdepot-depotnr,
  wa_zdepotpstn-wkn, wa_zdepotpstn-anzahl)
 FROM zdepot AS dt INNER JOIN zdepotpstn AS dtp
  ON dt~depotnr = dtp~depotnr
 WHERE dt~kundennr IN so_knr
 ORDER BY dt~kundennr dtp~anzahl DESCENDING.
  IF kundennr <> wa_zdepot-kundennr.
    SKIP.
  ENDIF.
  WRITE: / wa_zdepot-kundennr, wa_zdepot-depotnr,
    wa_zdepotpstn-wkn, wa_zdepotpstn-anzahl.
  kundennr = wa_zdepot-kundennr.
ENDSELECT.
```

```
REPORT  zkundenwptitelmu         .


DATA: wa_zdepot LIKE zdepot,
  wa_zdepotpstn LIKE zdepotpstn,
  kundennr LIKE wa_zdepot-kundennr,
  wa_zwpapier LIKE zwpapier.
SELECT-OPTIONS: so_knr FOR wa_zdepot-kundennr.
START-OF-SELECTION.
WRITE: /'KundenNr:', 12 'DepotNr:', 23 'WKN:', 34 'Anzahl:',
```

```
        45 'Titel:'.
    CLEAR kundennr.
    SELECT dt~kundennr dt~depotnr dtp~wkn dtp~anzahl wp~titel
     INTO (wa_zdepot-kundennr, wa_zdepot-depotnr,
      wa_zdepotpstn-wkn, wa_zdepotpstn-anzahl, wa_zwpapier-titel)
     FROM ( zdepot AS dt INNER JOIN zdepotpstn AS dtp
      ON dt~depotnr = dtp~depotnr ) INNER JOIN zwpapier AS wp
      ON wp~wkn = dtp~wkn
    WHERE dt~kundennr IN so_knr
    ORDER BY dt~kundennr dtp~anzahl DESCENDING.
     IF kundennr <> wa_zdepot-kundennr.
      SKIP.
     ENDIF.
     WRITE: / wa_zdepot-kundennr, wa_zdepot-depotnr,
       wa_zdepotpstn-wkn, wa_zdepotpstn-anzahl,
       wa_zwpapier-titel.
     kundennr = wa_zdepot-kundennr.
    ENDSELECT.
```

**Abschnitt 4.11**  *Report ZAGGREGATnn*

```
REPORT   zaggregatmu                    .


DATA wa_wpapier LIKE zwpapier.
DATA: BEGIN OF wa_kurse,
       minkurs LIKE zkurse-kurs,
       maxkurs LIKE zkurse-kurs,
       avgkurs TYPE p DECIMALS 2,
       anzkurs LIKE zkurse-kurs,
       END OF wa_kurse.


START-OF-SELECTION.
  CLEAR wa_kurse.
  WRITE: /8 'WKN', 17 'Minimum',
     31 'Maximum', 44 'Durchschnitt',
     57 'Anzahl registierter Tageskurse'.
  SELECT * FROM zwpapier INTO wa_wpapier.
```

```
    SELECT MIN( kurs ) MAX( kurs ) AVG( kurs ) COUNT(*)
      FROM zkurse
      INTO wa_kurse
      WHERE wkn = wa_wpapier-wkn.
    WRITE: / wa_wpapier-wkn, wa_kurse-minkurs,
      wa_kurse-maxkurs, wa_kurse-avgkurs, wa_kurse-anzkurs.
  ENDSELECT.
```

*Report ZGROUPBYnn*                                    **Abschnitt 4.11**

```
REPORT  zgroupbymu                .


TYPES: BEGIN OF ty_kurse,
       wkn LIKE zkurse-wkn,
       minkurs LIKE zkurse-kurs,
       maxkurs LIKE zkurse-kurs,
       avgkurs TYPE p DECIMALS 2,
       anzkurs LIKE zkurse-kurs,
       END OF ty_kurse.
DATA: it_kurse TYPE TABLE OF ty_kurse,
      wa_kurse TYPE ty_kurse.


START-OF-SELECTION.
  CLEAR: it_kurse, wa_kurse.
  WRITE: /8 'WKN', 17 'Minimum',
    31 'Maximum', 44 'Durchschnitt',
    57 'Anzahl registierter Tageskurse'.
  SELECT wkn MIN( kurs ) MAX( kurs ) AVG( kurs ) COUNT(*)
      FROM zkurse
      INTO TABLE it_kurse
      GROUP BY wkn.
  LOOP AT it_kurse INTO wa_kurse.
    WRITE: / wa_kurse-wkn, wa_kurse-minkurs,
      wa_kurse-maxkurs, wa_kurse-avgkurs, wa_kurse-anzkurs.
  ENDLOOP.
```

**Abschnitt 4.12**    *Report ZDB_INSERTnn*

```
REPORT  zdb_insertmu              .

DATA: wa_kunden LIKE zkunden,
      wa_depot LIKE zdepot,
      wa_depotpstn LIKE zdepotpstn.
CONSTANTS: cdepotnr LIKE zdepot-depotnr VALUE 110001,
           ckundennr LIKE zkunden-kundennr VALUE 100001,
           cwkn_1 LIKE zdepotpstn-wkn VALUE 888584,
           cwkn_2 LIKE zdepotpstn-wkn VALUE 874446.


START-OF-SELECTION.
*****Kundendaten eingeben*****
  wa_kunden-kundennr = ckundennr.
  wa_kunden-name = 'Dirnhofer'.
  wa_kunden-vorname = 'Walter'.
  wa_kunden-wohnort = 'Regensburg'.
  INSERT INTO zkunden VALUES wa_kunden.
  IF sy-subrc NE 0.
    ROLLBACK WORK.
    WRITE: / 'Fehler beim INSERT in die Tabelle ZKUNDEN!'.
    EXIT.
  ENDIF.
  WRITE: / 'Neuer Kunde mit Nr:', wa_kunden-kundennr.
*****Depotdaten eingeben*****
  wa_depot-depotnr = cdepotnr.
  wa_depot-kundennr = ckundennr.
  wa_depot-depottyp = 'P'.
  INSERT INTO zdepot VALUES wa_depot.
  IF sy-subrc NE 0.
    ROLLBACK WORK.
    WRITE: / 'Fehler beim INSERT in die Tabelle ZDEPOT!'.
    EXIT.
  ENDIF.
  WRITE: / 'Neues Depot mit Nr:', wa_depot-depotnr.
```

```
*****Depotpostendaten eingeben*****
  wa_depotpstn-depotnr = cdepotnr.
  wa_depotpstn-wkn = cwkn_1.
  wa_depotpstn-anzahl = 20.
  INSERT INTO zdepotpstn VALUES wa_depotpstn.
  IF sy-subrc NE 0.
    ROLLBACK WORK.
    WRITE: / 'Fehler beim INSERT in die Tabelle ZDEPOTPSTN!'.
    EXIT.
  ENDIF.
  WRITE: / 'Wertpapierkauf mit WKN:', wa_depotpstn-wkn,
         'und Anzahl:', wa_depotpstn-anzahl.
  wa_depotpstn-wkn = cwkn_2.
  wa_depotpstn-anzahl = 50.
  INSERT INTO zdepotpstn VALUES wa_depotpstn.
  IF sy-subrc NE 0.
    ROLLBACK WORK.
    WRITE: / 'Fehler beim INSERT in die Tabelle ZDEPOTPSTN!'.
    EXIT.
  ENDIF.
  WRITE: / 'Wertpapierkauf mit WKN:', wa_depotpstn-wkn,
         'und Anzahl:', wa_depotpstn-anzahl.
  COMMIT WORK.
```

*Report ZDB_UPDATEnn*                                          **Abschnitt 4.13**

```
REPORT  zdb_updatemu            .

CONSTANTS: cwkn LIKE zdepotpstn-wkn VALUE 874446.
DATA: it_depotpstn LIKE TABLE OF zdepotpstn,
      wa_depotpstn LIKE zdepotpstn.

START-OF-SELECTION.
  SELECT * FROM zdepotpstn INTO TABLE it_depotpstn
    WHERE wkn = cwkn.
  WRITE: / 'WKN:', cwkn, /.
  LOOP AT it_depotpstn INTO wa_depotpstn.
```

```
WRITE: / 'Depot-Nr:', wa_depotpstn-depotnr,
   'bisherige Anzahl:', wa_depotpstn-anzahl.
wa_depotpstn-anzahl = wa_depotpstn-anzahl * 10.
UPDATE zdepotpstn FROM wa_depotpstn.
IF sy-subrc NE 0.
  ROLLBACK WORK.
  WRITE: / 'Fehler beim UPDATE der Tabelle ZDEPOTPSTN!'.
  EXIT.
 ENDIF.
ENDLOOP.
COMMIT WORK.
SKIP.
SELECT * FROM zdepotpstn INTO wa_depotpstn
 WHERE wkn = cwkn.
  WRITE: / 'Depot-Nr:', wa_depotpstn-depotnr,
    'aktualisierte Anzahl:', wa_depotpstn-anzahl.
ENDSELECT.
```

**Abschnitt 4.14**   *Report ZDB_DELETEnn*

```
REPORT   zdb_deletemu              .


DATA: wa_kunden LIKE zkunden,
      wa_depot LIKE zdepot,
      wa_depotpstn LIKE zdepotpstn.
CONSTANTS: cdepotnr LIKE zdepot-depotnr VALUE 835401.


START-OF-SELECTION.
* Ausgeben des Zustandes vorher
  WRITE: /'Depots vorher',
    /'Kundenname', 17 'Kundennr.', 28 'Depotnr'.
  SELECT zkunden~name zdepot~depotnr zdepot~kundennr
    FROM zdepot INNER JOIN zkunden
    ON zdepot~kundennr = zkunden~kundennr
    INTO (wa_kunden-name, wa_depot-depotnr,
     wa_depot-kundennr)
    WHERE zkunden~name = 'Bowman'.
```

```
    WRITE: / wa_kunden-name, wa_depot-kundennr,
      wa_depot-depotnr.
  ENDSELECT.
  SKIP.
  WRITE: /'Zu löschende Depotposten aus Depot', cdepotnr,':',
          /'Depotnr.', 12 'WKN', 23 'Anzahl'.
  SELECT  * FROM zdepotpstn INTO wa_depotpstn
    WHERE depotnr = cdepotnr.
    WRITE: / wa_depotpstn-depotnr, wa_depotpstn-wkn,
      wa_depotpstn-anzahl.
  ENDSELECT.
  SKIP.
* Alle Depotposten des Depots 835401 von Herrn Bowman löschen
  DELETE FROM zdepotpstn WHERE depotnr = cdepotnr.
  IF sy-subrc NE 0.
    ROLLBACK WORK.
    WRITE: / 'Fehler beim DELETE in der Tabelle ZDEPOTPSTN.'.
    EXIT.
  ENDIF.
* Depot 835401 löschen
  DELETE FROM zdepot WHERE depotnr = cdepotnr.
  IF sy-subrc NE 0.
    ROLLBACK WORK.
    WRITE: / 'Fehler beim DELETE in der Tabelle ZDEPOT.'.
    EXIT.
  ENDIF.
  COMMIT WORK.
* Ausgeben des Zustandes vorher
  WRITE: /'Depots nachher',
    /'Kundenname', 17 'Kundennr.', 28 'Depotnr'.
  SELECT zkunden~name zdepot~depotnr zdepot~kundennr
    FROM zdepot INNER JOIN zkunden
    ON zdepot~kundennr = zkunden~kundennr
    INTO (wa_kunden-name, wa_depot-depotnr,
      wa_depot-kundennr)
```

```
           WHERE zkunden~name = 'Bowman'.
            WRITE: / wa_kunden-name, wa_depot-kundennr,
             wa_depot-depotnr.
        ENDSELECT.
        SKIP.
        WRITE: /'Verbliebene Depotposten aus Depot', cdepotnr,':',
         /'Depotnr.', 12 'WKN', 23 'Anzahl'.
        SELECT  * FROM zdepotpstn INTO wa_depotpstn
          WHERE depotnr = cdepotnr.
          WRITE: / wa_depotpstn-depotnr, wa_depotpstn-wkn,
           wa_depotpstn-anzahl.
        ENDSELECT.
```

**Abschnitt 4.15** *Report ZBERECHT_OBJnn*

```
REPORT  ZBERECHT_OBJMU             .


AUTHORITY-CHECK OBJECT 'Z_DEPOTPST'
   ID 'ACTVT' FIELD '02'
   ID 'ANZAHL' DUMMY.
IF SY-SUBRC = 0.
   WRITE 'Berechtigung zum Ändern von Depotdaten vorhanden'.
ELSE.
   WRITE 'Keine Berechtigung zum Ändern von Depotdaten.'.
ENDIF.
```

**Abschnitt 4.16** *Report ZWPVERKAUFnn*

```
REPORT  zwpverkaufmu               .


PARAMETERS: pa_wkn LIKE zdepotpstn-wkn DEFAULT 874446,
            pa_anz LIKE zdepotpstn-anzahl DEFAULT 50,
            pa_depnr LIKE zdepotpstn-depotnr DEFAULT 825172.
DATA: betrag LIKE zkurse-kurs,
      wa_depotpstn LIKE zdepotpstn,
      wa_wpapier LIKE zwpapier,
      wa_kurse LIKE zkurse.
```

```
START-OF-SELECTION.
  AUTHORITY-CHECK OBJECT 'Z_DEPOTPST'
     ID 'ACTVT' FIELD '02'
     ID 'ANZAHL' DUMMY.
  IF sy-subrc NE 0.
    WRITE 'Keine Berechtigung zum Ändern von Depotdaten.'.
    EXIT.
  ENDIF.
  SELECT SINGLE * FROM zdepotpstn INTO wa_depotpstn
    WHERE depotnr = pa_depnr AND wkn = pa_wkn.
  IF pa_anz < wa_depotpstn-anzahl.
    wa_depotpstn-anzahl = wa_depotpstn-anzahl - pa_anz.
    UPDATE zdepotpstn FROM wa_depotpstn.
    IF sy-subrc NE 0.
      ROLLBACK WORK.
      WRITE: / 'Fehler beim UPDATE der Tabelle ZDEPOTPSTN!'.
      EXIT.
    ELSE.
      WRITE: / 'Sie haben jetzt noch', wa_depotpstn-anzahl,
        'Stück von diesem Wertpapier'.
    ENDIF.
  ELSEIF pa_anz = wa_depotpstn-anzahl.
    DELETE FROM zdepotpstn
      WHERE depotnr = wa_depotpstn-depotnr.
    IF sy-subrc NE 0.
      ROLLBACK WORK.
      WRITE: /
        'Fehler beim DELETE in der Tabelle ZDEPOTPSTN!'.
      EXIT.
    ELSE.
      WRITE: / 'Sie haben alle Wertpapiere veräußert.'.
    ENDIF.
  ELSE.
    WRITE: /
      'Sie haben nicht genügend Aktien in ihrem Depot!'.
```

```
      EXIT.
    ENDIF.
    ULINE.
    SELECT SINGLE * FROM zwpapier INTO wa_wpapier
      WHERE wkn = pa_wkn.
    SELECT SINGLE * FROM zkurse INTO wa_kurse
      WHERE wkn = pa_wkn AND datum = sy-datum.
    betrag = wa_kurse-kurs * pa_anz.
    WRITE: / 'Verkauf des Wertpapiers:', pa_wkn, ',',
    wa_wpapier-titel, ',', wa_wpapier-emittent,
    / 'Anzahl: ', pa_anz UNDER pa_wkn,
    / 'Kurs: ', 24 wa_kurse-kurs, 'DM',
    / 'Datum: ', sy-datum UNDER pa_wkn,
    / 'Betrag: ', 20 betrag , 'DM'.
```

### A.1.3 Kapitel 5 »Fortgeschrittene Reports«

**Abschnitt 5.1** *Report ZFORMINTTABnn*

```
REPORT   zforminttabmu                     .


 TYPES: BEGIN OF ty_depot,
          wkn LIKE zdepotpstn-wkn,
          anzahl LIKE zdepotpstn-anzahl,
        END OF ty_depot.
 DATA it_depot TYPE TABLE OF ty_depot.
 PARAMETERS: depot_nr LIKE zdepotpstn-depotnr DEFAULT 937561.


 START-OF-SELECTION.
   WRITE: / 'Depot Nr', depot_nr.
   SKIP.
   SELECT wkn anzahl FROM zdepotpstn
     INTO TABLE it_depot
     WHERE depotnr = depot_nr.
   IF sy-subrc = 0.
     PERFORM write_depot
       USING it_depot[].
```

```
     ELSE.
       WRITE: / 'Diese Depotnummer existiert nicht.'.
     ENDIF.


*------------------------------------------------------------*
*        FORM WRITE_DEPOT                                     *
*------------------------------------------------------------*
*        ........                                             *
*------------------------------------------------------------*
*  -->  DEPOTTAB                                              *
*------------------------------------------------------------*
FORM write_depot
  USING p_depottab LIKE it_depot[].
  DATA wa_depottab TYPE ty_depot.
  WRITE: / 'WKN', 12 'Anzahl'.
  LOOP AT p_depottab INTO wa_depottab.
    WRITE: / wa_depottab-wkn, wa_depottab-anzahl.
  ENDLOOP.
ENDFORM.
```

*Funktionsbaustein Z_KURS_GEWINN_VERHAELTNISnn*      **Abschnitt 5.2**

```
FUNCTION z_kurs_gewinn_verhaeltnismu .
*"------------------------------------------------------------
*"*"Lokale Schnittstelle:
*"  IMPORTING
*"     REFERENCE(KURS) LIKE   ZKURSE-KURS
*"     REFERENCE(DIVIDENDE) LIKE   ZKURSE-KURS
*"  EXPORTING
*"     REFERENCE(KGV) TYPE   F
*"  EXCEPTIONS
*"      KEINE_DIVIDENDE
*"------------------------------------------------------------

  IF dividende = '0.00'.
    RAISE keine_dividende.
  ENDIF.
```

```
      kgv = kurs / dividende.
ENDFUNCTION.
```

**Abschnitt 5.2**  *Report ZFUNC_BAUST_AUFRUFnn*

```
REPORT   zfunc_baust_aufrufmu          .


PARAMETERS: pa_kurs LIKE zkurse-kurs,
            pa_divi LIKE zkurse-kurs.
DATA:       kursgewinnverhaeltnis TYPE f.


START-OF-SELECTION.
  CALL FUNCTION 'Z_KURS_GEWINN_VERHAELTNISMU'
      EXPORTING
            kurs           = pa_kurs
            dividende      = pa_divi
      IMPORTING
            kgv            = kursgewinnverhaeltnis
      EXCEPTIONS
            keine_dividende = 1
            OTHERS         = 2.
  CASE sy-subrc.
    WHEN 1.
      WRITE: / 'Keine Dividendenzahlung.'.
      EXIT.
    WHEN 2.
      WRITE: / 'Anderer Fehler im Funktionsbaustein.'.
      EXIT.
  ENDCASE.
  WRITE: / 'Kurs:', 15 pa_kurs,
    / 'Dividende:', 15 pa_divi,
    / 'KGV:', 15 kursgewinnverhaeltnis.
```

*Report ZSEITENAUFBAUnn*

```
REPORT  zseitenaufbaumu LINE-COUNT 13(1)
  NO STANDARD PAGE HEADING.
DATA: wa_wpapier LIKE zwpapier,
  wa_kurse LIKE zkurse,
  wknr LIKE zwpapier-wkn,
  wptitel LIKE zwpapier-titel.
SELECT-OPTIONS so_wkn FOR WA_WPAPIER-WKN.


START-OF-SELECTION.
  SELECT * FROM zwpapier into wa_wpapier
    WHERE wkn IN so_wkn
    ORDER BY wkn.
    wknr = wa_wpapier-wkn.
    wptitel = wa_wpapier-titel.
    WRITE: / 'WKN: ', wknr, 'Titel: ', wptitel.
    WRITE: / 'Datum: ', 21 'Kurs:'.
    SELECT * FROM zkurse into wa_kurse
      WHERE wkn = wa_wpapier-wkn
      ORDER BY datum DESCENDING.
      WRITE: / wa_kurse-datum, wa_kurse-kurs.
    ENDSELECT.
    SKIP.
  ENDSELECT.


TOP-OF-PAGE.
  WRITE: / 'Kursentwicklung', 50 'Seite', sy-pagno.
  WRITE: / 'Wertpapier:', wknr, 'Titel:', wptitel.
  SKIP.
  SKIP.
END-OF-PAGE.
  WRITE: / '------- Kurse in DM -------'.
END-OF-SELECTION.
  SKIP 2.
  WRITE: / 'Liste erstellt am', sy-datum, 'von: ', sy-uname.
```

**Abschnitt 5.4** *Report ZSTART_OF_SELECTION_FORMnn*

```
REPORT  zstart_of_selection_formmu    .


WRITE: / '...gleich nach der REPORT-Anweisung.'.


*------------------------------------------------------------*
*       FORM SCHREIBE_MELDUNG                                 *
*------------------------------------------------------------*
*       ........                                              *
*------------------------------------------------------------*
FORM schreibe_meldung.
  WRITE: / '...innerhalb des FORM-Unterprogramms.'.
ENDFORM.


START-OF-SELECTION.
  WRITE: / '...nach der Zeile START-OF-SELECTION.'.
  PERFORM schreibe_meldung.
  WRITE: / '...nach dem FORM-Aufruf.'.
```

**Abschnitt 5.5** *Report ZINTERAKTIVE_LISTEnn*

```
REPORT  zinteraktive_listemu          .


DATA: wa_kunden LIKE zkunden,
  wa_depot LIKE zdepot.


START-OF-SELECTION.
  WRITE: / 'Kunden-Nr: ', 20 'NAME: ', 35 'Vorname: '.
  SELECT * FROM zkunden INTO wa_kunden
    ORDER BY name vorname.
    WRITE: / wa_kunden-kundennr, 20 wa_kunden-name,
     35 wa_kunden-vorname.
    HIDE: wa_kunden-kundennr.
  ENDSELECT.
  CLEAR: wa_kunden, wa_depot.
```

```
AT LINE-SELECTION.
  CHECK sy-lsind = 1.
  CHECK NOT wa_kunden IS INITIAL.
  WRITE: / 'Depot-Nr: ', 20 'Depot-Typ: '.
  SELECT * FROM zdepot INTO wa_depot
    WHERE kundennr = wa_kunden-kundennr
    ORDER BY depotnr.
    WRITE: / wa_depot-depotnr, 20 wa_depot-depottyp.
  ENDSELECT.
  CLEAR: wa_kunden, wa_depot.
```

### Report ZMESSAGEnn                                    **Abschnitt 5.6**

```
REPORT   zmessagemu MESSAGE-ID zdekramu.


DATA: wa_kunden LIKE zkunden,
  wa_depot LIKE zdepot,
  fl_geschaeft,
  fl_privat.


START-OF-SELECTION.
  WRITE: / 'Kunden-Nr: ', 20 'NAME: ', 35 'Vorname: '.
  SELECT * FROM zkunden INTO wa_kunden
    ORDER BY name vorname.
    WRITE: / wa_kunden-kundennr, 20 wa_kunden-name,
      35 wa_kunden-vorname.
    HIDE: wa_kunden-kundennr.
  ENDSELECT.
  CLEAR: wa_kunden, wa_depot.


AT LINE-SELECTION.
  CHECK sy-lsind = 1.
  CHECK NOT wa_kunden IS INITIAL.
  WRITE: / 'Depot-Nr: ', 20 'Depot-Typ: '.
  CLEAR: fl_geschaeft, fl_privat.
  SELECT * FROM zdepot INTO wa_depot
    WHERE kundennr = wa_kunden-kundennr
```

```
      ORDER BY depotnr.
      CASE wa_depot-depottyp.
        WHEN 'G'.
          fl_geschaeft = 'X'.
        WHEN 'P'.
          fl_privat = 'X'.
      ENDCASE.
      WRITE: / wa_depot-depotnr, 20 wa_depot-depottyp.
    ENDSELECT.
    IF sy-subrc NE 0.
      MESSAGE e012 WITH wa_kunden-kundennr.
    ENDIF.
    IF fl_geschaeft = 'X'.
      MESSAGE i010 WITH wa_kunden-kundennr.
    ELSEIF fl_privat = 'X'.
      MESSAGE i011 WITH wa_kunden-kundennr.
    ENDIF.
    CLEAR: wa_kunden, wa_depot.
```

### A.1.4  Kapitel 6 »Dialogprogrammierung in ABAP«

**Kapitel 6**  Transaktion ZDEPOTnn mit Modulpool SAPMZDEPOTnn

Rahmenprogramm

*Modulpool* SAPMZDEPOTnn, *Rahmenprogramm*

```
INCLUDE mzdepotmutop                         .      "

*  INCLUDE MZDEPOTMUO01                        .      *
*  INCLUDE MZDEPOTMUI01                        .      *
*  INCLUDE MZDEPOTMUF01                        .      *


INCLUDE mzdepotmuo01.


INCLUDE mzdepotmui01.
```

Transaktion ZDEPOTnn mit Modulpool SAPMZDEPOTnn
Includes

*Modulpool* SAPMZDEPOTnn, *Top-Include* MZDEPOTnnTOP

```
PROGRAM  sapmzdepotmu           .
TABLES: zdepot, zkunden.
DATA: ok_code LIKE sy-ucomm,
  save_ok LIKE ok_code.
DATA: it_kp LIKE TABLE OF zdepot_papiermu,
  wa_kp LIKE zdepot_papiermu.
TABLES: zdepot_papiermu.
DATA: kaufpos TYPE i.
CONTROLS tc_wertpapier TYPE TABLEVIEW USING SCREEN '0200'.
DATA: mark TYPE c,
  zeilen_tc TYPE i,
  zeilen_it TYPE i,
  zeilen_max TYPE i.
DATA: zukauf TYPE c.
DATA: kaufanzahl LIKE zdepotpstn-anzahl,
  knopf001 TYPE c,
  knopf002 TYPE c,
  knopf005 TYPE c,
  knopf010 TYPE c,
  knopf020 TYPE c,
  knopf050 TYPE c,
  knopf100 TYPE c.
```

*Modulpool* SAPMZDEPOTnn, *PBO-Include* MZDEPOTnn001

```
MODULE status_0100 OUTPUT.
  SET PF-STATUS '100'.
  SET TITLEBAR '100'.


ENDMODULE.              " STATUS_0100  OUTPUT


MODULE status_0200 OUTPUT.
  SET PF-STATUS '200'.
  SET TITLEBAR '200'.


ENDMODULE.              " STATUS_0200  OUTPUT
```

```
MODULE transport_to_0200 OUTPUT.
  SELECT SINGLE * FROM zkunden
   WHERE kundennr = zdepot-kundennr.
  CLEAR: mark, kaufpos.
  DESCRIBE TABLE it_kp LINES zeilen_it.
  tc_wertpapier-lines = zeilen_it.
ENDMODULE.                 " TRANSPORT_TO_0200  OUTPUT


MODULE tc_fuellen OUTPUT.
  READ TABLE it_kp INTO zdepot_papiermu
    INDEX tc_wertpapier-current_line.
ENDMODULE.                 " TC_FUELLEN  OUTPUT


MODULE status_0300 OUTPUT.
  SET PF-STATUS '300'.
  SET TITLEBAR '300'.
ENDMODULE.                 " STATUS_0300  OUTPUT


MODULE trans_to_0300 OUTPUT.
  knopf010 = 'X'.
  CLEAR: knopf001, knopf002, knopf005, knopf020, knopf050,
   knopf100.
ENDMODULE.                 " TRANS_TO_0300  OUTPUT
```

*Modulpool* SAPMZDEPOTnn, *PAI-Include* MZDEPOTnnI01

```
MODULE user_command_0100 INPUT.
  save_ok = ok_code.
  CLEAR ok_code.
  CASE save_ok.
    WHEN 'BACK'.
      LEAVE PROGRAM.
    WHEN 'SELECT'.
      SELECT * FROM zdepot_papiermu
      INTO CORRESPONDING FIELDS OF TABLE it_kp
      WHERE kundennr = zdepot-kundennr.
```

```
      LEAVE TO SCREEN 200.
   ENDCASE.
ENDMODULE.                    " USER_COMMAND_0100  INPUT


MODULE tc_auswerten INPUT.
  zeilen_tc = sy-loopc.
  IF mark = 'X'.
    kaufpos = tc_wertpapier-top_line + sy-stepl - 1.
  ENDIF.
ENDMODULE.                    " TC_AUSWERTEN  INPUT


MODULE user_command_0200 INPUT.
  save_ok = ok_code.
  CLEAR ok_code.
  CASE save_ok.
    WHEN 'BACK'.
      SET SCREEN '0100'.
    WHEN 'NEXT'.
      tc_wertpapier-top_line =
       tc_wertpapier-top_line + zeilen_tc.
      zeilen_max = zeilen_it - zeilen_tc + 1.
      IF tc_wertpapier-top_line > zeilen_max.
        tc_wertpapier-top_line = zeilen_max.
      ENDIF.
    WHEN 'PREV'.
      tc_wertpapier-top_line =
       tc_wertpapier-top_line - zeilen_tc.
      IF tc_wertpapier-top_line < 0.
        tc_wertpapier-top_line = 0.
      ENDIF.
    WHEN 'LAST'.
      tc_wertpapier-top_line =  zeilen_it - zeilen_tc + 1.
    WHEN 'FIRST'.
      tc_wertpapier-top_line = 0.
    WHEN 'KAUFEN'.
```

```
AUTHORITY-CHECK OBJECT 'Z_DEPOTPST'
  ID 'ACTVT' FIELD '02'
  ID 'ANZAHL' DUMMY.
IF sy-subrc NE 0.
  MESSAGE e000(zdekramu) WITH
  'Keine Berechtigung zum Ändern von Depotpositionen'.
ELSE.
  READ TABLE it_kp INTO wa_kp INDEX kaufpos.
  IF sy-subrc NE 0.
    MESSAGE i000(zdekramu) WITH
    'Bitte gültige Tabellenzeile auswählen!'.
  ELSE.
    SELECT SINGLE * FROM zdepot_papiermu
      INTO wa_kp
      WHERE wkn = wa_kp-wkn
      AND depotnr = wa_kp-depotnr.
    IF sy-subrc NE 0.
      MESSAGE i000(zdekramu) WITH
      'Wertpapierposition wurde gelöscht!'.
    ELSE.
      CALL FUNCTION 'ENQUEUE_EZDEPOTPSTN'
        EXPORTING
            mode_zdepotpstn = 'E'
            mandt           = sy-mandt
            depotnr         = wa_kp-depotnr
            wkn             = wa_kp-wkn
*           X_DEPOTNR       = ' '
*           X_WKN           = ' '
*           _SCOPE          = '2'
*           _WAIT           = ' '
*           _COLLECT        = ' '
        EXCEPTIONS
            foreign_lock    = 1
            system_failure  = 2
            OTHERS          = 3.
```

```
        IF sy-subrc <> 0.
          MESSAGE i000(zdekramu) WITH
           'Depotposition von anderem Benutzer gesperrt!'
           'Versuchen Sie es später nochmals.'.
          EXIT.
        ENDIF.
        LEAVE TO SCREEN 300.
      ENDIF.
    ENDIF.
  ENDIF.
  ENDCASE.
ENDMODULE.                  " USER_COMMAND_0200  INPUT


MODULE user_command_0300 INPUT.
  save_ok = ok_code.
  CLEAR ok_code.
  CASE save_ok.
    WHEN 'BACK'.
      CALL FUNCTION 'DEQUEUE_ALL'
           EXPORTING
                _synchron = ' '.
      LEAVE TO SCREEN 200.
    WHEN 'VERBUCH'.
      CASE 'X'.
        WHEN knopf001.
          kaufanzahl = 1.
        WHEN knopf002.
          kaufanzahl = 2.
        WHEN knopf005.
          kaufanzahl = 5.
        WHEN knopf010.
          kaufanzahl = 10.
        WHEN knopf020.
          kaufanzahl = 20.
        WHEN knopf050.
```

```
          kaufanzahl = 50.
       WHEN knopf100.
          kaufanzahl = 100.
       WHEN OTHERS.
         MESSAGE e000(zdekramu) WITH
            'Anzahl Stücke auswählen!'.
      ENDCASE.
      IF zukauf = space AND wa_kp-anzahl LT kaufanzahl.
        MESSAGE i000(zdekramu) WITH
         'Nicht genügend Stücke vorhanden!'.
      ELSE.
        IF zukauf = space.
          wa_kp-anzahl = wa_kp-anzahl - kaufanzahl.
        ELSE.
          wa_kp-anzahl = wa_kp-anzahl + kaufanzahl.
        ENDIF.
        CALL FUNCTION 'Z_DEPOTPSTNMU_ANZAHL'
            EXPORTING
                depotnr = wa_kp-depotnr
                wkn     = wa_kp-wkn
                anzahl  = wa_kp-anzahl.
        COMMIT WORK.
        CALL FUNCTION 'DEQUEUE_ALL'
            EXPORTING
                _synchron = ' '.
        MESSAGE s000(zdekramu) WITH
         'Wertpapierhandel wurde verbucht'.
        SELECT * FROM zdepot_papiermu
          INTO CORRESPONDING FIELDS OF TABLE it_kp
          WHERE kundennr = zkunden-kundennr.
        LEAVE TO SCREEN 200.
      ENDIF.
   ENDCASE.
 ENDMODULE.                 " USER_COMMAND_0300  INPUT
```

Transaktion ZDEPOTnn mit Modulpool SAPMZDEPOTnn

Ablauflogik der Dynpros (Dynpro-ABAP)

*Modulpool* SAPMZDEPOTnn, *Ablauflogik Dynpro* 100

```
PROCESS BEFORE OUTPUT.
  MODULE status_0100.
*
PROCESS AFTER INPUT.
  MODULE user_command_0100.
```

*Modulpool* SAPMZDEPOTnn, *Ablauflogik Dynpro* 200

```
PROCESS BEFORE OUTPUT.
  MODULE status_0200.
  MODULE transport_to_0200.
  LOOP WITH CONTROL tc_wertpapier.
    MODULE tc_fuellen.
  ENDLOOP.
*
PROCESS AFTER INPUT.
  LOOP WITH CONTROL tc_wertpapier.
    MODULE tc_auswerten.
  ENDLOOP.
  MODULE user_command_0200.
```

*Modulpool* SAPMZDEPOTnn, *Ablauflogik Dynpro* 300

```
PROCESS BEFORE OUTPUT.
  MODULE status_0300.
  MODULE trans_to_0300.
PROCESS AFTER INPUT.
  MODULE user_command_0300.
```

Verbuchungs-Funktionsbaustein der Transaktion ZDEPOTnn in der Funktionsgruppe ZWPDVnn

*Funktionsbaustein* Z_DEPOTPSTNnn_ANZAHL

```
FUNCTION z_depotpstnmu_anzahl.
*"-------------------------------------------
*"*"Verbuchungsfunktionsbaustein:
```

```
*"
*"*"Lokale Schnittstelle:
*"  IMPORTING
*"     VALUE(DEPOTNR) TYPE  ZDEPOTPSTN-DEPOTNR
*"     VALUE(WKN) TYPE  ZDEPOTPSTN-WKN
*"     VALUE(ANZAHL) TYPE  ZDEPOTPSTN-ANZAHL
*"----------------------------------------------


    DATA wa_depotpstn LIKE zdepotpstn.


    SELECT SINGLE * FROM zdepotpstn
     INTO wa_depotpstn
     WHERE depotnr = depotnr
      AND wkn = wkn.
    wa_depotpstn-anzahl = anzahl.
    UPDATE zdepotpstn FROM wa_depotpstn.
ENDFUNCTION.
```

## A.2  Heraufladen Transportdateien

Der Report ZTPUPLOAD lädt die beiden Transportdateien *R900006.LNX*
und *K900006.LNX* vom Pfad *C:\TR_WPDV\* des Präsentationsservers
ins Transportverzeichnis des Anwendungsservers. Dies erspart das müh-
same Anlegen von Tabellen, Datenelementen und Domänen für das
Übungsszenario, so wie dies »eigenhändig« in Kapitel 3 »Dictionary
und Übungsszenario« vorgenommen wird. Weitere Beschreibungen finden sich im Archiv *abap.zip*.

**zu Anhang B:**
**Transport**

*Report ZTPUPLOAD*

```
REPORT  ZTPUPLOAD.
* Upload Dateien vom Präsentationsserver zum
* R/3-Transportverzeichnis
TYPES: BEGIN OF IT_TYPE,
         ZEICHEN TYPE X,
       END OF IT_TYPE.
DATA ITAB TYPE TABLE OF IT_TYPE.
DATA WA TYPE IT_TYPE.
DATA PATH(50).
DATA LAENGE TYPE I.
```

```
DATA DIRNAME(75) TYPE C.
PARAMETERS BINFILE1(50)  LOWER CASE.
PARAMETERS BINFILE2(50)  LOWER CASE.


INITIALIZATION.
CALL 'C_SAPGPARAM' ID 'NAME'  FIELD 'DIR_TRANS'
                  ID 'VALUE' FIELD DIRNAME.
if sy-opsys cs 'WINDOWS'.   " Windows NT/2000
   concatenate DIRNAME '\data\R900006.LNX' into binfile1.
   concatenate DIRNAME '\cofiles\K900006.LNX' into binfile2.
else.   " UNIX
   concatenate DIRNAME '/data/R900006.LNX' into binfile1.
   concatenate DIRNAME '/cofiles/K900006.LNX' into binfile2.
endif.


START-OF-SELECTION.
CALL FUNCTION 'UPLOAD'
    EXPORTING
*     CODEPAGE             = ' '
      FILENAME             = 'C:\TR_WPDV\R900006.LNX'
      FILETYPE             = 'bin'
*     ITEM                 = ' '
*     FILEMASK_MASK        = ' '
*     FILEMASK_TEXT        = ' '
*     FILETYPE_NO_CHANGE   = ' '
*     FILEMASK_ALL         = ' '
*     FILETYPE_NO_SHOW     = ' '
*     LINE_EXIT            = ' '
*     USER_FORM            = ' '
*     USER_PROG            = ' '
*     SILENT               = 'S'
    IMPORTING
      FILESIZE             = LAENGE
*     CANCEL               =
*     ACT_FILENAME         =
*     ACT_FILETYPE         =
      TABLES
         DATA_TAB            = ITAB
```

```
      EXCEPTIONS
        CONVERSION_ERROR        = 1
        INVALID_TABLE_WIDTH     = 2
        INVALID_TYPE            = 3
        NO_BATCH                = 4
        UNKNOWN_ERROR           = 5
        GUI_REFUSE_FILETRANSFER = 6
        OTHERS                  = 7.
IF SY-SUBRC <> 0.
  WRITE: /
    'Datei vom Präsentationsserver wurde nicht gelesen'.
ELSE.
  OPEN DATASET BINFILE1 FOR OUTPUT IN BINARY MODE.
  LOOP AT ITAB INTO WA.
    TRANSFER WA TO BINFILE1.
  ENDLOOP.
  CLOSE DATASET BINFILE1.
  IF SY-SUBRC <> 0.
    WRITE: / 'Datei', BINFILE1, 'Länge', LAENGE,
      'erfolgreich gespeichert'.
  ENDIF.
ENDIF.
* Das gleiche für binfile2
CALL FUNCTION 'UPLOAD'
  EXPORTING
*     CODEPAGE              = ' '
      FILENAME              = 'C:\TR_WPDV\K900006.LNX'
      FILETYPE              = 'bin'
*     ITEM                  = ' '
*     FILEMASK_MASK         = ' '
*     FILEMASK_TEXT         = ' '
*     FILETYPE_NO_CHANGE    = ' '
*     FILEMASK_ALL          = ' '
*     FILETYPE_NO_SHOW      = ' '
*     LINE_EXIT             = ' '
*     USER_FORM             = ' '
*     USER_PROG             = ' '
*     SILENT                = 'S'
```

```
      IMPORTING
        FILESIZE              = LAENGE
*       CANCEL                =
*       ACT_FILENAME          =
*       ACT_FILETYPE          =
      TABLES
        DATA_TAB              = ITAB
      EXCEPTIONS
        CONVERSION_ERROR      = 1
        INVALID_TABLE_WIDTH   = 2
        INVALID_TYPE          = 3
        NO_BATCH              = 4
        UNKNOWN_ERROR         = 5
        GUI_REFUSE_FILETRANSFER = 6
        OTHERS                = 7.
IF SY-SUBRC <> 0.
  WRITE: /
    'Datei vom Präsentationsserver wurde nicht gelesen'.
ELSE.
  OPEN DATASET BINFILE2 FOR OUTPUT IN BINARY MODE.
  LOOP AT ITAB INTO WA.
    TRANSFER WA TO BINFILE2.
  ENDLOOP.
  CLOSE DATASET BINFILE2.
  IF SY-SUBRC <> 0.
    WRITE: / 'Datei', BINFILE2, 'Länge', LAENGE,
      'erfolgreich gespeichert'.
  ENDIF.
ENDIF.
```

# Anhang B
# Transport

Als Alternative B, statt des aufwändigen Anlegens der Domänen, Datenelemente und Datenbanktabellen, wie es in Kapitel 3 »Dictionary und Übungsszenario« durchgeführt wird, kann man diese auch mittels eines Transports ins R/3-System einspielen. Dies hat den Vorteil, dass es wesentlich schneller vonstatten geht.

**Alternative B des Kapitels 3**

Dieser Anhang wendet sich an Dozenten und Übungsgruppenleiter, die aus Zeitmangel das Kapitel 3 »Dictionary und Übungsszenario« nicht von den Teilnehmern bearbeiten lassen können.

1. Beschaffen Sie sich das Archiv *abap.zip* mit dem Transport LNXK900006 (*TR-Wertpapierdepotverwaltung*) von der Homepage der DEKRA-Akademie: *http://www.dekra-akademie.de/download* (s. Abbildung 3.1). Kopieren Sie die beiden Transportdateien mittels des Reports ZTPUPLOAD, den Sie ebenfalls in diesem Archiv finden, in das Transportverzeichnis des R/3-Anwendungsservers. Führen Sie den Transport durch.

**Aufgabe**

Das Transportwesen ist eine komplexe Spezialdisziplin innerhalb der R/3-Basis; bei Transporten treten immer wieder Konflikte auf. Wählen Sie diese Alternative nur, wenn Sie zumindest auf Rat und Hilfe eines im Transportwesen erfahrenen Administrators zurückgreifen können.

**Erläuterung**

Der Transport besteht aus den Dateien *K900006.LNX* und *R900006.LNX*. Diese enthalten die Entwicklungsklasse ZDEKRA, welche alle benötigten Domänen, Datenelemente, Tabellen, deren Fremdschlüsselbeziehungen sowie den Report ZDATINS enthält. Die Datei *zdekra.txt* enthält eine hierarchische Liste der enthaltenen Objekte.

**Schritte**  Speichern Sie die beiden Transportdateien im Ordner *C:\TR_WPDV*. Öffnen Sie die Datei *ztpupload.txt* mit einem Texteditor, etwa dem Windows-Notepad (s. Abbildung B.7). Sie finden dieses Programm auch in Anhang A.2 »Heraufladen Transportdateien«. Markieren Sie den ganzen Text ab der zweiten Zeile, und nehmen Sie ihn in die Zwischenablage mit BEARBEITEN / KOPIEREN. Starten Sie WERKZEUGE / ABAP WORKBENCH / ÜBERSICHT / OBJECT NAVIGATOR, und legen Sie den Report ZTPUPLOAD als Objekt in der lokalen Entwicklungsklasse an (s. Abbildung B.1 bis Abbildung B.8).

**Abbildung B.1**
Object Navigator –
Anlegen lokaler Objekte
(© SAP AG)

**Abbildung B.2**
Report anlegen
(© SAP AG)

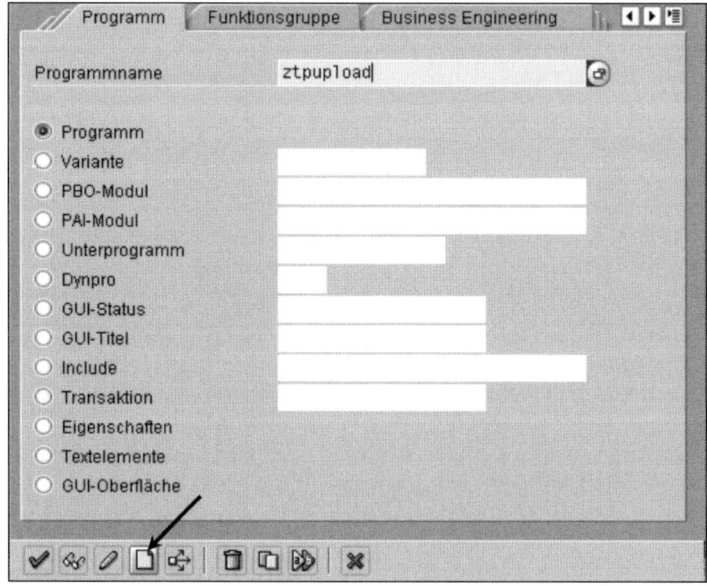

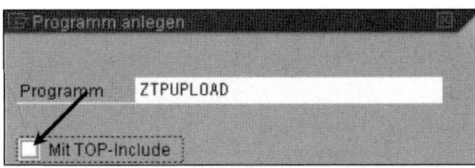

**Abbildung B.3**
Dies ist ein kurzer Report
ohne Include-Technik.
(© SAP AG)

Programm anlegen

Programm    ZTPUPLOAD

☐ Mit TOP-Include

**Abbildung B.4**
Beim erstmaligen
Anlegen eines
Entwicklungsobjektes
wird der Entwickler-
schlüssel abgefragt.
(© SAP AG)

Hinzufügen Entwickler

Sie sind nicht als Entwickler
registriert.
Bitte führen Sie die Registrierung
im R/3 Online Service System (OSS)
durch. Sie erhalten im OSS bei
der Registrierung einen Zugangsschlüssel.

Benutzername      UMLAUFF
Zugangsschlüssel   12345678901234567890

Installation      0120021012

**Abbildung B.5**
Eigenschaftspflege des
Reports (© SAP AG)

Titel         Upload von Transportdateien
Originalsprache    ...    Deutsch

Erstellt       18.12.2000    UMLAUFF
Letzte Änderung   18.12.2000    UMLAUFF
Status         inaktiv

Attribute

Typ             Ausführbares Programm
Status          Testprogramm
Anwendung       Kunde Filiale
Berechtigungsgruppe
Entwicklungsklasse   $TMP        Temporaere Objekte,werden nie transport
Logische Datenbank
Selektionsbildversion
☐ Editorsperre        ☑ Festpunktarithmetik
                     ☐ Start über Variante

✔ Sichern

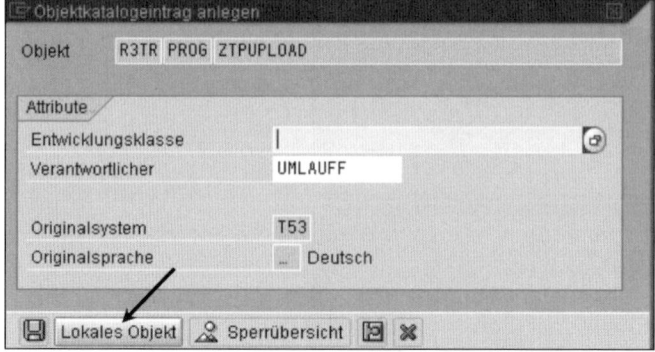

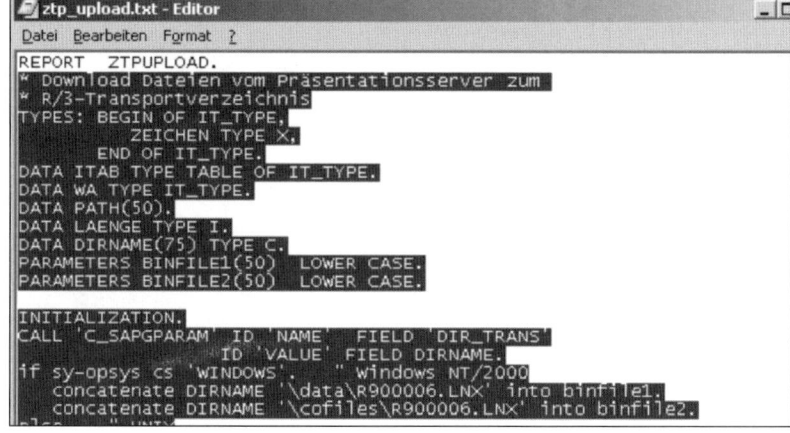

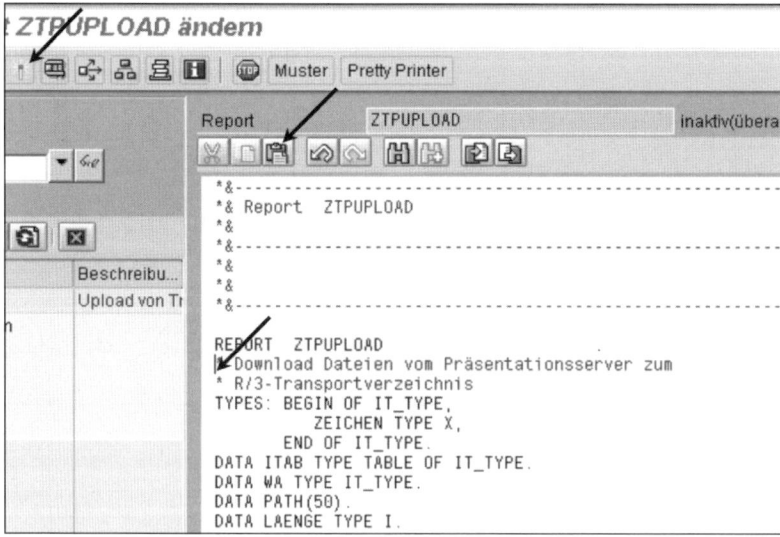

Kontrollieren Sie zum besseren Verständnis in einem zweiten Modus den Transportpfad Ihres R/3-Anwendungsservers durch Start der Transaktion AL11: Eingabe von /NAL11 in das Kommandofeld (s. Abbildung B.9). Die Ziel-Dateipfade für die Transportdateien lauten z. B. auf dem R/3-Anwendungsserver CPQ5508:

- \\*CPQ5508\sapmnt\trans\data\R900006.LNX*
  (s. Abbildung B.13)

- \\*CPQ5508\sapmnt\trans\cofiles\K900006.LNX*
  (s. Abbildung B.15)

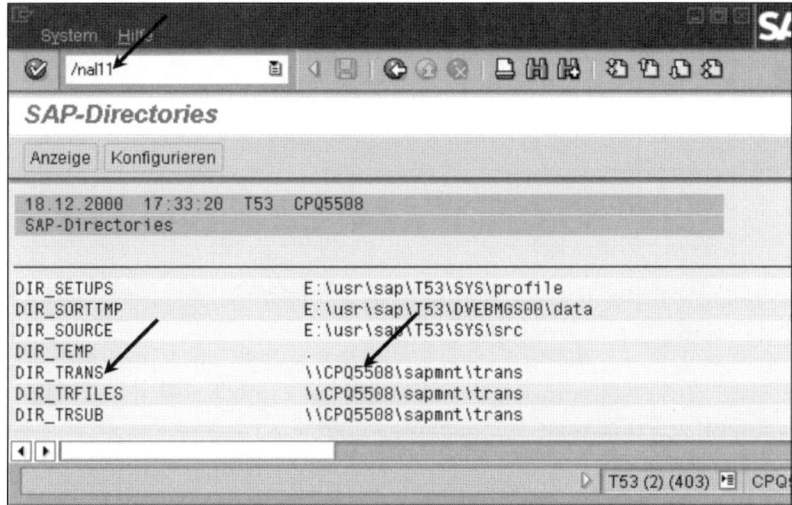

**Abbildung B.9**
Dateisystempfad des Transportverzeichnisses
(© SAP AG)

Starten Sie nun den Report, der die beiden Transportdateien ins Transportverzeichnis des R/3-Anwendungsservers überträgt (s. Abbildung B.10 bis Abbildung B.15).

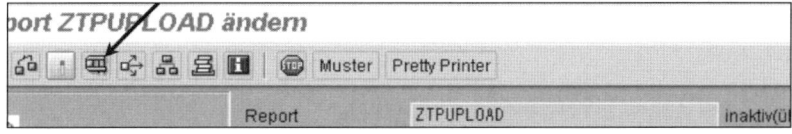

**Abbildung B.10**
Starten des Reports
(© SAP AG)

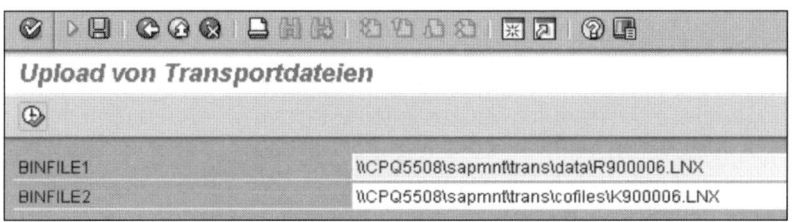

**Abbildung B.11**
Selektionsbild mit Dateipfaden der Transportdateien
(© SAP AG)

**Abbildung B.12**
Übertragen der ersten
Transportdatei vom
lokalen Pfad
(© SAP AG)

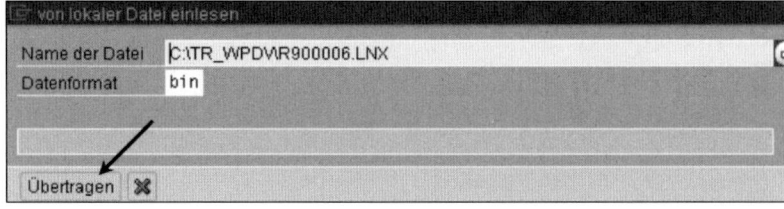

**Abbildung B.13**
Prüfung der
Dateiübertragung mit
Transaktion /NALII /
DIR_TRANS / DATA
(© SAP AG)

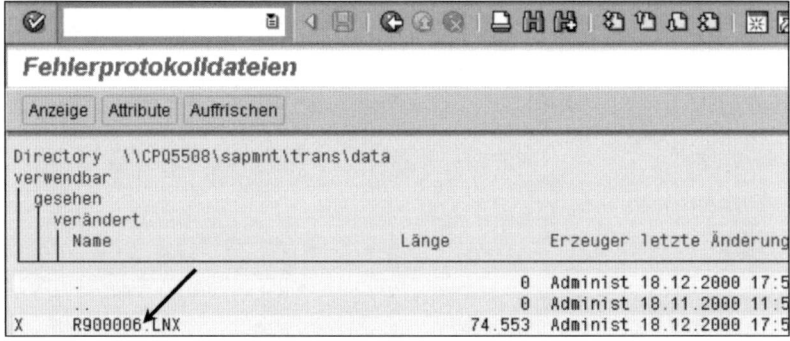

**Abbildung B.14**
Übertragen der zweiten
Transportdatei vom
lokalen Pfad
(© SAP AG)

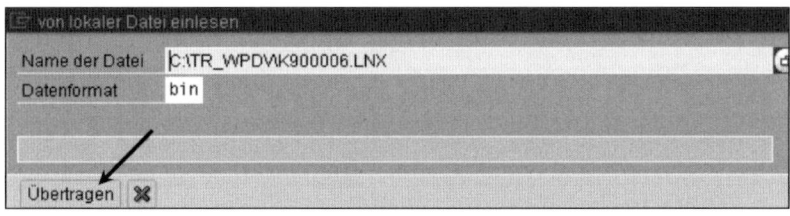

**ABBILDUNG B.15**
PRÜFUNG DER
DATEIÜBERTRAGUNG MIT
TRANSAKTION /NALII /
DIR_TRANS / COFILES
(© SAP AG)

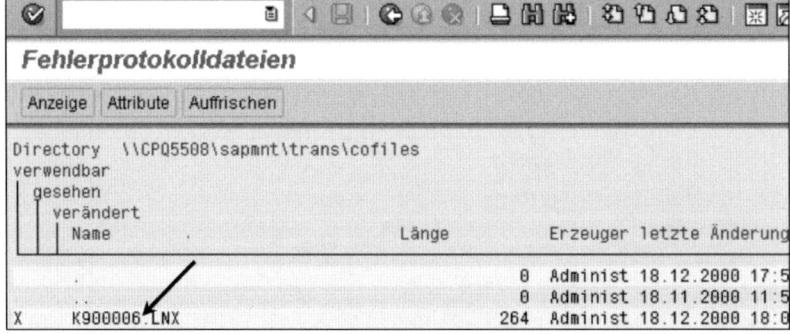

Führen Sie nun den Transport durch: WERKZEUGE / ADMINISTRATION / TRANSPORT / TRANSPORT MANAGEMENT SYSTEM (s. Abbildung B.16 bis Abbildung B.27). Der Name des Transportauftrages LNXK900006 setzt sich zusammen aus dem Systemnamen LNX, dem Literal K9 und der fortlaufenden Nummer 00006. Sie fügen zunächst den Transport in die Transportqueue ein und importieren ihn anschließend.

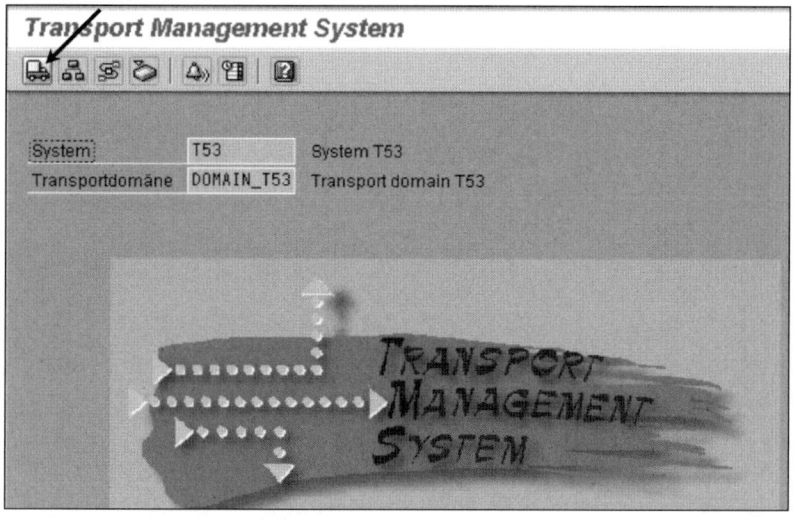

**Abbildung B.16**
Transportmanagement-
system zur Verwaltung
der Transporte (© SAP AG)

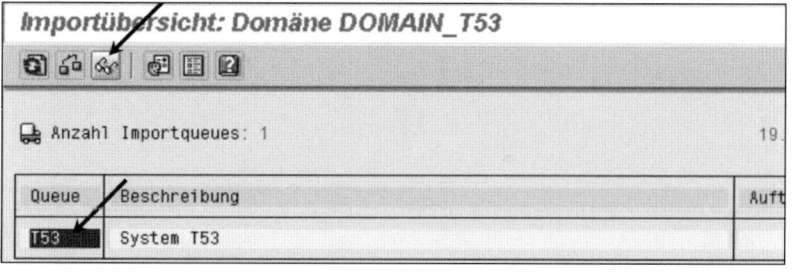

**Abbildung B.17**
Importübersicht über
Transporte auf dem
R/3-System (© SAP AG)

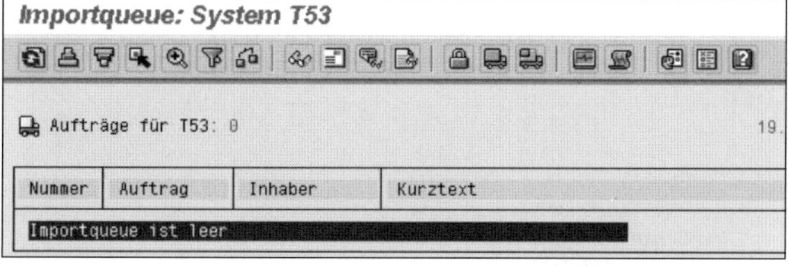

**Abbildung B.18**
Importqueue: Starten Sie
aus dem Menü ZUSÄTZE/
WEITERE AUFTRÄGE /
ANHÄNGEN (© SAP AG)

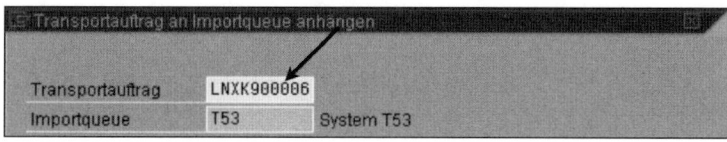

**Abbildung B.19**
Anhängen des
Transportauftrages
(© SAP AG)

**Abbildung B.20**
Anhängen des
Transportauftrages
bestätigen
(© SAP AG)

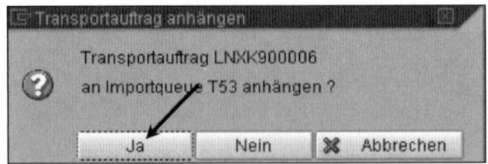

**Abbildung B.21**
Transportauftrag in der
Queue (© SAP AG)

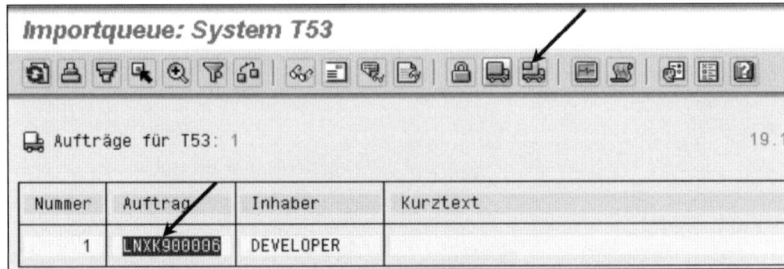

**Abbildung B.22**
Tragen Sie als
Zielmandanten den
eigenen Anmelde-
mandanten ein.
(© SAP AG)

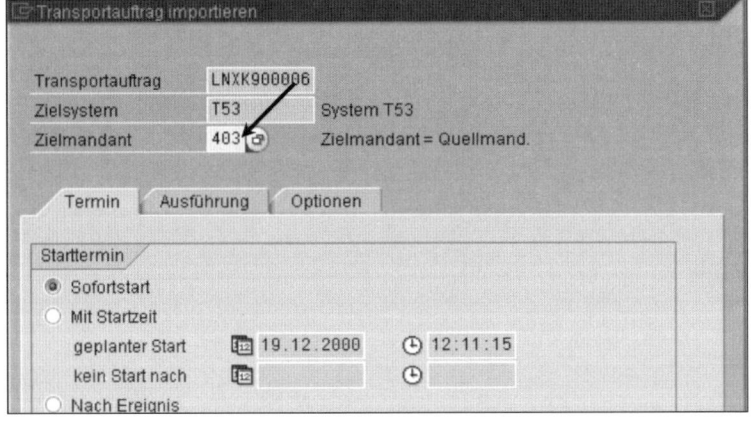

**Abbildung B.23**
Eventuell müssen Sie für
einen erfolgreichen
Transport weitere IMPORT
OPTIONEN aktivieren, ein
vorheriger Testimport ist
empfehlenswert!
(© SAP AG)

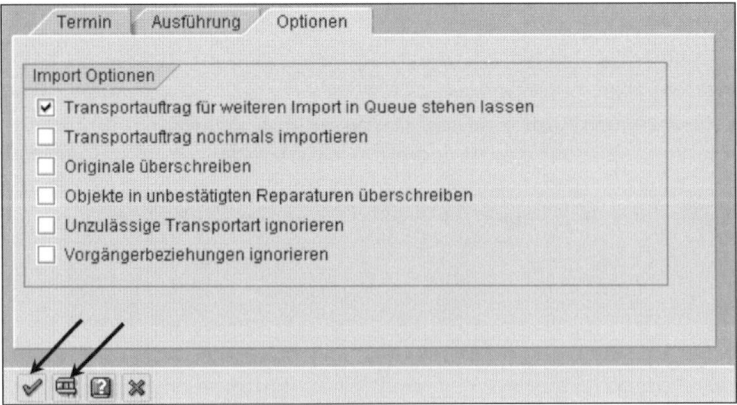

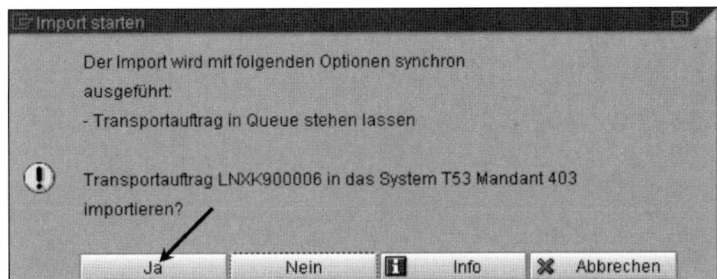

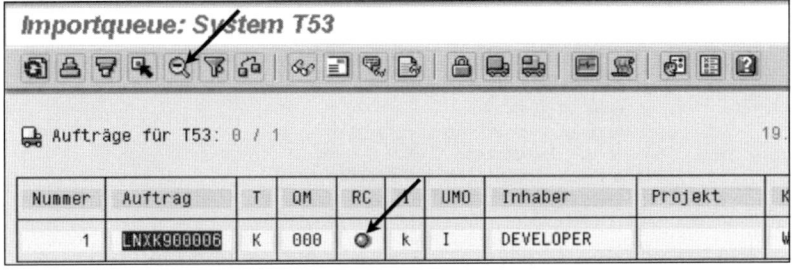

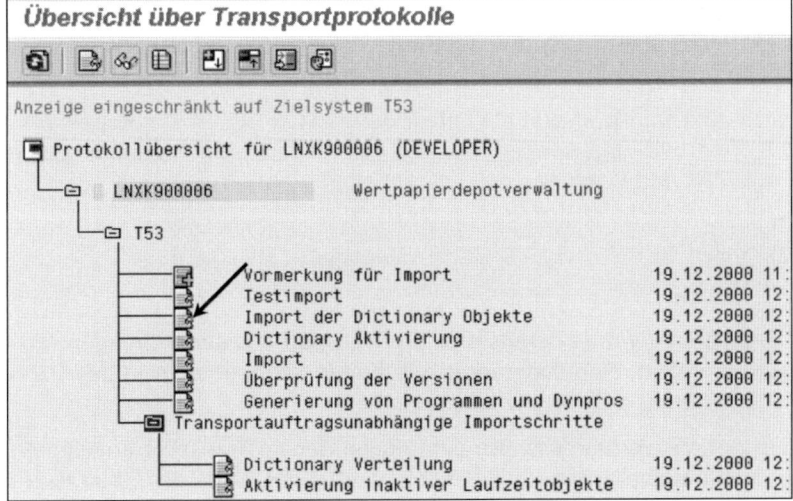

**Abbildung B.27**
Die Protokolle listen
detailliert alle Aktivitäten
und deren Erfolg auf.
Der Import erfolgt in
mehreren Schritten
(Steps) (© SAP AG).

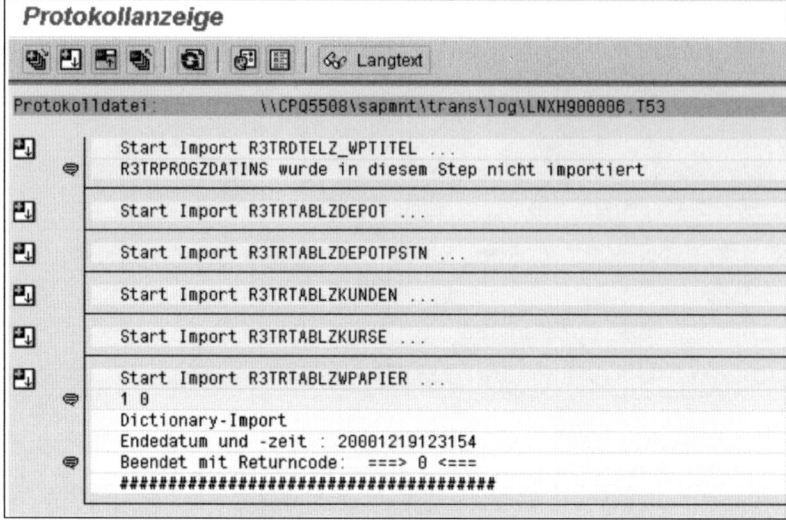

Ein Returncode von 0 bedeutet, dass keine Fehler aufgetreten sind, Returncode 4 zeigt Warnungen an, die aber meist ignoriert werden können. Höhere Returncodes stellen Fehlermeldungen dar, der Transport ist dann nicht vollständig durchgeführt worden. Ab Returncode 12 oder höher wurde der Transport sogar ganz abgebrochen.

Nach dem Transport sind die Entwicklungsklasse ZDEKRA, der Report ZDATINS und alle zugehörigen Tabellen wie ZKUNDEN, Datenelemente wie Z_KUNDENNR und Domänen wie Z_NR angelegt.

 **2.** Füllen Sie die Tabellen mit dem Report ZDATINS.

**Erläuterung** Dieser Report wurde bereits mit dem Transport aus der vorherigen Aufgabe angelegt. Den Programmcode finden Sie aber auch in der Datei *zdatins.txt* aus dem Archiv *abap.zip*.

Die weitere Verfahrensweise zum Füllen der im Transport angelegten Datenbanktabellen finden Sie in Abschnitt 3.7 »Daten des Übungsszenarios einspielen«.

# Stichwortverzeichnis

## Stichwortverzeichnis

## Stichwortverzeichnis

## Stichwortverzeichnis

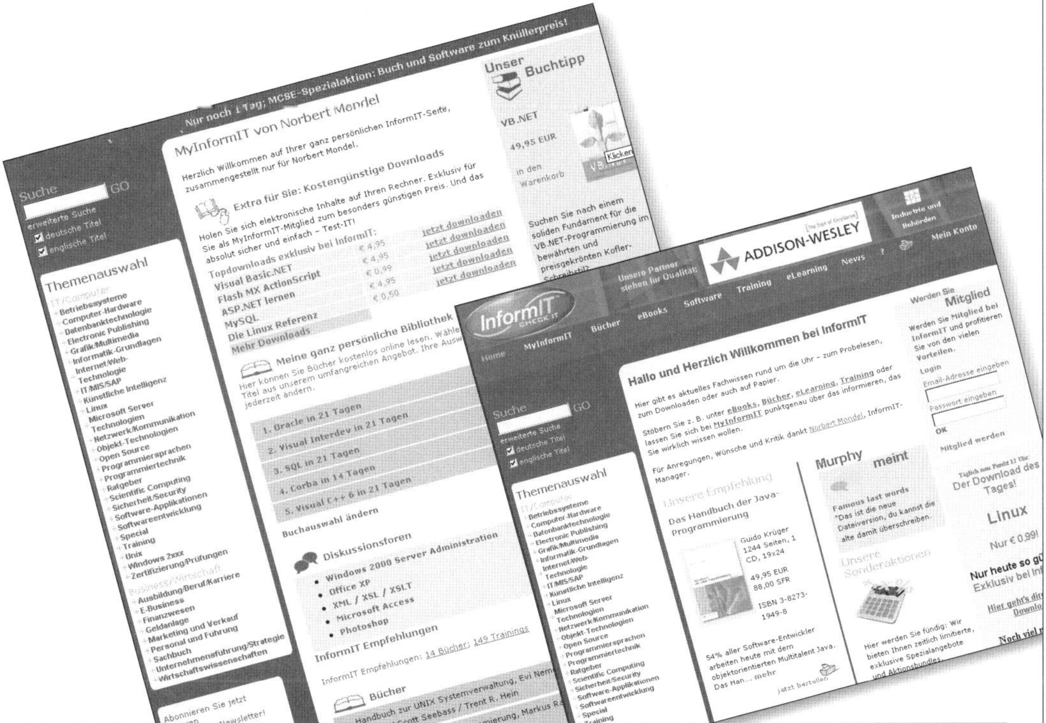

# SAP
# Business Workflow

Konzept, Anwendung, Entwicklung

**Andreas Berthold, Ulrich Mende**

Das Buch klärt zunächst Begriff und Einsatz-
möglichkeiten der Workflow-Technologie, um
dann ausführlich das in R/3 integrierte SAP-
Workflowsystem vorzustellen. Die weiteren Teile
des Buches widmen sich der praktischen Anwendung. Sie führen exemplarisch vor, wie man
in R/3 Workflows technisch entwickelt und
Workflow-Projekte realisiert. Zudem wird der
Workfloweinsatz in Web-Anwendungen
beschrieben. Konkrete Praxisbeispiele ver-
mitteln wertvolles Erfahrungswissen.

*SAP Profiwissen*

**464 Seiten**
**€ 49,95 [D] / € 51,40 [A]**
**ISBN 3-8273-1687-1**

www.addison-wesley.de

## SAP R/3 Finanzwesen Release 4.6

**Sabine Hefner, Michael Dittmar**

Die Anwendung des R/3-Moduls FI mit der Oberfläche EnjoySAP wird in diesem Buch anschaulich und für die Praxis anwendbar erklärt. In einem ausführlichen Überblick werden die Pflege der Stammdaten, die Möglichkeiten der Belegerfassung und -buchung sowie Hilfen bei Mahnungen und Zahlungen erläutert. Der Schwerpunkt liegt auf der Anlagen- und Finanzbuchhaltung mit einem weitreichenden Einblick in die Haupt- und Nebenbuchhaltung.

*SAP-Anwenderedition*

**436 Seiten, 1 CD-ROM**
**€ 39,95 [D] / € 41,10 [A]**
**ISBN 3-8273-1699-5**

www.addison-wesley.de

# SAP R/3 Basissystem Release 4.6

**Bernd Herth u.a.**

Die systemtechnische Basis für die betriebswirtschaftlichen R/3-Komponenten wird in diesem Buch erklärt. Die grundlegenden Funktionalitäten des R/3-Systems und die wesentlichen Eigenschaften des Basissystems werden aufgezeigt. Behandelt werden auch die R/3 Systemverwaltung (Berechtigungskonzept, Batchverarbeitung, Schnittstellen u.a.), die Nutzung des Online-Service-Systems sowie der Ablauf und die Vorgehensweise bei R/3 Einführungsprojekten.

*SAP-Anwenderedition*

**528 Seiten, 1 CD-ROM
€ 39,95 [D] / € 41,10 [A]
ISBN 3-8273-1727-4**

# ABAP-Programmierung

Fortgeschrittene Programmiertechniken für
ABAP/4

**Rainer Riekert**

Dieses Buch bietet dem erfahrenen ABAP-Programmierer eine Anleitung zum Gestalten von
Programmen in ABAP. Ausgerichtet auf die
praktischen Erfordernisse der Anwender werden das Parametrisieren von Programmen, spezielle Dialogelemente, das Arbeiten mit Texten
und Editoren, Programmierung von SAP-Gra-
fiken, Batch-Input-Techniken, der SAP Sperr-
mechanismus sowie das programmgesteuerte
Versenden von E-Mails praxisnah und detailliert
erläutert.

*SAP Profiwissen*

**408 Seiten, 1 CD-ROM**
**€ 49,95 [D] / € 51,40 [A]**
**ISBN 3-8273-1754-1**

# Projektmanagement mit SAP R/3

Konzeption und praktischer Einsatz
des R/3-Moduls
2., aktualisierte Auflage

**Erich Dräger**

Modernes Projektmanagement unterstützt das
SAP R/3-System mit dem Modul PS (Projekt-
system). Das Buch stellt die Anwendungs-
bereiche und Steuerungsmöglichkeiten des
Moduls (Release 4.6) dar und führt dessen
praktischen Einsatz vor. Parallel zur Darstellung
der Funktionen des Projektsystems werden die
grundlegenden Begriffe und Verfahren des
Projektmanagements erklärt. Ein durchgän-
giges Fallbeispiel schildert die komplette
Projektsteuerung von der Vorphase bis zum
Projektabschluss.

*SAP Profiwissen*

**208 Seiten**
**€ 44,95 [D] / € 46,30 [A]**
**ISBN 3-8273-1707-X**

www.addison-wesley.de